KB205314

Grammatical Insights into the New Testament

Nigel Turner

Nigel Turner
Grammatical Insights into the New Testament

초판1쇄 2019.08.19.
지은이 나이젤 터너
옮긴이 김지호 이영욱
편 집 이영욱 이지혜
발행인 이영욱

발행처 감은사
전 화 070-8614-2206
팩 스 050-7091-2206
주 소 서울시 강동구 암사동 아리수로 66, 401호
이메일 editor@gameun.co.kr

ISBN 9791196412562
정 가 27,000원

이 도서의 국립중앙도서관 출판예정도서목록(CIP)은 서지정보유통지원시스템 홈페이지(http://seoji.nl.go.kr)와 국가자료종합목록시스템(http://www.nl.go.kr/kolisnet)에서 이용하실 수 있습니다. (CIP제어번호 : CIP2019028519).

신약 헬라어의 문법적 통찰

나이젤 터너 지음

김지호·이영욱 옮김

| 목차 |

| 서문 |

본서에서 사용한 NEB(Oxford and Cambridge University Presses, 1961), RSV(저작권 소유자인 National Council of the Churches of Christ in America를 대신하여 Thomas Nelson and Sons, 1946, 1952), 모팻〔Moffatt〕의 신약성경(Hodder and Stoughton), E.V. 리우〔Rieu〕의 사복음서(Penguin Books), J.B. 필립스〔Phillips〕의 번역(Geoffrey Bles), 정식으로 출판된 것이 아닌 『번역자를 위한 헬라어-영어 대조판』〔Greek-English Digliot for the Use of Translators〕(British and Forein Bible Society)은 모두 저작권사의 허락을 받았습니다.

저는 또한 저를 개인적으로 격려해주고 성경 연구를 위하여 아주 오랜 기간 인내해준 T. & T. Clark에 감사의 말을 전하고자 합니다. 본 출판사는 신학자들과 신학도들이 모두 이 신약 언어 연구에서 논하고 있는 도전들을 수용하여 성경에 관심을 기울이고 더욱 깊은 통찰을 가졌으면 하는 제 바람을 함께 품어주었습니다. 우리 문법학자들의 보이지 않는 곳에서의 노고가 모든 교회의 예배 가운데 하나님께 겸허하게 열납되기를 바라는 진심어린 마음으로 이 책을 출간합니다.

저는 또한 중요한 일들을 능숙하게 처리해준 모리슨 앤 깁〔Morrison and Gibb〕 인쇄소에도 감사를 전합니다.

1965년 성 야고보 사도축일에, 히친〔Hitchin〕에서, 나이젤 터너

| 약어표 |

Expos. Times	*The Expository Times*, periodical published by T. & T. Clark, edited by C. L. Mitton.
KJV	The Authorized Version of the Bible, 1611 (the King James Version)
Moulton-Howard-Turner, *Grammar*	*A Grammar of New Testament Greek*, T. & T. Clark, vol. I by J. H. Moulton, 1906; vol. II (Accidence) by J. H. Moulton and W. F. Howard, 1919-29; vol. III (Syntax) by Nigel Turner, 1963.
NEB	The New English Bible (New Testament), Oxford and Cambridge, 1961.
PG	J. P. Migne, *Patrologia Graeca*, Paris, 1857-66.
RSV	The American Revised Standard Version of the New Testament, Nelson, 1946.
RV	The Revised Version of the New Testament, 1881.

서론
왜 문법인가?

성경을 해석하고자 할 때 문법에 주로 의존하는 것은 일반적인 관습이 아니다. 따라서 내가 본서의 필요성에 대한 정당성을 주장하고자 한다면, 발화의 역학〔mechanics of speech〕이 학문적인 연구에 가치를 더하는 미묘하고도 유연한 소통 수단을 제공한다는 점을 들어야 할 것이다.

어떤 문법 영역은 인기가 없다. 예컨대, 어원학은 요즈음 어형론이나 형태론으로 익히 알려져 있는데, 단어 자체에 관한 연구, 곧 문장과 관련이 없는 활용〔동사 어미변화〕이나 곡용〔명사/형용사 어미변화〕 내지는 〔다른 단어들과 서로〕 독립된 단어들의 철자에 관한 연구로 박식한 체하기 위한 문법이라는 평판을 받고 있는 문법의 한 종류다. 전문가 외에는 어느 누구도 이것에 관심이 없다. 하지만 명석한 독자라면 구문론까지 이렇게 평가해서는 안 된다는 것을 알고 있을 것이다. 구문론은 개별 단어들이 구문이나 문장 안에서 서로 결합되어 관념을 표상하는 방식이다. 사람들은 이 방식을 받아들여서 다른 이에게 자기 머릿속 이미지를 전달하기 위한 수단으로 사용한다. 구문론은 우리가 말하는 방식에 관한 연구이기에, 아마 사막이나 외딴 섬에 홀로 남겨진 사람만이 구문 연구를 골동품이나 현학적인 것으로 치부할 것이다. 말을 하는 모든 사람들은 자신이 즐겨 사용하는 어휘뿐 아니라 자기만의 구문 패턴을 가지고 있다. 모든 사람은 언제나, 음악을 만들거나 연주를 하면서, 그리고 그림을 그리거나 춤을 추며, 정원을 가꾸고, 옷을 입고, 사랑을 나누는 등의 수천 가지의 다른 방식으로 자신에게는 만족스럽고 타인에게는 흥미로운 방식으로, 자신의 성격을 투사한다. 하지만 인격을 전달하는 가장 표현력 있는 수단은 아마도 평범한 대화일 것이다. 만일 우연한 기회에 누군가 자신이 내뱉은 마지막 문장의 구조를 살피기 위해 잠시 생각에 빠진다면, 그 순간에 그 사람은 문법학자인 것이다. 그리고 모든 탐구 중 가장 인간적이고 아무리 평범하더라도 구문론이라는 전문 영역을 다루는 과학자인 것이다. 더 나아가서 그 마지막 문장을 전문적으로 연구한다면, 화자의 취향이나 교육, 취미, 심지어는 도덕적 기질을 밝혀줄 만한 어떤 학구적인 논의를 자아낼 수도 있을 것이다.

이 구문 연구는 서로 다른 신약성경 저자들의 발화 패턴 및 특별히 예수의 발화 패턴을 고려할 때에 매우 중요하다. 구문 연구는 섬세하고 능력 있는 통찰을 가진 탁월한 주석가들과 설교자들에게도 도움이 된다. 이것은 과학이다. 이 연구는 자유로운 상상의 공간도 아니며, 무결한 텍스트에 어떤 것들을 넣어서 읽어내는 분야도 아니다. 이러한 경험 과학은 많은 노력과 인내를 필요로 하겠지만, 그 결과들은 신뢰할 수 있을 것이다.

구문은 독자들을 교리적 논쟁의 대로〔high roads〕로 인도할 뿐 아니라, 성경의 〔아주 사소한〕 샛길로도 인도하기에 독자들은 실망할 수도 있다. 이 연구는 필연적으로 미시적이다. 독자들은 부사와 불변사, 다양한 종류의 종속절 및 법과 시제를 가지고 너무 호들갑을 떤다고 생각할 수도 있다. 이 연구는 어떤 사람의 발화든 수많은 여과장치와 측정장치로 분해한다. 경시할 만한 것은 아무것도 없고 문장 안에 있는 단어들과 절들의 순서조차도 간과할 수 없다. 구문 연구는 광범위한 영역을 조명해줄 수 있다. 그럼에도 신중한 신학도들을 위한 가장 값진 공헌은 아마도 그간 주목을 받지 못한 것으로, 한 사람을 다른 사람과 구별할 수 있는 특징들을 밝히는 데에 있을 것이다. 구문은 요한을 살려내어 독자들로 하여금 그의 감정과 사고의 맥박을 느끼게 하고, 독자들을 바울의 마음과 생각에 아주 가깝게 인도하여, 왜 바울이 다른 어구가 아니라 바로 그 어구를 사용했는지 정확하게 이해하도록 돕는다. 또한 세밀한 부분들을 끊임없이 보여줌으로써 하나님의 말씀이 다시 살아 숨 쉬도록 이끌어 가기도 한다.

이 책에서 염두에 두고 있는 첫 번째 독자들은 다른 영역에서 훈련을 받았지만 헬라어에 대해서는 전문 지식이 없는 사람들이다. 이 사람들은 아마 본서에 헬라어와 히브리어 단어들이 음역되어 있는 것에는 만족하겠지만, 지나치게 단순화 시키는 것은 원하지 않을 것 같다. 이 책의 또 다른 독자들은 물튼의 문법서에 수록된 나의 구문론 편을 단순화하려 하지 않고, 도리어 그 작품을 확장하여 교과서—교과서적 문법서는 넓은 영역을 완전하게 포괄해야 하기에 흥미로운 논의들을 다룰 겨를이 없다—에서 다룰 수 없었던 방향으로 나아가고자 원하는 전문가 내지는 학생들이다.[1] 본서에서 우리는 학자들뿐 아니라 일반 독자들에게 흥미로울 수 있는 구문의 몇몇 중요한 결론들을 편하게 제시하기도 할 것이다. 하지만 본서는 단순한 대중서가 아니다. 나는 참고문헌을 언제나 완전하게 제시하였고, 일차 자료를 직접 사용하였다. 학자들 역시도 나의 결론에 관심을 갖게 되기를 바란다.

성경 해석에 있어서 모호했던 것들이 최근 단일한 단어들의 의미를 정확히 파악하면서 명확해지고 있다. 우리는 신약성경의 '단어를 다루고 있는 책들'을 통해, 헬라어 어휘의 상당 부분이 기독교라는 종교를 위하여 봉헌되었고, 따라서 성경 안에 있는 단어들은 비종교 헬라어의 것과는 다른 새로운 의미를 가지게 되었다는 점을 확인하게 된다. 이로부터 발생한 '성서학'은 제임스 바〔James Barr〕에 의해 논의되었는데, 바는 최근 신약 해석에 있어서 사전적 의미로만 접근하는 것의 위험성에 대하여 언급하면서, 구문과 문체가 개별적인 단어들(어휘)의 의미보다도 더욱 큰 역할을 한다는 사실을 내비쳤다.[2] 그럼에도 불구하고, 바는 이 영역에서 셈어가 기독교의 언어에 영향을 미쳤다는 것과 발화의 기독교적 변화 과

1. 이 물튼의 문법서가 본서의 주해 작업에 있어 기여점이 있는 경우, 각주에서 계속해서 언급할 것이다.

2. Barr, *The Semantics of Biblical Language*, Oxford, 1961, 233. "신약성경에서 발견되는 신학적 사상은 개별적인 단어가 아니라 단어 사이의 연결이라든지 문장 내에서 나타나는 특징적인 언어학적 표현을 가지고 있다."

정이 어휘 안에서 일어나는 변화보다도 더욱 명확하다는 것을 발견하게 될 것이다. 문장이 단일한 단어 그 이상을 드러내는 것과 같이, 그렇게 저자의 구문과 문체를 연구하는 것은 성경 주석가들에게 매우 중요하다. 이 주제에 관한 책이 어휘에 관한 책들보다 더 적게 쓰여왔다는 것은 놀랍지 않다. 왜냐하면 어휘를 공부하는 학생들은 사전과 색인을 통해 단어의 목록들을 빠르게 살펴볼 수 있는 반면, 구문론이라는 영역의 연구는 돌고 돌아야 〔원하는 목적지에〕 도착할 수 있기 때문이다. 몇 가지 선택적인 문법과 연구 논문 외에는 별로 도움이 되지 않기에, 작업자들은 실제로 모든 헬라어 텍스트를 통하여 자신의 길을 가야한다.

금세기의 신학의 특징을 보여주고 있는 '성서학'이 근본주의로 돌아가야 하는 것은 아니지만, 적어도 성경의 메시지는 기독교 신앙과 복음에 대한 최고의 권위라고 상정해야 한다. 이때 길이 나누어진다. '신근본주의자'로 불리는 몇몇 신학자들은 해석에 별 관심을 두지 않지만 다른 어떤 이들보다도 성경 계시가 나타나는 바에 대하여 가장 세밀한 부분까지도 보존하려 한다. 또 다른 성서학 학파는 원어 대신 번역어 성경에 만족하면서 히브리어와 헬라어를 진지하게 추구하는 경향을 비판하며 모호하게 일반화된 성경 본문에 기대어 가르치는 경향이 있다. 그러한 태도는 응당 비판받아야 마땅하다. "프랑스 문학을 해석하는 데에 일생의 노력을 기울였더라도 프랑스 문학을 단지 영역본으로만 읽을 수 있었던 사람의 말은 진지하게 받아들여지지 않을 것이다. 그런데 얼마나 많은 목회자들이 매주, 번역본이 없이는 읽을 수 없는 작품을 설명하는지 놀라울 따름이다!"[3]

워드(Ward)는 동일한 저널에서 생생한 신약성경 해석을 위하여 헬라어의 중요성을 지적했다. "헬라어 구사자는 작은 소리를 가지고 불변사를 추가함으로써 한 단어를 완전하게 강조할 수 있다." 이는 물론 헬라어로 읽고 쓸 줄 아는 사람이 가진 작은 장점 중 하나이기에, 오히려 현재 교회 내의 분위기가 주는 해악의 불식을 강조한다. 워드는 목회자들로부터 "헬라어에 시간을 낭비할 필요가 없으며, 모든 것은 주석에 들어있다"라는[4] 이야기를 들어왔다. 하지만 평범한 그리스도인들이 히브리어와 신약 헬라어를 배우도록 독려하는 성모 마리아 수도회의 작은 책은 이러한 시류에 더욱 밝은 신호가 될 수 있을 것이다.[5]

사람들은 주로 시각적이거나 물질적 혹은 관념적 이미지를 통해 하나님께 다가간다. 성경의 이미지는 신학적 개념의 개입이나 합리적이고 지적인 논증 없이 가톨릭과 개신교 모두에게 이야기한다. 이미지만으로 신자들을 하나님의 임재 앞으로 인도하고 그의 사랑에 대한 확신을 준다면, (성경에 대한) 세부적인 연구와 주의 깊은 보존, 그리고 정확한 이해는 가치가 있다. 먼지에 의해 손상되고 오용으로 인해 흠집이 생긴 이미지는, 세심하게 회복되어 다시 한번 의미 있는 상징이 되기 전까지, 자신의 메시지를 오롯이 전달할 수 없다. 더욱이 이미지가 사진첩으로 재현될 때, 진정한 상징

---

3. H. H. Rawley, *Expos. Times*, LXXIV, 12, Sept., 1963, 383.
4. R. A. Ward, *Expos. Times*, LXXI, 9, June, 1960, 267.
5. *This is Life*, by a religious of the CSMV, Wantage, SCM Press, 1961.

이기를 멈춘다. 사진에는 모든 세부적인 선과 빛이 드러나 그 모습을 보이기에, 상징 자체가 위치할 만한 공간이 없기 때문이다.

성경의 관념적인 이미지가 번역본에 항상 충실하게 보존되어 있는 것은 아니다. 헬라어를 습득하려는 노력에도 불구하고 신약성경 독자들의 역량을 넘어서는 경우가 왕왕 있기에, 본서에서는 현재 번역본에 본래의 이미지가 흐려진 몇몇 경우들을 다루어보고자 한다.

제1장
하나님에 대한 문법

1. 하나님

"하나님은 사랑이시라"(요일 4:8)

많은 사람들이 『신에게 솔직히』(*Honest to God*)라는 작품을 통해 틸리히-본회퍼-불트만 학파를 접하게 되었고, '신은 존재하는가?' 하는 물음에 대한 몇몇 지식인 무리들의 대답도 알게 되었다.[1]

이 책은 하나님은 '…이시다'(is)라는 전통적인 믿음으로부터의 분리를 보여주는 대표적인 작품이다. 하나님은 더 이상 속성(attributes)으로 서술되지 않는다. 예를 들어, 우리는 우리가 생각하기에 높은 권위를 가진 것에[2] 입각하여 늘 "하나님은 사랑이시다"라고 믿었지만, 기독교에 대한 최근 실존주의 해석이 상정한 바를 받아들이면 사도 요한의 금언을 뒤집어 "사랑이 곧 하나님이다"라고

---

1. J. A. T. Robinson, *Honest to God*, SCM, 1963. (『신에게 솔직히』, 현영학 역 [서울: 대한기독교서회], 1988).
2. 요한일서를 가리킨다—역주.

말하고 싶어질 것이다. 실존주의자들은 하나님이 '세계 바깥에'〔out there〕 있지 않다고 주장한다. 초자연적인 영역은 허구이며, '하나님'이란 용어도 자연적 경험을 떠나서는 무의미하다. 자연적 경험의 심연이 곧 하나님이다. 하나님은 "무궁한 심연이자 모든 존재의 근거다." 이제껏 배워온 바를 모두 잊고 '하나님〔이란 말〕이 심연을 의미함을 알라'고 몰아친다. 만약 어떤 사람에게 사랑이 충분하리만큼 깊고 또 중요한 경우, 그 깊이가 곧 하나님이다. 사랑은 하나님이다. 그러나 반대로 하나님은 '사랑이시다'라고 말할 수는 없다. 이 문장은 하나님을 어떤 독립적인 존재로 상정하고 있기 때문이다.

만약 문법을 그다지 엄격하게 신경 쓰지 않는다면, 이것이 바로 요한이 말하고 있는 바라고 주장할 수도 있을 것이다. 헬라어의 정관사를 무시하기만 한다면, 본래의 의미를 뒤집어 '사랑이 하나님이다'를 의미할 수 있다. 하지만 "그것은 오히려 사도가 애써 거부했던 것"임을 『신에게 솔직히』의 저자 로빈슨도 기꺼이 인정했다(52쪽). 요한은 꼭 맞는 위치에 정관사를 넣어서, "하나님은 사랑이시다"라는 의미를 표현하고 있다. 만약 그렇지 않았다면 '하나님은 그저 우리가 살면서 경험하는 관계일 뿐이다'라는 '반유신론적' 개념이 우리에게 펼쳐졌을 것이다. 어찌됐든 간에 로빈슨 주교가 원하는 것은 이러한 결론에 이르는 것이 아니었다. 오히려 그는 '사랑이 있는 곳에 하나님도 계신다'라는 자명한 이치〔axiom〕를 말하고자 했던 것 같다. 하나님은 그러한 경험 **안에** 계신다. 이러한 이치는 현대 과학의 일원화된 자연주의와 불가분의 관계 속에 살면서 그럼에도 그리스도인이라는 소속을 계속 유지하고자 하는 사람들이 받아들일 만한 것이지만, 하나님이 그저 사랑이라는 실존주의자들의 주장과 같이 극단까지 밀어붙인 것은 아니다.

현재 다루고 있는 논지의 핵심은 '하나님'이 사랑에 대한 하나의 술어이며 따라서 인간의 경험이 신성을 샅샅이 규명할 수 있다는 견해를 옹호하고자 사도 요한을 인용해서는 안 된다는 것이다. 정관사를 규정하는 문법이 이를 허용하지 않는다. 그럼에도 불구하고 이를 정당하게 다루자면, 요한이 다른 곳에서는 "love is ἐκ θεοῦ"(요일 4:7)라는 표현을 사용한다는 점을 지적할 필요가 있다. 로빈슨도 이 구절을 인용면서(53쪽), "사랑은 하나님께로부터 오는 것입니다"〔Love is from God〕라는 일반적인 해석을 취했다. 기독교 실존주의자들은 이 구절의 헬라어를 해석함에 있어 다른 적당한 대안을 찾는 것이 더 알맞을 것 같다. 전치사 ἐκ(-로부터)는 부분사〔partitive〕 ἐκ일 수도 있다. 그렇다면 이 구절은 "사랑은 하나님이다" 내지 "사랑은 신적인 것이다"와 같아진다. 속격과 함께 사용된 부분사는 본성 개념을 어느 정도 담고 있으며, 요한도 사랑에는 신성이 있음을 의미하려 했기 때문이다. 일례로 요한은 "일부 군중"〔a crowd〕을 의미할 때, 예수의 말씀을 들은 "군중 중에서"(요 7:40, ἐκ the crowd)로 표현했다. 요한은 부분사 ἐκ를 쓰는 습관이 있었는데, 가장 가까운 동질성 개념을 표현하고자 할 때 이 부분사를 자주 사용했다. 예를 들어, "너희가 세상에 속하였으면(ἐκ) 세상이 자기의

것을 사랑할 것이나”(요 15:19)에서 ἐκ를 사용하고 있다.[3]

내가 이렇게 말한다고 해서 실존주의자들과 생각을 같이하는 것도 아니며, 하나님과 선한 천사까지도 비신화화 할 정도로 사탄과 악한 영들을 비신화화 하고 있는 틸리히-본회퍼의 탐구에 공감하는 것도 아니다. 오히려 이에 대한 아주 최근의 반발이 마음에 든다. 즉, 보통 말하는 악—이는 별 문제없이 비신화화 될 수 있다—과 보통 말하는 **하나님** 또는 **선**—이는 비신화화 될 수 없는 것이다—을 구분하려는 시도인데, 이는 선은 악과는 달리 본질적으로 존재를 가지고 있다는 개념에 근거하고 있다. 사실 이러한 개념 자체는 최근의 것이 아니며, 기독교 신학에서 이따금씩 나타났던 것이다. 관념론적 방식으로 사고하는 성향의 사람들 사이에서 말이다. 철학적으로 이러한 구분을 정당화 한 경우는 종종 있다. 하지만 성경에는 이러한 정당화가 나타나지 않는다.

“유일하신 하나님?” 혹은 “오직 하나님?”(요 5:44)

문법에 충실한 것은 주해를 함에 있어 견고한 기초가 된다. 그러나 문법 지식을 넘어서는 경우들이 있다. 예를 들어, 요한복음 5:44에 대한 일반적인 이해가 그렇다. KJV는 여기에서 예수께서 유대인들에게 다음과 같이 말하고 계신 것으로 그리고 있다. “너희가 서로 영광을 취하고 **오직** 하나님께로부터 오는 영광은 구하지 아니하니 어찌 나를 믿을 수 있느냐?” 이러한 번역은 1881년에

3. Moulton-Howard-Turner, *Grammar*, vol. III, 260.

KJV를 개정했던 사람들〔RV 편집자들〕에게 만족스럽지 않았고, 그 이후에 나온 모든 영역 성경은 이전 역본들의 명백한 부주의를 바로잡으며 헬라어 어순을 충실하게 따랐다. 그래서 RV는 "오직 하나님"을 "유일하신 하나님"으로 변경하였다.

이는 안전한 원리를 따른 것으로 보인다. 왜냐하면 신약성경 어디에서도 형용사 μόνος가 부사로 사용될 때 관사와 명사 사이에 놓인 경우를 발견할 수 없으며, 관사 앞(눅 5:21, 히 9:7)이나 명사 뒤(마 4:4; 12:4, 17:8)에서만 부사로 사용되기 때문이다. 그러므로 관사와 명사 사이에 놓인 요한복음 5:44절의 μόνος는 명사와 밀접한 것〔형용사〕으로 여겨야 하며, 따라서 '유일하신'〔unique〕, '홀로이신'〔lonely〕, '홀로 존재하시는'〔sole existing〕으로 해석되어야 할 것이다. 이는 합리적인 것이다. 그러나 신약성경 밖에 있는 한 용례는 다른 모습을 보여준다. 칠십인역의 수산나〔공동번역, 단 13장〕 15절에 나오는 μόνος는 관사와 명사 사이에 있지는 않지만,[4] 문법적인 관점에서 명사와 밀접한 것으로 간주해야 하는 위치에 놓여 있다.[5] 하지만 그 구절의 의미를 보면 밀접한 연결은 완전히 불가능하다. 그래서 우리는 어순이 μόνος의 의미에 결정적이지 않다는 점을 주의해야 한다. 수산나가 "**단 두 명**의 하녀와 함께 갔다"는 말은 그녀가 하녀를 **단지 두 명만** 데리고 갔다는 의미이지, 그녀가 데리고 간 하녀들이 .그녀의 유이〔唯二〕한 하녀들이라는 의미가 아니다. 사람

4. 관사 자체가 없다—역주.
5. 관사가 없이 명사 앞에 위치한다—역주.

들은 문법적으로 '오직'이라는 단어가 수식하는 단어와 가장 가까운 곳에 나타날 것으로 기대하기에,[6] '오직'이 '두 명'과 '하녀' 사이에 위치한 것에 낯선 느낌을 받게 된다. 그렇다면 요한복음 5:44는 더욱 세심한 주의를 기울일 필요가 있다. 이는 정황상 KJV와 같이 번역해야 한다. 왜냐하면 유대인들이 유일하신 하나님이 아닌 여러 신들로부터 영광을 취했으리라는 생각을 배제해야 하기 때문이다. 따라서 이 맥락에서 "유일하신 하나님"이라고 말하는 것은 어울리지 않는다. 예수가 지적하고 있는 유대인들의 영적 문제는 하나님뿐이 아니라 다른 원천들로부터 영광을 취하고 있었다는 점이다. 예수께서는 그들에게 오직 하나님께로부터 오는 영광을 구해야 한다고 일깨워주셨던 것이다.

문법학자들은 분명 이 번역에 대해 어색함을 느낄 것이다. 부사적 의미의 μόνος가 관사와 명사 사이에 위치한 사례가 전혀 없기 때문이다. 그러나 이 까다로운 본문의 역사가 가르쳐주고 있는 것이 있다. 아주 오래되고 중요한 사본의 이문에는 "하나님"이라는 단어가 없고 단순히 "유일하신 분으로부터"라고 적혀 있다.[7] 2세기

6. "두 명의 하녀" 앞 혹은 뒤를 기대한다—역주.

7. 보드메르 파피루스가 발견되기 전에는 이러한 독법이 다음과 같은 자료들에서만 기인한 것이라고 학계에 알려져 있었다. 바티칸 사본〔Codex Vaticanus〕, 워싱턴 사본〔Washington Codex; 후리어 복음서(Freer Gospels)로 불린다〕, 4세기의 고대 라틴어 사본〔Old Latin manuscripts〕 두 개, 콥트어 역본〔Coptic version〕(아주 오래된 것은 아니다), 아르메니아 사본〔Armenian manuscripts〕, 주후 200년경의 오리게네스의 인용문과 그보다 1세기쯤 후의 에우세비우스의 인용문.

내지 3세기의 것으로 추정되는 보드메르 파피루스 2번〔Bodmer papyri No. 2〕이 이 독법을 지지하고 있음에도 불구하고, 그 이문은 정확한 것일 수 없다. 이는 **유사 어미에 의한 누락**〔homoioteleuton〕을[8] 보여주는 분명한 사례로서, 아주 초기의 필사 과정에서 발생한 실수를 반영하고 있음이 틀림없기 때문이다. 수많은 헬라어 문장들은 그러한 실수가 얼마나 쉽게 발생할 수 있는지를 보여준다.

ΠΑΡΑ ΤΟΥ (ΘΕΟΥ) ΜΟΝΟΥ ΟΥ ΖΗΤΕΙΤΕ. 괄호 안의 단어는 실수로 빠뜨린 단어이다. 내 생각에 빠진 단어는 〔ΜΟΝΟΥ 뒤가 아니라〕 저 위치에 있어야 한다. ΤΟΥ와 ΘΕΟΥ의 어미는 누가 봐도 비슷하다. 이 실수는 매우 초기에 발생하여 매우 널리 퍼졌기에, 이 실수가 마침내 발견되었을 때에, 수정되어야 할 것은 일단 여백에 기록되었을 것이다. 하지만 나중에 이 단어가 본문에 실릴 때에, 부주의하여 잘못된 위치에 삽입되었을 것이다. 즉, ΜΟΝΟΥ 앞에 삽입되는 대신 그 뒤에 삽입된 것이다. 이 위치도 마찬가지로 문법적으로 가능하기 때문이다. ΜΟΝΟΥ의 원래 위치는 동사 '구하지 않다'〔ΟΥ ΖΗΤΕΙΤΕ〕 바로 앞이었을 것이다. 따라서 그 의미는 '너희가 오직 하나님께로부터만 오는 영광은 구하지 아니하니'이다.

이렇게 추정하면서 우리는 KJV로 돌아간다.

---

8. 즉, 연속되는 앞 단어와 뒷단어의 어미가 유사한 경우, 필사자가 앞 단어를 베낀 다음 자신의 눈을 원본의 뒷단어로 돌리는 순간 두 단어의 어미가 비슷하기 때문에 필사자는 뒷단어를 자신이 이미 필사한 부분으로 여기며 빠뜨리는 실수.

진리와 그 진리(Truth and the Truth)

요한복음과 마찬가지로 요한서신에서 ἀλήθεια(진리)는 핵심어이기에, 정관사의 유무에 따라 이 단어에 대한 해석이 달라질 수 있는지를 곰곰이 생각해볼 수 있다. 예수께서 "나는 진리다"(요 14:6)라며 자신에 대해 말씀하실 때, ἀλήθεια 앞에 정관사가 붙어 있다. 통상 정관사가 붙은 진리는 인격화된 것으로 추정한다. 이런 경우 번역자들은 앞 글자를 대문자로 쓰고 예수와 동의어로 사용한다. 몇몇 조건을 상정한다면, 그러한 추정은 성서 헬라어에서 참일 가능성이 높다. 왜냐하면 정관사는 추상명사를 보다 구체적인 것으로 변화시키기 때문이다. "정관사를 생략하면 추상명사에 들어 있는 성질이 강조되는 경향이 있는 반면, 정관사를 붙이면 더 구체적이고 단일하며 개별적인 것이 된다."[9] 정관사가 있고 없고 차이에 따른 미묘한 무언가가 있음이 분명하다. 그렇지 않다면 왜 관사를 붙인 ἀλήθεια와 무관사 ἀλήθεια가 한 문장 안에 함께 있겠는가? 요한은 이 둘을 구분하면서 동시에, 동일한 단어를 사용함으로써 그 근저에 어떤 연관성을 부여했다. 요한복음 8:44에 나오는 두 개의 ἀλήθεια 중 전자는 관사가 붙어서 인격화 된 ἀλήθεια로, 후자는 〔같은 말 다른 뜻의〕 언어유희로 보고 다음과 같이 번역할 수 있다. "너희 아비 마귀는 처음부터 살인한 자요, **진리**[이신 그리스도] 안에 서지 못하는데, 왜냐하면 **진실함**이 그 속에 없기 때문이다." ἀλήθεια가 두 개의 다른 의미로 재현되고 있다. 이 둘이 동시

9. Moulton-Howard-Turner, *Gammar*, vol. III, 176.

에 나타나는 다른 구절로 요한삼서 3절이 있다. 여기에서의 구분은 다른 곳에서는 관찰할 수 없는 형태다. 왜냐하면 (관사가 있음에도 불구하고) 첫 번째 ἀλήθεια는 가이오가 가지고 있는 추상적인 특성, 즉 가이오의 '성실함' 내지 '진실함'을 가리키는 것으로 일반적으로 이해되고 있기 때문이다. 따라서 이 단어가 '그 진리'로서의 그리스도를 가리키고 있다고 볼 만한 명백한 것이 없다. 그래서 KJV는 다음과 같이 번역했다. "형제들이 와서 네게 있는 **진리**〔the truth〕를 증언하되 네가 **진리**〔the truth〕 안에서 행한다 하니 내가 심히 기뻐하노라."[10] 1961년에 나온 NEB도 언어유희를 피하고[11] 정관사를 고려하지 않은 채 ἀλήθεια를 일률적으로 다루었다. "형제들이 와서 네가 얼마나 **참된지를** 내게 말했다. 실로 너는 늘 **참되게** 산다." 〔많은 역본들에서〕 첫 번째 ἀλήθεια를 진리이신 그리스도를 지칭하는 말로 보는 것이 곤란했던 이유는 σοῦ가 반드시 속격 인칭대명사일 필요가 없다는 점을 알아보지 못했기 때문이다. 여기서는 **'네게 있는** 진실함' 〔thy truth〕이란 의미가 아니다. 동사 '증언하다'(μαρτυρεῖν)는 대개 속격 형태의 간접목적어를 갖는다. 이러한 구조에 걸맞게 σοῦ(σύ의 속격)를 해석하는 방식은 다음과 같다. "형제들이 와서 진리〔이신 그리스도〕께 너에 **대하여** 증언했다." 마지막 명사는[12] 여격으로 증언을 듣는 대상이 되는 자를 의미한다. 이

---

10. 헬라어에는 전자의 "진리"에는 관사가 있고, 후자에는 없다—역주.
11. '같은 말-다른 뜻'이 아니라 '같은 말-같은 뜻'으로 번역했기 때문에 언어유희를 피했다고 표현한 것이다—역주.
12. 이 영어 문장에서는 마지막 명사가 '진리'다—역주.

구조는 요세푸스가 쓴 『유대 고대사』〔Antiquities of the Jews〕에[13] 정확히 평행하게 나타난다. 여기서 요세푸스는 어떻게 데메드리오 왕이 어떤 유대인들을 예루살렘의 대제사장에게 보냈는지를 기록하고 있다. 데메드리오는 몇몇 유대인들이 폭동 진압을 도와준 것을 감사하며, "대제사장**에게**(여격) 그들의 도움에 **대해**(속격) 증언하고 있다." 아주 명확한 평행문이다. 이쯤에서 보면, 요한삼서에서 첫 번째로 언급된 ἀλήθεια는 진리이신 그리스도이다. 그러나 두 번째로 언급된 ἀλήθεια는 무관사 용법으로 사용될 때 다음과 같이 추상적인 의미를 지닌다. "네가 **진실함** 안에서(즉, 진실하게) 행하는 것 같이."

관사가 붙은 ἀλήθεια가 보통 진리이신 그리스도를 가리킨다는 이유로 관사가 없는 ἀλήθεια가 항상 '진실함'으로 간주된다고 가정하는 것은 너무나도 순진한 생각이다. 그러한 지나친 단순화는, 관사가 수식하는 명사가 술부로 등장하고 동시에 문장에서 동사 앞자리에 위치할 때 일반적으로 관사를 필요로 하는 경우라 하더라도 관사가 나타나지 않을 수 있는 상황을 배제한 것이다. 따라서 요한복음 17:17에서 두 번 나타나는 ἀλήθεια가 각각 다른 의미일 것이라고 추정해서는 안 된다. "그들을 진리〔관사 있음〕로 거룩하게 하옵소서 아버지의 말씀은 진리〔관사 없음〕입니다." 후자의 "진리"는 동사 "…입니다" 앞에 나타나서 그 결과 정관사가 사라지는 술부

13. Benedict Niese's editio minor, vol. III, 143, line 23 ; i.e. Antiqu. Iud. XIII, 142를 참고하라.

의 예가 된다.[14]

'진리'(truth)와 '그 진리'(the Truth)에 대한 요한의 가르침은 실제로 이렇게 되어 있다. 만약 그 단어가 인격화되어 있지 않다면, 요한은 우리말 '진실함'(sincerity)과 비슷한 것을 의미한 것이다. 그리스도는 은혜와 **진실함**(sincerity)이 충만하다(요 1:14). 그 후에 요한은 요한복음 1:17에서 앞 절과 동일한 은혜와 **진실함**(전방조응—저자는 이 단어들에 대한 바로 직전의 언급에 관심을 기울일 필요가 있었다—이기[15] 때문에 정관사가 필요하다[16])이 예수 그리스도로 말미암아 온 것이라고 쓰고 있다. **참된** 신자들은 진실하고 영적인 방식으로 하나님을 예배할 것이다(요 4:23-24). 그리스도에 대한 지식이 없는 로마의 관리(빌라도)가 보기에는 ἀλήθεια에 관사를 붙인 것과 안 붙인 것 사이에 아무런 차이가 없었겠지만, 요한 자신은 한 곳에서 두 용법을 병치하여 부각시키고 있는 것으로 보아 그 차이를 알고 있었다고 볼 수 있다(요 18:37-38). 예수께서는 빌라도에게 **그 진리**를 언급하고 계신다. 그리스 철학적 의미에서 통상 사용되는 어떤 추상적 관념으로서의 진리가 아니라, 어떤 맥락에서 사실상 그분 자신과 동일시되는 인격화된 진리이자 하나님의 속성으로 이해되는 진리를 언급하시는 것이다. "나는 그 진리(관사

---

14. 헬라어 어순은 다음과 같다. "당신의 말씀(logos)은 진리이다(Thy Logos Truth is)." 이는 콜웰의 법칙(Colwell's rule)의 예다. 이에 대해서는 F. D. Moule, *An Idiom Book of New Testament Greek*, Cambridge, 1963, 112. Moulton-Howard-Turner, vol. III, 183-84를 보라.
15. 앞에 나왔던 단어를 가리키는 것을 전방조응이라 한다—역주.
16. Moulton-Howard-Turner, *Grammar*, vol. III, 173.

있음)를 증언하기 위하여 태어났다. 무릇 그 진리(관사 있음)에 속한 자는 내 음성을 듣느니라." 빌라도가 이르되, "**진리**(관사 없음)가 무엇이냐?" 또한 요한은 기독교 신자들에게 서로 **진실하게**(즉, "진리 안에서"[요일 3:18]; 요이 1절도 마찬가지다) 사랑하라고 권고한다. 또한 그는 가이오를 **진실하게** 사랑한다고 말한다. **진실하게 사랑으로**(즉, '진리와 사랑 안에서'[요이 3])는 이런 식의 부사구 중 하나다. 요한은 **진실하게**(즉, '진리 안에서'[요이 4]) 행한 그리스도인들을 보았을 때 기뻐하였다.

확실히 "진리 안에서 행함"이라는 문구가 여러 번 사용되었는데, 저자는 요한삼서 4절을 제외하고는 관사를 사용하지 않았다. 4절도 이전에 언급한 단어를 다시 언급하기 위해(문법적 전방조응) '**바로 그 진실함으로**'라는 의미를 가리키고 있기에 예외는 아니다.

히브리 사상을 배경으로 할 때, 진리〔Truth〕라는 단어는 전통적으로 '신뢰성'〔reliability〕, '안정성'〔stability〕, '신실함'〔faithfulness〕, '발화된 진리'〔spoken truth〕, '종교적 지식'〔religious knowledge〕을 의미한다. 하지만 이외에도 **אמת**〔진리〕는 히브리인들에게 있어 하나님 자신 안에 자리한 실재와 정의의 원리였다. 한편 어떤 그리스인에게 진리란 자연과 실재에 가까운 것이었다. 즉, 단순한 현상의 이면이나 거짓에 반대되는 것으로, 꿈과 대조되는 하나의 사태를 말한다. 인간 행위의 맥락에서 그리스인들은 진리를 진정한 삶으로 보았다. 이는 어떤 초월적인 규범과 관련된 것이 아니라, 대부분의 사람들이 '진실함'〔truthfulness〕이라고 말했을 어떤 특성과 관련된 것이다. 나는 기독교 교회가 사용한 용어의 대다수가 히브리적 근원으로부터 빌려온 것이라고 확신한다. 특히 헬라어 '진리'(ἀλήθεια)에는 생소했을 새로운 의미들이 많이 더해졌다. 신뢰성, 안정성, 신실함이라는 특성이 분명 그렇게 새로 더해진 의미이며, 어떤 초월적이고 초자연적인 형태—이는 다름 아닌 하나님 자신이다—와의 일치라는 특성이 특히 그렇다. ἀλήθεια라는 단어는 거듭났다. 이 단어가 새로운 기독교적 의미를 지닐 때 그 앞에 정관사를 사용하는 것은 사도 요한의 통상적인 습관이다. 세례 요한이 그 진리를 증언한다는 언급은 세례 요한이 그리스도를 증언하고 있다는 뜻이다. 사도 요한은 그리스도인들이 '그 진리'를 안다고 말한다. 그 진리(즉, 그리스도)는 그리스도인들에게 자유를 준다(요 8:32). 그리스도와 로고스는 그 진리와 동일시되며(요 14:6, 17:17), 그러므로 성령은 진리시다(요일 5:6). 그러나 "그 진리의 성령"(요 14:17, 15:26, 16:13; 요일 4:6)과 같은 문구에서 이러한 진리와 성령의 연관성은 아마도 그리스도와 성령의 밀접한 관계를 상정하고 있으며, 특히 신자들에게 성령을 보내시고 이 대리자를 통해 그분 자신, 즉 그 진리의 충만함으로 인도하신다는 약속을 나타낸다. 다른 한편으로, 그 진리를 위해 이 땅에 온 그리스도라는 증거자(요 18:37)는 마치 그 진리가 자기 외부의 무엇이라는 듯이 진리를 언급한다(요 8:40, 45, 46, 16:7). 그렇긴 해도 요한서신에서는 진리가 우리 안에 거하며(요일 1:8; 요이 2) 우리도 진리 안에 있다는(요일 2:4-5) 보충적인 개념이 있는데, 이는 요한이 복음서에서 우리와 그리스도의 관계에 대해 말한 것과 상통한다—"내 안에 거하라. 나도 너희 안에 거하리라"(요 15:4-5). 요한복음의 근본적인 특징인 그리스도를 아는 특권은 요한이 서신에서 사용한 문구—"진리를 앎"(요일 2:21; 요이 1)—에 직접적으로 상응한다.

한두 구절은 다소 어려운데, 특히 그 진리를 "행함"(요 3:21; 요일 1:6)이라는 표현이 그렇다. 여기서 정관사가 발견되는데, 이 장에서 지금까지 다룬 것 외에 (전방조응 때문이든, 아니면 전치사의 존재 때문이든) 정관사가 여기에 삽입될 이유가 없는 것처럼 보인다. 〔진리 앞의〕 정관사는 인격화를 의미하기 위해 사용된다. 이와 관련하여 생각할 때, 동사 '행함'(ποιείν)은 어려운 문제다. 하지만 저 문구가 '진정으로(또는 진실하게) 행동함(또는 생활함)'을 의미한다는 평범한 가정에 의문을 던져볼 가치가 있다. 물론 히브리어에도 이와 같은 어구가 있지만, 칠십인역 번역자들은 이 표현을 옮길 때에 어김없이 정관사를 생략했다는 점을 기억할 필요가 있다. 내가 보기에 이들의 관습을 고려한다면, 관사가 있는 요한의 어구와 관사가 없는 어구가 동일한 의미일 개연성이 낮아진다. 요한에게 있어 동사 ποιείν은 '예배드림' 내지 '제자가 됨'〔to be a disciple of〕과 같은 특수한 종교적인 의미로 사용되었을 수 있다. "그 진리의 **제자인 자**는 빛으로 오나니, 이는 그 행위가 하나님 안에서 행한 것임을 나타내려 함이라"(요 3:21). "만일 우리가 하나님과 사귐이 있다 하고 어둠에 행하면, 거짓말을 하고 그 진리의 **제자**가 아니다"(요일 1:6).[17]

---

17. 정관사가 붙었기 때문에 어려운 또 다른 문구는 "그 진리를 말하다"이다. 이는 정형화된 문구다. 여기에 인격화가 의도되어 있는지 여부는 의심스럽다.

바울서신에서 신적 인과성

지적으로 정직하고 전문적인 교육을 받은 교사가 갑작스런 회심을 체험한다면, 자신이 젊은 시절 가지고 있었던 신학적 개념을 어느 정도까지 버릴 수 있을까?

랍비 정통(rabbinical orthodoxy)에 통달한 바리새인 사울은 그리스도인이 되고 오랜 세월이 지난 후에도 신적 인과성에 관한 전통적인 유대적 관점을 잠재의식적으로 간직하고 있었을 것이다. 그러한 관점은 모든 현상이 하나님으로부터 유래한다는 것이고, 어떤 의미에서는 하나님의 의지가 세계에서 일어나는 각 사건의 배후에, 그리고 각 인간 행위의 배후에 놓여 있다는 것이다. 예정설과 숙명론이라는 개념은 우리의 입맛에는 썩 잘 맞지 않는데, 1세기 유대 그리스도인의 입맛에도 우리가 현재 가지고 있는 경건한 불가지론이 잘 맞지 않을 것이다.

우리는 바울의 예정론을 너무 극단까지 밀어붙여서는 안 된다. 예정 사상은 바울의 이름과 밀접하게 관련되어 왔으나, 대개 전치사 εἰς가 관여한 구조에서 비롯한 종결적이고 숙명적인 느낌에 대해서는 대부분 문법적으로 설명 가능하다.

크세노폰과 이후의 작가들이 목적절을 만들기 위해 이 전치사를 관사가 붙은 부정사 앞에 두는 경우는 비교적 드물었지만, 성서 헬라어(헬라어 구약성경)에서 히브리 성경의 강한 인과적 맥락을 옮기는 경우에 이 구조가 공통적으로 나타나는데, 이것이 목적절로 사용된 것은 논란의 여지가 없다. 그 이래로 이 구조는 고전기 이후의 헬라어에서 목적을 표현하는 매우 흔한 방식이 되었다. 그럼에도 불구하고 성서학을 공부하는 학생들은 세심한 주의를 기울이면서, εἰς τὸ 부정사 구조가 히브리어에서 전치사 ל가 동반되는 **부정사 연계형**(이때 라메드는 모든 문맥에서 헬라어 εἰς로 번역되는 성향을 보인다)을 문자 그대로 옮김으로써 발생했음을 기억할 필요가 있다. 이 히브리어 구문론의 특수한 예는 목적절의 의미보다도 훨씬 더 폭넓게 사용된다. 사실, 목적이라기보다 이 부정사가 의존하고 있는 주동사의 **방향**을 표현하는데, 원형부정사(즉, 전치사나 관사가 없이 사용된 것)의 용법과 거의 다르지 않다. 예를 들어, "야훼께서 내 구원을 향하신다"〔Yahweh to(ל) save me〕는 단순히 완곡한 미래시제로서 "야훼께서 날 구원하려 하신다"를 의미할 수도 있다. 한편 이 구조는 당위분사〔gerundive〕를 나타내기도 한다. "내 포도원을 위해서 무엇을 더 할까?"〔What to(ל) do more for my vineyard?〕는 '나는 무엇을 더 **해야 하는가?**'를 의미하고, "야훼의 이름을 언급하지 않는다"〔Not to(ל) mention Yahweh's name〕는 "야훼의 이름을 언급해서는 안 된다" 를 의미한다.

성서 헬라어에 나타난 εἰς τὸ-부정사가 이렇게 꽤 포괄적인 히브리어 구조를 문자적으로 옮긴 것임을 기억한다면, 우리는 바울이 이 구조를 사용한 곳에서 매우 명백하게 나타나는 강한 신적 인과율이 약화될 필요가 있다는 것을 쉽게 인정하게 될 것이다. 나는 로마서에 있는 몇몇 구절들을 염두에 두고 있다. 거의 대부분의 영어 성경이 이 구절들을 번역하는 방식은 아마도 다음과 같을 것이다.

"여러분들이 세워지게 **하려고** 나는 어떤 신령한 은사를 나누어

줄 것이다(롬 1:11). … 그들이 핑계하지 못하게 **하려고** 하나님의 피조물을 통해 나타내셨다(1:20). … 하나님도 의로우시며 믿는 자들을 의롭다 **하기 위해** 하나님의 의로우심이 나타났다(3:26). … 아브라함은 믿는 자들의 조상이 되기 **위해** 할례를 받았다(4:11). … 아브라함의 모든 후손에게 그의 약속을 굳게 **하려고** 하나님께서 자신의 은총을 드러내셨다(4:16). … 아브라함은 많은 민족의 조상이 되기 **위해** 바랄 수 없는 중에 바라고 믿었다(4:18). … 당신은 다른 분께 속하기 **위해** 율법에 대하여 죽임을 당하였다(7:4). … 많은 형제들 중에서 맏아들이 되기 **위해서** 그 아들의 형상을 본받도록 정하셨다(8:29)."

만일 (예컨대 마지막 문장에) 어떤 인과성이 있다고 한다면, 마지막 문장의 의미는 바울이 헬라어로 나타내고자 한 내용으로 추정되는 것과 정반대라는 점이 명백하다. 인과관계의 선후가 올바르게 되려면, 다음과 같이 문장의 앞뒤를 바꿔야 한다—인간이 그리스도의 형상을 본받게 하기 위해서 그리스도께서 인간의 맏아들이 되셨다.[18]

따라서 우리는 로마서 안에서 ϵἰς τὸ-부정사가 반드시 엄격한 인과적 결과를 나타내는 구조라는 데에 강한 의심을 품게 된다. 이것은 '그래서'〔and so〕로 번역될 수 있을 것이다.

다른 시대의 성서학자들이 다른 근거를 통해 도달한 결론을 현대의 연구로 확인하는 것은 적절한 일이다. 웨스트코트〔Westcott〕는

---

18. 위의 번역은 저자가 사용한 KJV를 직역한 것이다—역주.

우리가 헬라어 성경을 총체적으로 헤아릴 수 있도록 도와주는 칠십인역의 언어를 아주 면밀하게 연구할 때 얻을 수 있는 이점을 누리지 못했다. 그럼에도 그는 ἵνα절과 εἰς τὸ-부정사를 어떤 확실한 직관으로 구별하여, 대개 ἵνα가 더욱 명백히 인과적인 반면, 후자의 구조는 보다 거리가 있는 목적을 나타내며 또한 목적어를 지배하는 동사와의 관계가 느슨하다고 주장한 바 있다.

2. 예수는 하나님이시다

> 예수는 하나님이시니,
> 슬픈 자, 고통 받는 자, 모든 병든 자가 오게 하라.
> 모두가 가치가 있으니
> 모두가 그의 영광을 이루는 방식이기 때문이라.
> 한마디 작은 말을 한다면
> 천년의 괴로움도 가치 있는 것.
> "내가 믿나이다"라는 말로
> 우리 주님의 신성을 고백한다면.

위의 글은 로마 가톨릭으로 개종한 어느 빅토리아인의 확신을 담고 있다.

"예수는 누구이신가?"라는 끊임없는 질문에 대한 완전한 대답은 마리아에게 붙인 고대의 칭호에 내포되어 있다. 동방 교회에서는 초기부터 이 칭호가 통용되어 왔다. θεοτόκος〔하나님을 낳은 자〕는 하나님의 어머니를 뜻한다. 하나님의 아들의 어머니도 아니고, 하나님의 어머니를 뜻한다. 마리아에게서와 하나님에게서 나신 분이 하나님이시기 때문이다. 균형 있고 신중한 신학자들은 저 칭호의 사용을 피한다. 잉글랜드 성공회는 공식문구에서든 기도서에서든 "예수는 하나님이시다"처럼 절대적인〔unqualified〕 진술을 피하지만, 그리스 정교회와 로마 가톨릭교회에서는 저 문구가 별로 문제되지 않으며, 그들의 신앙심에 도움을 준다. 누군가는 저 문구가 니케아 신경에 직접적으로 언급되기에 충분한 근거를 가지고 있는 진술이라고 생각할 수도 있을 것이다. 예배자들이 니케아 신경, 곧 "한 분이신 주 예수 그리스도, 하나님의 외아들, 만세 전에 하나님으로부터 나신 분, **하나님에게서 나신 하나님**〔God of God〕"을 믿는다는 말로 자신들의 신앙을 고백한 것은 성찬식에서 중요한 부분을 차지했다.

예수의 신성에 관한 최근의 논란은 세계교회협의회〔World Council of Churches〕와 관련된다. 1961년에 발표한 세계교회협의회의 헌장 제1조는 다음과 같이 진술한다. "세계교회협의회는 성경에 따라 주 예수 그리스도를 하나님이며 구주로 고백하며, 한분 하나님이신 성부, 성자, 성령의 영광을 위하여 공동의 소명을 함께 성취하고자 노력하는 교회들의 교제"이다.[19]

---

19. 『WCC란 무엇인가?』(서울: WCC 제10차 총회 한국준비위원회, 2012)의 번역문을 사용하였으나, 영어 원문과는 달리 번역문에 생략된 "주"와 "한분 하나님"을 위 인용문에 삽입하였다—역주.

넬스 페레〔Nels F. S. Ferré〕에 따르면[20] 이는 가현설 이단에 속한다. 세계교회협의회의 진술을 문자 그대로 볼 경우 예수 안에 순수 신성만 있다는 입장을 취하는 것 같기 때문이다. 저 진술에는 예수의 인성이 전혀 언급되어 있지 않다. 페레는 "예수는 하나님이 아니라 하나님의 아들"이라고 주장했다. 예수는 성육신한 하나님이지 "하나님 자체"는 아니므로, 세계교회협의회는 "우리는 그리스도 안에 계신 영원하신 하나님을 예배한다. 그분은 세상과 자신을 화해시키셨다"라고 고백하는 것이 더 좋을 뻔 했다는 것이다. 인류 보편의 신앙을 추구하며 신을 예배하는 지식인들이 제1조를 받아들이지 않을까 우려했던 사람들은 그러한 정서를 지지했다.

로빈슨 주교는 최근 자신의 저서에서 교회에 나가지 않는 수많은 사람들의 어떤 대중적인 신앙 방식을 비판했다.[21] 왜냐하면 그러한 신앙 방식이 칼케돈의 조항을 극단으로 밀어붙인 것이기 때문이다. 하나님 자신이 성육신하였으며 사람의 옷과 가면을 취하셨다는 것이 바로 그 극단적인 믿음이다. 저자는 이 부분에서 이단적인 요소를 발견했고, 이를 가현설과 단성설의 극단적 형태라고 일컬었다.

평범한 그리스도인들에게는 세계교회협의회의 이설〔heterodoxy〕이 문제가 될 것 같지는 않다. 왜냐하면 이는 초기 그리스도인들이 믿었던 것, 신약성경에 계시된 것과 밀접히 연관되어 있기 때문이

20. *Expos. Times*, LXXIII, no. 12, Dec., 1962.
21. J. A. T. Robinson, *Honest to God*, SCM, 1963, 70.

다.

최초의 순교자인 스데반은 죽음 앞에서 예수가 마치 하나님인 것처럼 말했다. 이 경건한 헬라파 유대인이 결코 하나님이 아닌 자에게 기도하지는 않았을 것이다. 사도 바울이 아무 생각 없이 십자가에서 피를 흘리신 분이 하나님이셨다는 확언으로 자연스럽게 미끄러졌다는 생각은 그리 일반적으로 인정받을 만한 주장이 아닐 것 같다. 사도행전 20:28이 이와 관련되어 있다. 바울은 밀레도에서 장로들에게 "하나님이 **자기의 피**로 사신 **하나님의 교회**"에 대해 말했다. 하나님의 피! 몇몇 특이한 사본들은 이 구절이 의아하게 느껴지지 않게 "주님의 교회"로 읽는다. 즉, 주 예수가 떠오르게 읽는다는 것이다. 하지만 필사자들이 "하나님의 피"와 같이 뜻밖의 독창적인 개념을 창안하지는 않았을 것이기에, 더 의아하거나 더 난해한 사본이 원 독법일 가능성이 높다. 우리는 예수가 하나님이라는 바울의 본래 진술을 그대로 남겨 두고 있기에, 이 진술이 신약성경 시대보다 이른 시기의 기독론을 나타낸다고 생각하는 학자들은 이 대목에서 난색을 표한다. 이를 극복할 단 하나의 출구가 있다. 곧, "자기의"를 속격 형용사가 아니라 명사(자기의 것/사람)로 보는 문법적 방책이 있다. 여기에서의 속격을 이와 같은 용법을 가진 것으로 본다면, 이 단어 뒤에 '-의'를 붙일 수 있다. 즉 '자기 사람의'가 된다. 이 방편은 바울의 확언을 '하나님이 자기 사람의 피로 사신 하나님의 교회'라는 의미로 축소시키면서, 저기독론을 급격히 확장시킨다. NEB의 난외주처럼 말이다. 이는 일종의 신학적인 방편으로, 본래 바울의 확언에 가상적인 구분점을 슬그머니놓은 것이다. 헬라어를 다루는 자연스러운 방식도 아니며, 바울 혹은 이야기의 저자가 마음속에 품었던 의미일 것 같지도 않다. 이러한 의미를 의도한 것이라면 '아들'이라는 단어를 넣는 쉬운 길을 택했을 것이다.

더군다나 바울이 여기에서만 그러한 표현을 쓴 것도 아니다. 로마서 9:5에서 메시아 예수는 "하나님, 곧 세세에 찬양받으실 분"으로 서술된다. 나는 RSV와 NEB의 본문이 아니라 난외주가 옳다고 생각한다. NEB의 본문에서는 저 문장을 '메시아'라는 단어로 단순하게 끝내고, 감탄사와 함께 새로운 문장을 시작한다. "만물 위에 계신 하나님, 세세에 찬양을 받으소서!" 그래서 예수 그리스도께 신성을 부여하는 길을 피한다. 그러나 이는 접속사를 생략한 번역이며, '메시아'와 성/수/격이 일치하는 분사를 분리한 후 다른 명사를 주어로 받아서 기원문의 의미를 부여할 문법적 이유가 전혀 없다. 실제로 여기의 분사를 선행사와 분리하는 것은 부자연스럽다. 난외주를 따라서 다음과 같이 읽는 것이 더욱 낫다. "그리스도가 나셨으니, 그는 만물 위에 계시며, 하나님 곧 세세에 찬양받으실 분입니다." 동일한 구조를 지닌 고린도후서 11:31과 비교해 보아도 이러한 해석이 자연스럽기에, 이 해석을 난외주로 돌려서는 안 된다. 고린도후서에서도 다시 한 번 동사의 분사형인 "-으실"〔to be〕이 위 형용사 "찬양받"〔blessed〕과 긴밀하게 연결되어 나타난다. 아무도 이 문맥에서 저 분사가 기원이나 감탄 내지 완전히 새로운 인물을 이끄는 것이라고 생각하지 않을 것이다. 아무도 저 분사가 선행 주어를 가리킨다는 점을 부인하지 않을 것이며, 당연히 같은 구조인 로마서 9:5도 이렇게 보는 것이 옳다. 메시아는 하나님이다. 다행히도 NEB는 히브리서 1:8에서 "예수는 하나님이다"라는 진술을 본문으로 받아들이기를 더 이상 망설이지 않았다. 〔아들에 관해서는 성경에 이르기를〕 "하나님이시여, 당신의 보좌가 영원무궁합니다." 〔그러면서도〕 NEB는 예수의 하나님 되심을 모호하게 만드는 터무니없는 해석을 난외주에 할애했다("하나님은 영원무궁토록 당신의 보좌입니다").

논쟁이 되는 또 다른 구절은 디도서 2:13이다. NEB는 여기서 다음과 같이 완전히 자연스러운 번역을 본문으로 적절하게 채택하고 있다. "우리의 위대하신 하나님 구주 예수 그리스도." 헬라어 본문을 이렇게 읽는 방식은 엘리콧〔Ellicott〕, 베른하르트 바이스〔Bernhard Weiss〕, 크리스토퍼 워즈워스〔Christopher Wordsworth〕, RV 번역자와 같은 근래의 뛰어난 사람들뿐 아니라 초기 헬라 교부들도 대부분 지지하는 바다. 예컨대 저명한 헬라 교부인 다메섹의 요한은 θεοτόκος〔하나님을 낳은 자〕라는 칭호를 논하면서, 예수께 하나님이라는 칭호를 부여한다고 해서 예수의 인성이 무시되는 것은 아니라고 설명했다. 마리아에게서 난 자는 누구든지 사람임이 틀림없다. 하지만 그 칭호가 포함하고 있는 내용은 순전히 인성의 신격화〔deification〕일 뿐이다. 바로 이때에 사람이 하나님이 되는 것이다.[22] 디도서의 저자는 디도에게 무엇을 말하고 있는 것일까? 불가타와 밀

---

22. *De fide orthod.* III 12. 아타나시오스 신경도 비슷하게 "신성이 육체로 전환됨으로써가 아니라 인성을 하나님 안으로 취함으로써" 그리스도의 인격이 〔나뉨이 없는〕 하나라고 진술한다.

접한 KJV에 따르면, 디도서 저자는 그리스도가 하나님이라고 말하지 않는다. 저자는 그리스도와 하나님을 구분한다. 문법적으로는 헬라어 정관사에 전적으로 좌우될 것 같아 보인다. 관사는 딱 하나 있는데, "하나님이자 구주"(God and Saviour)라는 구가 시작되는 지점에 있다. 따라서 관사가 두 명사를 밀접하게 결합하므로 "하나님과 구주" (God and the Saviour)라는 식으로 두 명사를 구분할 수 있는 가능성이 배제된다. 하지만 불행하게도 우리는 그 당시의 헬라어에서 저런 문법 규칙이 실제로 명확하게 적용되었는지 확신할 수 없다. 어떠한 경우에는 개념상 명확하게 분리된 곳에서도 정관사가 반복적으로 사용된다. 또한 "관사가 반복된다고 해서 반드시 항목들을 엄밀하게 별개로 여겨야만 하는 것은 아니다."[23] 그럼에도 불구하고 여기처럼 애매한 곳에서는 정확한 문법적 원칙들을 명확히 지킬 필요가 있다. 더 나아가 여기에는 문법적인 측면 외에도 고려할 점들이 있다. 이 시대에 "신이자 구주"(God and Saviour)라는 문구는 실제로 로마 황제들에게 사용된 표현이다.[24] 그리스도인들이 우리의 주 예수, 유일한 주권자, 만주의 주, 만왕의 왕 대신 저 표현을 사용할 필요가 있었다는 것보다 더 자연스러운 설명이 있을까?

동일한 문법적 원리가 베드로후서 1:1에서도 작동하고 있다. 여기에서 정관사는 단 하나인데 구를 구성하는 두 요소를 연결한다.

---

23. Moulton-Howard-Turner, *Grammar*, vol. III, 181. 그 언급은 딛 2:13에 관한 것이다.

24. 이때 "신과 구주"라는 두 대상을 가리키는 것이 아니다—역주.

"우리의 하나님 곧 예수 그리스도." 메이어(Mayor)가 말한 것처럼 다음 구절에 나오는 하나님과 그리스도의 구별(벧후 1:2, "하나님과 우리 주 예수")은 이러한 생각에 반하는 것일 수도 있다. 하지만 메이어도 도마가 "나의 주이자 나의 하나님"(요 20:28)이라는[25] 감탄사를 내뱉었던 것은 물론이고, 신약성경과 초기 교부들에게서 '하나님'이라는 단어가 예수 그리스도에게 적용되는 예가 많다는 점을 지적해왔다. 더욱이 뒤 구절의 어구가 앞 구절 어구를 짧게 줄여놓은 형태라는 점에서 볼 때,[26] 베드로후서 1:1에 대한 메이어의 관찰은 유효하지 않다. 문법적으로도, 하나의 구 안에서 매우 비슷한 개념들을 하나의 관사로 매우 밀접하게 연결시키는 것이 저자의 문체라고 보는 것은 적절하다. 그렇기 때문에, "우리의 주님이자 구원자"라는 표현이 여러 차례 나타나는 것이다.

그러면 데살로니가후서 1:12은 어떤가? "우리 주 하나님 예수 그리스도"가 정확한 번역일 수도 있다.[27] 우리는 우리가 가지고 있는 모든 영역본 성경들과는 다르게 에베소서 5:5을 "하나님이신 그리스도의 나라에서"로 번역될 수 있는 가능성을 진지하게 고려

25. 헬라어 성경에는, ὁ κύριός μου καὶ ὁ θεός μου로 기록되어 있다. 이를 직역하자면 "나의 주와 나의 하나님"이지만, 문맥상 "나의 주이자 나의 하나님"으로 번역하는 것이 더욱 자연스럽다—역주.
26. 1:1은 Ἰησοῦ Χριστοῦ τοῖς ἰσότιμον ἡμῖν λαχοῦσιν πίστιν ἐν δικαιοσύνῃ τοῦ θεοῦ ἡμῶν καὶ σωτῆρος Ἰησοῦ Χριστοῦ이고, 1:2은 τοῦ θεοῦ ἡμῶν καὶ σωτῆρος Ἰησοῦ Χριστοῦ이다—역주.
27. 일반적으로 "우리 하나님과 주 예수 그리스도"로 번역한다—역주.

해보아야 한다.[28]

이는 여러 구절들에 영향을 미칠 수 있는 견해다. 순수 문법학자라면 자신에게 유리한 부분만 가지고 자기의 주장을 펼치는 사람들이 신약성경의 엄청난 확언들을 약화시키는 데 일조했다고 의심해볼 수 있다.

모팻〔Moffatt〕은 자신의 번역본—요즘 그의 번역본은 보통 정교한 번역이라기보다 훌륭한 의역〔paraphrase〕으로 인식되고 있다—에서 "이 말씀은 곧 하나님〔God〕이다"(요 1:1)라는 요한의 선언을 "이 로고스는 신적〔divine〕이다"라는 애매한 주장으로 바꾸면서 이런 종류의 문제를 유행시켰다. 이 번역에는 어떤 의미에서 인간들도 신적인 존재로 불릴 수 있다는 점이 함축되어 있다. 모팻은 헬라어 문법이 자신의 번역을 지지한다고 생각했다. '하나님'에 해당하는 헬라어 θεός에는 정관사가 붙지 않기에, θεός는 명사가 아니라 일종의 형용사라는 것이다. 따라서 모팻에 따르면, θεός는 '하나님'이 아니라 '신적'이라고 번역되어야 한다. 모팻 당대에 이미 이러한 생각이 오류라는 것이 드러났지만, 그의 생각을 추종하는 사람들은 늘 있어왔다. 모팻의 제안을 추종하는 번역 중 하나는—모팻은 분명 자신의 번역과는 관련이 없는 것으로 생각했겠지만—로마 가톨릭 신부였던 어느 독일인의 번역으로, 이는 완전히 부적절하다. 그는 "이 말씀이 하나의 신〔a god〕이다"라고[29] 번역했다. 유니테리언들

---

28. 일반적으로 "그리스도와 하나님의 나라"로 번역한다—역주.

29. *The New Testament-A New Translation and Explanation Based on the Oldest Manuscripts*, by Johannes Greber, English Tr., 1937.

〔unitarians: 일신론자〕은 당연히 성부를 의미하는 것으로 보이는 요한복음 첫 구절의 "하나님"이 동시에 '말씀'이라는 단어의 서술어로도 쓰인다는 것을 명백한 모순으로 느낀다. 그리스도인들은 비논리적일 수는 있으나 이 구절이 성자 하나님을 가리키고 있다는 생각에 어려움을 느끼지 않는다.

논리적이어야 한다는 유니테리언들의 주장은 당연히 존중되어야 하나, 문법학자라면 문법에 맞지 않게 자신들의 이상을 보조하는 방식으로 문법 원리를 특징지으려는 그들의 시도에 저항할 것이다. θεός가 관사를 취하지 않는다고 해서 형용사가 되는 것은 아니다. 이 단어는 "로고스"를 주어로 하는 서술 명사다. 그리고 서술 명사가 동사보다 선행할 때 정관사를 쓰지 않는 것은 신약 헬라어에서 통용되는 매우 보편적인 규칙이다. 따라서 "이는 그저 어순의 문제이기 때문에, 관사를 빠뜨린 것에 교리적인 의미가 있을 필요는 없다"라는[30] 것이 문법적 고찰을 통해 요구되는 바다.

정리하자면, 신약성경 저자의 고기독론을 모호하게 하는 것은 근거 없는 문법적 원리에 호소하는 오류로 보인다.

3. 성령

성령 하나님과 일반적인 영들의 세계의 관계를 탐구하는 일은

30. Moulton-Howard-Turner, *Grammar*, vol. III, 183.

수많은 암초와 해류 사이를 항해하며 재난을 자초하는 것이다. 나는 그저 문법적 연구가 이 어려운 문제의 등대가 되어 주리라는 희망을 가지고 망망대해를 항해하려 한다.

문제는 신약성경에서 πνεύμα가 언급될 때마다 〔일반적 의미에서 '영'이 아니라〕 성령, 즉 성부/성자와 동등하고 영원히 함께 존재하는 성령을 가리킨다고 이해해야 하는지 여부다. 많은 저자들이 '더러운 영'의 경우를 제외하면 그렇다고 추정한다. 그러나 놀랍게도, 예컨대 로마서에서, 바울이 언급한 영은 어떤 인격체라기보다 육과 대비되는 인간 본성의 한 측면을 가리킨다. 게다가 신약성경의 저자들이 **더러운** 귀신을 가리키는 말로 '영'을 사용했다면 **거룩한** 영을 언급할 때도 똑같이 마음에 어떤 귀신 같은 존재가 떠올랐을 것이다.

신약성경의 기록에서 영〔a spirit〕과 성령〔the Spirit〕 사이의 구별이 가능하다면, 그 차이를 만드는 근거는 무엇일까?

어떤 사람은 즉시 헬라어 정관사가 어느 정도 영향을 준다고 추측할 것이다. 그 명칭이 암시하듯이 정관사의 일반적인 기능은 대상을 지시함으로써 보다 명확하게 만드는 것이다. 정관사의 용법을 지배하는 원리가 헬라어와 영어가 다른 〔몇 가지〕 경우를 제외하면, 영어에서와 대체적으로 비슷하다. 관사를 배우는 일은 꽤나 복잡할뿐더러, 걷잡을 수 없는 수많은 예외들이 있어서 학생들을 기죽인다. 어떤 문법 교재를 찾아보더라도, 생각할 수 있는 모든 종류의 명사 규칙 체계 뒤에는 〔여러〕 문헌들에 나타나는 엄청난 예외들이 이어진다. 또한 히브리어의 연계형이[31] 성서 헬라어에 영향을 미치면서 문제를 더욱 복잡하게 만든다.

진전이 더디더라도 절망할 필요는 없다. 어떤 문법적 결론들은 도움이 안 되겠지만, 또 다른 어떤 것들은 신학적으로 중요한 도움을 주기도 한다.

의심할 나위 없이 성령을 가리키는 본문을 모아본다면, 연구를 시작하는 데 유용할 것이다. 이렇게 분명히 성령을 가리키는 부분은 오순절 이야기에서 두드러지게 발견된다. 이 구절들에서 정관사가 사용된 방식은 언뜻 보기에 당혹스러울 것이다. 왜냐하면 사도행전 2:4에서는 성령에 관사가 없고, 33절, 38절 등에서는 앞에 관사가 있기 때문이다. 그러나 관사가 붙어 있는 것은 문제가 되지 않는다. 왜냐하면 잘 알려진 원리, 즉 고유 명사에 사용되는 정관사 용법이 있기 때문이다. 누가는 (오순절 맥락에서) '성령'을 어떤 신적 존재자를 가리키는 이름으로 사용하고 있다. 즉, 성령에서 '성'〔Holy〕은 형용사가 아니고, '성령' 자체가 고유 명사다. 고전 헬라어와 헬레니즘 헬라어에서 **고유 명사가 처음 언급될 때** 고유 명사에 형용사적인 한정사와 동격 어구가 없으면, 관사 없이 사용되는 경향이 있다. 고유 명사에 관사가 필수가 아님은 명백하며, 관사는

31. 히브리어에서 명사와 명사를 연결하는 방식으로서, 본래 관사가 있어야 하는 위치이더라도, 연계형은 관사를 동반하지 않는다. 따라서 헬라어에서 어떤 무관사 명사가 히브리어에 영향을 받은 것이라면, 관사가 없더라도 관사가 있는 것처럼 해석해야 하는 경우가 발생한다. 이에 저자는 히브리어 연계형이 개입하여서 관사 문제가 더욱 복잡해진다고 설명하고 있는 것이다—역주.

그저 단어와 구를 한정하기 위한 하나의 방식으로 사용된다. 다만 이는 어떤 맥락에서 첫 번째 언급될 때만 관련된 사항이다. 그 다음 나오는 정관사는 이미 소개된 사람을 가리키는 지시대명사로 기능한다. 이 점이 사도행전 2:4에 관사가 없다는 사실을 문법적으로 설명해준다. 물론 누가가 앞서 1:2에서 성령을 언급하긴 했지만, 2:4는 오순절 이야기에서 성령이 처음 등장하는 부분이기 때문이다.

누가복음은 다른 신약성경의 용례를 살피기 위한 기준이 될 수 있다. 내가 제안하는바, 누가에게는 다음과 같은 습관이 있었다. 일반적인 규칙과 마찬가지로 조건에 따라 다른데, 성령에 정관사가 붙은 경우에는 늘 삼위일체의 제3위를 가리키는 것이지만(τὸ πνεῦμα τὸ ἅγιον으로 썼든 τὸ ἅγιον πνεῦμα로 썼든), 관사가 없이 언급되는 경우에는 하나의 거룩한 영, 즉 신적인 영향력을 가진 사람을 가리킨다. 그런데 이렇게 말하면 한 가지 문제가 발생한다. 어떤 맥락에서는 성령을 가리킨다는 점이 분명한데도 정관사가 없는 경우가 있기 때문이다. 앞서 살펴본 것처럼 어떤 책에서 성령이 처음 언급되거나, 혹은 책 안의 개별 이야기나 연설 중 처음 언급되는 경우가 그렇다. 그런데 다음과 같은 상황에서도 관사가 생략될 수 있다. "그 성령"이 전치사적 표현의 일부일 때, 그리고 또 다른 상황에서는 히브리어의 연계형의 영향임을 명백하게 알 수 있을 때가 그렇다. 다시 말해 "그 하나님의 성령"〔the Holy Spirit of God〕과 같이 속격에서 '성령'이 선행 명사인 경우 히브리어 문법에서는 연계된 선행 명사의 정관사를 생략하는데, 성서 헬라어에서도 덩

달아 그러한 형태를 차용하고 있기 때문이다. 하지만 이러한 배경이 아니라면, 아니 이러한 배경이 없는 경우에만, 관사 없는 거룩한 영은 성령이 아니라 하나의 거룩한 영을 암시한다고 말하는 것이 매우 안전할 것이다.

아직 설명되지 않은 부분, 즉 무관사로 하나의 거룩한 영을 언급하고 있는 부분은 면밀하게 살펴볼 가치가 있다. 적어도 누가의 글들에 관해서는 그렇다. 앞서 설명한 규칙들을 따르면, 세례 요한이나 그의 부모는 성령의 충만함을 받은 것이 아니라 보다 불분명하고 덜 인격적인 신령〔divine spirit〕에 이끌린 것이다(눅 1:15, 41, 67). 더 나아가 마리아를 보호하여 메시아를 임신하게 만든 것도 삼위일체의 제3위가 아니다(마 1:20; 눅 1:35). 이는 구약성경 시대에 이스라엘의 영웅들에게 그랬던 것과 같이 초자연적인 방식으로 인간 존재를 강화했던 정의하기 어려운 하나님의 거룩한 능력이다. 우리는 고령의 시므온이 동일한 영향력 아래 있었다는 누가복음 2:25의 진술에서 관사가 없는 경우를 생각해볼 수 있다.[32] 세례 요한은 자기 뒤에 오시는 이가 거룩한 영과 불로 세례를 줄 것이라고 선포하였지만(눅 3:16), 비둘기가 예수 위에 강림한 3:22에는 정관사가 나타나기 때문에 아마도 누가는 비둘기가 성령이라는 메시지를 전달하려 했던 것 같다. 그러나 16절과 약간 떨어져 있기는 하지만 22절의 정관사가 전방조응법일 수도 있다. 그렇다면 성령이

32. 26절과 27절에 관사가 있는 이유는 바로 앞에 나오는 25절의 언급을 가리키는 전방조응이기 때문이다.

예수를 광야로 이끈 것이 아닐 수도 있다. 왜냐하면 4:1의 ἐν τῷ πνεύματι에서 관사의 용법은 분명히 전방조응법으로 사용되었기 때문이다. "거룩한 영이 충만한 예수는 … 그 거룩한 영에 이끌리어 …." 게다가 하나님 아버지께서 구하는 자에게 주시는 "좋은 것"은 성령 하나님이 아닐 수도 있다(눅 11:13). 이는 예수께서 받으신 기름부음이자 이로써 예수가 악한 영들의 활동에 맞설 수 있게 하는 강력한 영적 기름부음이다.

여기서 성경의 영감 문제가 제기될 것이다. 사가랴, 엘리사벳, 요한, 시므온이 영적으로 영감을 받기는 했지만 삼위일체의 제3위로 충만했다고 말하는 것이 아님을 언급하였다. 이는 성경에 대해서도 마찬가지다. 왜냐하면 사도행전 4:25는 하나님께서 다윗의 입을 통해 하나의 거룩한 영감(문자적으로는 "거룩한 영")으로 말씀하셨다는 시편을 언급하고 있는 것이기 때문이다. 바울은 디모데에게 성경이 하나님에 의해 영감된 것임을 상기시켰다(딤후 3:16). 그러나 베드로가 오순절 설교에서 의도적으로 "성령"(행 1:16)을 언급하였기에, 이때로부터 구체적인 명칭으로서의 "성령"이 언급된 것이 분명하다.

이는 삼위일체의 제3위가 오순절 이전에는 활동하지 않았다는 생각을 내비치는 것이 아니다. 오히려 베드로가 언급했던 그들의 조상들은 자신들의 역사에서 줄곧 "성령"을 거역해왔다(행 7:51).

덧붙이자면, 스데반과 바나바는 영적인 감동으로 충만했다고 기록되어 있다(행 6:5, 7:55, 11:24).[33] 또한 사마리아 신자들은 베드로와 요한의 안수로 동일한 영을 받았다(행 8:15, 17, 19). 무관사로 언급되는 πνεῦμα 사이에서 (관사가 붙어서) 어색하게 나타나는 τὸ πνεῦμα는 그저 전방조응법의 사례로 해석될 수 있다. 저자는 여기서 어떤 강조점을 두길 원했던 것이다. "시몬이 사도들의 안수를 통해 **저 영**을 받는 것을 보고 …." 이 상황은 나중에 바울의 3차 선교 여행에서 되풀이된다. 바울은 에베소에서, 영적으로 기름부음을 받지도 않았으며 심지어 성령 받은 사람에 대해 들어보지도 못했다는 "제자들"을 발견한다(행 19:2). 여기서 나는 보다 나은 본문 형태를 택할 것이다.[34] 그러나 일반적인 형태를 따르자면, 그 제자들은 거룩한 영에 대해서는 전혀 알지 못했던 것으로 보인다. 아마 악한 영들이 있다고만 알고 있었을 것이다. 그런 다음 누가는 전방조응법으로 정관사를 도입하며 말한다. "바울이 그들에게 손을 얹자 **바로 그** 거룩한 영이 그들에게 임했다"(눅 19:6).

그러나 이러한 결론들이 확실한 것은 아니다. 왜냐하면 정관사가 신학적인 이유(즉, 성령을 가리키기 위한 것)로 삽입된 것인지, 아니면 전방조응을 위한 문법적 장치인지가 확실하지 않기 때문이다. 의심의 여지가 거의 없는 경우도 가끔 있다. 앞서 언급되지도 않았음에도 정관사가 나타나는 경우는 교리적인 의미, 곧 성령을

33. 하지만 저자는 이 경우에 "성령"을 가리키는 것이라고 주장한다. 본 논의의 말미를 보라—역주.

34. 이는 미시간 파피루스〔Michigan papyrus〕와 베자 사본, 사히드 역본〔Sahidic version〕, 하르클레아 시리아 역본〔Harklean Syriac version〕이 지지한다.

지칭하는 것이 분명하다. 베드로가 아나니아를 꾸짖을 때, 베드로는 아나니아가 성령, 즉 하나님을 속였다고 명시한다. 여기에서는 관사가 이야기의 시작부에 나타나므로 전방조응이 아닌 것은 분명하다(행 5:3). 적어도 이 예에서는 우리의 검증이 타당하다는 것을 알 수 있는데, 왜냐하면 4절에서 베드로가 정말로 "너는 … 하나님을 속였다"라고 말하기 때문이다. 또한 다음과 같이 전방조응이 아닌 몇몇 맥락의 경우에도 정관사의 의미에 대해 의심의 여지가 없다. 베드로와 사도들이 산헤드린 공회에 자신들이 부활의 증인이라고 말하며 "성령도 그러합니다"라고 덧붙인 때(행 5:32), 스데반이 "너희들은 항상 그 성령을 거스른다"라고 산헤드린을 비판했을 때(행 7:51), 베드로가 환상을 본 직후(행 10:19)와 그 이후에 그 성령께서 베드로에게 말씀하셨을 때(행 11:12)가 그 예다.

사도행전 11:15의 기록은 기독교 역사와 신학에서 중요하다. 12절에 나오는 성령에 대한 언급을 제외하면, 관사의 사용은 전방조응일 수 없다.

우리는 가이사랴에 모인 고넬료의 친척과 친구들에게 내려온 것이 단순히 신적인 영감에 그치는 것이 아니라 성령, 곧 오순절 사도들에게 내려오신 바로 그분(행 2:4)이었다고 안전하게 결론내릴 수도 있을 것이다. 이것은 놀라운 경우로 주목할 만하다. 오순절을 제외한 다른 모든 사례에서 회심한 이들(예컨대, 베드로와 요한이 안수한 사마리아인들)에게 내려온 것은 (정관사가 붙은) 성령이 아니었기 때문이다. 이들이 받았던 것은 단순한 신적인 영감이었다. 가이사랴에서 성령이 부어진 사건의 특별한 의미는 무엇인가? 그것은 바로 베드로가 이방인들에게 기독교 교회의 문을 열었다는 것이다. 이것은 분명히 두 번째 오순절이자, 이방인들의 성령강림절이었다. 성령이 부어짐은 새롭고도 아주 중요했으며, 요엘의 예언이 두 번째로 성취되었다. 교회의 공식 지도자가 환상에 순종하면서 하나님의 새로운 이스라엘 안에서 장벽을 허무는 일이 여기서 처음 일어났다. 이 사건은 예루살렘 공의회에서 인용되었다. 베드로는 갈라디아에서 바울의 회심자들이 그 성령을 받았다는 것을 인정했다(행 15:8).

그리스도인들의 예언은 성령이 직접 주시는 선물이며, 아가보는 하나님으로부터 직통으로 〔예언을 받아〕 말했다(행 11:28, 21:11). 안디옥에서도 선지자들이 성령에 의해 말했다(행 13:2). 후자는 이야기의 도입부인데(13장) 앞 장에서는 πνεῦμα를 전혀 언급하고 있지 않다. 따라서 관사는 전방조응법이 아니며 교리적인 것〔성령을 지칭하는 것〕이다. 하지만 구브로에서 엘루마를 힐난하는 장면인 9절에서는 πνεῦμα가 무관사 형태로 언급되고 있기에, 바울이 스데반과 동일한 "거룩한 영으로 충만한" 상태였다는 것을 말해준다.

바울에 관한 13:9의 언급처럼 몇몇 무관사 형태로 나오는 πνεῦμα가 오직 하나의 해석만 가능한 것처럼 보이고, 전방조응에 관한 복잡한 문제가 들어설 틈이 없는 것처럼 보일 때, 우리가 논하고 있는 관사 이론이 상당히 지지받게 된다. 바나바와 관련하여 예를 들면, "그는 착한 사람이요 **거룩한 영**(관사 없음)과 지혜로 충만한 사람이다"라고 보도된다(행 11:24). 이때 관사가 없는 거룩한 영으로 볼 수 없는데, 왜냐하면 사도행전 11장에서 성령이 이미 3번이나 언급되었지만, 이 내러티브에서는 처음으로 언급되고 있기 때문이다. 그래서 여기서는 몇몇 사례들처럼 애매할 것이 없다. 그때 바나바가 받은 것이 성령이 아니라 거룩한 영이었다면, 분명히 스데반의 사례도 마찬가지였을 것이다.

어떤 점에서 결론이 제한적이고 소극적이다. 복잡한 전방조응과 연계형 구조 때문이기도 하고, 누가 외의 다른 저자들도 연구할 필요가 있기 때문이다. 하지만 긍정적인 결과도 기대할 만하다. 우리는 누가가 하나의 거룩한 영을 가리키고 있는지 아니면 성령을 가리키고 있는지를 몇몇 예시에서 확실히 느낄 수 있었다.

제2장
나사렛 예수

1. 인구조사 이전의 인구조사(눅 2:2)

예수는 언제 태어났을까?

신약성경의 연대기와 관련된 문법 문제는 분명 자질구레한 것이다. 누가가 예수의 태어난 날짜에 관심을 두지 않았다는 주장은 누가복음 자체에 비추어 다시 검토해야 한다.

누가는 구레뇨 재임 기간 중에 "첫 번째 인구 조사"를 했던 시기에 예수께서 태어나셨다고 쓴 것으로 보인다. 그런데 이 말이 팔레스타인 지역에서 로마가 최초로 시행한 인구조사 기간인 것인지, 아니면 구레뇨가 자기 재임 기간 중 처음 시행한 인구조사 기간을 말하는 것인지 오랫동안 논쟁이 되어왔다. NEB는 전자를 본문으로 제시하면서 후자를 본문으로 삼지 않은 것에 대한 설명을 각주에 다음과 같이 썼다. "이 인구조사는 구레뇨가 시리아 지역을 통치하던 기간에 시행했던 두 번의 인구조사 중 먼젓번 것이다."

그렇다면 누가가 구레뇨 통치 기간을 혼동한 것 같다는 느낌이 먼저 든다. 구레뇨가 인구조사를 빨리 시작했어도 그 시기는 주후 6년이다. 마태복음에서 예수가 태어난 시기로 보는 헤롯 대왕 통치기에는 구레뇨가 총독으로 근무하지 않았다.

그러나 우리는 자잘한 문법 문제를 살펴보기도 전에 누가가 틀렸다고 판단해서는 안 된다. 이 당시의 헬라어는 현대의 여러 언어들처럼 '전자'(former) 및 '처음'(first)과 관련하여 비교급과 최상급의 구분을 정확히 지키지 않았고 느슨했다. 오늘날의 영어처럼 헬레니즘 헬라어에서는, 실제로 '전자'나 '먼젓번'이 문법에 더욱 부합하더라도, '처음'을 선호하는 경향이 있었다. 엄밀하게 말하면, '처음'은 적어도 셋 이상 중에서 으뜸을 말한다. 반면 '전자'는 단 두 가지를 비교할 때 사용하는 말이다. 누가가 탁월하기는 했지만, 엄밀하게 '전자'로 써야하는 곳에서 자주 '처음'이라는 단어를 사용했다.

로마 가톨릭 학자인 라그랑주(Lagrange)는 누가가 정확했음을 완벽하게 입증하는 해결책을 제시했다. 헬레니즘 시대에는 "첫 인구조사"라는 표현에 '둘 중 전자'라는 의미가 내포되어 있었다는 것이다. 그래서 우리는 저 구절을 약간 더 긴 표현으로 번역할 필요가 있다. "이 인구조사는 구레뇨가 시리아를 통치할 때 했던 **인구조사보다 앞서** 실시한 것이다." 라그랑주가 이러한 제안을 처음(또는 '먼저!') 한 것은 아니다. 또한 문법학자 G.B. 비너(Winner)는 이를 "비문법적"이라고 조롱했다(신약성경 언어에 관한 비너의 관점은 1822년 초판에 나타나 있다). 하지만 저 어구는, 요한복음 5:36("내게는 요한[의 증거]보다 더 큰 증거가 있으니")이나 고린도전서 1:25("하나님의 어리석음이 사람[의 지혜]보다 더 지혜롭고")의 경우처럼, 압축적인 것이지 비문법적인 것은 아니다. 앞 문장에서 괄호[ ] 안에 삽입한 단어들은 헬라어 원문에는 나타나지 않지만 해석상 보충되어야 하는 것이다. 누가의 문장에서 필요로 하는 단어들을 쉽사리 보충하지 못할 문법적인 이유는 없다. "이 인구조사는 구레네[의 인구조사]보다 앞선 것이다."

누가는 구레뇨가 통치하던 시기에 예수께서 태어나셨다고 말하는 것이 아니다. 복음서 저자는 주후 6년의 구레뇨 인구조사 이전에 있었던 우리가 모르는 인구조사를 가리키고 있는 것이다. 또 하나의 문제는, 어떤 지혜의 귀감이 되는 황제가 왕이 통치하는 자치구역의 인구를 정말로 조사했느냐는 것이다. 적어도 누군가의 반대가 있었을 것이고, 그래서 우리가 당대의 다른 어떤 기록에서도 이에 관한 내용을 발견하지 못한 것일 수도 있다. 하지만 우리에게는 인구조사에 대한 누가의 증언이 있다. 누가의 기록은 권위가 있는 것으로 간주되어야 한다. 이후에 발생한 일로부터 유추해볼 때, 주후 6년의 구레뇨의 인구조사보다 14년 앞서 인구조사가 있었을 수도 있다. 만일 그렇다면 누가복음에 따른 예수의 탄생 시기를 주전 8년으로 볼만한 가능성이 생긴다. 헤롯 대왕은 주전 4년에 죽었고, 예수는 애굽으로 도망가기 전에 겨우 2살이거나 그보다 어렸을 것이다. 그리고 애굽에 2년 동안 머물면서 예수는 4살이 되었을 것이고, 헤롯이 죽자 이 성가족(holy family)은 나사렛으로 이사했다.

2. 예수의 탄생에 관한 문법학자의 고찰

마리아가 임신했다는 사실이 드러났을 때, 마리아와 요셉은 약혼한 상태였다. 부정과거라는 **동작류**〔*Aktionsart*〕는,[1] 강조적 용법으로 사용된 것이 아니라면, 합하기 **전에** 임신이 발생했다는 점을 분명하게 해준다. 결혼한 상태에서 임신했을 가능성은 없다. 어떤 이는 이것을 나타내고자 헬라어를 다음과 같이 번역할 것이다. "그들이 정식으로 동거를 시작하기 전에 …"〔마 1:18〕 그러나 마태가 신중하게 사용한 시제는 이를 허용하지 않는다. 저 번역에는 현재 시제, 즉 지속 시제가 요구된다. 지속 시제여야만 '합하다'가 '동거하다'로 바뀔 수 있다.[2]

요셉이 이를 알게 되어 난처해지자, 천사는 요셉에게 두려워 말라고 말한다. 마리아도 수태고지 시에 동일한 격려를 받았지만, 각각의 경우에 사용된 시제가 서로 다르다는 점은 서로 다른 메시지가 의도된 것임을 나타낸다. 마리아에게 전해진 천사의 명령은 현재 시제이므로 "두려워하기를 그치라!"라는 의미가 된다. 현재 명령형은 미래에 일어날지도 모르는 어떤 일을 간섭하는 일반적인 명령이 아니라, 마리아가 이미 두려워하고 있으므로 두려워하기를

---

1. 헬라어의 시제는 동작의 시점을 나타낸다기보다 종류를 나타낸다. 그래서 독일의 문법학자들은 이러한 전문용어를 만들어냈다. 이는 현재 보편적으로 수용된 용어다.
2. '합하다'는 일회적인(동작류의 관점에서 본 부정과거 시제의 의미) 동작인 반면, '동거하다'는 지속적인(동작류의 관점에서 본 현재 시제의 의미) 상태를 나타낸다—역주.

그쳐야 함을 나타낸다. 천사는 요셉에게 말할 때 다른 문법을 사용한다. 요셉은 약혼녀의 상황으로 혼란스러워 했었고, 지금은 자신의 다음 행보를 고민하는 중이었다. 천사는 그가 마리아와 결혼하기를 두려워하고 있다고 비난하는 것이 아니었다. 왜냐하면 천사가 현재 명령형 대신 부정과거 가정법으로 말했기 때문이다. "미래의 어느 때든지 마리아를 아내로 데려오기를 두려워 말라." 이는 꿈속 메시지에서 시제가 중요한 이유를 보여준다. 곧, 요셉이〔아직까지는〕 마리아 데려오기를 주저하지 않았다는 것이다. 험담과 사회적 압박이 곧 그를 두렵게 만들 것이다. 그래서 천사가 그에게〔미리〕 주의를 준 것이다.

저 꿈속에서 천사는 마리아의 "태중의 아기"〔마 1:20〕를 언급했다. 이는 중성분사를 영어로 옮기는 방식을 보여준다. 고전기의 작가들과 헬레니즘 시대의 작가들은 사람을 의미하는 경우에도 중성분사를 사용하곤 했다. 그리고 여기서 **현재형** 분사인 만큼 단순히 "아기"라는 명사 하나로 번역하는 것이 "그녀 안에 잉태된 자"라는 번역보다 적절하다. 후자는 KJV이 지나치게 문자에 치중하여 번역한 것인데, RV와 RSV도 불필요하게 이를 따라 옮겼다.

그리고 나서 천사는 이 태중의 아기에 대해 다음과 같이 덧붙인다. "**다름 아닌 그가 바로** 자기 백성을 죄에서 구원하실 분이다"(이 때 사용된 대명사 αὐτὸς는 매우 강조하는 의미이기〔에 살려서 옮겨야 하기〕 때문에, 이 번역이 문자에 치중한 것이라고 볼 수는 없다).

수개월 뒤, 박사들〔Magi〕이 이 가족을 방문했는데, 크리스마스 이야기를 이루는 거룩한 글귀는 그들이 "동방으로부터" 왔다고 표현한다(마 2:1).

마태는 저 단어를 복수형으로 썼는데, ἀνατολή가 이런 방식으로 사용될 때는 의심의 여지없이 '동방'을 의미한다. 그런데 여기에 흥미로운 점이 있는데, 마치 우리가 '런던이라는 대도시 지역을 이루는 여러 구역들'을 말할 때 **런던들**이라고 하는 것처럼, 현대 그리스어에서 Ανατολή의 복수형(즉, Ανατολία)은 '소아시아의 여러 부분들'을 뜻하는 고유명사다. 비슷한 예를 들면, 그리스의 일부 지역에서는 '유델로스'의 복수형을 다음과 같은 방식으로 사용한다. 즉, παμεν κατα τους Ευδηλους를 '우리는 유델로스 지역에 갔다'라는 의미로 사용한다. 만일 이러한 어법이 복음서 저자의 시대에까지 거슬러 올라가는 관용적 표현이라면, 아나톨리아라는 지역들은 박사들이 여행을 출발한 곳일 것이다. 그렇다면 그들은 '서쪽에서 온 현자들'이었다. 지리와는 별개로 문법적으로 보더라도, 칠십인역을 참고한다면 서쪽에서 온 현자라는 발상이 가능하다. 칠십인역은 마태가 사용한 구약성경의 헬라어판으로, 창세기 11:2와 13:11에서 바로 "ἀνατολή에서"(복수형)라는 표현이 나오는데, 이는 '동쪽에서'보다 '동쪽으로'를 의미할 가능성이 높은 히브리어를 번역한 것이다. 왜냐하면 롯이 요단 지역에 거주하기 위해 '동쪽으로' 떠났음이 분명하기 때문이다. 마태의 말을 박사들이 아나톨리아 여러 지역에서 왔다는 의미로 볼 수 없다 하더라도, 마태가 칠십인역의 히브리어 단어 번역 방식을 알고 있었을 것이기에, 그들은 '동쪽으로' 왔다고 보았을 여지는 남아있다.

만일 그들이 "동방에서"(마 2:2, 9) 이 별을 봤다면, 이는 박사들이 페르시아나 동쪽에서 서쪽으로 왔을 가능성보다 소아시아와 같은 서쪽의 어느 지역에서 동쪽으로 여행했을 가능성이 더 높아진다. 여기의 ἀνατολή는 현자들의 여정에서 복수형으로 사용되었던 것과는 달리 단수형이다(마 2:1). 이 헬라어는 일반적으로 복수형은 방위〔compass-point〕를, 단수형은 문자 그대로의 의미, 즉 '뜨는'〔rising〕이라는 의미로 쓰이기에, 어떤 이들은 박사들이 "뜨고 있는" 별을 보았다고, 즉 "별이 처음 떴을 때" 본 것이라고 주장하기도 했다. 이 논점은 묵살되어서는 안 된다. 이 단어의 단수형은, 우리가 가진 비평본〔true text〕의 요한계시록 7:2, 16:12, 21:13에서와 같이, 성경에서 때때로 동서남북의 방향들을 가리키는 데에 사용되기도 한다. 우리가 가진 가장 오래된 사본의 필사자들 내지 편집자들은 저자의 표현이 '동쪽'을 의미할 때 ἀνατολή의 복수형을 쓰는 것이 옳다고 느꼈고, 따라서 알렉산드리아 사본의 요한계시록 7:2, 16:12는 수정을 거쳐 복수형으로 표기하였다. 또한 10세기의 중요한 언셜 사본〔대문자 사본〕의 요한계시록 21:13에도 동일한 초기의 수정이 반영되어 있다.

박사들이 어디서 왔든, 별이 어느 쪽에 있었든지 간에, 분명한 것은 그들이 헤롯 대왕에게 "갓 태어나신 유대인의 왕이 계신 곳은 어디인가?"〔마 2:2〕라고 물은 것이다. "장차 유대인의 왕이 되시려고 나신 그분은 어디에 있는가?"라고 물은 것이 아니다. 대부분의 영역본을 보면 후자의 의미가 떠오르는데, 이는 불가타를 무비판적으로 따른 것이다. 굿스피드〔Goodspeed〕와 모팻은 예외다. 나는 마태의 언어에 나타난 구조를 검토하면서 이 점—분사는 관사와 명사 사이에서 한정적으로 사용된다—을 규명하려 했다.[3] 이는 마태복음에서 이 복음서 저자 특유의 특징이 나타나는 부분으로, 명사적 용법이 아니라 형용사적 용법으로 사용된 부분이다. 이는 단지 문법의 미묘한 부분에 관한 문제가 아니다. 대부분의 번역("왕이 될 운명으로 나신 이")은 강조점이 잘못되었다. 왜냐하면 박사들은 갓 태어나신 위대한 분을 찾고 있었으며, 그들의 질문은 그가 누구인지에 대한 것이었다기보다 그분이 있는 곳이 어디인지에 대한 것이었기 때문이다. 그들은 아기의 운명에 대해 생각하고 있었던 것이 아니라 탄생에 대해 생각하고 있었다. E.F.F. 주교에게서 감사의 편지가 한 통 왔다. 그는 다음과 같이 썼다. "나는 당신이 *Expository Times*에 쓴 공현절과 정통 크리스마스에 대한 논평을 읽고 기뻤습니다. 나는 박사들의 질문의 강조점이 **누구**가 아니라 **어디**에 있다고 한 당신의 지적이 옳다고 확신합니다. 이는 셈어적 방식으로, **유대인의 왕**이 부수적인 어구가 아닐 수도 있다는 의문을 낳게 합니다. 아람어에서는 나타나지 않지만, 아랍어에서 특히 관사가 없을 때 나타나는 것으로 보입니다."

왕은 박사들의 질문을 듣자, 자신의 고문들을 통해 정확한 출생 장소를 찾으려 했다. 왕의 요구는 고압적인 명령이 아니었다. 놀랍게도 동사 "물었다"는 미완료 시제로(마 2:4), 왕은 자신의 요구에 제대로 응하리라고 별로 기대하지 않았던 것이다. 미완료 시제는 불확실한 요청을 표현하곤 한다. 헤롯 대왕은 누군가 모반을 꾀할

3. *Expos. Times*, LXVIII, no. 4, Jan., 1957, 122.

까봐 자기 주위의 모든 사람들을 의심했다. 특히 자기 측근들을 의심했다. 그러한 의혹은 마태의 기록에 곧 드러난다. "어디서 태어나겠는가? 하지만 당신들은 나에게 말하지 않겠지."

성가족은 팔레스타인으로 돌아갔다. 요셉이 어떤 소식을 들었기 때문이다(마 2:20). "그들이 죽었다"(복수형). 요셉은 '그가 죽었다'는 것을 알았다. 적〔enemy〕은 헤롯 대왕이었다. 고전기 이후의 헬라어에서는 명백히 단수를 의미하는 곳에 복수를 사용하는 유행이 있었다.[4] 이를 영어로 재현해서는 안 된다.

성가족은 나사렛으로 갔다. 마태는 복음서에서 일어난 다른 많은 사건들처럼, 이 또한 구약성경의 성취로 보았다. 여기서도 복수가 단수를 대신하는 어법이 나타난다. 왜냐하면 헬라어는 "선지자들"〔마 2:23〕이라는 복수형으로 다루지만, 여기에 관련된 선지자는 단 한 명이기 때문이다. 그리고 이 말〔성경의 성취〕은 2:15의 예언, "애굽으로부터 내 아들을 부를 것이다"를 다시 지칭하는 말이어야 한다. 사실 어떤 예언에도 "나사렛 사람이라 부르리라"(마 2:23)는 내용이 없는데, 이는 아마 서기관의 주석을 가져온 것이거나 복음서 저자의 해설일 수도 있다.

---

4. 후기-고전적인 복수형의 또 다른 예는 마 14:9 = 막 6:26에 나타난다. 여기에서 헤롯은 헤로디아에게 그녀가 원하는 무엇이든지 들어주겠노라고 맹세했다. 이 맹세로 인해 세례 요한은 죽게 된다. 이때 헬라어 "맹세들"〔복수〕이 사용되었지만, KJV나 NEB는 RV나 RSV와 같은 문자적인 번역을 피하고, 단수를 사용했다.

3. 세례 요한

"복음의 시작은 요한이었다"(막 1:1)

'복음'〔gospel〕이란, 고대 영어〔Anglo-Saxon word〕에서는 주로 좋은 소식을 의미했다. 헬라어의 의미를 옮겨놓은 것이다. 하지만 부차적인 의미로는 예수의 생애를 다룬 책을 가리키는 용어가 되었다.

마가는 처음부터 책 전체의 제목 내지 부제로 보통 간주되는 곳에 "복음"이라는 단어를 넣었다. "예수 그리스도의 복음의 시작이라." 이 문장에는 동사가 없기에 책 내용의 일부라기보다 제목이라는 느낌을 준다. 하지만 헬라어에서는 보통 연결동사(영어의 'to be')가 가능하면 생략되는 경향이 있었다. 어떤 이들은 이 점에 착안하여 마가가 첫 구절을 제목으로 의도한 것인지 여부에 의문을 던진다. 오히려 마가는 1절과 2절을 각각 주부와 술부로 취하는 문장을 의도한 것이 아닐까? '-이다'〔is〕 또는 '-이었다'〔was〕를 삽입한다면 글을 여는 말이 새로워질 것이다. 요지는 "복음의 시작"이 메신저인 세례 요한에 관한 이사야의 예언이라는 것이다. 이는 괜찮은 제안인데, 왜냐하면 기독교 복음의 뿌리가 실제로 역사 깊은 곳에 자리하고 있다는 점에 모두가 동의할 것이기 때문이다. 더 나아가서 여자의 후손이 사탄의 머리를 상하게 한다는 하나님의 약속에서 궁극적인 "복음의 시작"을 찾는 사람도 있을 것이다(창 3:15). 이러한 제안이 신학적으로 전혀 문제없더라도, 마가가 쓴 문장에 '-이다' 또는 '-이었다'를 삽입하기 어려운 이유가 있는데, 바로 그의 문체 때문이다. 성경의 저자들을 포함하여 헬라 작가들에게 있어서 문장에 '-이다'를 삽입하는 것은 어려운 일이 아니었다. 그들은 주어-술어 문장에서 연결동사를 기껏해야 거추장스러운 것으로 여겼다. 더 나아가 단순히 연결사〔계사〕 이상의 더 강한 의미를 지닐 때에도 '-이다' 또는 '-이었다'를 생략한 곳이 더러 있다. 하지만 마가는 중요한 예외다. 마가는 보다 문학적인 작가들이 약한 연결사라는 이유로 이 단어들을 생략하는 부분에도 연결사를 넣는 경향이 있었다. 마가는 연결사 생략의 범위를 "가능하다면"(if it is possible에서 is를 생략한 if possible)과 "모든 것이 가능하다"(all things are possible에서 are를 생략한 all thing possible)와 같이 굳어진 표현에 국한한다. 간혹 "이 형상이 누구의 것이냐!"와 같은 감탄사에서도 생략했다. 하지만 이러한 경우에도 다섯 번 중 네 번은 연결사를 넣었다. 이것이 마가의 문체의 특징이고, 이러한 이유로 문법학자들은 "복음의 시작은 이사야의 글에 기록된 바와 같다/같았다"라는 해석이 상당히 의심스럽다고 느낄 것이다. 이러한 제안이 신학적으로 용인된다면 유감이다.

그렇다고 1절이 제목이라는 제안으로 돌아갈 필요는 없다. 로울린슨〔Rawlinson〕 주교가 자신의 웨스트민스터 복음서 주석에서 채택한 구두점은 하나의 대안이 된다. 이는 마가가 삽입구를 매우 선호한다는 사실에 기댄 것이다. 삽입구는 나머지 문장들과 구문론적으로는 연결되지 않으면서 내용을 소개하는 장치다. 즉, 1절과 4절을 하나로 묶고 그 사이의 내용을 삽입구로 간주한다. "세례 요한

이, … 세례하고 … 가르친 자, **예수 그리스도의 복음의 시작이었다**".[5] 이 단순하고 명료한 진술은 복음서 저자가 펜을 들었을 때 그의 마음속에 있었던 것이지만, 막상 쓰기 시작하면서 복잡한 삽입구로 표현하게 되었다. 우리는 어딘가에 다음의 구절(막 1:2-3)을 삽입해야 한다. "선지자의 글에 '보라, 내가 내 사자를 네 앞에 보내니, 그가 네 길을 준비할 것이다. 광야에 외치는 자의 소리가 있으니, 주님의 길을 준비하라, 그의 길을 곧게 하라'라고 기록된 바와 같다." 이 구절을 거의 각주로 빼놓을 사람이 있을지도 모르겠다.

이러한 번역은 세례 요한의 주장을 아주 드높인다. 세례 요한은 메시아를 공표하고, 심지어는 복음 자체의 일부가 된다. (세례 요한의) 고양된 이미지가 과한 비중을 차지하게 되어, (그리스도를 높이는) 요한복음 1장의 진술이 이러한 묘사를 고쳐보려는 것처럼 보이기도 한다.

"갈릴리 나사렛 예수께서 오셨다"(막 1:9)

요단강에서 요한에게 세례를 받으려고 "예수께서 갈릴리 나사렛으로부터 오셨다." 마가복음 1:9는 보통 이렇게 이해된다. 그러나 "갈릴리 나사렛 예수"께서 오셔서 요단강에서 요한에게 세례를 받았다고 말하는 것이 더 정확할 것이다.

마가복음의 시작부인 이 지점에서 "나사렛 예수"라는 칭호는 낯설게 들린다. 하지만 저자는 분명히 이 의미를 의도한 것으로 보인

5. 이 문장에서 쉼표와 쉼표 사이를 삽입구로 본 것이다—역주.

다. 이때 "예수" 앞에 정관사가 생략되어 있는데, 동격을 나타내는 경우에만 이 거룩한 이름 앞에 정관사를 생략하는 것이 마가에게서 거의 변함없이 나타나는 중요한 규칙이기 때문이다.[6] 그러므로 우리는 "갈릴리 나사렛"을 "예수"와 동격으로 이해해야 한다.

예수께서는 세례를 침례로 받으셨는가? 마가복음에 따르면 그랬을 것이다. 그러나 마태복음에 반영되어 있는 그 이후의 전통에서는 예수가 실제로 물에 들어가지 않는 방식으로 세례를 받은 것처럼 보이기도 한다. 나는 각 복음서 저자들이 사용한 전치사가 다르다는 점을 근거로 이렇게 추정한다. 마가는 예수께서 물 "속에서"(ἐκ) 올라오셨다고 기록한 반면, 마태는 물 "쪽으로부터 떠나"(ἀπὸ) 올라오셨다(강기슭?)고 말한다. 엄밀히 말해 ἐκ은 어떤 장소나 대상 안으로부터의 움직임을 함축하는 반면, ἀπο는 어떤 장소 바깥에서 더 멀리 떨어지는 움직임을 함축한다. 이 시기에 특히나 성서 헬라어에서 이 두 전치사 간에 중대한 의미 차가 있었는지는 매우 의심스럽다. 마태가 ἐκ을 ἀπο로 바꿨다는 점은 주목할 만하며, 이는 복음서 전통에서 세례 방식에 관한 발전이 있었음을 나타낸다고 주장할 수도 있다. 〔후대 전승으로 갈수록〕 세례의 공적인 측면이 점차 강하게 부각되고 있듯이, 분명 네 복음서는 몇몇 다른 측면에 있어서도 세례 내러티브가 발전되어 왔다는 흔적을 내비치고 있다.

---

6. 문법적 논증의 발전에 대해서는 Moulton-Howard-Turner, *Grammar*, vol. III, 166-67을 보라.

4. 산상설교의 문법

그리스도의 가르침의 절정을 보여주는 산상설교에서는 명령과 금지가 뚜렷하게 나타난다. 그러나 우리가 가진 대부분의 영역본에는 명령과 금지에서 현재 시제와 부정과거 시제의 중요한 차이가 거의 나타나지 않는다.

시대에 관계없이 헬라어의 현재 시제 명령형은 무언가를 끊임없이 또는 계속해서 하라는 명령이다. 문법학자들은 동작의 종류(언어학자들은 어디 출신이든 간에 관계없이 이것을 독일어 *Aktionsart*[동작류]로 부른다)를 주의 깊게 검토하여, 현재 시제로 사용된 모든 법〔moods〕을 **지속**〔durative〕과 **반복**〔iterative〕으로 분석해왔다. 현재 동작류는 부정과거 동작류와 분명히 구분되어야 한다. 부정과거 동작류는 지속도 반복도 아니며, 단지 동사에서 하나의 특수한 동작의 예를 나타내며, 보통 단일한 순간과 관련된다. 부정과거 명령형이 일반적인 수칙을 예고하는 것이 아니라 특정한 경우의 행동과 관련된다는 것을 쉽게 알아볼 수 있다. 예수께서 제자들에게 "이 들에 있는 백합화를 생각하여 보라"고[7] 명령하셨을 때처럼, 부정과거 명령형은 보통 아직 시작하지 않은 행동의 개시와 관련된다. 제자들은 시골길을 걷고 있었지만, 예수께서 작은 꽃들에 주의를 기울이라고 하시기 전까지 그 꽃들을 보지 못하고 있었다.

---

7. 왜 "이" 들일까? 헬라어는 분명하다. ἀγρός가 정관사 없이 나올 때는 보통 시골을 의미한다. 예수께서는 분명히 불필요한 정관사를 사용하여, 이를 다소 지시적인 것으로 만들었다.

이 특정 상황에서 예수의 감탄사는 오직 이 순간에 관한 것이었다. "보아라! 너희는 이 들에 있는 백합화를 주목하지 않고 있구나! 이제 이 백합화를 생각해보거라!"

금지 명령에도 동일한 원리가 적용된다. 금지의 시제가 현재형이라면 이미 시작되어 계속되고 있는 동작에 대한 것이다. 금지의 시제가 부정과거라면 시작하지 말라는 금지다. 시제의 변화가 문체를 다양하게 하려는 것 외에는 분명 별다른 의미가 없는 경우도 몇몇 있긴 하지만, 헬라어에서 시제를 의도적으로 구분해서 사용한 경우는 현대 해석자들이 감지해내기엔 너무 미묘하다.

예수의 계율은 이러한 문법 규칙 하에서 삶에 생생하게 나타난다. 그는 용서의 정신이 예배를 받으시는 전제조건이라고 말씀하셨다(마 5:24). "먼저 가서 형제와 화목하고(부정과거) 그 후에 와서 예물을 드리라(현재)."

시제의 차이를 발견할 때, 예수의 가르침은 감명 깊으면서 동시에 의미심장해진다. 우리는 보물을 땅에 쌓아 두지 말아야 한다(마 6:19). 예수께서는 제자들이 보물을 땅에 쌓아왔음을 아시기에, 현재 시제가 사용되었다.

예수께서 아마 헬라어가 아니라 아람어로 말씀하셨다는 추정이 이 모든 것들에 어떠한 영향을 미칠까?[8] 이러한 추정이 보편적으로 지지받는 것은 아니다. 또한 예수의 말씀을 헬라어로 기록하면서 그 의미를 보존하고자 매우 주의를 기울였다는 점은 아무도 부

8. 이 문제에 대하여는 이 책의 마지막 장을 보라.

인하지 않는다. 이어지는 예수의 명령은 염려하지 말라는 것인데(마 6:25), 시제가 이를 명료하게 해준다. 제자들은 이미 염려하고 있었고, 주께서는 "이를 그치라"고 말씀하신다. 여기에는 현재 시제 명령형이 요구된다. 그렇다면 왜 34절에서는 부정과거 시제로 바뀔까? 왜냐하면 이곳은 주께서 논의를 마무리하는 지점으로서, 주의 말씀이 미래를 가리키고 있기 때문이다. 지금은 주가 옆에 계시다는 사실과 주의 강론으로 인해 제자들의 두려움이 잠잠해졌을 것이다. 그래서 주는 미래에 염려하지 말라고 말씀하고 계신 것이다. "염려가 다시 시작되지 않게 하라. 내일은 내일이 알아서 염려할 것이다."

예수께서는 우리의 비판하는 경향에 대해서 엄중한 수칙을 주셨다. 주께서는 현재 시제를 사용하셨다. 우리는 다른 이들을 판단하기를 그쳐야 한다. 그러면 우리도 판단받지 않을 것이다(마 7:1). 주의 말씀은 명령을 넘어 우리의 잘못을 간접적으로 지적하고 있다. 반면 맹세에 대한 가르침에는 그러한 지적이 없다. 주께서는 하늘로도, 땅으로도, 예루살렘으로도, 머리로도, 어떤 식으로도 맹세하지 말라고 금하시면서 부정과거 시제를 사용하셨다. 어떤 이유로 이 말씀을 듣고 있는 사람들은 맹세를 이미 그만두었기에, 예수의 명령은 앞으로 또 다시 맹세를 하지 말라는 의미를 지닌다(마 5:34-36). 이들은 이미 세례 요한으로부터 맹세에 관하여 배웠다. 세례 요한의 제자들, 특히 요세푸스의 글에 에세네파로 불리는 사람들은 예수의 제자가 되기 전에 스스로 맹세를 그만두었을 것이다—이런 면에서 요한은 에세네파와 유사하다.[9] 예수의 명령의 어조는 이후에 예수의 형제〔야고보〕가 서신을 썼을 때와는 확연히 다르다. 야고보 당시는 맹세의 관습을 지속하고 있다는 점에 대해 기독교 교회의 유대인 구성원들을 꾸짖을 필요가 있었다. 야고보는 서신을 읽는 이들이 맹세하는 습관을 즉시 그만두라고 명령하면서 현재 시제를 사용했다(약 5:12).

예수께서는 금식과 관련하여 우울하고 시무룩한 얼굴을 하는 당시의 관습을 현재 시제를 사용하면서 금하셨다. 에세네파나 이와 유사한 배경에 있었던 사람들은 맹세를 금하기는 했지만 금욕주의를 막지는 않았다. 실제로 세례 요한의 제자들이 금식에 관하여 엄격했다는 것이 기록되어 있다. 지금 그들은 그 금식을 그만두라는 말씀을 듣고 있다.

우리는 산상설교에서 우연으로 보기에는 시제와의 관련성이 너무나도 깊은 명령들을 살피고 있다. 주의 명령 중 하나는 자기부인, 십자가를 지는 일, 제자도에 관한 것이다. 자기부인과 십자가를 지는 일은 부정과거형으로 다루어진다. 그래서 여기에는 **확정적인**〔once and for all〕 결단이 수반된다. 하지만 〔다음 문장인〕 제자도는 현

9. *De Bello Iudaico* II viii, 6. 『요세푸스 3』, 김지찬 역(서울: 생명의말씀사, 2006): "신성한 맹세를 해야 신뢰할 수 있는 것은 이미 정죄된 것이다." 몇몇 바리새인들처럼 그들은 헤롯에 대한 충성의 맹세를 면제받았다(*Antiquitatum Iudaicarum* XV x, 4. 『요세푸스 2』, 김지찬 역[서울: 생명의말씀사, 2006]). 그러나 에세네파에서는 입문자들이 공동체의 정식 구성원이 되기 전에 엄청난 맹세를 하도록 강요했기, 여기에 약간의 모순이 있다고 볼 수 있다.

재 시제로 나타난다. 이는 분명 일반적이고 지속적이며 반복적인 명령이다. "확정적으로 자기를 부인하고 자기 십자가를 져야 한다. 그런 다음 지속적인 제자로서 나를 따를 것이니라"(눅 9:23).

바로 이 문법 원리가 누가복음 9:23의 사본학적 문제를 해결해 준다. "날마다"라는 첨언은 훌륭한 사본의 지지를 받고 있는데, 부정과거 명령법과는 같이 사용될 수 없다. 왜냐하면 "날마다"라는 표현이 저 명령을 지속적인 것으로 만들기 때문이다. 이는 바티칸 사본, 알렉산드리아 사본과 더불어 시나이 사본의 원래 필적의 지지를 받는다. 그리고 이 단어를 생략한 사본은 일반적으로 필사자들이 마태복음 및 마가복음의 병행구와 조화시키려 한 것으로 평가된다. 하지만 명령법에서 시제가 갖는 중요성에 관한 문법적 증거는 우리로 하여금 이 부분에 관한 베자 사본, 에프라임 사본, 고대 라틴어 역본, 시리아 역본의 기록을 인정하게 만든다.

몇몇 명령들은 오직 그리스도의 재림 때까지만 적용되는 것으로 보인다. 그 명령들은 부정과거 시제이기 때문에 일반적이거나 영구적인 법으로는 제정되지 않을 것이다. "다른 쪽 뺨도 돌려 대라!" "기도할 때 네 골방에 들어가 문을 닫아라." 이 명령은 잠시 동안 지켜야 하는 것이다. 바울은 디모데에게 임시적인 명령을 한다. "우리 주 예수 그리스도께서 나타나실 때까지 이 명령을 지키라," "범죄한 자들을 모든 사람 앞에서 꾸짖어라"(딤전 6:14, 5:20).

하나님께 기도로 기원할 때는 거의 항상 부정과거 시제가 사용된다. 그래서 우리는 (마태복음에 따른) 주기도문에서 "**지금** 우리에게 우리의 일용할 양식을 주소서!"라고 말하라는 가르침을 얻는다. 이것은 단호한 표현이지만, 누가는 시제를 바꿈으로써 이를 완화시키는 것으로 보인다. "날마다 우리에게 양식을 주시기를 계속하소서." 〔마태복음에는〕 이와 동일하게 단호한 문장들이 나타난다. "**지금** 당신의 이름이 거룩히 여김을 받으소서!" "**지금** 당신의 뜻을 이루소서!" "지금 우리 죄를 **확정적으로** 사하여 주소서." 부정과거형으로 기도할 때는 항상 기원자의 요구가 절박하고 긴급할 때라고 설명될 수 있을 것이다. 동시에 하나님께 대한 경외심으로 인해 영속적인 허락을 요청해서는 안 된다는 느낌을 전하기도 한다. 따라서 하나님과 장기 협정을 맺고 살고자 하는 것이 아니라면, 우리는 〔요청 없이〕 그냥 사는 것이 아니라 하루하루 기도하며 살아야 하고, 그때그때 기도해야 한다는 것이다. 동시대의 이방인들은 이 점을 깨달았다. 이집트에서 발견된 몇몇 헬라어 파피루스 파편에서 부정과거 시제가 발견되기 때문이다.

시제에 관한 사실을 검토함에 있어, 산상설교에서의 정언적 금지 명령들도 눈길을 끈다.[10] "내가 율법을 폐하러 왔다고 **조금도** 생각하지 말라"(마 5:17). "구제할 때 **절대로** 너희 앞에 나팔을 불지 말라"(마 6:2). "거룩한 것을 **절대로** 개에게 주지 말라"(마 7:6). "**잠시도** 내일을 위해 염려하지 말라"(마 6:34).

산상설교에는 둘 이상의 개념이 나오고 그 다음에 그 개념들이 역순으로 반복되는 형식, 곧 교차대구법으로 알려진 문체의 특징

10. 이하의 예들에서는 모두 부정과거 명령이 사용되었다—역주.

이 나타난다. 교차대구법이 자주 나타나기에, 교차대구법을 인지하면 이따금 성경에 대한 더욱 충실한 해석으로 발전하게 된다. 산상설교에는 잘 알려진 AB-BA 구조가 나타난다—진리를 제시하는 질서〔economy〕를 결정하는 예수의 말씀에 나타난다. "(A) 거룩한 것을 개들에게 주지 말며 (B) 너희 진주를 돼지들 앞에 던지지 말라 (B) 돼지들이 그것들을 발로 밟을 수도 있고 (A) 개들이 돌아서서 너희를 물어뜯을 수도 있다." 교차대구법의 도움을 받을 때 더욱 좋은 해석을 발견하게 된다.

5. 예수의 몇몇 치유 사역

시제의 중요성

시제의 중요성은 결코 산상설교에 국한되지 않는다. 예수께서 혈루증 앓는 여인에게 그녀의 현재 건강 상태에 대해 말씀하실 때 의도적으로 완료 시제를 사용하셨다(마 9:22). 예수께서는 사실상 "너는 치유함을 받아서〔have received〕, 이제 완벽히 건강하다. 너의 믿음이 이를 이룬 것이다〔has accomplished〕"라고 말씀하고 계신 것이다. 나중에 복음서 저자가 그 사건을 되돌아보며 이를 역사적으로 기록했을 때는 부정과거가 되었다. "바로 그때 여인이 치유함을 받았다〔did〕."

여인의 혼잣말에서도 시제를 주목해볼 만하다(마 9:21). 여인은 미래를 가리키는 조건문 형식을 사용하고 있다. "저 분의 옷에 손을 대면 치유받을 거야." 여기에 뜻밖의 구문 구조가 나타나는 것은 흥미롭다. 보통 미래 조건문에서의 조건절은 불변화사 ἐάν과 현재 가정법 동사로 표현된다. 그러나 여인은 ἐάν과 부정과거 가정법 동사를 사용하고 있다.

이때 여인은 미래에 딱 한번 일어날 일("일단 손만 대면")이자 주절의 동사보다 먼저 일어날 명확한 사건("일단 저 분의 옷에 손을 대면, 그 후에 …")을 마음속에 그리고 있다고 설명할 수 있다. 이런 식의 조건절은 거의 시간적인 의미를 지니면서('-이면'에 해당하는 시간적 의미는 '-할 때'), 단순한 개연성 이상의 것을 나타낸다. 여인의 마음에는 전혀 의심이 없었던 것이다. 그녀는 속으로 말했다. '내가 저 옷을 만지고 나면, 치유받게 될거야.'

"구원되다"〔be saved〕라는 표현이 헬라어 동사를 문자적으로 번역한 것으로 보이지만, 그럼에도 '구원되다'보다 '치유를 받다'〔receive healing〕는 표현이 낫다. σωθήσομαι의 현재형 어간은 '구원되다'는 의미를 지니지만, 이곳에서는 현재 시제에 관한 것이 아니다. 이 본문에서는 부정과거와 완료 시제로 나타난다. 문법학자들은 현재형 어간이 상태(예, 구원받은 상태)를 나타내는 동사의 부정과거를 '개시적 부정과거'〔inceptive aorist〕로 부른다. 왜냐하면 이 경우 부정과거의 동작류〔*Aktionsart*〕가 어떤 상태에 들어가는 단일한 행위를 표현하는 것이기 때문이다. 앞의 사례에서 "구원되다"는 상태의 개시적 부정과거형은 영어에서 "치유를 받다"로 굉장히 자연스럽게 표현된다. 그 이유는 매우 명확하다. 이 맥락에서 '구원'이 신학과는 아무 관련이 없고 오로지 신체의 건강만을 가리키기 때문이다. 또한 이때 완료 시제는 시작한 행동의 효력이 말하고 있는 순간에도 계속 남아 있음을 암시한다. 이는 궤변이 아니다. 왜냐하면 신약성경의 저자들에게 이 동사의 부정과거형이 〔신학적 의미에서〕 '구원받는 것'을 의미하지 않는 경우가 많이 나타나기 때문이다. 신약성경은 잉크가 마르자마자 복음이 동쪽으로, 동북쪽으로 나아가는 일을 위해 시리아어로 번역되었고, 그 결과 고대 시리아 역본으로 불리는 성경이 만들어졌다. 동시대의 번역자들이 σωθήσομαι의 부정과거형을 어떻게 이해했는지 살펴보자. 이때 '새 생명을 얻는다' 혹은 '살기 시작하다'를 의미하는 시리아어 동사가 사용되었다. 남아 있는 고대 시리아 역본의 증거들은 모두 저렇게 번역하고 있다. 고대 시리아의 번역자들은 구약성경에서 생명의 원천이 되는 개념인 야훼를 염두에 두고, 그에 따라 헬라어 부정과거형을 해석했음이 거의 확실하다. 요한복음에서도 이런 방식이 나타난다. 요한복음의 저자는 이 동사를 철저히 피해서 저 의미〔구원받는다〕를 표현하기 위해 항상 어떤 상이한 언어, 즉 "영생을 얻는다"라는 언어를 사용한다. 그러므로 요한의 어법은 공관복음서 저자들이 사용한 부정과거 σωθήσομαι의 의미를 매우 이른 시기에 해석했던 더욱 확실한 증거가 된다.

용의주도한 시제의 차이는 "군대"라는 이름을 가진 이에게 말씀하실 때도 동일하게 발견된다. 예수께서 이르시되, "집으로 돌아가서 주께서 너에게 행하여오신〔has made〕 일을 가족에게 보이고." 이 **완료** 시제는 정신이 나간 고통받는 이에게 하나님께서 하신 일의 지속적인 결과를 나타낸다.[11] 그리고 바로 이어지는 말에서는 **부정 과거** 시제를 사용한다. “하나님께서 너를 불쌍히 여기신 것을 가족에게 말하라”(막 5:19).

예수께서 기적을 주로 행하신 분이 아니라는 주장이 사실일 수도 있다. 그럼에도 불구하고 우리가 가진 영역본에는 정경 복음서에 기록된 기적들이 권능을 행하신 모든 일을 기록한 것이 아니라 그저 수박 겉핥기 정도라는 사실을 모호하게 할 수 있는 오역이 있다. 절대 최상급〔elative superlative〕을[12] “권능을 **가장** 많이 행하신”(마 11:20)으로 번역한 것은 오해를 불러일으킨다. ‘많은’의 절대형은 ‘아주 많은’이다. 예수께서는 당신이 “권능을 매우 많이” 베푸셨던 마을들을 책망하신 것이다.

“예수를 볼 때마다”(막 3:11)

또 다른 문법의 특징은 예수의 치유 사역이 분투적인 성격임을 보증한다.

---

11. 몇몇 사본에는 부정과거형이다. 나는 이를 마가의 문체를 표준화하려는 초기의 시도로 본다.
12. 절대 최상급이란, 구체적인 비교 대상이 없는 최상급을 일컫는다. 보통 ‘매우/아주 + (형용사)’로 번역된다. 이에 반해 (일반) 최상급은 비교의 대상을 전제한 것으로 ‘가장/최고 + (형용사)’로 번역된다. 즉, 여기서 ‘절대’란 비교 대상이 없을 정도로 최고/최대라는 강한 의미가 아니라, 단지 구체적인 비교 대상을 상정하지 않는다는 의미다. ‘비교 대상을 상정하지 않는다’는 의미와 ‘최상급’이라는 말이 모순으로 들릴 수 있지만, 이렇게 표현한 이유는 형용사의 형태는 (일반) 최상급과 같지만 내용상으로는 구체적인 비교 대상을 가지고 있지 않기 때문이다—역주.

불변사 ἄν과 연관하여 접두모음이 붙는 직설법(즉, 미완료나 부정과거)이 사용되는 것은 신약성경과 코이네 구문에서 어떤 특정 형태의 종속절를 표현하는 가장 확실히 자리 잡은 관습 중 하나다. 이것은 고전 헬라어—고전 헬라어에서는 감탄법으로 사용되었다—에서 출발했다. 마가복음 3:11에서는 반복상, 곧 반복적인 행위로 나타나는데, 영어에서는 "그가 올 때마다"라는 번역으로 잘 표현되고 있다.

우리가 후기 헬라어에서 사용된 이 새로운 원리를 알게 되면, 복음서의 이야기에 대한 우리의 이해도 달라질 수 있다. 예수는 사역 초기에 가버나움과 갈릴리 인접 지역에서 분투의 기간들을 보냈다. 그 시기와 관련하여 우리는 이렇게 읽는다. "악한 영들이 예수를 볼 때마다(ὅταν과 함께 사용된 미완료 직설법), 악한 영들은 그 앞에 엎드려 부르짖곤 했다(미완료 직설법). … 예수께서는 악한 영들에게 자신을 알리지 말라고 상시 꾸짖으셨다(미완료 직설법)"(막 3:11).

따라서 저 표현은 어떤 특정 사건이 아니라 되풀이해서 일어나는 일과 관련된다. 이것은 마가복음 11:19에서 중요하다. 여기에서는 미완료 직설법(알렉산드리아 사본과 베자 사본은 예외)과 불변사 ὅταν이 나온다. 저 구절의 의미는 분명 당일 '저녁 때'가 아니라 '저녁 마다' 혹은 '매일 저녁이 되면'이다. RV의 번역에 대한 도전이 있긴 하지만 정확한 것으로 볼 수 있다. 예수께서 매일 저녁 예루살렘을 떠나시는 장면 말이다. 그리고 그 다음 구절은 "어느 날 아침, 그들이 무화과나무 …"로 시작하는 것이다.

6. 예수의 은혜로운 말씀

"어느 누구도 절망함이 없게"(눅 6:35)

이 문장은 돈을 빌려주라는 낯선 맥락에 나타난다. 예수께서는 빌려주라고 제자들에게 권고하셨다. NEB의 본문에 따르면 다음과 같이 더 상세히 말씀하셨다. "무엇이 되돌아올 것이라는 기대를 하지 말고 빌려주라." 이 계율은 어려운 것이지만, 예수께서 제자들에게 부과하신 자기부인이라는 높은 기준에 매우 부합한다. 하지만 여기에서 번역하기 어려운 부분이 있다. NEB는 다음과 같은 다른 번역을 난외주에 제시하고 있다. "절대로 희망을 버리지 말고 빌려주라." 안타깝게도 이 의미는, NEB의 난외주를 기록하게 만든 본문 안에서 다양성이 존재하는 헬라어를 들여다보지 않는다면, 그리 명료하게 드러나지 않는다. 그렇다면 포기하지 말아야 하는 희망은 무엇일까? 빌려준 것을 언젠가 되돌려 받으리란 희망일까? 이런 동기는 제자들에게 적절하지 않겠지만, 돈을 빌려준 사람에게는 매우 적절한 동기다. 아니면 빌려간 사람의 안녕〔welfare〕에 관한 소망을 포기하지 말아야 한다는 의미일까? 그렇다면 애매함을 피하기 위해서 당연히 다음과 같이 번역할 수 있을 것이다. "어느 누구도 절망함이 없도록 빌려주라."

우리는 이 딜레마를 해결하기 위해 이 헬라어 본문의 대안적 읽기 방식들을 더욱 면밀하게 살펴보아야 한다. 먼저 가장 잘 알려진 방식, 곧 NEB가 설정하고 있는 본문의 형태를 살펴보고자 한다. 〔NEB의〕 "아무것도 돌려받을 것으로 기대하지 말고"라는 문구에서 중요한 헬라어 단어는 μηδὲν(아무것도)이다. 가장 좋은 사본들 중 몇몇은 이를 지지하고 있다.[13] 이는 현대 편집자들 다수, 이를테면 앨포드〔Alford〕, 트레겔스〔Tregelles〕, 베른하르트 바이스〔Bernhard Weiss〕, 라흐만〔Lachmann〕, 웨스트코트〔Westcott〕, 호트〔Hort〕, RV(1881), 폰 조덴〔von Soden〕, 포겔스〔Vogels〕, 라그랑주〔Lagrange〕, 메르크〔Merk〕, 보베르〔Bover〕가 받아들인 본문이다. 라인업이 굉장하다! 그렇지만 μηδὲν(아무것도)의 의미가 성립하기 위해서는 함께 사용된 동사가 '돌려받기를 기대하다' 또는 '되돌려받기를 소망하다'라는 의미여야 한다—하지만 이에 대한 근거는 거의 없다. 12세기에 유튀미오스 지가베노스는 이 문장을 "그들에게 아무것도 기대하지 말라"는 의미로 해설했다. 더 거슬러 올라가면, 닛사의 그레고리오스, 크뤼소스토모스와 같은 교회 교부들이 마치 '돌려받기를 소망하다'를 의미하는 것처럼 동사를 의역한〔paraphrase〕 사실이 발견된다.[14] 게다가 ἀπελπίζοντες를 이러한 의미로 받아들이는 학자들의 목록이 너무 대단했기 때문에, 루돌프 불트만이 누가복음 6:35를 "돌려받으리란 기대 없이 빌려주라"라는 의미로, 혹은 "거기에 어떤 이자도 기대하지 말고"라는 의미—주님께서 고리대금업자들의 계획을 염

13. 특히 바티칸 사본(신약성경 전체를 포함하고 있는 가장 오래된 헬라어 성경), 알렉산드리아 사본(대영박물관에 있는 5세기 사본으로, 콘스탄티노플 총대주교가 찰스 1세〔원래는 제임스 1세〕에게 선물한 것), 레기우스 사본(파리), 장크트갈렌〔Sangallensis〕 사본(장크트갈렌의 도서관에 있는 9세기 사본).

14. G. W. H. Lampe, *A Patristic Greek Lexicon*, Oxford, 1961, fasc. I, 181.

두에 두셨다면—로 생각한 것은 놀랍지 않다.[15] 불트만은 독일어 *zurückerwarten*처럼 ἀπελπίζοντες('되돌리기를 바라다'〔to hope back〕)가 απολαμβάνειν ἐλπίζοντες('되돌려 받기를 바라다')의 축약형이라는 가정과 이와 유사한 복합동사 ἀπαιτεῖν('되돌려달라고 요구하다'〔30절〕)의 유비만을 제시할 뿐 별다른 근거를 제시하지 않는다. 불가타 역본은 *nihil inde sperantes*(그것으로부터 아무것도 소망하지 말라)로 번역하며 이를 지지한다. 그뿐 아니라 ἀπελπίζοντες를 이렇게 번역하는 것이 문맥과 일치한다고 주장할 수도 있다. "너희가 돌려받기를 기대할 수 있는 사람들에게 빌려주면, 칭찬받을 것이 무엇이냐?"(34절).

문맥을 이렇게 보더라도, 문맥에 적절하다는 사실이 항상 단어의 일반적인 용례라는 더욱 확실한 증거를 뒤엎을 만한 결정적인 것은 아니다. μηδὲν을 계속 남겨두면 번역이 '아무것도 절망하지 않는'〔nothing despairing〕이라는 애매한 의미가 된다. 그래서 다양하게 읽을 수 있는 가능성, 즉 μηδένα〔아무도〕로 읽을 가능성을 탐구해볼 필요가 있다.[16] 현대의 몇몇 편집자들, 특히 티쉔도르프〔Tischendorf〕

15. Ed. G. Kittel, *Theologisches Wörterbuch zum Neuen Testament*, II, 531.

16. 시나이 사본(사본의 시기와 순수성에 있어 바티칸 사본과 맞먹으며, 영국이 볼셰비키들에게서 100,000파운드에 샀고, 현재는 대영박물관에 보관되어 있음), 워싱톤 사본(4세기 내지 5세기의 복음서 사본으로 가치 있음), 자킨토스 사본(누가복음 1-11장만 부분적으로 담고 있는 팔림프세스트 사본이지만, 8세기의 것으로, 현재 영국 해외성서선교회〔British and Foreign Bible Society〕 도서관에 보관되어 있음), 페트로폴리타누스 사본(9세기의 단편적인 사본이나 중요함), 모나센시스 사본(9세기 내지 10세기), 그리고 보다 덜 중요한 전거들.

가 이를 채택하였고, 웨스트코트와 호트는 이를 난외주에 기록하였다(따라서 RV의 난외주에도 실렸다). μηδέν은 중성(아무것도)인 반면, μηδένα는 남성형(아무도)이다. 이는 동사 ἀπελπίζοντες를 번역할 때 두 가지 가능성이 있음을 나타낸다. (a) 현대 그리스어에서 저 동사는 '좌절하게 만들다'라는 의미를 지닌다. 흥미롭게도 이는 고대 시리아어 번역본들이 채택한 방식이기도 하다. "빌려주라. 그래서 아무도 좌절하게 만들지 말라." (b) 그러나 비종교 헬라어와 성서 헬라어 모두에서 가장 인정받는 의미는 '좌절하다'이다. 칠십인역에서는 이사야 29:19의 "사람들 중 가난한 자들"이라는 단어를 헬라어 동사 ἀπελπίζοντες의 완료 수동태 분사 형태로 번역했다. 어떤 면에서는 문자 그대로 '절망한 이들'을 의미한다. 외경(유디트 9:11)이나 클레멘트1서 59:3에서도 마찬가지로, 〔이 동사를 통해〕 하나님은 "절망한 사람들"의 구원자로 묘사된다. 이는 대단히 중요하다. 테오도토스의 유품집〔Martyrium〕에[17] 있는 한 기도문에는 감동적인 탄원이 있는데, 거기에도 저 동사의 수동태 완료 분사가 사용되었다. "오 그리스도시여, 당신은 **절망하는 자들**의 소망이십니다." 앞서 언급했던 것처럼 크뤼소스토모스는 의역했지만, 그럼에도 누가복음 6:35는 이와 매우 유사하다. "아무도 절망하지 말게 하자"(μηδένα ἀπηλπίσωμεν).[18]

---

17. Ed. F. de Cavalieri, *Studi e Testi*, 6, Rome, 1901, 74.
18. Homilies on the Epistle to the Hebrews, 10:4 (F. Field, *Johannis Chrysostomi interpretatio omnium epistularum Paulinarum*, vol. 7, Oxford, 1862, 12.110 B).

이와 같은 의미는 고대의 전거들의 지지를 받을 뿐 아니라, 예수의 온화한 마음과도 잘 어울리고, 특히 버림받은 이들과 절망한 이들에게 다정하셨던 모습과도 잘 어울린다. 이것이 바로 누가가 자신의 복음서에서 세심하게 나타내고자 했던 바다.

'아무도 절망하지 않게 함'은 '추구함 및 구원함'과 같은 여타 표현들과 더불어 누가 특유의 슬로건 같은 것이다.

Μηδένα(아무도)로 읽는 것이 더욱 설득력 있는 이유는 다른 독법이 발생했을 방식을 설명할 수 있기 때문이다. 필사자가 사본을 만들 때 사용한 원본에는 알파가 두 번 나온다. 말하자면, 한 단어는 알파로 끝나고 이어지는 단어는 알파로 시작한다. 필사자는 옮겨 적으면서 알파를 한 번만 적는 실수를 쉽게 범할 수 있다. 필사자는 ΜΗΔΕΝΑ ΑΠΕΛΠΙΖΟΝΤΕΣ를 ΜΗΔΕΝ ΑΠΕΛΠΙΖΟΝΤΕΣ로 변형시켰던 것이다. 필사자의 실수는 이렇게 설명될 수 있을 것이다. 이러한 실수는 원문을 전달함에 있어 지대한 영향을 미쳤다.

사랑했기에 용서받은 것일까? 용서받았기에 사랑한 것일까?(눅 7:47)

시몬의 집에서 일어난 어느 여인과 관련된 흥미로운 사건에는 현재 논의되고 있는 중요한 문제가 나타난다. 우리는 이 사건을 제대로 살펴볼 필요가 있다.

이는 그리스도인의 삶에서 사랑의 위치에 관한 문제다. 그리스도의 인격과 희생이 우리 안에 사랑을 불러일으키는 것일까, 아니면 그리스도를 향한 우리의 사랑이 하나님의 용서를 불러일으키는 것일까? 두 명제 모두 사실일 수 있겠지만, 예수께서 시몬의 집에서 선언하시고 세상에 증언하신 바는 둘 중 어느 것일까?

저 탁월한 바리새인은 무례하게도 손님을 맞이할 때 통상 갖추는 격식을 생략했다. 예수께서는 이에 대해 말씀하지 않으시고 자리에 앉으셨다. 그 다음에 놀라운 일이 벌어졌다. 한 창녀가 예수께서 거기에 계심을 알고 들어와서, 자신의 눈물로 예수의 발을 씻고, 머리카락으로 닦아내고, 그 발에 입을 맞추고, 가지고 있던 옥합에서 향유를 꺼내 예수의 발에 부었다.

집주인은 속으로 비방했지만 겉으로는 아무 말도 하지 않았다.

예수께서 그의 마음을 읽고 말씀하셨다.

"시몬, 당신에게 할 말이 있습니다."

"선생님, 말씀하시죠."

"어느 채권자에게 두 명의 채무자가 있었는데, 한 명은 오백 데나리온, 또 한 명은 오십 데나리온의 빚을 지고 있었답니다. 그런데 둘 다 갚을 능력이 없어서 채권자가 탕감해주었습니다. 그렇다면 이 둘 중에 누가 더 채권자를 사랑하겠습니까?"

"제 생각에는 더 많이 탕감받은 사람입니다."

"당신의 생각이 옳습니다."

예수께서 말씀은 시몬에게 하셨지만, (몸은) 창녀 쪽으로 돌리셨다.

"이 여인을 보시나요? 내가 집에 왔을 때 당신은 발 씻을 물도 주지 않았지만, 그녀는 눈물로 발을 씻겨주었고 또 머리로 닦아주었습니다. 당신은 어떤 환영의 표시도 하지 않았지만, 이 여인은 내가 들어왔을 때부터 발에 입 맞추기를 그치지 않았습니다. 당신은 내 머리에 바를 기름도 주지 않았지만, 저 여인은 내 발에 향유를 부었습니다. 그래서 당신에게 말하는데, 그녀의 많은 죄가 사함을 받았습니다. 그녀의 사랑이 많기 때문입니다. 조금 사함을 받은 사람은 조금 사랑합니다."

"당신의 죄들이 용서받았습니다."

예수께서 여인에게 말씀하셨다.

"당신의 믿음이 당신을 구원했습니다. 평안히 가세요."

신학도들은 "그녀의 많은 죄가 사함을 받았습니다. 그녀의 사랑이 많기 때문입니다"라는 번역에 이의를 제기해왔다. 이는 위험한 교리로 회자되었다. 단순히 사랑에 빠진 것에 대한 보상으로 그녀의 모든 과거가 완전히 덮였다. 이는 매춘이 진정한 사랑의 감정 없이 단지 사랑을 흉내내는 것에 불과했지만 이제는 그녀가 마침내 진정한 빛으로 들어가게 되었음을 함의하고 있다. 예수께서는 여인이 진정한 감정의 직접적인 결과로 하나님께 모든 것을 용서받았다는 의미로 말씀하신 것일까? 사랑이 그 자체로 모든 죄를 덮는다는 것이 사실일 수 있을까? 이와 같은 해석은 사고 방식이 어떤 새로운 윤리를[19] 향하고 있는 사람들을 뒷받침해준다. "사랑은 길을 찾을 것이다"라는 문구는 『신에게 솔직히』와 같은 책에 담겨 있는 도덕에 해당된다. 『신에게 솔직히』에는 이와 비슷한, "사랑에는 도덕 나침반이 내장되어 있다"라는 경구가 있다. 이 책의 저자는 예수의 주장이 '방종할 자유로 받아들여지지' 않도록 청

19. "새로운 윤리"는 『신에게 솔직히』 6장의 제목이다—역주.

년의 경우를 예시로 든다. 즉, 여인을 진정으로 사랑하는 청년은 정절〔moral〕을 지킬 것이다. 왜냐하면 사랑은 자신의 목적을 위해 여성을 이용할 수 없을 만큼 깊은 존중과 관련되기 때문이다. 로빈슨 주교의 요지는 사랑 외에는 다른 아무것도 "어떤 행위를 옳다거나 그르다고 규정할 수 없다"는 것이다.[20]

이 소박한 예시에 대한 반론들이 금방 머리에 떠오를 것이다. 현재 우리의 논의에서 중요한 것은 '성숙한 사람'에게는 사랑 외에는 아무것도 처방하지 않는다는 로빈슨 주교의 격언이다. 이는 틸리히로부터 받아들인 것으로 비교적 젊은 사람들에게 호소력이 있을 것이다. 최근 케임브리지의 신학 교수들에 의해 출판된 얇은 책에 있는 "기독교의 믿음에 대한 심리학적 반대"라는 장에서,[21] H.A. 윌리엄스〔Williams〕는 이 누가복음 사건을 언급하면서, 어떤 번역본도 예수께서 하신 말씀의 명백한 의미를 옮기지 못했다고 노골적으로 반박했다. 말하자면, 여인의 큰 사랑으로 인해 그녀가 죄 사함을 받았다는 것이다. 윌리엄스는 이것이야말로 저 헬라어를 적절하게 번역한 것이라고 생각하면서 고(古) R.P. 케이시〔Casey〕 박사가 아무런 언어학적 증거도 제시하지 못했다고 주장했다.

아무도 저 헬라어를 문자 그대로 영어로 옮기면 다음과 같다는 사실을 부인하지 않을 것이다. "그러므로 내가 너에게 말하니, 그녀의 많은 죄가 용서받았다. 왜냐하면 그녀가 많이 사랑하기 때문

20. *Honest to God*, 118-19.

21. *Objections to Christian Belief*, Cambridge, 1963.

이다.” 그럼에도 불구하고 사랑이 하나님의 용서를 얻기 위해 필요한 모든 것이라는 의미로 이 문장을 해석해야 하는가 여부는 문법학자들의 미묘한 논점이다.

이는 예수의 생각이 매우 뒤죽박죽이었음을 인정하는 것이 될 수도 있다. 예수께서 시몬에게 들려주신 비유에서는 등장인물이 탕감 받았기 때문에 많이 사랑한다는 것이 중점이었다. “둘 중 누가 더 사랑하겠소?”라는 질문에 바리새인은 “내 생각에는 더 많이 탕감받은 사람입니다”라고 대답했다. 이런 비유를 하고 나서 여인이 많이 사랑하기 때문에 용서받았다는 주장으로 마무리하는 것은 불가능했을 것이다. 복음서 저자에게 잘못을 전가함으로써 이 부조화를 피해갈 수도 있다. 누가가 두 가지 이야기를 혼동했던 것일까? 공정하게 말하기 위해서, 예수께서 시몬에게 하신 말씀의 문법을 살펴보자. 헬라어에서든 영어에서든 다음과 같은 방식으로 저 말씀을 이해하는 것은 규칙에 맞는다. “여인이 사랑에 빠졌으니까, 이것이 그녀의 죄가 사함 받았다는 것을 입증한다.” ὅτι(because, “-니까”)라는 단어는 어떤 명제를 입증하는 증거나, 명제를 진술하는 이유를 전달할 때 사용한다. 그리고 이 둘 중 무엇에 해당하는지를 결정하는 것은 오직 문맥과 더불어 이와 관련된 상황들, 이를테면 비슷한 상황에서의 누가의 문체가 될 수 있다. 우리말로 예를 하나 들면 논점이 더 분명해질 것 같다. 명제에 대한 이유가 아니라 증거를 제시하는 맥락으로 사용된 예는 다음과 같다. “그는 자유의 몸이니, 그는 풀려난 것이다.” 자유의 몸이라는 그의 상태는 그가 풀려났음을 보여주는 증거다. ‘자유의 몸이었다는 이유로 그가 풀려났다'고 생각하는 것은 매우 잘못된 이해일 것이다. "여인이 많이 사랑했다는 이유로 그녀의 죄들이 용서받았다"고 말하는 것도 잘못된 이해일 것이다.

사실 이런 방식이 누가의 문체이기도 하다. 누가복음 1:22는 이렇게 쓰고 있다. "그들은 사가랴가 성전 안에서 환상을 보았다는 것을 알았다. 사가랴가 그들에게 손짓하는데 말은 못하는 상태였으니까(ὅτι)." ὅτι는 분명히 맨 앞의 동사('알았다')를 다시 지시하고 있다. 예수께서 시몬에게 말씀하셨을 때 ὅτι가 앞의 동사 "내가 당신에게 말한다"를 가리키는 것과 똑같다. 그러니까 예수께서는 이렇게 말씀하고 계신 것이다. "내가 당신에게 말하는데 그녀는 용서받았습니다. 그녀가 사랑하고 **있으니까** 내가 당신에게 〔이렇게〕 **말할 수 있는 겁니다**." 누가복음 6:21에도 동일한 문체가 있다. 여기서 예수께서는 이렇게 말씀하신다. "지금 주린 당신들은 복이 있습니다. (제가 이를 아는 건) 당신들이 배부르게 될 것이기 때문입니다." 이는 다음과 같이 번역될 수 없다. "당신들은 지금 굶주려 있습니다. 그 이유는 당신들이 배부르게 될 것이기 때문입니다."

저명한 주석가들, 이를테면 벵엘〔Bengel〕, 앨포드〔Alford〕, 고뎃〔Godet〕, H.A.W. 마이어〔Meyer〕는 예수께서 바리새인 시몬에게 한 말씀에 이러한 문법적 특징이 있음을 알았고, 그 의미를 의심하지 않았다. 창녀의 사랑은 그녀가 용서받았음을 드러내는 증거이지, 그녀를 용서하신 이유가 아니다. 사실 예수의 논거는 **후험적**인 것으로 그 논거의 의미는 다음과 같다. "만일 이 여인이 이미 용서받지 않았다면, 혹은 자신이 용서받았다는 사실을 알지 못했다면, 당신은 이와 같이 위대한 사랑을 보지 못했을 것입니다." 주께서 하셨던 말씀 가운데 용서받았음을 아는 **지식**은 정말로 중요한 요소다. 예수께서는 실제로 용서받은 여인의 마음속 확신을 설명하기 위해 **믿음**이라는 단어를 사용하셨다. "너의 믿음이 너를 구원했다." 그리고 저 믿음은 사랑으로 이어졌다.

감정을 드러내는 말

이 땅에서의 예수의 삶에서 덜 중요한 세세한 것들, 곧 우리의 인간됨의 한 부분인 찌푸림과 미소와 웃음들은 무거운 덮개로 덮여 있다. 그래서 복음서 저자들의 절제된 산문체를 깨는 시도들은 항상 즐거움을 준다. 문법학자의 세심한 탐구는 이러한 영역에 도움이 될 수 있다.

감탄사 '오!'는 그러한 탐구의 한 예가 될 수 있다. 요즘 영어에서는 고유 이름 앞에 호격으로 이 감탄사를 사용하지 않는데, 헬레니즘 시대에서도 거의 그랬을 것이다. 이는 감정을 나타내는 발화에서도 이례적인 것인데, 바로 그러한 이유로 다음과 같은 용례는 관찰해볼 만한 가치가 있다.

예수께서 수로보니게 여인에게 말씀하실 때 이 표현이 나오는데, 그 여인은 딸의 병에 대해 말을 건네려고 예수께 다가갔고, 예수께서는 그녀의 큰 믿음을 보시고 정말로 놀라셨다. 감탄사에 감정이 드러난다. "당신의 믿음이 정말로 크군요." "큰"이라는 말이 보기 드문 어순(문장 맨 앞)으로 등장하면서 감정을 드러낸다. 곧, 여인의 태도에 대한 감탄이 강조되는 것이다. 그리고 호격 감탄사

"오 여인이여!"를 통해 더욱 강조된다(마 15:28).

예수께서 감탄사 "오" 없이 "여인이여"라는 호격으로 사용하셨을 때는 감정 표현이 약화된다. 예수께서 요한에게 자신의 어머니를 맡길 때는 감정이 분명히 드러날 것 같은 십자가상이지만, "여인이여"라는 말이 건조하게 나타난다. "여인이여, 보소서 당신의 아들입니다"(요 19:26). 가나의 혼인 잔치에서 포도주가 떨어져 장남이 어머니의 필요를 채울 때에도, 동일하게 감정의 부재를 기억나게 한다. "여인이여, 이것이 나와 무슨 상관이 있습니까"(요 2:4).[22]

이와는 달리, 예수께서 변화산에서 내려오신 후 제자들이 믿음이 없어서 말 못하는 아이를 치유하지 못했다는 말을 들었을 때 일종의 탄식소리로 감탄사 '오'를 사용하셨다. "오, 믿음 없는 세대여!"(막 9:19).

부활하신 주님께서 엠마오로 가는 길에서 글로바와 그의 친구와 함께하시며 말씀하실 때, 그 말씀 속에 감정이 나타난다. 예수께서는 그들이 구약 예언의 의미를 이해하지 못한 것을 보시고 놀라시며 소리치셨다. "오, 어리석은 사람들이여, 마음이 더디구나!"(눅 24:25).

"우리가 그를 막으려 했습니다." "그만두어라!"(막 9:38, 눅 9:49)

예수의 공생애 중 언젠가 있었던 일이다. 제자들은 어떤 사람이

22. 이렇게 번역한 이유에 대해서는 본서 97-105쪽을 보라.

예수의 이름으로 악한 영을 내쫓는 것을 발견하고, 세베대의 아들 요한의 주도로 이를 예수께 보고했다. 제자들은 자기 선생의 제자가 아닌 남자가 그러지 못하게 여러 차례 금했지만, 완전히 그만두게 만들지는 못했다. 이것이 적절한 이야기가 되려면 미완료 시제가 사용되어야 한다. 더 나은 사본은 마가복음과 누가복음에서 모두 그렇게 읽는다. 비잔틴 사본은, 중세를 거치며 점점 권위를 얻으면서 에라스무스 번역본과 19세기까지의 공인본문의 토대를 형성했는데, 마가복음과 누가복음에서 부정과거 시제를 취했다. 이는 수정되어야 한다.

미완료는 능동적〔conative〕 또는 희구적〔desiderative〕인 것으로, 끝나지 않은 동작을 나타낼 때에는, 아마 결코 충분히 완전하게 시도하지 못했거나 너무 만족스럽지 못했다는 느낌을 전할 것이다. 리우〔Rieu〕와 NEB처럼, 다음과 같이 옮기는 것이 이를 더 잘 보여준다. "우리가 그를 막으려 했습니다." 모팻, 굿스피드, RSV, J.B. 필립스, 몬시뇰 녹스〔Monsignor Knox〕와 같은 학자들—이들은 물론 불가타의 부정과거(미완료와 반대되는 라틴어의 완료형)를 따르고 있다—은 이상하게도 이 논점을 놓쳤다.

소란스러운 제자들을 향한 예수의 대답이 바로 뒤따라 나오면서 이것이 좋은 번역인지를 검증해준다. 예수는 현재 시제를 사용하여 제자들을 금하신다. "그를 금하기를 **그만두어라!**" 이는 남자의 행동을 단념시키지 말라는 일반적인 금지가 아니었다. 그렇다면 부정과거 명령이 사용되었을 것이다. 제자들은 즉시 자신들의 행동 방향을 바꾸어야 했다. 예수의 음성에 다음과 같은 악센트가 있다. "너희들의 태도를 바꿔라. 바로 그에게 가서 그와 악수하라."[23]

어떠한 영역본이 이 검증을 통과하게 될까?

"… 한 상태로 있어라"(눅 12:35-36)

미국의 어느 퀘이커교도는 복음서의 완료형 명령법에 대해 흥미롭게 쓴 바 있다.[24] 그는 '이미 어떤 특정한 상태로 있으라는 것'은 명백히 논리에 어긋나는 명령이라고 설명했다. 확실히, '이미 어떤 특정한 상태로 있다'는 것은 완료 시제의 일반적인 의미이기에, 따라서 완료형 명령에도 이 의미가 내포되어 있어야 한다. 그렇다면 "너의 허리에 띠를 두르도록 하라"(눅 12:35-36)를 "허리에 이미 띠가 둘러져 있게 하라"로 옮기는 것이 더 정확할 것이다. 2인칭으로 말하면 요지가 훨씬 더 분명해질 것이다. 즉 "허리에 띠를 둘러라"가 아니라, "항상 띠를 두른 상태로 살아서, 띠를 둘러야 한다는 말을 들을 필요가 없는 사람이 되라"인 것이다.

캐드버리〔Cadbury〕는 이를 가리켜, 예수 자신이 지닌 것과 같은 어떠한 영적 성숙함에 도달한 것이라고 설명하면서, 힘든 시기에 자신에게 편지를 썼던 친구의 말을 적절하게 인용했다. "나는 요즘과 같은 힘든 시기에 그리스도인이 될 수 없다는 걸 알았어. 〔지금 누군가 그리스도인이라면, 근래에 그리스도인으로 변화된 게 아니라〕 이전부

23. 현재 명령과 부정과거 명령의 차이에 대해서는, 본서 제2장 4항 '산상설교의 문법'을 참고하라—역주.

24. H. J. Cadbury, *Jesus*, 1962, 90-91.

터 계속 그리스도인이었던 것이지"(90쪽).

예수께서 갈릴리 호수의 비바람을 꾸짖으시려고 완료형 명령법을 사용하셨을 때 이러한 문법적 미묘함이 얼마나 적절할 수 있을지는 그렇게 분명하지 않다. 거친 파도에게 "해를 끼치지 않는 상태로 있어라"라고 하신 요지는 무엇인가? 더러운 영에게 "해를 끼치지 말아라"(막 1:25), 즉 "해하지 않는 것이 되어라"라고 명하실 때 동일한 동사가 이미 부정과거 명령법으로 사용되었기에, 여기에는 분명 어떤 의미가 있다. 곧, 예수께서는 영적 영역에 있는 악한 권세들 위에 계실 뿐만 아니라 비바람 위에 계신 주시다.

가시적인 하나님 나라(막 9:1)

예수께서 "여기 서 있는 사람 중 몇몇은 하나님의 나라가 권능으로 **임하는** 것을 볼 때까지 죽음을 맛보지 않을 것이다"라고 말씀하신 마가복음 9:1은 완료 분사가 의미에 미치는 영향을 논의할 만한 지점이다. 이 번역에서 고딕체로 표시한 단어의 시제는 제대로 옮긴 것이 아니다. 완료 시제에 적합한 의미를 부여한다면, 우리는 이렇게 읽어야 할 것이다. "하나님 나라가 권능으로 이미 세워진 것을 볼 때까지." 마태와 누가는 문법적인 어려움을 발견하고서 각자의 방식으로 이를 고쳤다. 하지만 마가의 경우 문체가 전반적으로 조야하긴 하지만 종종 미묘하고 섬세한 구석이 있다. 분명 주목할 만한 예수의 말투는 보존할 필요가 있었다. 이 말씀은 변화산 사건 직전에 하신 것으로 나타나는데, 여기에 중요한 의미가 있다. 즉, 변형사건 자체가 "하나님 나라가 이미 임한 것"이거나, 혹은 하나님 나라의 임함에 대한 단서를 제공하고 있다는 것이다. 율법을 가져온 모세와 선지자 엘리야가 십자가 사건을 언급했기 때문에, 그리스도의 죽음이 그 나라의 세워짐을 나타낸 것이라고 추측해볼 수도 있다.

예수의 어구를 다른 시각으로 보는 것도 문법적으로 적절하다. 즉, "하나님 나라가 권능으로 〔이미〕 임했다는 것을 알 때까지." 실제로 하나님 나라가 〔이미〕 임했고, 이 사실을 아무도 아직 깨닫지 못하고 있지만, 거기에 있던 사람 중 일부는 곧 깨닫게 된다는 뜻이다. 이는 '보다'를 '알다'로 대체하는 일을 수반하지만, 두 헬라어 동사 모두 여기에서 사용된 시제〔부정과거〕에서는 동일한 형태를 갖는다. C.H. 다드〔Dodd〕가 실현된 종말론을 지지하기 위해 제안했던 이러한 해석에 반대하자면 다음과 같이 설명될 필요가 있다. 즉, 그러한 구조가 훌륭한 고전 헬라어의 것이긴 하지만, 그럼에도 불구하고 성서 헬라어에서는 "본동사와 그 목적어는 그대로 밀접하게 연결된 채로 있으면서, 이런 종류의 분사는 (특히 완료에서) 본동사의 목적어와 더욱 확실하게 분리되어 사실상 부연구로[25] 구분된다"는[26] 것이다. 다시 말해, "그들이 하나님 나라를 볼 때까지 …. 그 나라는 〔이미〕 권능으로 임했다"라고 번역하는 것이 마가의 문체와 더욱 일치한다. 변화산 사건 맥락에 더욱 부합하게 더 잘 번역한다면, "그들이 권능의 하나님 나라를 볼 때까지 …. 그 나라는

25. ἴδωσιν(본동사: "그들이 알다") τὴν βασιλείαν τοῦ θεοῦ(목적어: "하나님 나라") ἐληλυθυῖαν(분사: "[이미] 임했다") ἐν δυνάμει—역주.

26. Moulton-Howard-Turner, *Grammar*, vol. III, 161.

이미 임했다(부연구에 "권능으로"라는 표현이 없다)"라고 할 수 있을 것이다. 산 위에서 예수의 온화함과 세 제자들의 몰이해는 하나님 나라가 현재 무력하다는 것을 반영하고 있기 때문이다. 하지만 이 사건은 분명 "권능의 하나님 나라"가 분명하게 보이게 될 때를 미리 내다보고 있다.

"여인이여, 그게 나와 무슨 상관이 있습니까?"(요 2:4)

가나의 혼인잔치에서 예수는 "내가 당신과 무슨 관계가 있습니까?"(KJV, RV, RSV)라고[27] 그의 어머니에게 말하는 것으로 기록되어 있다. 만일 이 표현이 완곡하게 꾸짖을 의도였다면, 마리아가 하인들에게 자신 있게 지시하고 예수가 지체 없이 기적을 행한 것은 어색하다.

이 특이한 문구 τί ἐμοὶ καὶ σοί를 문자 그대로 옮기면 "나에게 그리고 당신에게 무엇인가?"〔What to me and to you〕이다. 하지만 문법적으로 논하게 되면 흔히 수용되어 온 의미로 결론나지 않는다. 어떤 이들은 이 단어들에서 히브리어 소리를 강하게 감지해왔다. 하지만 저 구문은 신약성경과 헬라어 구약성경에 여러 번 나타날 뿐만 아니라 고전 헬라어에도 나타난다.

(1) 마태복음 8:29(= 막 5:7, 눅 8:28). 예수께서 가다라 지방에 오시자 무덤에서 나온 귀신 들린 자 두 명이 소리쳤다. "오 하나님의 아들이여, 우리에게 그리고 당신에게 무엇입니까?〔what to us and to

27. 당신이 하는 일에 내가 무슨 관련이 있느냐는 의미—역주.

you?] 때가 이르기 전에 우리를 괴롭히려고 오셨습니까?" 저 문맥에 따르면 '왜 당신은 우리를 괴롭힙니까?'와 같은 의미여야 한다.

(2) 마가복음 1:24(= 눅 4:34). 더러운 영에 사로잡힌 사람이 가버나움 회당에서 소리 질렀다. "나사렛 예수여, 우리에게 그리고 당신에게 무엇입니까? 우리를 멸하러 오셨습니까?" 여기서도 "우리를 내버려 두소서!"라는 의미로 보인다.

(3) 요한복음 2:4. 가나의 혼인잔치에서 예수의 어머니는 포도주가 떨어졌다고 알려주었다. 그러자 예수는 의문문 형태로 대답했다. 복음서 저자는 아마 모자간의 대화를 전부 기록하지 않았을 것이고, 예수의 어머니가 아들의 권능에 대해 이미 얼마나 많이 알고 있었는지도 기록하지 않았다. 예수의 대답은 당황스럽다. "여인이여, **나에게 그리고 당신에게 무엇입니까?** 내 때가 아직 이르지 않았습니다." 누군가는 뒤 문장을 의문문으로 바꿔서 읽고 싶은 마음이 들 수도 있다. "내 때가 아직 안 왔습니까?" 그렇다 하더라도 "나에게 그리고 당신에게 무엇입니까?"라는 의미에 관한 의구심은 해결되지 않는다.

복음서 저자들의 언어나 혹은 예수 자신의 언어에서 헬라어 표면 뒤에 있는 히브리적 구조의 영향이 나타나는 것은 가능한 일이다. 헬라어판 구약성경, 즉 칠십인역은 히브리어 관용구 מה-לי ולך(예, 삿 11:12)를 이 어구로 번역했다. 브라운-드라이버-브릭스는 이 문구가 "나에게 그리고 너에게 무엇이 (공통적으로) 있는가?

즉 내가 너와 무슨 관계가 있는가?"라는 의미라고 설명한다.[28] "공통적으로"는 까닭 없이 삽입된 것이지만, 그래도 이렇게 번역하면 맥락의 요구에 얼마나 잘 부합하는지를 보게 된다.

(4) 사사기 11:12. 저 문구는 입다가 이스라엘에 전쟁을 선포하러 온 암몬 사람들에게 보낸 메시지에 나타난다. 입다는 "**나에게 그리고 너에게 무엇**이기에, 내 땅을 치러 왔느냐?"라고 말한다. 이 맥락에서 요구되는 의미는 브라운-드라이버-브릭스가 말한 의미가 전혀 아닌 것 같다. A.B. 데이비슨도 그들과 같은 의미를 제시하고 있지만 말이다.[29] 가장 적절한 의미는 "우리 사이에 무슨 다툴 것이 있는가?"일 것이다. 그럼에도 불구하고 다음과 같은 번역—실제로는 다른 해석을 담고 있는—도 동일하게 가능하다. "내 일에 왜 간섭하는가?"[30]

(5) 사무엘하 16:10. 시므이가 바후림 부근에서 다윗 왕을 매우 저주했을 때, 압살롬의 반란 기간으로 인해 다윗 왕은 쇠한 상태였다. 쫓겨난 이 사울 족속은 부르짖었다. "꺼져라, 이 피비린내 나는 살인자야. 여호와께서 사울 족속들의 모든 피를 너에게 갚으시는 것이다." 시므이는 이동하며 다윗에게 돌을 던졌다. 다윗의 신하

---

28. Francis Brown, S. R. Driver, C. A. Briggs, *Hebrew and English Lexicon of the Old Testament*, Oxford, 1906, מה 이하를 보라.

29. A. B. Davidson, *Hebrew Syntax*, T. & T. Clark, 3rd. ed., 1901, 8: 내가 너희들과 무슨 상관이 있는가?〔what have I to do with thee?〕.

30. G. F. Moore, *Judges* (International Critical Commentary), T. & T. Clark, 1908, 290: "이 전쟁을 정당화하기 위한 어떤 것이 우리 사이에 있는가?"〔What is there between us to justify this war?〕.

중 하나인 스루야의 아들 아비새가 화가 나서 소리쳤다. “어찌하여 이 개가 내 주를 저주하게 놔두십니까? 제가 가서 그의 목을 자르게 해주십시오.” 하지만 다윗은 우리가 다루고 있는 문구를 가지고 아비새를 꾸짖었다. “스루야의 아들들아, **나에게 그리고 너에게 무엇이냐?** 여호와께서 그에게 나를 욕하라고 하신 것이라면, 내가 어찌 그에게 뭐라 하겠느냐? 그를 내버려둬라. 욕하게 둬라.”

다윗이 말한 의미는 분명하다. 충언을 하려던 자들에게 “나를 내버려둬라!”라고 대답한 것이다. 가나에서의 정황과 유사하다. 마리아가 “포도주가 다 떨어졌다”라고 말했을 때 그녀는 조언을 하려던 중이었을 것이다.

(6) 사무엘하 19:22-23. 반란을 진압하고 다윗이 예루살렘으로 귀환한 후, 시므이는 자기의 목숨을 구걸하였다. 아비새가 거기 있었는데 시므이가 나타나자 시므이를 죽여야 한다고 요청했다. 다윗은 또다시 그 조언을 거절했다. “스루야의 아들들아, **나에게 그리고 너에게 무엇**이기에, 너희가 오늘 나의 원수가 되어야 하겠느냐? 오늘은 이스라엘에서 아무도 죽어서는 안 되느니라. 내가 오늘 이스라엘의 왕이 된 것을 안다.” 이 문구의 의미는 앞의 것과 같다. **참견하지 말라!**

(7) 열왕기상 17:18. 사르밧 과부는 자신의 아들이 죽기 전까지 엘리야를 자기 집에서 후대했다. 그녀는 입다와 다윗이 사용했던 관용어로 선지자에게 말했다. “하나님의 사람이여, **나에게 그리고 당신에게 무엇입니까?** 당신은 내 죄를 생각나게 하고 내 아들을 죽게 하려고 오셨습니까!” 이 의미는 “나에게 무슨 악감이 있습니

까?"(RSV)인 것 같은데(이런 해석은 입다의 말에도 적용될 수 있다), "왜 내 일에 참견하십니까?"라는 의미도 가능하다. 이는 지금까지 고려한 모든 맥락과 어울린다.

몽고메리는 이것이 고대 종교 특유의 표현, 즉 *Scheu vor Heiligkeit*(거룩 앞에서의 움츠러듦)라고 생각했다.[31] 여인은 자신의 집에 있는 사람이 신적임을 알게 되자, 본능적으로 그에게서 벗어나야겠다는 바람 내지 간섭하지 말고 내버려두었으면 하는 바람이 들었다. 베드로가 주님의 신성을 발견했을 때 "나를 떠나소서"(눅 5:8)라고 했을 때처럼 말이다. 이와 비슷하게 백부장도 예수께서 자신의 집에 들어오시지 않기를 바랐다(마 8:8).

(8) 열왕기하 3:13. 엘리야의 역할은 엘리사에게로 이어 내려졌다. 사마리아에서 악한 여호람은 유다왕 여호사밧과 에돔왕의 도움을 얻어 모압인들의 반란을 제압하려 하였다. 이들의 군대는 모압으로 가는 길에서 물이 없는 위험한 상황에 직면하였다. 그들은 엘리사를 찾아갔다. 엘리사는 여호와를 믿는 종교에 불충한 이스라엘 왕에게 다음과 같이 말했다. "**나에게 그리고 당신에게 무엇입니**까? 당신의 아버지의 선지자들과 어머니의 선지자들에게 가십시오!" 엘리사가 한 말의 의미는 무엇일까? 그가 "우리 사이에 공통된 것이 무엇입니까?"라고 물은 것 같지는 않다. 그의 물음은 이 일에 더 적합한 사람에게 가라는 말로, 분명 비꼬아서 비난하는 말

31. J. A. Montgomery and H. S. Gehman, *The Books of Kings* (International Critical Commentary), T. & T. Clark, 1951, 295.

이다. 아합과 이세벨은 이스라엘에 이방 제사장들과 선지자들을 들였다. 여기서 또다시 '왜 나를 귀찮게 합니까?'라는 의미다.

(9) 역대하 35:21. 유다의 요시야는 유명한 갈그미스 전투가 벌어진 므깃도 평원에서 바로 느고를 상대로 어리석은 행동을 함으로써 죽음을 맞았다. 전쟁 전에 바로는 유다를 대적함이 아니고 바벨론 제국을 대적하는 전투임을 보증하는 사절을 보냈고 요시야와 관계없는 일이므로 물러나달라고 요청했음에도 유다왕은 자신의 죽음을 불러왔다. 바로는 동일한 관용어를 사용한다. "유다 왕이여, 나에게 그리고 당신에게 무엇입니까? 나는 당신을 치려는 것이 아니라 나와 싸우는 민족을 치려는 것이오." 이 말도 "내 일에 참견하지 마시오"라는 의미다.

위의 경우 모두 초기 기독교인들이 사용했던 헬라어 구약성경에서는 מַה־לִּי וָלָךְ를 복음서 저자들이 사용했던 것과 동일한 문구로 번역하고 있다.

이 관용구는 히브리적 배경 외에 이른 시기의 헬라어에서는 어떤 의미를 가지고 있었을까? 극작가들은 저 문구의 두 부분을 따로따로 사용하였다. τί μοί는 (be 동사가 단순히 사라진 형태로서) "나에게 그것이 무엇인가?"를 의미하고 καὶ σοί는 "너에게 그것이 무엇인가?"를 의미한다. 즉, 언급된 사람에게 있어서 그 문제가 알 바 아니며 그 문제에 관여하지 말아야 한다는 함축—구약 본문들의 맥락에서 요구되는 의미와 정확히 일치한다—을 지닌다. 곧, "참견하지 말라!"이다. 하나가 아닌 두 개의 여격을 포함하고 있는 문구에서는 전자로 언급된 사람이 문제의 상황에 있는 것으로 보인다. 예를 들어, "왜 이 문제들이 너와 관련되어야 하는가?"(헤로도토스 33절: σοί〔너에게〕가 앞에 나타난다)를[32] 생각해볼 수 있다. 이는 칠십인역에서 τί σοι καὶ εἰρήνη(너에게 화평이 무엇이라는 말인가?〔what to you and peace?〕)로 번역된 열왕기하 9:18의 히브리어 관용어를 연상시킨다. 왕이 불안해하며 "화평이냐?"라고 전해 묻자 예후는 "화평에 대해 네가 왜 관여하느냐?"라고 대답한다. 왜냐하면 예후는 요람이 공격 준비를 했다고 생각했기 때문이다. 하지만 대체로 이 히브리어 관용구는 고전 헬라어의 것—τί ἐστιν ἐμοὶ καὶ σοί가 고압적인 어조로 "너와 내가 공통적인 것이 무엇이냐?"를[33] 의미하는 곳에서—과 완전히 일치하지 않고, 개입이나 관여의 요소가 항상 나타나지도 않는다. 이와 같이, 데모스테네스가 τί τῷ νόμῳ καὶ τῇ βασάνῳ(문자적으로, "법에 그리고 고문에 무엇인가?")?라고 말한 것은 '법은 고문과 관련이 없다'가 아닌 '법과 고문에 공통적인 것은 없다'를 암시하는 맥락에 나타난다〔Kühner-Gerth〕.[34] 하지만 성서 헬라어에서는 '관여'라는 개념이 보통 아주 전면에 나오는데, 특히 빌라도의 아내가 피고인에게 상관하지 말라고 빌라도에게 충고한 메시지에서 보게 된다. "당신에게 그리고 저 결백한 사람에게 아무것도 없게 하세요!"(마 27:19).

따라서 저 관용어가 신약성경에서 사용된 경우 참견한다는 개

32. Demosthenes 29. 36도 보라.

33. "Was bab' ich mit dir gemein?" R. Kühner, *Ausführliche Grammatik der griechischen Sprache*, besorgt v. B. Gerth, Hanover, 1898, i, 417.

34. Demosthenes 29. 36.

념이 두드러지며, 번역에서 그런 의미가 나타나야 한다고 제안하는 바다. 토착지의 교회들이 자신들의 언어로 된 성경을 만드는 사역에 도움이 되고자 영국 해외성서선교회에서 출간하여 비공식적으로 배포한 마태복음과 마가복음에서 이렇게 번역된 것을 발견하는 일은 매우 기쁜 일이다.[35] "왜 당신이 우리에게 끼어듭니까?" 이는 관계의 거절에 대해 암시하고 있다고 본 H.B. 스웨트〔Swete〕와 같은 권위자들로부터 결별하는 반가운 일이다("우리가 당신과 무슨 공통적인 것을 가지고 있습니까?").[36] 빈센트 테일러〔Vincent Taylor〕의 주석이 〔나의〕 이 입장을 정확하게 검토하고 있다. "고전 헬라어에서 저 물음은 … '우리에게 공통적인 것이 무엇인가?'라는 의미였겠지만, 그러나 여기에서는 '당신은 왜 우리에게 참견합니까?'라는 의미로 … 아마 히브리어에 상응하는 것 같다."[37]

NEB 번역자들은 동일한 관용구를 매우 다른 두 가지 번역으로 제시했다. 그들은 공관복음에서는 "나에게/우리에게 무엇을 바랍니까?"라고 번역했고, 요한복음에 예수가 가나에서 자신의 어머니에게 하신 발언에 대해서는 "당신의 관심사는 내 일이 아닙니다"라고 번역했다.

어머니에게 대한 예수의 발언은 개입하지 말고 모든 문제를 자

35. *Mark: a Greek-English Diglot for the use of Translators*, British & Foreign Bible Society, 146 Queen Victoria Street, London, 1958. Matthew followed in 1959. 마가복음 1:24, 5:7과 마태복음 8:29를 보라.

36. H. B. Swete, *The Gospel according to St. Mark*, Macmillan, 1902, 19, 94.

37. V. Taylor, *The Gospel according to St. Mark*, Macmillan, 1955, 174.

신에게 맡기라는 공손한 요청으로 보인다. 아마도 이것은 마리아가 예수께 확실한 계획이 있다고 생각하고 하인들에게 명령을 기다리라고 요구한 이유일 것이다.

7. 예수께서 비유를 사용하신 이유(막 4:12)

마가복음 4장은 예수께서 비유의 방법을 선택하셔서 가르치신 이유를 제시한다.

예수의 제자들은 사람들이 없을 때 예수께 가서 "그 비유들"에 대해 물었다. 이때 제자들은 '씨 뿌리는 자의 비유'에 대하여 물은 것이기에, 여기서 사용된 복수형은 어울리지 않는 것 같다. 역시나 상당한 사본 전통—KJV가 따르고 있는 원문도 포함하여—에서 이 복수형을 단수형으로 고친 것은 놀랍지 않다. 마가는 범주의 복수형〔*pluralis categoriae*〕—마태에게 더욱 특징적으로 나타나는—방식을 사용했다. KJV는 빈약한 원문을 토대로 하고 있지만 우연하게도 정확히 〔복수로〕 옮겼다.

제자들이 한 개의 특정한 비유, 즉 씨 뿌리는 자 비유를 해석해 달라고 요청하였기에 예수께서 설명해주셨다. 예수께서는 "너희에게는 하나님 나라에 관한 비밀을 알도록 허락되었으나, 이와 달리 너희 무리에 속하지 않은 사람들에게는 비유로 말한다"고 대답하셨다. 이는 "보기는 보더라도 알지 못하게 하여, 그들이 아무 때든지 돌이켜 죄 사함을 받지 못하도록 하기 위한 것"이었다(막

4:11, 12). 이는 타당한 번역이긴 하나, 꼭 그렇게 해석되어야만 하는 것은 아니다. 이는 비유로 가르치심에 대한 하나의 설명으로, 수많은 기독교인들이 반발감을 느낄 만큼 숙명론적이다. 그래서 "-하기 위한"(헬라어 ἵνα, '-않도록 하기 위한'은 μήποτε)을 달리 해석하려는 움직임이 있어왔다. 이러한 가르침을 예수의 탓으로 돌리고 싶지 않았던 사람들은, 마가의 헬라어 기록이 예수께서 실제로 하신 말씀의 변형이라고 확신하며, 본래의 〔발화였을〕 아람어 형태를 재구성하려고 노력했다.

저 말씀을 있는 그대로 보면 목적을 나타내는 절로 보인다. 즉, 예수께서 말씀을 듣는 대다수의 이해를 막고 구원받을 기회를 박탈하기 위한 목적으로, 의도적으로 비유를 선택하셨다는 것이다. T.W. 맨슨〔Manson〕은 이 말씀에 대해 몹시 어려움을 느끼면서, 발화의 본바탕이 되는 아람어가 어떤 것일지 상상했다. 맨슨은 애매한 불변사(δέ)가 여러 기능을 가지고 있기 때문에 혼란이 초래되었을 수도 있다고 주장했다. 만일 예수께서 δέ를 관계대명사로 사용하셨다면, 저 구절 전체의 의미는 더 이상 우리로 하여금 불편하게 만들지 않는다는 것이다. 그러면 헬라어로 번역한 사람이 이것을 목적의 의미를 지닌 불변사로 잘못 이해한 것이 된다. 맨슨은 두 번째 접속사인 μήποτε가 '아마도'라는 의미를 지닌다고 설명했다. 그렇게 되면 우리에게 부담스러웠던 의미는 사라지게 된다. 이제 절 사이의 관계는 인과적인 관계가 아니라 완전히 부차적인 종속절이 된다. 맨슨은 이사야 인용문—즉, "-하기 위한"으로 시작하는 절—이 회당에서 이사야를 아람어로 의역하여 읽던 것(타르굼)과 일치한다고 주장했다. 타르굼은 히브리어 본문과도 다르고 칠십인역과도 다르기에, 맨슨은 마가가 여러 의미를 지닌 불변화사 δέ를 잘못된 의미로 이해했기 때문에 예수의 말씀을 오해했다고 믿었다. 이러한 주장이 지닌 난점은 예수께서 헬라어가 아닌 아람어로 가르치셨다는 것이 맨슨의 추정이지만, 1세기 팔레스타인에서 성서 헬라어 내지 유대적 헬라어가 사용되었다는 견해를 진지하게 재고해야 하는 분명한 근거들이 있다는 것이다.[38] 예수께서 사용하신 언어는 마가와 누가와 요한과 마찬가지로 헬라어였을 것이다. 이 명제가 옳다면, 〔아람어 발화가 헬라어로〕 번역되었다는 가설들은 유지될 수 없을 것이다. 아람어 구조가 이러한 헬라어〔성서 헬라어 혹은 유대적 헬라어〕에 영향을 미쳤겠지만, 그렇더라도 ἵνα를 관계대명사로 변형시키지는 않았을 것이다.

이러한 점과 별개로 맨슨의 제안을 받아들인다면, 예수께서는 씨 뿌리는 자 비유의 의미를 알고자 하는 이들에게 빈약한 대답을 하신 것이 된다. "보기는 보았으나 알지 못하는 자들"이란, 비유를 들었고 예수의 사역들을 보았으나 자신들의 무지를 인정하면서 예수께 온 제자들을 정확하게 묘사하는 말이 된다. 이를 바탕으로 한다면, 제자들과 외부자들 사이에 무슨 차이가 있을까?

하지만 ἵνα가 목적을 나타내야 하는 것만은 아니다. ἵνα를 관계대명사로 볼 만한 근거는 없지만, 명령법으로 사용되었다고 볼 만한 근거는 있다. 그럼에도 불구하고 도덕감을 상하게 하는 해석을

38. 이 책의 마지막 장을 보라.

피해야 한다면 이 또한 거부되어야 할 것이다.[39] 우리는 ἵνα를 결과절('그 결과')로 간주할 수도 있다. 이는 규칙에 어긋나지도 않고, 마음을 상하게 하지도 않을 것이다. 왜냐하면 단지 결과를 나타내기 때문이다. 그렇다면 두 번째 접속사인 μήποτε는 '아마도'의 의미로 간주해야 할 것이다. 헬레니즘 헬라어에는 이 두 가지에 관한 선례가 충분히 나타난다. 하지만 H.G. 미첨〔Meecham〕은 또 다른 의견을 제시했다.[40] 즉, 이 ἵνα가 후대에 드물게 사용되었던 '왜냐하면'이라는 의미일 수 있다는 것이다. 미첨은 체스터 비티 파피루스〔Chester Beatty papyrus〕의 요한계시록 14:13이 일반적으로 ἵνα로 받아들여진 부분을 ὅτι로 읽고 있다는 점, 그리고 이렇게 읽는 것이 요한계시록 14:13의 맥락에 더 어울린다는 점, 그리고 실제로 요한계시록 22:14절에서도 ἵνα를 '왜냐하면'으로 읽고 있다는 점을 근거로 들었다. 하지만 두 맥락에서는 모두 명령형으로 더 잘 알려진 ἵνα가 훨씬 더 잘 어울린다. "그들은 그들의 수고를 그치고 쉬어라!"(계 14:13), "그들은 생명나무에 나아갈 권리가 있도다!"(계 22:14).

예수의 이 말씀에 대한 또 다른 제안들이 여전히 발견된다는 사실은 기독교 주석가들의 당혹스러움을 잘 보여준다. 윌리엄 맨슨〔William Manson〕은 헬라어 καὶ('그리고')가 '비록 -일지라도'의 뉘앙

39. 명령으로 표현하면 "보기는 보았으나 알지 못하게 하라!"가 되기 때문이다—역주.

40. "Reviewing Canon C. F. D. Moule's Idiom Book," *New Testament Studies*, vol. I, no. I, 62-65.

스를 지닌 셈어의 종속 불변사를 번역한 것이라고 제안했다.[41] 맨슨은 ἵνα에 목적의 의미가 있다는 것을 인정했지만, '비록 -일지라도'라는 우선적인 의미가 있기 때문에 〔독자들의〕 감정을 상하게 하지 않을 것이라고 생각했다. "비록 인식하지 **못하더라도** 볼 수 있게 하고, 이해하지 **못하더라도** 들을 수 있게 하기 위해서." 맨슨은 뒤이은 μήποτε를 유하게 하려고, 조심스러운 주장('아마도')을 나타내는 불변화사라는 설명에 의존한다.

독자들은 고르디아스의 매듭을 끊고[42] ἵνα의 고전적인 의미 '-하기 위한'을 수용하는 전통적인 번역으로 되돌아가고 싶을지도 모르겠다. 이를 옹호하는 사람이 없었던 것은 아니다. 〔전통적인 번역〕 지지자들은 이사야서 인용구가 유대인들 측에서 메시아에게 반응하지 못한 것을 설명하려는 초대 교회의 관심을 반영한다고 생각했다. 초기 그리스도인들은 예수께서 스스로 자신의 정체성을 의도적으로 감추셨다고 추정함으로써 해결책을 찾았다. 즉, 비유로 인해 이스라엘의 평범한 사람들이 메시지의 의미를 발견하지 못하고 깨우치지 못하게 하려는 하나님의 계획이라는 것이다. 만일 그들이 예수께서 메시아이심을 깨우쳤다면, 메시아직에 대한 잘못된 결론을 내렸을 것이기 때문일 수도 있다.

---

41. *Expository Times*, LXVIII, no. 5, 134.

42. 고르디아스(Γορδίας) 왕은 소달구지에 매듭을 복잡하게 묶었고, 그 매듭을 푸는 자가 아시아의 지배자가 된다는 신탁이 있었다. 후에 알렉산드로스 대왕이 이를 그냥 칼로 끊어버렸다. 그래서 고르디아스의 매듭은 어려운 문제를 뜻하고, 이를 끊었다는 것은 어려운 문제를 '풀어서 해결한다' 보다 '없애서 해소한다'라는 의미에 가깝다—역주.

T.A. 버킬(Burkill)은 두 편의 논문에서,[43] 메시아의 '비밀'에 대한 마가의 견해가 사도 바울의 편지, 특히 로마서 11:5-8에 나타난 관점이나 요한복음의 전제와도 일치한다는 것을 보여주었다. 바울은 메시아의 비밀이 하나님의 의도적인 행위에 기인하는 것으로 보았지만, 비유의 방법을 통해서가 아니라 유대인들의 영적인 기능을 무디게 하는 과정을 통해 이루어진 것으로 보았다. 요한이 그린 그림은 조금 달랐다. 요한에 따르면, 메시아 비밀은 의도적으로 감추어진 것이 아니다. 왜냐하면 예수께서는 처음부터 여러 표적들을 통해 선포되셨기 때문이다. 또한 사람들이 깨닫지 못한 채 듣기만 했던 이유는 빛 자체가 지닌 성질로 인해 그들의 눈이 멀게 되었기 때문이고, 그들이 고의적으로 어두움을 선택했기 때문이라는 것이다.

나는 이러한 접근법이 다른 어떤 접근법보다 이사야 6장의 원래 맥락의 취지와 더욱 부합한다고 생각한다. 비록 첫 번째 '-하기 위한'은 이사야 6장에 소개되지 않았지만,[44] 그럼에도 불구하고 두 번째 접속사(μήποτε)가 히브리어 פֶּן의 방식를 따라서 '-하지 않도록'을 의미한다는 것은 의심의 여지가 없다. 이사야 선지자는 민족의 마음이 어두워지는 것을 불가해한 하나님의 섭리의 일부로 보았

43. *Theologische Zeitschrift*, XII, 1956, 585ff; *Novum Testamentum*, I, fasc. 4, Oct., 1956, 261-62.

44. 막 4:12에는 "보기는 보아도 알지 못하며 듣기는 들어도 깨닫지 못하게 하기 위하여"라고 나타나지만, 사 6:9에는 단순히 "듣기는 들어도 깨닫지 못하며 보기는 보아도 알지 못할 것이다"라고 나타난다—역주.

고, 마가복음도, 실제로는 예수도 그렇게 보았던 것 같다. 공관복음서에 따르면, 예수께서는 공생애 기간 내내 대부분의 유대인들에게 자신의 진정한 정체성을 숨기려고 애쓰셨다.

다양한 해석자들의 제안들을 대조해보는 것은 도움이 될 것이다.

<table>
<tr><th></th><th>전통적 해석</th><th>C.F.D. 모울</th><th>H.G. 미첨</th><th>T.W. 맨슨</th><th>W. 맨슨</th></tr>
<tr><td>ἵνα</td><td>-하기 위한</td><td>그래서</td><td>왜냐하면</td><td>그 사람(who)</td><td>-하기 위한</td></tr>
<tr><td>μήποτε</td><td>-하지 못하도록</td><td>아마도</td><td>아마도</td><td>아마도</td><td>아마도</td></tr>
<tr><td rowspan="3">번역</td><td colspan="5">하나님 나라의 비밀이 너희에게는 주었으나,
외인에게는 모든 것이 수수께끼다.</td></tr>
<tr><td rowspan="2">이는 그들이 보더라도 알지 못한 채 보게 하기 위함이며, 듣더라도 이해하지 못한 채 듣게 하기 위함이다. 그래서 그들이 돌이켜 죄 사함을 얻지 못하게 하려는 것이다.</td><td>그래서 그들이 보긴 하지만 알지는 못하며 듣긴 하지만 깨닫지는 못한다.</td><td>왜냐하면 그들이 보긴 하지만 알지는 못하며 듣긴 하지만 깨닫지는 못하기 때문이다.</td><td>그 사람들은 보긴 하지만 알지는 못하며 듣긴 하지만 깨닫지는 못한다.</td><td>이는 그들이 알지는 못하더라도 보게 하기 위함이며, 이해하지 못하더라도 듣게 하기 위함이다.</td></tr>
<tr><td colspan="4">아마도 그들은 회개하여 죄 사함을 받을 것이다.</td></tr>
</table>

[막4:12 번역 비교]

8. 예수의 정중함

백부장에게(마 8:5-13)

예수의 사역 초기에, 가버나움에 배치된 어느 백부장이 예수께

중풍병 걸린 아들—혹은 하인(?). 이 헬라어는 애매하다—을 고쳐 달라고 간청한다.

예수께서는 자신이 가서 그를 치료하겠다고 즉시 말씀하셨다〔마 8:7, "내가 가서 고쳐 주리라"〕. 영어 번역본에서는 모두 이렇게 번역하지만, 헬라어에서는 미래형 직설법이 아니라 부정과거 가정법이었을 수도 있다.[45] 백부장은 이때 이의를 제기했다. 그는 예수를 집에 초대할 만한 자격이 있는 사람이 아니었기 때문이다.

나는 전체적인 대화가 이보다도 더욱 섬세했다고 보면서, 예수께서 백부장의 감정을 더욱 예민하게 살피시어 곤란할 수 있었던 상황을 피하려 하셨다고 생각한다. 우리가 보통 보는 번역본들은 이 점들을 모두 놓쳤다. 백부장이 슬픔으로 힘든 시간을 보내는 와중에, 예수께서 그가 세간의 비판을 자아낼 의도를 품고 있다고 말씀하셨을 것 같지는 않다. 예수께서는 자신이 유대인으로서 저 장교를 〔폐가 되는〕 곤란한 상황에 처하게 하고 있음을 아셨을 것이다. 저 이방인은 자기 때문에 유대인인 예수께서 종교 규율을 위반하는 처지에 놓이는 게 싫었을 것이고, 그래서 〔자신의 집에 오겠다는 예수의 말씀을〕 매우 정중하게 거절해야 할 것 같다고 느꼈을 것이다. 그렇다면 백부장은 자기 집에 들어가겠다는 이 치료자의 요구를 어떻게 거절할 수 있었을까?

예수께서 이방인의 집에 들어가신다는 것은 상상도 할 수 없는

---

45. 헬라어로 θεραπεύσω는 미래 직설법과 부정과거 가정법의 형태가 동일하다—역주.

상황이고, 사실 헬라어 문법도 그러한 생각을 전하고 있지 않다. 예수께서 실제로 하셨던 말씀은 "내가 가서 그를 고쳐줄까?"였다. 문법학자들은 이것을 심의적 물음〔deliberative question〕이라고 부른다. 고전 헬라어와 마찬가지로 (신약 헬라어를 포함하여) 헬레니즘 시대의 헬라어에서 미래 시제는 이와 같이 사용되었다. 가장 초기의 성경 사본을 만든 필사자들은 구두점에 노력을 거의 기울이지 않았고, 인쇄본에 물음표가 없다는 것은 아무 의미도 없었다.[46]

정말로 백부장이 원하는 것이 예수께서 그의 집에 가셔서 치유하는 것이냐고 예수께서 백부장에게 물어보셨을 것으로 추정된다. 자비를 베푸는 사역을 수행하기 위해 하나님의 계명을 깨뜨리는 것은 예수 쪽에서 볼 때 꽤나 망설일 만한 제안이었다. "그것이 당신이 **나에게** 원하는 것, 내가 해주기를 원하는 것인가?" "유대인인 나에게?"[47]

예수의 망설이는 질문은 무례한 것이 전혀 아니었다. 오히려 백부장이 강하게 반대할 것을 확실히 예상하시고 심의적 물음 형식을 취함으로써, 그가 당황하지 않도록 미리 조치하신 것임을 보여준다. 외견상 예수께서 예상하지 못한 것은 백부장의 특별한 믿음의 확언이었다. 그의 믿음은 강렬했고, 이에 대한 보상을 즉각 받았다. 예수께서 그 자리에서 기적적인 치유 사역을 수행하실 만큼

46. 물음표가 없어도 의문문일 수 있다는 의미—역주.

47. 헬라어에서 ἐγώ를 생략해도 되는데, 굳이 집어넣은 것은 아마도 강조를 위해서다. 적어도 고전 헬라어에서는 그렇다. 비록 동시대의 파피루스에서와 같이 성서 헬라어에서도 더욱 자유롭게 사용되기는 하지만 말이다.

놀라운 믿음이었다. 집에 들어갈 필요가 없었다. 당시 그곳의 바리새인들 및 다른 선한 사람들을 화나게 할 필요가 없었다. 사회적 품위가 있는 백부장의 진의를 비판할 필요도 없다.

이 이야기는 마태복음과 마가복음에서 몇몇 중요한 세부 사항이 다르기에, 같은 사건을 언급하고 있는 것이 아닐 수도 있다(눅 7장).

제자들에게(눅 17:6)

제자들이 예수께 "우리에게 믿음을 더욱 주소서"라고[48] 말했을 때, 예수의 대답은 문법적으로 설명하기 쉽지 않다. 왜냐하면 헬라어를 처음 공부하는 이들을 괴롭히는 성취되지 않은 조건절〔unfulfilled conditional〕이 나타나는 데다가, 이 구절이 모든 규칙을 파괴하고 있기 때문이다. 이는〔"너희에게 겨자씨 한 알만한 믿음이 있었더라면"이라는 것은〕 현재로서 성취되지 않은 것이기에, 조건절('만일 -면'을 포함하는 절)은 미완료 직설법 동사를 취해야 하고, 귀결절(주절)은 ἄν과 함께 미완료 동사를 취해야 한다.

예수께서 이 조건절에서 현재형 직설법을 사용하신 것으로 기

48. 나는 이것이 "우리에게 믿음을 추가하소서"(즉, 우리의 다른 덕목들에 믿음이란 덕목을 추가하소서)보다 누가복음 17:5에 더 맞는 의미라고 믿는다. 왜냐하면 문자 그대로 옮긴 "우리에게 믿음을 덧붙이소서"라는 표현은 이사야 29:19("겸손한 자가 자신의 기쁨을 더 크게 할 것이다")와 26:15("주께서 이 나라를 더 크게 하셨다")에서와 같은 히브리어적 표현인데, 새로운 실체를 추가한다는 의미라기보다 있는 실체를 더 늘리는 것과 관련되기 때문이다.

록되어 있다. 내가 아는 이에 대한 단 하나의 선례는 프톨레마이오스 파피루스들 중에서 (주전 153년에 쓰인) 어법이 이상한 편지에 있다. 나는 예수께서 조야한 헬라어를 습관적으로 사용하셨다고 생각하지 않는다. 하지만 예수께서 의도적으로 그러한 구조를 사용한 것이 아니라면, 저 구조는 적당하게 교육받은 사람이 떠올릴 법한 것이 아니다. 만일 예수께서 통상 아람어로 말씀하셨다면,[49] 당연히 이 표현은 예수께서 실제로 말씀하신 문자 그대로가 아닐 것이고, 복음서 저자가 예수의 의미심장한 말을 아람어에서 헬라어로 옮기기 위해 문법적 파격구문을 이용했을 것이다.

이 표현이 예수의 미묘한 너그러움을 전할 수 있지 않았을까? 어떤 문법학자는 조건절에서의 올바른 표현인 미완료 대신 현재형 직설법을 사용함으로써 문장의 의미를 **비현실**에서 **현실**로 바꿨다는 점이 불만스러울 수 있다. 이는 "만일"로 시작되는 가정이 더 이상 막연한 게 아니라 실제 상황이라는 의미다. 말하자면, 예수께서 "너희에게 믿음이 **있었다면**"(그들에게 믿음이 없었음을 암시)이라고 말씀하신 것이 아니라, "너희에게 믿음이 **있으면**"(상태를 열어두고 있지만, 그들에게 믿음이 있음을 암시)이라고 말씀하셨다는 뜻이 된다. 제자들의 믿음이 충분하지는 않았지만, 잠재력에 있어서는 겨자씨 한 알에 필적할 만했다. 더 나아가 제자들도 자신들이 약간의 믿음을 가지고 있었다고 주장했다. "믿음을 더해주소서"라는 제자들의 요청이 이 점을 함축하고 있다. 예수께서는 이

49. 그러나 이 책의 마지막 장에서 이에 관한 논의를 보라.

점을 따져 묻지 않으실 만큼 너그러우셨다. 올바른 문법을 지켜서 "만일 너희가 믿음을 가지고 있었더라면"이라고 말씀하셨다면, 제자들은 질책을 당하는 것처럼 느끼고 당황했을 것이다. 이 비문법적인 말로 이러한 너그러움이 표현된다.

이러한 구문의 특성은 우리의 시야를 열어서 제자들의 요청에 대한 대답이 상냥했음을 보여준다. "너희에게 약간의 믿음이 있으니까, 자그마할지는 몰라도, 너희는 이 뽕나무에게 말할 수 있단다. 뿌리가 뽑혀라 …."

대적들에게(요 8:39)

이 세 번째 예는 사본들의 매우 개연성 있는 다양한 독법에 의존하고 있으며, 위에서 다룬 누가복음 17:6의 보기 드문 조건 구조와 유사한 문제〔즉, 조건절의 시제 문제〕가 나타난다.

예수와 논쟁했던 유대인들은 "아브라함이 우리 아버지요"라고 주장했다. 이 대화는 분명 험악했을 것이다. 여기에 예수의 대답이 뒤따른다는 점을 받아들인 사본의 경우 특히 그렇게 보인다. 영역본들은 다음과 같은 방식을 따른다. "너희들이 아브라함의 자손이라면(ἦτε)〔If you were〕, 너희들은 아브라함이 한 일들을 할 텐데(ἐποιεῖτε) 〔하지 않는다〕."[50] 그러나 RV와 NEB의 난외주를 훑어보면 다음과 같이 전혀 다른 본문을 따르는 것도 가능하다는 점이 드러

50. 영어 원문은 "If you were (ἦτε) Abraham's children, you would do (ἐποιεῖτε) the works of Abraham"이다. 이러한 반사실적 조건문은 조건절에서 현재 사실과 반대되는 내용을 (어법상) 과거형으로 기술하지만, 내용상으로는 현재

난다. “너희들이 아브라함의 자손이면(ἐστε)〔If you are〕, 아브라함이 했던 것처럼 하라(ποιεῖτε).” 조건절에서 동사의 시제는 이제 현재형이고, 귀결절은 직설법이 아니라 명령법이다. 이러한 형태의 본문은 문맥과 더 잘 어울리지만, 바로 그러한 이유로 매우 의심스럽다. 왜냐하면 좀 더 쉽게 하기 위해서 편집자 내지는 필사자가 변경한 것처럼 보이기 때문이다. 이 구절보다 약간 앞에서(37절) 예수께서는 “나도 너희들이 아브라함의 씨인 줄 안다”라고 인정하셨고, 자신의 논증을 진전시키기 위해 유대인들의 자기 주장을 가지고 와서 사용하셨다고 볼 수 있다. 예수께서 “아브라함이 우리 아버지요”라는 유대인들의 말에 응수하시면서 말씀하셨다. “그렇다. 그러니까 아브라함이 했을 법한 일을 하라. 너희들은 진리를 말하는 자를 죽이려고 한다.”

동일한 구조가 요한복음 7:4에서도 나온다. 현재형 직설법과 더불어 εἰ(‘-면’)로 이루어진 조건문의 귀결절에 명령형이 나온다. 따라서 요한복음 안에는 이러한 구문의 선례가 몇몇 나타난다고 볼 수 있다.

그러나 8:39를 이러한 구조로 읽는 것이 옳지 않을 수도 있다. 이는 문맥과 너무 잘 맞지만, 제3의 가능성이 존재한다. 몇몇 사본

에 관한 것이므로, 보통 우리말로 옮길 때 현재형으로 옮긴다. 이 장에서 다루는 과거형 조건절(사실과 반대됨을 함의)과 현재형 조건절(사실과의 일치를 함의)을 구분하기 위해, 과거형 조건절은 ‘-라면’으로 옮겼고, 현재형 조건절(사실과의 일치를 함의)은 ‘-면’으로 옮겼다.

예: 너희들이 아브라함의 자손이라면(아브라함의 자손이 아님을 함의)

너희들이 아브라함의 자손이면(아브라함의 자손임을 함의)—역주.

에서는 문법적으로 어려운 예수의 대답을 가지고 있는데, 그렇기 때문에 이 난해한 사본을 단순화하는 과정에서 다른 두 개의 이문이 발생했을 가능성이 크다. “너희들이 아브라함의 자손이면(ἐστε)〔If you are〕, 아브라함이 한 일들을 할 텐데(ἐποιεῖτε)〔하지 않는다.〕” 이런 식의 조건문은 헬라어에서나 영어에서나 모두 이상하게 들린다. “너희들이 아브라함의 자손이라면”〔If you were〕이 더 통상적인 형태이기에 직설법으로의 두드러진 변화가 정확히 무엇과 관련된 것인지 묻게 된다. 이는 “너희가 아브라함의 자손이라고 주장하는 것은 맞는데, …”와 같은 식으로 길게 풀어볼 수 있는 내용의 간결한 형태일 것이다. 다른 한편으로, 누가복음 17:6과 같은 예가 하나 더 있는 것일 수도 있다. 우리는 예수께서 너그럽게 표현하시고자 조건절에서 현재형 직설법을 사용하셨던 것을 떠올릴 수 있다. “당신들이 아브라함의 자손이라면”〔If you were〕은 유대인들의 자기 주장을 너무나도 분명하게 약화시키고 있는 것처럼 들린다. 그리고 “당신들이 아브라함의 자손이면”〔If you are〕이라고 말할 때에는 여기에 전제된 것이 더 너그러워진다. 빈정대는 듯한 느낌이 사라진다. 이는 〔아브라함의 자손임을〕 인정하는 것과 거의 같으며, 사실상 이전과 같은 방식으로 “너희들이 아브라함의 자손이면〔자손이므로〕, 아브라함이 한 일들을 해야 한다”라고 읽는 것과 같다. 그러나 바티칸 사본을 위시한 수많은 권위 있는 사본들은, 내가 본래의 본문이라고 믿는 것에서부터 갈라져 나온 독법을 반영하면서, 본래의 독법을 주의 깊게 해석—그 과정에서 문법을 더 적절하게 고치면서—한 것이다.

나의 주장은 유명한 편집자인 티쉔도르프의 지지를 받기는 하지만, 티쉔도르프가 읽는 방식은 시내산 사본—이 학자는 너무나도 흥미진진한 상황에서 시내산 사본을 발견해서인지 시내산 사본을 너무 신뢰했다—의 지지를 받고 있는 것이다.

아래의 표는 세 가지 가능한 독법을 정리한 것으로, 각각을 지지하는 가장 권위 있는 사본들과 번역본도 함께 제시하였다.

권위있는 본문		영어 번역	
고대	현대	조건절	귀결절
5c 에프라임 사본 9c 장크트갈렌 사본 9c 코리데티 필사본 3c(?) 이집트어 역본 (사히드 콥트어와 보하이라 콥트어)	공인본문(TR) KJV RSV NEB	"너희들이 아브라함의 자손이라면(ἦτε)"	"아브라함의 일(또는 아브람함이 했던 일)을 할텐데(ἐποιεῖτε) 〔하지 않는다.〕" (몇몇 사본에는 헬라어 ἄν이 더해짐)
2-3c 보드메르 파피루스 4c 바티칸 사본(원 기록) 5c 고대 라틴어 역본 (코르베이 사본) 라틴 불가타	웨스트코트와 호트 네슬레 RV(난외주) NEB(난외주)	"너희들이 아브라함의 자손이면(ἐστε)"	"아브라함이 한 일을 하라(ποιεῖτε)." (RV[난외주]는 "ye do")
4c 시내산 사본(원 기록) 5c 베자 사본 바티칸 사본(아주 이른 시기의 교정) 8c 레기우스 사본	웨스트코트와 호트(난외주) 앨포드 티쉔도르프 보베르	"당신들이 아브라함의 자손이면(ἐστε)"	"아브라함의 일(또는 아브람함이 했던 일)을 할 텐데(ἐποιεῖτε) 〔하지 않는다.〕" (시내산 사본의 교정자가 ἄν을 더함)

[요 8:39 사본/역본에 따른 번역 비교]

9. 커져가는 예수에 대한 반대

과부의 가산을 집어삼키는 자는 누구인가?(막 12:38-40)

예수께서 어떠한 이유로 서기관들과 바리새인들을 그렇게 맹렬하게 비난하셨는가 하는 문제는 종종 의아하기도 하고 간혹 비평해볼 만한 문제이기도 하다. 서기관과 바리새인은 당대의 존경받는 인물이었고 경건한 사람이었다.

우리가 가진 영역본에서 예수의 직접적인 공격들 중 하나를 문법의 요구에 따라 수정하는 것이 좋다는 점을 발견한다면 어려움이 다소 해소될 수 있다.

마가복음 12:38-40이 좋은 예다. 여기서는 서기관들이 시장에서 문안인사받기를 과도하게 좋아한다는 점, 회당에서 높은 자리와 잔치의 윗자리를 원한다는 점이 비판의 대상이 되고 있다. 이는 너무 명백하여 대체될 수 없지만, 곧바로 뒤따라 나오는 내용은 분명하지 않다. "그들〔서기관들?〕은 과부의 가산을 집어삼키고 외식하려고 오래 기도한다. 이들은 더 큰 심판을 받을 것이다."

이 진술 시작에 나타나는 관계대명사를 〔앞에 나온 서기관들을 받는〕 "그들은"〔who〕으로 해석해야 하는지, 아니면 "-하는 자"〔those who〕로 해석해야 하는지가 문법적인 논점이다. 후자의 경우, 관계대명사가 새로운 문장의 시작을 나타내며 '그러한 일을 하는 사람들' 일반을 가리키게 된다. 서기관을 가리키고 있다고 볼 필요가 없다. 곧, '과부의 가산을 집어삼키려는 자들은 모두 … 더 큰 심판을 받는다'는 뜻이 된다. 이러한 생각은 적어도 18세기 이전부터 있었다. 이러한 번역을 제안하고 있는 J.A. 벵엘의 정확한 성경 주해는 1750년부터 전해져왔고, 19세기의 주석가 H.A.W. 마이어도 그를 지지했다. 게다가 C. 라흐만(1842-50), 티쉔도르프(제8판, 1865-72), S.P. 트레겔스(1857-71), 웨스트코트와 호트(1881), 네슬레(1898 이후), 보베르(제4판, 1959)의 헬라어 비평본은 위의 해석의 전제가 되는 구두점을 지지하고 있다. 이러한 편집자들은 40절에서 새로운 문장이 시작된다고 여겼고, 여기서 언급하는 대상이 서기관들이 아닌 더욱 일반적인 사람들을 가리킨다고 보았다. 즉, "과부의 재산을 집어삼키는 자들은 외식하려고 오래 기도하는데, 더 큰 심판을 받을 것이다."

RV는 저 헬라어 해석에 의존함으로써 KJV의 해석에서 벗어났다.

이와 상충되는 고려할 만한 두 가지 중요한 사항이 있다. 첫째, 마가복음을 알았던 누가는 40절이 앞서 언급된 서기관을 가리킨다고 생각했고, 이점을 분명히 했다. 즉, 마가는 정관사와 분사를 사용한 반면, 누가는 관계대명사와 현재 직설법을 사용했다. 둘째, 논리적 흐름이 깨진다. 서기관들의 위선에 대한 구체적인 비판 뒤에, 완전히 일반적인 측면에서 반복하는 것은 논리적 흐름을 흐리게 만든다. 아마도 이러한 이유로 RSV와 NEB는 KJV가 해석한 방식으로 되돌아갔을 것이다. 반면, 문법적 증거는 이러한 두 가지 고려사항에 결정적으로 반하며, 거의 만장일치에 가까운 본문 편집자들의 의견에 부합한다. 문법적 증거는 세 가지나 된다. 우선 "집어삼키는 자들"(주격 어구)은 "서기관들"(실제로 속격)과 아주 밀접하게 연결될 수 없기에, 저들은 아마 전적으로 새로운 무리의 사람들을 지칭할 가능성이 높다. 둘째, 분사로 문장을 시작한 다음 뒷부분에서 '이것/이 사람'이나 '저것/저 사람'으로 받아 다시 진술하는 방식은 마가의 문체적 특징으로, 이는 40절이 독립된 문장이라는 주장을 더욱 개연성 있게 만든다. 셋째, 마가는 명사 대신 관사를 동반한 분사를 즐겨 사용했고, 관계절 대신 이 구조를 사용하기도 했다(KJV, RSV, NEB가 40절을 이런 방식으로 간주했다). 하지만 관사를 동반한 분사는 선행 명사와 매우 가까운 곳에 위치하는데, 우리가 다루는 구절에서는 그렇지 않다.[51]

누가 예수를 미쳤다고 생각했는가?(막 3:21)

마가는 예수의 가족이 예수를 미쳤다고 생각했다고 암시하는 듯 하지만, 문법을 면밀하게 관찰하면 그 암시가 단지 겉보기에만 그렇다는 것으로 드러난다.

성서학의 언어 영역에 크게 공헌한 C.H. 터너는 1924년부터 *JTS*〔*Journal of Theological Studies*〕에 논문들을 기고하면서, 마가복음에 나타나는 복수〔주어〕 표현이 비인칭일 수 있음을 일깨워주었다. 이는 대체로 "그들은 … 말했다"는 어구와 관련 되는데, "그들은 '명절에는 하지 말자'라고 말했다"와 같이 중요한 맥락에 나타나기도 한다. 그러니까 여기서 말하는 주체인 "그들"은 서기관들과 대제사장들이 아닌 일반적인 사람들이었다는 것이다. 혹은 그 말이 소

51. 선행 명사인 "서기관"은 38절에 나타난다—역주.

문이었다는 것이다. 이보다 더욱 중요한 맥락은 마가복음 3:21이다. (영국 해외성서선교회의 헬라어-영어 대조판과 NEB가 훌륭한 예외인데) 우리가 가진 대부분의 번역본은 예수의 어머니와 친족들이 예수를 미쳤다고 생각했다는 암시를 준다. 하지만 예수가 온전하지 않다는 의심은 소문에 의한 것이지 가족들에 의한 것은 아니었다. 가족들은 예수가 음식을 섭취하지 않았다는 말을 듣고 불안해했으며, 특히 그 소문들을 듣자 예수와 조용히 이야기하기를 바랐다.

헬라어는 비인칭 구문에서 대상을 특정하지 않고 편리하게 사용할 수 있는 불특정 주어를 가지고 있지 않은 언어다. 예컨대, 영어에는 one이 있고, 불어에는 on이, 독일어에는 man이 있지만, 헬라어에서는 동사의 삼인칭 복수형을 사용해야 한다. 더욱이 간간히 아람어 관용법의 영향이 나타나는 성서 헬라어에서는 능동형 동사의 삼인칭 복수가 바로 그 동사의 수동태—물론 수동태에서는 주어의 변화를 수반한다—로도 사용된다. 왜냐하면 아람어가 수동태를 피하는 경향이 있기 때문이다. 예컨대, '그들은 죽임을 당한다'〔They are killed〕 대신 "그들은 죽인다"〔They kill〕라는 표현을 사용한다. 누가는 12:20에서 〔하나님에 의해〕 '거두어들여지는'〔is required〕 영혼에 대해 "그들이 그것을 거둔다"〔they require it〕라고 쓸 수 있었다.

마가복음에는 이에 대한 많은 사례들이 나온다. "그들(즉, '사람들')은 무슨 일이 일어났는지를 보러 왔다"(막 5:14). "그들은 열두 바구니를 거두었다"(즉, "열두 바구니가 거두어졌다"). "그들(즉,

'사람들')은 그를 알아보았다"(막 6:54).

예수와 바리새인들(눅 11:41)

바리새인들을 향한 예수의 비판은 심했는데, 어떤 비평가들은 모든 비판들이 해명된 것은 아니라고 주장했다. 누가에 따르면, 어느 바리새인에 의해 저녁식사에 초대 되었던 예수는 상당한 비난을 쏟아내셨다. 바리새인은 예수께서 손 씻는 의식을 하지 않았기에 불만스러워 했고, 예수께서는 이에 대해 "너희 바리새인들은 겉은 깨끗이 하나 속은 부정함이 가득하다!"라고 응하셨다. 예수께서는 하나님이 안과 밖을 모두 만드셨다고 설명하셨는데, 그 다음 말씀이 굉장히 아리송하다. "너희들이 가지고 있는 그런 것들로 구제하라. 그리고 보라, 모든 것이 너희에게 깨끗하리라"(눅 11:41). 이러한 KJV의 번역은 순전히 난관에서 벗어나기 위한 방편일 뿐이었다. RV에서 이 번역을 어색하게 대체한 것은 이를 인정한 것과 같다. "너희 안에 있는 것들로 구제하라. 그리고 보라, 모든 것이 너희에게 깨끗하리라." 또한 RV 난외주에서는 다음과 같은 대안을 제시했다. "너희가 할 수 있는 것들로 구제하라." 이는 마태복음 23:36("잔과 접시 안을 먼저 깨끗하게 하라. 그러면 겉도 깨끗해질 것이다")과 비교해볼 때에 맥락을 완전히 흐리게 하는 결론이다.

그런 이유로, 예수께서는 아람어 *dakki*('깨끗하게 하라')를 사용하셨는데 헬라어 번역자가 이를 *zakki*('구제하라')로 오해했다는 주장이 제기되었다. 이 이론은 벨하우젠〔Wellhausen〕까지 거슬러 올라간다.[52] 하지만 벨하우젠은 *zakki*가 팔레스타인 탈무드에서 '구제하라'는 의미로 사용된 것을 발견하였다고 주장하였지만, 〔그곳에서도〕 이 단어의 의미가 전혀 분명하지 않으며, 제스트로〔Jastrow〕의 사전도 그러한 의미에 대한 어떤 정보도 제공하고 있지 않다. 사실 *zakki*와 *dakki*는 모두 '깨끗하게 하라'는 의미다. τὰ ἐνοντα("안에 있는 것")라는 어구를 우리가 부사적 대격, 즉 "마음속으로"라는 의미로 간주한다면, 아람어에 기대지 않고도 누가복음 11:41의 의미를 가늠해보는 것이 가능하다. 그렇다면 예수께서는 "마음으로부터(진실하게) 구제하라"라고 훈계하신 것이 된다. 예수께서는 사람들이 보는 곳에서 구제하는 모습을 과시하는 바리새인들을 염두에 두신 것이다. 관대한 마음은 진실하게 느껴져야 한다. 부사적 대격은 신약성경에서 흔히 볼 수 있다.[53]

바리새인들과 시장(막 7:4)

복음서의 문제에 접근하는 방식은 예수께서 원래 사용하신 언어가 무엇인지에 대한 연구자의 의견에 따라 종종 좌우된다. 헬라어인가, 아람어인가?

마가복음 7:4에서 대부분의 영역본은 고전 헬라어와 후기 헬라어의 좋은 규칙(ἀπὸ가 이따금씩 시간적 의미에서의 '이후에'를 의미할 수 있다는 것)에 따라 예수의 말씀을 다음과 같이 번역하고

52. 그러나 자주 개정되고 있다. 예를 들면, Moulton-Howard, *Grammar*, vol. II, 471.

53. Moulton-Howard-Turner, *Grammar*, vol. III, 247.

있다. "바리새인들은 **시장으로부터**(ἀπὸ" φρομ) **돌아왔을 때**, 씻지 않으면 먹지 않았다"(KJV, RV, RSV, Rieu, NEB). 사실 고전 헬라어에서는 ἀπὸ가 아닌 ἐκ가 주로 시간적 의미의 '이후에'로 사용되었지만, 신약성경에서는 ἀπὸ가 아주 흔하게 사용되었다. 예를 들어, "세례 요한의 때부터"(마 11:12), "그때부터"(마 16:21, 26:16, 눅 16:16), "약한 후에"(히 11:34).

이러한 입장에서 벗어난 해석을 처음으로 보게 된 것은 굿스피드와 모팻의 번역본에서였다. "그들은 시장으로부터(ἀπὸ) 온 것을 먼저 물을 뿌려 정결하게 하지 않으면 먹지 않을 것이다"(굿스피드). "그들은 시장으로부터(ἀπο) 온 것을 씻을 때까지 먹기를 거부한다"(모팻). 그러나 이러한 번역들은 ἀπο와는 전혀 별개로 문법적인 확신이 서지 않는다. 굿스피드와 모팻은 중간태로 쓰인 동사 "씻다" 내지 "물 뿌리다"가 타동사의 의미로 해석될 수 있는 것처럼 보고 있다. 영국 해외성서선교회가 비공식적으로 배포한 마가복음 헬영 대조판(1958)은 이 동사가 타동사로 해석될 수 없다는 점을 받아들이고 있지만, ἀπο를 해석함에 있어서는 안타깝게도 굿스피드와 모팻의 견해를 따랐다. "그들은 자신들이 씻지 않으면 시장에서 온 것을 먹지 않을 것이다."

굿스피드, 모팻, 대조판은 아마도 명사와 함께 쓰인 ἀπο가 "-의 어떤 것"〔some of〕이라는 부분사 표현에 해당하는 셈어의 어법을 문자 그대로 헬라어로 옮긴 것이라는 문법적 주장을 토대로 "시장으로부터"〔ἀπο the market-place〕라고 번역한 것 같다.[54] 그러나 ἀπο를 부분사로 여겨서 "시장으로부터 온 것"이라고 번역하는 것이 논리적인가? 만일 ἀπο가 부분사라면, 저 의미는 분명 '시장의 일부'〔a part of the market-place〕여야 한다—이런 뜻으로는 받아들여질 수 없다.

저 표현은 헬레니즘 헬라어의 의미, 즉 "시장으로부터 돌아온 다음"으로 여겨져야 한다. 이는 문맥에 보다 덜 어울리는 것으로 보이는데, 왜냐하면 사도들이 시장에서 가져온 음식을 먹는 듯한 암시가 문맥에 나타나 있기 때문이다. 그러나 제자들이 시장에 있었다가 군중들 속에 섞여서 더러워진 다음 자신들의 손을 씻어야 했다는 점을 기억해야 한다.[55] 이것이 저 헬라어가 여지없이 의미하는 바다.

"가장 어두운 어둠으로"(마 8:12)

"바깥 어두운 데"라는 문구가 익숙하기는 하지만 이 말을 통해 예수께서 정확히 무엇을 의미하셨는지 궁금할 수 있다. 고전 헬라어에서 형용사의 비교급은 꽤 엄격하게 사용된 반면, 헬레니즘 헬라어에서는 간혹 비교급이 원급 형용사로 사용되기도 하고, 반면 최상급의 정도까지 올라가는 경우도 발견된다.

상황이 이렇기 때문에, 예수께서 죄인들이 보내질 어둠의 정도

54. M. Black, *An Aramaic Approach to the Gospels and Acts*, 2nd. ed. Oxford, 1954, 37.
55. H. B. Swete, *The Gospel according to St. Mark*, Macmillan, 2nd. ed., 1902, 144.

에 대해 말씀하실 때 "바깥"〔outer〕을 비교급의 의미로 엄격히 사용하신 것인지 여부에 의문이 생길 수 있다. 말하자면, 내부의 어두운 데와 외부의 어두운 데로 구별하신 것인지 의문을 가질 수 있다. 더욱 개연성 있는 생각은 죄인이 하나님의 임재로부터 멀어지는 만큼 어두움의 강도가 계속 증가하는 것을 예수께서 예견하고서, 유대인들이 직면한 위험—가장 바깥쪽의 어두움, 즉 눈이 멀어서 믿기를 거부한 것에 대한 응보—을 경고하고 계시다는 것이다. 일부 번역가들과 주석가들은 그렇게 주장해왔지만, NEB 번역위원회에서는 적어도 헬레니즘 헬라어에서 비교급을 엄밀하지 않게 사용한다는 점을 알고 있었다. 하지만 이 문맥에서는 최상급이 더 적절함에도 불구하고 NEB는 이 비교급을 전적으로 원급으로 이해했다.

신약성경에는 비교급을 느슨하게 사용함으로써 해석에 영향을 미치는 여러 경우들이 있다. 예수께서 '가장 큰'을 의미하기 위해 "더 큰"이란 말을 사용하신 것은 사실 의심의 여지가 없다. 마태복음 18:1, 4와 마가복음 9:34에서 예수는 μείζων("더 큰")을 사용했는데, 문맥에서 요구되는 의미는 고전 헬라어의 μέγιστος('가장 큰' 또는 '아주 큰')임이 분명하게 드러난다. 이때 비교급으로는 의미가 성립될 수 없기에, 이는 견해상의 문제가 아니다.

이와 비슷하게, 마태복음 11:11과 누가복음 7:28, 9:48에서 예수께서는 '가장 작은'을 의미하시려고 "더 작은"이라고 말씀하셨다. 여기서도 문맥을 통해 비교급이 최상급으로 사용되었다는 점이 드러난다.

신약성경의 저자들 중 오직 베드로후서의 저자만이 '가장 큰'을 표현할 때 고전 헬라어의 어법인 μέγιστος를 유지하고 있다. 베드로후서의 저자는 아티카 방언을 사용하는 새로운 학파, 즉 헬레니즘 시대에 아티카 헬라어라는 고전적인 어법의 표준 규칙을 부흥시켰던 학파에 속했거나 이를 동경했던 사람이다. 그러한 문필의 과시는 대부분의 신약성경 저자들에게는 낯선 것이었다. 심지어는 바울도 비교급을 사용하여 우리 몸에서 **가장 덜** 귀하게 여기는 부분을 언급했다(고전 12:23).

하나님 나라를 침략함(마 11:12)

하나님 나라에 대한 예수의 가르침은 광범위하게 토론되어왔다. 그 중 세례 요한에 대한 평가, 곧 천국에서의 요한의 위치에 관한 말씀은 적지 않게 어려운 문제다. 예수께서는 요한이 가장 큰 자이지만 천국에서는 가장 작은 자보다 더 작다고 말씀하시고, 다음과 같이 이어나가셨다. "세례 요한의 때부터 지금까지 천국은 …." 여기에 이태동사(deponent verb)가 뒤따른다. 이런 동사들은 형태상으로는 수동태이지만 의미상으로는 능동태이기에, '천국이 자신의 길을 앞으로 밀고 나가고 있다'라든지 천국은 공격적으로 임하는 것이라는 의미를 전한다고 생각할 수도 있다. 이러한 능동태적 해석은 RSV와 NEB의 (본문이 아닌) 난외주에 수록되어 있다. 그러나 대부분의 역본에서는 이 동사를 실제로 수동태로 간주한다. 예를 들면, "폭행을 겪는다"(KJV). 이 동사가 이태동사라는 것을 알았던 주석가들은 KJV의 번역이 문법적으로 상정하고 있는 바에 만족하지 못했고, 천국이 폭행당했을 방식에 대해서도 난색을 표했다.

누가의 평행 구절〔눅 16:16〕이 저 이태동사를 명백히 능동의 의미로 사용하고 있기 때문에 불만은 더욱 컸다.

그럼에도 불구하고 번역가들과 주석가들이 수동태 쪽으로 기울도록 영향을 미친 가장 큰 요소는 이어지는 문장의 어조다. "폭행하는 자가 힘으로 그것을 취한다." 문법적으로도 이 동사를 수동태로 볼 수 있다. 저 동사는 통상적인 이태동사이기는 하지만, 고전 헬라어나 후기 헬라어에서 모두 수동적 의미로도 사용될 수 있었던 타동사적 이태 동사군에 속하기 때문이다.[56]

예수의 말씀은 여전히 난제이긴 하지만, 우리는 천국이 지금 적대적 상황〔opposition〕에 직면했다는 의미로 마태가 이해했다는 것에 대해 의심할 필요는 없다.

요나의 표적(마 12:39 이하, 눅 11:29)

예수는 표적을 보여 달라는 고향 사람들의 요청을 거부하시긴 했지만, 이 세대에는 "선지자 요나의 표적"이 허락되었다고 말씀하심으로써 예외를 두셨다.

구약성경의 요나 이야기에서 요나의〔요나가 행한〕 "표적"을 찾는다면 허사일 것이다. 그렇기 때문에 이에 대한 많은 논쟁이 있었다. 물론 여기에서도 우리의 대안을 제시하는 방식은 문법적이다.

---

56. 투퀴디데스는 바로 저 동사를 실제 그런 의미로 사용했다.

"요나의"〔of Jonah〕라는 속격은 잘 알려진 구조로 보충적 속격〔epexegetical genitive〕이다. 이는 소유적 의미와는 관계가 거의 없는 것으로서 설명하고, 부연하고, 한정하기 위한 것이다. 예수께서 그 시대 사람들에게 약속하신 "표적"은 요나 자신이다—요나의 표적이 아니라, 요나가 표적이다.

따라서 예수는 〔표적으로서의〕 요나와 〔말씀 선포에 있어〕 "요나보다 더한 분"(중성임을 고려할 때 '요나보다 더 위대한 자'가 아니다)으로 나타난다.[57] 요나는 이방인들에게 보내진 선지자였지만 이방인들이 〔요나의 메시지에〕 동조하면서 요나의 필요성은 축소되었다.

10. 결혼과 이혼(막 10:9, 마 19:3, 눅 16:18)

어떤 이들은, 예수께서 이혼에 절대 반대하셨다는 것에 저항하기 위하여, 예수께서 반대하신 것은 그저 당사자 중 한쪽이 일방적으로 결혼을 파하는 것이라고 주장해왔다.

이를 지지하기 위하여 "**사람**이 나누면 안 된다"(막 10:9)라는 말씀이 실제 의미하는 바가 "**남편**이 나누면 안 된다"라는 뜻이라고

57. 여기에서 "요나"는 사흘 동안 물고기 뱃속에 있었던 것을 의미하고, "요나보다 더한 자"는 하루 동안 전도했던 요나보다 더 많이 전도했다는 것을 의미한다. 더불어 공동번역 마 12:41을 저자의 논지에 따라 각색하면 다음과 같다. "심판 날이 오면 니느웨 사람들이 이 세대와 함께 일어나 이 세대를 단죄할 것이다. 그들은 요나의 (하룻길) 설교만 듣고도 회개하였던 것이다. 그런데 여기에 요나보다 더한 사람이 있다"—역주.

변론한다. 그러나 이는 예수께서 2절에서는 ἀνήρ("남편")를 사용하신 반면, "사람이 나누면 안 된다"라고 말씀하시는 9절에서는 ἄνθρωπος("사람")로 단어를 바꾸셨다는 점을 간과한 것이다. ἄνθρωπος는 인류의 구성원을 의미하는 말이지, 결코 "남편"을 의미하는 말이 아니다.

바리새인들은 분명히 예수의 이혼 금지가 절대적인 것이라고 생각했다. 바리새인들이 예수께 제기했던 질문의 성격을 정확하게 이해하는 것이 중요하다(마 19:3). "아내와 이혼함에 있어 어떤〔any〕 이유로 허용됩니까?" KJV를 따르면, 그들은 "사람이 그 아내와 갈라서는 모든〔every〕 이유가 적법합니까?"라고 물었다. 이 점은 NEB의 해석에서 훨씬 분명해진다. "사람이 그 아내와 갈라서는 것이 어떤 이유든지 모두〔any and every〕 합법적입니까? "모든"으로 번역된 헬라어의 사용에 대해 더 신중할 필요가 있다. 이 단어는 관사가 없는 명사 앞에서 '모든'이라는 의미를 갖지만, (아마 셈어의 영향을 받은) 성서 헬라어에서는 이러한 상황에서 종종 πᾶς가 '어떤'이라는 의미를 전하는 데 사용된다. 물튼-하워드-터너의 문법서(제3권, 199쪽)에서는 ἕκαστος('각각')와 구별되는 정관사가 없는 πᾶς에 관한 문법적 논의들을 다루고 있다. 그 책의 요지는 (영어의 each나 헬라어 ἕκαστος처럼) πᾶς가 개별적인 모든 것을 뜻하는 게 아니라, '당신이 언급하고자 하는 어떤 것'을 뜻한다는 점이다.

모세의 율법은 이혼을 허용하는 몇몇 이유들을 열거하고 있고, 지금 바리새인들은 모세가 허용한 이유들 중 과연 예수가 동의하는 어떤 것이 있는지 여부를 묻고 있다. 바리새인들은 예수가 예외

조항을 두지 않고 관습을 전부 폐기할 정도로 이상주의적인 사람이라고 의심하고 있는 것이 분명하다. KJV가 사용한 “모든”이란 번역어는 이러한 논점을 망치고 있는데, 왜냐하면 KJV가 그리는 바리새인들은 모세가 제시한 각각의 이혼 사유의 시시비비에 대한 예수의 견해를 묻고 있기 때문이다. 즉, “예수께서 그 모든 이유를 받아들이셨는가, 아니면 몇몇 이유에 대해서는 거부하고자 하셨는가?”라는 물음인데, 이렇게 물으면 굉장히 다른 질문이 된다. NEB 난외주의 번역은 본문에 실린 문장보다 더 정확하다. “사람이 자기 아내와 이혼하는 것을 적법하게 해주는 이유가 〔하나라도〕 있나요?” 결혼 관계를 결코 나눌 수 없다는 예수의 엄격한 생각은 잘 알려져 있었다. 바리새인들은 랍비적인 논쟁에 있어서 한쪽 편을 들도록 유인하려 했던 것이 아니라, 예수가 샴마이 학파보다 훨씬 더 엄격하다는 경악스러운 점을 드러내려던 중이었다.

마태복음의 질문에 대한 이와 같은 관점은 마가복음에서 병행되는 질문의 형태와 일치한다. “사람이 아내를 버리는 것이 적법합니까?” 많은 주석가들은 마태복음의 상황에서 헬라어 πᾶς의 실제 의미를 알지 못해서 마태복음에서의 질문과 마가복음에서의 질문이 서로 다른 의미일 것이라고 추정한다—그럴 것 같지 않다.

11. 하나님 나라는 어디에 있는가?(눅 17:21)

자유주의 신학을 옹호하는 자들은 어떤 영적인 나라가 마음속에 존재한다는 것을 전하려는 의도로, "하나님 나라는 너희 안에〔within〕 있다"라는 예수의 말을 인용하려는 경향이 있었다. 최근 이에 반대하는 사람들은 ἐντὸς를 더 이상 '-안에'로 해석하려 하지 않는다.[58] 저 낡은 하나님 나라 개념은 너무 주관적이고, 너무 개인적이며, 공동체적 의미가 부족하여, 예수의 가르침과 조화되지 않는다고 오랫동안 간주되어 왔다.

그렇지만 우리가 "나라"를 "영"으로 대체한다면, 이 말씀은 바울의 가르침과 일치하게 된다. 하나님의 영과 그리스도의 영은 각 개인 안에 거하시기 때문이다. 그리고 로마서 14:17에는 이러한 측면에서 나라와 영을 동일시할 수 있는 근거가 하나 나온다. "하나님의 나라는 성령 안에 있는 의와 평화와 기쁨이다."

예수의 가르침에는 그 나라가 이미 임하였다든지, 어느 정도 "실현되었다"라는 표현이 자주 나타난다. 예수는 자신이 하나님의 손가락에 힘입어 지금 여기에서 바알세불을 쫓아내고 있기에, 하나님 나라가 이미 우리에게 임한 것이라고 선포하셨다(눅 11:20). 그 나라는 우리 중에〔among〕, 혹은 우리 가운데〔midst〕 있다. 하지만 C.S. 카펜터〔Carpenter〕는 얼마 전에,[59] 만일 누가가 〔누가복음 17:21에서〕 "너희 중에"〔among you〕라는 의미로 말한 것이라면 전치사 ἐντὸς 대신 다른 표현, 예컨대 ἐν μέσῳ('-중에')와 같은 표현—누가복음에 7

58. 그러나 C. F. D. Moule은 저 단어가 '안에'를 의미할 "가능성을 품는 것조차 너무 구식"이라는 생각을 가지고 있다. *Jounal of Theological Studies*, N.S., vol. XVV, April, 1964, 11.

59. *Christianity according to St. Luke*, SPCK, 1919, 103.

회, 사도행전에 4회 나타난다—을 사용했을 것이라고 지적했다.

카펜터는 우리의 이목을 특히 누가복음 22:27에 집중시키고, 정경에는 없는 예수의 말씀들 중 하나를 인용했다.[60] "하늘나라는 너희 안에(ἐντὸς) 있고, 누구든지 자기 자신을 아는 사람은 하늘나라를 발견할 것이다."[61] 이 어구는 예수께서 바리새인들—종교의 외적 측면에 너무 집중한다고 종종 비판하셨던 사람들—에게 말하고 계신 장면에 나타나는데, 이때 예수께서는 그들이 자신들의 마음 안에 성령과 천국이 역사하도록 했다는 점을 칭찬하고 계셨다.

동시대의 비문학 파피루스들〔non-literary papyri〕에 사용된 ἐντὸς에 기초하여, 누가가 이 단어의 의미를 "네가 닿는 범위 안에"〔within your grasp〕로 이해했다는 제안이 있다.[62] 〔이에 따르면 누가복음 17:21에서〕 천국은 바리새인들이 놓아 버리고 있는 기회이자 도전이었다. 동시대의 증거들에 따르면, 이 단어는 시간적인 의미(예컨대 "기간 안에")든, 공간적인 의미(예컨대, "부엌 안의 창고")든 '안에'라는 의미가 선호된다. 한 가지 당대의 용례는 (물리적인) 인간의 몸 '안에'라는 의미로 그리스도인들의 첫 세기가 시작된 때의 의료 처방에서 볼 수 있다. 즉, 코피의 치료법을 설명하면서 향료와 양파즙을

60. B. P. Grenfell and A. S. Hunt, *New Sayings of Jesus*, 1904; The Oxyrhynchus Papyri, vol. IV, London, 1898 ff., 654:16.

61. 이는 파편적으로 남아 있는 말이지만, 이에 대한 모든 가능한 재구성은 천국의 내적임〔inwardness〕을 지지하고 있다. Moulton과 Milligan은 "그 맥락이 '네 안에'라는 번역을 뒷받침한다"라고 논한다. *Vocabulary of the Greek Testament, Hodder*, 1930, 218.

62. C. H. Roberts, *Harvard Theological Review*, XLI, 1948, 1.

코 "안에"(ἐντὸς) 바르도록 처방하고 있다.[63] 반면 훨씬 후대의 파피루스(3세기)는 라이토리온 법 안에(ἐντὸς) 있는 21살 미만의 사람에 대해 언급하고 있다. 여기서는 '-의 사법권 안에'라는 의미이거나, 혹은 (사기꾼으로부터의 보호가 법의 목표였기 때문에) '-의 보호 안에'라는 의미다.[64]

그 시대에 ἐντὸς를 사용한 맥락이 너무 다양하고 폭넓어서 누가복음 17:21의 의미를 규명하는 데 어려움이 증폭된다. "너희 안에"가 다름 아닌 "너희 통제 아래"라는 의미일 가능성은 있지만, 흔한 해석인 "너희 가운데"(RV의 난외주, RSV 본문, 모팻역, 녹스의 난외주, NEB의 본문이 이에 해당한다)라고 볼 만한 증거는 거의 없다.

그렇다면 굿스피드와 리우가 따르고 있는 KJV의 번역, "하나님 나라는 너희 안에 있다"를 거부할 만한 충분한 이유가 있는가?

이 개념을[65] 근거로 볼 때에, 부자와 나사로의 이야기를 예수의 입 위에 두는 것은 것은 적절하지 않다. 이 이야기에서 성도들이 받는 지복의 강한 공간적 개념은 앞선 해석, 즉 "하나님 나라는 너희 안에 있다"와 이질적인 것으로 보이기 때문이다. "아브라함의 품"(눅 16:25)이라는 지복에서 공간적 요소를 어느 정도 경감시킬

63. J. H. Moulton and G. Milligan, *op. cit.*, 219, quoting B. P. Grenfell and A. S. Hunt, *op. cit.*, vol. VIII, 1088:33.
64. Moulton and Milligan, *op. cit.*, p. 219; Grenfell and Hunt, *op. cit.*, vol. X, 1274:13.
65. 하나님 나라는 어떤 공간이 아닌 내면에 있는 것이라는 개념—역주.

수 있는 본문비평적 문제가 있는데, 헬라어 문법을 살펴보는 것이 이 본문 문제에 도움이 된다.

문법적 연구가 본문비평적 문제를 드러내는 경우는 드물지 않다. 공인본문〔Textus Receptus〕—KJV의 토대였지만, 1881년 이전에 RV의 대본 등으로 대체되었던 본문—의[66] 독법을 지지할 때, 독특한 것을 발견할 수 있다. RV는 KJV의 번역, 곧 "그러나 그는 이제 위로를 받고 너는 괴로움을 받느니라"(눅 16:25)를 "그러나 그는 여기서 위로를 받고"로 대체했다. RSV와 NEB도 이를 지지하고 있다. 저 요소는 문법적 고려에 따라 결정되어야 한다. 이는 다음과 같이 간단하게 설명될 수 있다.[67] 공인본문에는 '이 사람은'("그는")을 의미하는 헬라어 ὅδϵ가 있기에 σὺ("너는")와 훌륭하게 균형을 이룰 수 있다("이 사람은 … 그러나 너는 …"). 매우 초기의 기독교 필사자들은, 헬라어 구약성경인 칠십인역 필사자들의 실수와 동일한 실수를 저질렀을 것으로 추정된다. 즉, 그들은 ὅδϵ(단모음 o)가 그와 유사한 ὧδϵ(ω = 장모음 o; "여기서"를 의미)의 헬레니즘 헬라어 형태라고 생각했기에, ὅδϵ를 ὧδϵ로 수정해야 했다. 칠십인역의 필사자들은 οἵδϵ에 대해서도 유사한 실수를 했다. 따라서 대문자 언셜의 독법보다도 오직 후기 비잔틴 사본 및 더욱 이른 시기의 것으로 더욱 가치 있는 가이사랴 본문 유형에 속한 몇몇 사본에 보존된 독법이 더욱 낫다. 게다가 이는 2세기의 이단 마르키온의

66. 16세기 중반부터 19세기 중반까지 개신교 학계를 지배한 Stephanus와 Elzevir의 본문.

67. Moulton-Howard-Turner, *Grammar*, vol. III, p. 44.

지지를 받는다.

비유 속에는 이미 천국과 지옥의 공간적 요소가 내포되어 있지만, 그럼에도 불구하고 정당한 근거 제시 없이 "여기에"를 삽입한 본문은 천국의 위로가 보통 말하는 **장소**와 필연적인 관계가 있다는 인상을 준다. 천국과 지옥이라는 장소는 이야기를 푸는 것을 돕기 위한 지엽적인 요소(details)로 도입되었을 뿐이다. 우리는 여전히 천국과 지옥을 장소가 아닌 상태나 상황이라고 믿어도 될 것이다. (하나님의 또는 사탄의) 나라는 여전히 너희 "안에" 있다.

12. 예수에 대한 견해들

"그 선지자들 중 하나와 같은 선지자"(막 6:15): 마가복음의 삽입구와 '난센스'

대부분의 작가들은 본인이 의식하지 못하는 특정한 습관이 있다. 드물지만 삽입구를 넣는 마가의 독특한 습관은 효과적일 수 있다. 왜냐하면 저자는 삽입구를 통해 자신의 속 이야기를 독자들에게 편히 털어놓을 수 있기 때문이다. 하지만 이러한 장치가 어색하거나 독자들에게 혼란을 주는 경우가 더러 있다.

만일 삽입구를 전부 제거한 다음 다른 위치에 다시 넣었을 때, 삽입구의 추가 정보가 다른 모든 것과 의미가 맞아떨어진다면 주해에 도움이 될 것이다. C.H. 터너와 막시밀리안 체르빅(Maximilian Zerwick)이 그러한 본보기를 보여주었지만, 그렇게 하려는 주해가

들은 매우 드물다.[68]

가끔씩 문장 전체—한두 단어가 아니라—가 다른 문장의 한가운데 불쑥 들어가 있는 삽입구도 있다. 이는 글쓴이의 특성이라기보다는 말하는 이의 특성이다—글을 쓰는 사람은 자신의 작업을 수정할 수 있는 기회가 있어서, 가능하다면 불쑥 들어간 것을 빼서 매끄럽게 할 수 있는 기회가 더 많다. 우리는 바울에게서 그러한 습관을 관찰할 수 있다. 바울은 말로 불러주고 다른 이는 받아쓰게 함으로써 편지를 쓰는 경우가 많았기에, 글 중간에 갑자기 툭 튀어나오는 부분이 발생하는 것이다.[69] 만일 바울이 그러했다면, 베드로라고 그렇지 말라는 이유가 있겠는가? 그렇다면 마가복음의 삽입구는 베드로가 로마에서 대필자 마가에게 자신의 회상을 받아 적게 할 때의 습관에서 비롯된 것이라 볼 수 있다.[70]

마가복음에서, 이미 살펴보았던 시작부의 예 말고도, 또 다른 예

---

68. C. H. Turner, *Journal of Theological Studies*, XXVI, 1925, 145-156; M. Zerwick, S.J., *Untersuchungen zum Markus-stil*, Rome, 1937, 130-138. M. E. Thrall은 마가복음에서 몇몇 구절의 순서를 바꿀 수 있는 가능성에 대해 논한다; cf. *Greek Particles in the New Testament*, Brill, 1962, 41-50. E. V. Rieu의 번역은 마가복음에서 주제를 벗어나는 부분을 각주에서 명시하고 있지만(3:4, 19; 3:14b에 대해서), 삽입구를 이야기의 다른 지점으로 옮긴 것은 아니다.

69. 바울의 편지에서 삽입구의 예는 다음과 같다. 롬 3:5, 7:1; 고후 6:13, 12:2; 엡 2:5; 골 4:10; 살후 1:6-10a.

70. 나는 이 점에 대해, 베드로가 마가에게 아무것도 받아쓰게 할 필요가 없었다고 제안한 George Rust에게 빚지고 있다. 늙은이들은 항상 자신들의 이야기를 같은 말로 되풀이하여 말하는 버릇이 있고, 베드로의 이야기를 외우고 있던 마가는 베드로가 죽은 후에 썼을 것이다.

들을 쉽게 떠올릴 수 있다. 중풍병자를 치유하는 이야기에서 사용된 삽입구(막 2:10, "예수께서 중풍병 환자에게 말씀하셨다")는 마태복음과 누가복음에서도 이어받았다.[71] 고르반과 관련해 나타나는 "즉, 하나님께 드림"(막 7:11)이라는 어구도 문장 내에서 문법적으로 융합될 수 있는 부분이 없기에 삽입구가 거의 확실하다. 또 다른 잘 알려진 예는 가증한 것에 관한 말씀이다(막 13:14). 여기에서 "읽는 사람은 깨달아라"라는 문구도 마태복음이 이어받았다. 반면 바리새인과 관련하여 손을 씻는 전통에 대한 긴 설명(막 7:3-4)은 주제에서 이탈한 것이지 삽입구는 아니다. 이 대목은 사고의 흐름을 방해하는 것도 아니며 문법적 배열을 해치는 것도 아니다.

마가복음 삽입구의 중요한 특징은, 의미를 분명히 하기 위해서 삽입구를 대개 현재 위치가 아닌 더 잘 어울리는 맥락으로 옮길 필요가 있다는 점이다. 예를 들면, 2:15에서 "그들이 많았기 때문이다"라는 말은 제자들을 가리키는 것이 아니라 세리들과 죄인들이라는 무리를 가리킨다. 의미가 정확해지려면 다음과 같은 순서로 배열하여 읽어야 한다. "예수께서 집에 앉아 잡수실 때 많은 세리들과 죄인들—**예수를 따르는 사람 중 그런 사람들이 많이 있었다**—이 와서 예수 및 그의 제자들과 함께했다(여기가 문장이 완전히 마치는 자리다).[72] 예수를 따르는 자 중에는 바리새인들과 서기관들도

71. 개역개정은 이를 삽입구로 옮기지 않았고, 새번역은 삽입구로 옮겼다—역주.

72. 이는 마가의 문체를 기초로 한 것이다. 나는 이 점에서 G. D. Kilpatrick에게 빚지고 있다.

있었다." 결론은 우리가 마가복음에서 단지 삽입구에만 관심을 기울일 것이 아니라 삽입구의 의미-오배치〔sense-displacements〕에도 관심을 기울여야 한다는 것이다. 그러한 오배치는 마가 특유의 표현법이거나, 더 개연성 있기로는 베드로가 한 말을 실제로 재현한 것이 분명하다. 우리는, 최근까지 갈릴리에 있었지만 지금은 로마에 있는 한 충동적인 어부가 예수에 대한 경험을 들려주면서 여기저기에서 세부사항을 잊고 있다가 잠시 후 생각나면 다시 내용을 추가하는데 문장에서 그리 적절하지 않은 위치에 추가하는 그림을 그려볼 수 있다. 우리가 나중에 다루겠지만, 베드로는 부활과 관련된 사건들을 숨 가쁘게 다시 들려줄 때에도 이러한 모습을 자주 보인다. 부활에 관한 이야기는 분위기가 격앙되면서 이야기의 흐름이 가장 쉽게 끊어질 법한 지점이다. 그래서인지 마가는 이 부활 이야기에서 삽입구를 세 군데나 잘못 배치하였다(막 16:3-4, 7, 8).

마가가 사용한 삽입구에 관한 문제는 γὰρ('왜냐하면'을 의미하는 연결사)의 사용 방식과 연관되어 있다. 마가복음의 독자들은 마가의 γὰρ 사용 방식이 조리에 맞지 않는다고 느끼곤 한다. 즉, 이유를 설명하는 것과는 거리가 멀고 실제로는 추가 정보를 제공하는 수단으로 사용하는 것 같기 때문이다. 마가복음 5:42가 명백한 예다. 예수께서 손을 잡으시고 일어나 걸으라고 하신 야이로의 딸은 즉시 일어나 걷기 시작했다. 그 후 마가는 인과관계가 어색한 진술을 첨가했다. "왜냐하면(γὰρ) 그녀가 12살이었기 때문이다." 이 맥락에서 저 단어는 이유를 밝히기 위한 것이 아닐 것이다. 어느 누구도 그 아이가 걷기에는 너무 어린 나이라고 생각하는 사람은 없다. 하지만 적어도 γὰρ가 사용된 경우의 90% 이상은 이유를 밝히는 용도로 사용된 것이 맞다. 이에 관한 만족스러운 단 하나의 설명은 마가가 삽입구를 잘못 위치시키는 습관—아니면 베드로의 습관이었든지—이 있었다는 견해에 의존하는 것이다. 이 문구는 예수께서 여자 아이를 아람어로 "달리다"〔*talitha*〕 곧, "연약한 아가야"〔tender lamb〕라고 부르시면서, (여성이 아닌) 무성 명령형 쿰〔*qum*〕(여성형 "쿠미"〔*qumi*〕가 아닌)을 사용하셨다는 마가의 진술로 거슬러 올라가야 한다. "왜냐하면(γὰρ)〔'쿰'이라고 말씀하신 이유는〕 그녀가 (아직) 12살이었기 때문이다."

이제 우리는 큰 어려움, 곧 분명히 부조화스럽게 보이는 문구 "그 선지자들 중 하나와 같은 선지자"를 다룰 준비가 되었다. 이 구절의 번역은 "어떤 이는 그를 엘리야라 하고, 또 어떤 이는 그를 그 선지자들 중 하나와 같은 선지자라고 말했다"라는 의미로 보인다. 여기에서 부적절함을 의식한 몇몇 번역자들은 이 구절을 의미 있게 하려고 근거 없는 장식을 넣었다. 예를 들면, "옛 선지자 중의 하나와 같은 선지자."[73]

정당한 근거 없이 추가되었지만 "옛"이라는 단어가 없으면, 저 어구는 그저 상투적인 말이 된다. 하지만 겉보기와는 달리 마가에게는 비정상적으로 용어법〔pleonasm〕에[74] 빠지는 습관이 없다.[75] 이

---

73. 한글 성경(개역개정, 개역한글, 공동번역개정, 공동번역, 새번역, 표준새번역)은 모두 '옛'을 넣어서 번역하고 있다—역주.

74. 필요하지 않은 말을 덧붙여 강조와 같은 효과를 더하는 수사법—역주.

75. 독자들은 연결동사(영어의 'to be')와 같은 불필요한 삽입어도 있는데, 내

는 또 하나의 뒤늦게 나온 삽입구로서, 논리적인 순서는 다음과 같다. "세례 요한이 살아났다. 그래서 이런 능력들이 그 안에서 역사하는 것이다. **그 선지자들 중 하나처럼** 말이다. 어떤 이는 그가 엘리야라고 하고, 어떤 이는 그가 선지자라고 한다." 이렇게 배치하는 것이 합리적인 순서다. 왜냐하면 그 위대한 선지자들인 엘리야와 엘리사는 기적을 일으킨 사람들이었기 때문이다.

본문의 교정이나 재배열을 논하자는 것이 아니다. 이는 저자의 (또는 베드로의) 독특한 문체의 문제로, 정확한 이해를 위해서는 영어나 헬라어에서 다른 배열을 필요로 할 뿐이다.

대제사장들과 서기관들이 생각했던 것(막 14:1-2)

고난주간의 수요일에 베다니에 있는 시몬의 집에서 여인이 예수께 기름 붓고 있는 동안, 예루살렘에서는 비밀리에 예수를 체포하여 처리할 방법을 논하기 위한 회의가 있었다.

마가복음 14장의 처음 두 절에 나타나는 마가의 표현은 신중하게 이해할 필요가 있다. 비교적 최근까지, 특히 C.H. 터너 이전에는

가 이를 간과하고 있다고 생각해서는 안 된다. 왜냐하면 이는 당대의 문필 추세와 어울리는 것이기 때문이다. 게다가 몇몇 용어법적 관용어들, 이를테면 "그는 …이라고 대답했고 말했다"〔he answered and said〕와 같은 것들은 다른 신약성경 저자들보다 마가에게서 더 드물게 나타난다. 빈번하게 나오는 '이르시되'〔saying〕라는 말은 따옴표에 상응하는 것이다. 마태와 누가는 "예수께서 떡을 가지사…"〔he took and...〕(6:41, 14:22-23)나 "레위가 일어나서…"〔he rose and...〕(2:14)나 "예수께서/베드로가 대답하여 이르시되/이르기를"〔he answered and said〕(3:33, 8:29, 9:19)을 대체할 좋은 표현을 생각하지 않았다.

마가의 문체적 특성들이 주목받지 못했기에, 저 구절은 보통 다음과 같은 것으로 간주되었다. 즉, 예루살렘에 있는 대제사장들과 서기관들은 예수를 죽일 방법을 찾기에 앞서 그를 체포할 방법을 찾고 있었고, 그 주간이 점점 지나갈수록 더욱 필사적으로 체포하려 했는데, 어마어마한 군중들 사이에서 유명 인사가 체포되면 유대인들이 예루살렘에서 폭동을 일으킬 수 있다는 이유로 유월절 날은 피해야 했다는 것이다.

두 가지 언어적인 측면이 이러한 가정을 반대하고 있다. 첫째, 마가는 삽입구를 쓰는 버릇이 있었다. 둘째, 마가는 불특정 다수를 지칭하는 "그들"이란 표현을 쓰는 경향이 있었다. 마가는 대제사장들과 서기관들이 유대 군중들과의 충돌을 염려하며 예수를 몰래 체포할 방법을 논의했다는 점을 전달하려는 중이었다. 하지만 내 생각에는 충돌을 염려하게 된 이유가 평상시에도 있었던 그러한 이유가 아니라고 생각한다. 즉, 그 이유는 유월절에 군중들 사이에서 예수를 체포하는 것이 경솔하기 때문이라기보다, 대제사장과 서기관들이 소문이나 염탐꾼들을 통해 얻은 비밀 정보, 곧 엄숙한 유월절이 어떤 식으로도 더럽혀지는 것을 용인하지 않을 것이라는 대중("그들")의 의견 때문이다. 그들(대중)은 "절기 중에는 안 돼!"라고 말했다. 이것은 마가의 삽입구 중 하나로, 전체 구절을 다음과 같이 읽어야 한다. "대제사장들과 서기관들은 군중이 소동을 일으킬지 모르니 (왜냐하면 사람들이 '절기 중에는 안 된다!'고 말했기 때문이다) 술수를 써서 그를 잡아 죽음에 이르게 할 방법을 찾고 있었다."

여기에 “그러나”보다 “왜냐하면”이 (2절의) 정확한 독법이라는 점이 덧붙여질 필요가 있다. “그러나”는 필사자들이 마태복음과 조화시키면서 발생한 것으로 보이기 때문이다.

13. 위대한 기적

그들은 계속 더 받으러 왔다(막 6:41)

사복음서 모두에 기록된 예수의 기적은 단 하나다.

마가복음 6:44(눅 9:16)가 보고하는 것과 같이, 예수께서 남자 오천 명을 비롯한 많은 무리를 먹이신 중대한 기적의 순간을 묘사할 때 사용된 시제는 주목할 만하다. 이미 설명했던 것처럼,[76] 현재 시제가 선형의 지속적인 행위를 나타내는 반면, 부정과거 시제는 한 시점에 적용되는 일회적인 행동을 나타낸다. 그래서 우리는 우선 “예수께서 축사하셨다”(부정과거)라고 읽는다. 완료된 동작이다. 그런 다음 예수께서 “떡을 떼셨다”(부정과거)라고 읽는다. 이것도 완료된 동작이다. 그러나 그 다음에 이어지는 동작은 오랫동안 완료되지 않았다. 그것은 계속되었고, 따라서 미완료 시제로 표현되었다. “그는 계속 제자들에게 나누어주셨다.” 제자들은 예수께 여러 차례 와서 음식을 더 받고 사람들에게 전달해주었다. 그런 다음 마가는 다음과 같이 부정과거 시제로 되돌아간다. “예수께서

76. 본서 70-76쪽을 보라.

물고기 두 마리를 모든 사람들 가운데에서 나누어주셨다.” 부정과거는 동작의 세 부분—축사, 떼심, 나누어주심—중 어느 것도 개별적으로 고려하지 않고 단지 전체적으로 묘사할 뿐이다.

누가복음에서 예수께서 부활하신 후 엠마오 도상에서의 장면을 묘사하면서 동일하게 부정과거-부정과거-미완료 순서를 유지했다는 점은 흥미롭다. 여기에도 예수께서 떡을 축사하시는 모습이 나타난다. 예수께서는, 글로바와 또 한 명의 제자가 예수를 알아보기 전에, 떡을 가지고 “축사하시고” 그들에게 “나누어 주시기를 **계속하셨다.**”

이 두 제자가 최후의 만찬 때에 있었을 것 같지는 않다. 그들은 오히려 기적적으로 먹었던 현장에 있었을 가능성이 더 크다. 왜냐하면 최후의 만찬을 묘사했던 시제는 이러한 패턴을 따르고 있지 않기 때문이다. 이는 흥미롭지만 그렇게 중요한 것은 아니다.

“우리가 떡을 왜 안 챙겼는가?”(마 16:7)

예수께서는 사천 명을 먹이시고 해산시키신 후 배를 타고 막달라〔마가단〕 지역에 들어가셨다. 몇몇 바리새인들과 사두개인들은 예수께 권위를 나타내는 “표적”을 요구하였다. 예수께서는 무리를 해산시키시고 제자들과 합류하셔서 게네사렛 호수를 건너오셨다. 제자들은 자신들이 떡을 챙겨 오는 것을 잊었다는 사실을 발견했다. 때마침 예수께서는 “너희는 바리새인과 사두개인들의 누룩을 조심하고 경계하라”라는 말씀을 하셨다.

KJV(“이는 우리가 떡을 챙기지 않았기 때문이다”)에 따르면, 제자들은 예수의 말씀을 자신들이 깜빡한 것을 꾸짖는 말씀으로 여긴 것 같다. 그런데 예수께서 제자들을 비난하셨던 것일까? 다르게 생각할 만한 문법적 근거들이 충분하다. 1881년의 개정역 담당자들이 제기한 의심은 RV에 반영되어 있고, NEB도 그 의미를 따랐다. "우리가 떡을 챙기지 않았다." 또 다른 번역의 가능성도 있다. 이 시기의 헬라어에서는 관계대명사와 의문대명사가 혼동되곤 했기에, ὅτι(τί ἐστιν ὅτι['… 한 이유가 뭐냐?']를 줄인 표현)를 "왜?"를 의미하는 의문대명사로 추정하여 제자들이 한 말을 의문문으로 바꾼다면 맥락에 더 잘 어울리게 될 것이다. 이러한 추정은 적어도 ὅτι를 '왜냐하면'을 의미하는 접속사로 여기거나, 우리가 사용하는 따옴표처럼 직접화법을 이끄는 인용의(recitative) ὅτι로 여기는 것만큼 개연성이 있다.

따라서 예수께서 제자들을 꾸짖고 계신 상황이 아니라, 제자들은 서로를 꾸짖고 있었던 것이다. "우리가 왜 떡을 안 챙겼는가?"

14. 고난주간의 사건들

종려주일

마태는 예수께서 고난주간 주일에 감람산 근처 마을에서 나귀와 나귀 새끼를 가져오라고 제자들을 보내셨을 때 예언이 성취되었다고 말했다. "네 왕이 네게 오신다. 온유하셔서 나귀를 타시니, 어린 나귀 곧 나귀의 새끼다"(마 21:7) 마태는 겉옷을 두 동물 위에 올려놓았다고 묘사하고, 예수께서 분명히 두 동물 위에 타셨다고 기록한다.

마태가 스가랴의 심상을 문자 그대로 해석할 만큼 예언의 성취에 집착했던 것은 아니다.

물론 "나귀와 어린나귀에 타신다"라는 선지자의 말은 정확히 말하자면 어린나귀 하나를 의미한다. 복음서 저자가 히브리어 접속사 '그리고'의 이중적 기능으로 인해 오도되었다고 생각할 필요는 없다. 우리는 이미 마태의 문체적 특징인 범주의 복수형에 대해 살펴보았다.[77] 마태는 헤롯에 대해 "**그들이** 죽었다"라고 했을 때와 마찬가지로, 여기서도 동물 한 마리를 지칭하면서 "**그것들** 위에"라고 말한 것이다. 이러한 마태의 방식으로 인해 수많은 비평적 주석가들과 필사자들이 불필요한 수정을 만들었다.

"친구여, 그대는 무엇을 위해 왔는가?"(마 26:50)

예수께서는 성만찬을 시행하신 후, 제자들과 함께 슬픔의 물결이 몰아친 겟세마네 동산으로 가셨다. 예수께서 기도하신 후에 세 번 제자들에게 돌아오셨는데, 그때마다 제자들은 잠들어 있었다. 세 번째 돌아오셨을 때는 이렇게 말씀하셨다. "이제는 자고, 쉬라. 보라, 때가 왔으니 인자가 죄인들의 손에 넘어가게 되었다. 일어나 함께 가자. 보라, 나를 넘겨주는 자가 가까이 왔다."

곧, 유다가 무장한 무리들과 함께 나타났다. 유다가 예수께 입

---

77. 본서 105쪽을 보라.

맞추며 인사했다. "안녕하십니까, 선생님!" 유다는 이미 대제사장들 및 장로들과 계획을 짜고, 어두운 곳에서 자신의 선생을 식별하게 해줄 방법을 생각했다. 그러나 예수께서 유다에게 먼저 말씀하셨다. KJV는 다음과 같이 번역한다. "친구여, **무슨 일로** 왔는가?"(Ἑταῖρε, ἐφ' ὃ πάρει?).

예나 지금이나 성경 번역자들은 저 헬라어가 어렵다고 생각했다. 우리가 가진 고전적인 영어 성경은 명백히 헬라어가 아닌 라틴어 불가타 성경을 옮긴 것으로, 불가타(의 한 판본)는 *ad quid*로 옮기는데, 이 어구의 가장 자연스러운 의미는 '무슨 목적을 위해?'일 것이다. 이러한 의미는 *quid*를 의문대명사로 이해했기 때문인데, 문제는 헬라어 ὃ는 의문대명사가 아니라 관계대명사라는 점이다. 그래서 ἐφ' ὃ('-ㄴ 목적'〔that for which〕)는 이와 동반한 적절한 동사('하다'〔do〕) 없이 단독으로 사용될 수 없고, 따라서 우리는 예수께서 '네가 온 목적을 **행하라**'는 의미로 말씀하셨다고 생각해야 한다. 이는 앨포드와 라이트풋〔Lightfoot〕이 제안했던 것으로, 나중에 RV에 적용되었다. 감탄사 "보라"(불어로는 *voici*)는 '행하라' 또는 '말하라' 대신 그 자리에 정확히 들어갈 수 있다. "네가 온 목적이 여기 있다!" 예수 쪽에서의 자기-내어줌이었다.

어떤 이들은 여러 다양한 유실된 구절들을 보충하여 번역을 개선하려 한다. 예를 들면, "친구여, 그대가 온 목적(은 나에게 입 맞추기 위함)이구나." 또는 "친구여, 그대가 여기 온 목적(을 이 입맞춤으로 그대는 이루고 있는 것)이다." 또는 질문으로 바꿀 수도 있다. "친구여, (이 입맞춤이) 그대가 여기 온 목적인가?"

괄호 안에 있는 것은 너무나도 지나친 것이기에 어느 누구도 그것을 보충하기를 원하지 않는다. 동시에 유다의 입맞춤은 예수의 생각 속에 있었을 것이다. 이 구절은 언어학적으로 신약성경에서 가장 어려운 부분 중 하나이며, 저 괄호 안의 단어들이 최후의 만찬 술잔에 새겨져 있었다는 제안은 도움이 되지도 않고 개연성도 없다. 이와 같은 예를 다룰 때에는 모든 사본들과 초기 판본들이 원문에서 벗어났다고 가정하며, 가능한 적은 글자를 변경하는 묘안을 고안하여 적절히 수정하고자 하는 유혹이 발생한다. 고전학자였다가 신약성경 문법학자가 된 박식한 프리드리히 블라스〔Friedrich Blass〕가 바로 그 일을 했다. 블라스는 중자탈락〔haplography〕(두 번 써야 하는 것을 한 번만 쓰는 것)이라고 불리는 필사자의 실수로 현존하는 모든 사본에서 네 글자가 빠진 것이 분명하다고 생각했다. 이때 빠진 글자들은 "'친구여"에 해당하는 단어에 포함되어 있던 글자들로, "친구여" 바로 다음에 한 번 더 반복되어야 했다. 이에 따르면 우리는 'ETAIPE, EΦ' 'O ΠAPEI 대신 네 글자를 추가하여 다음과 같이 읽어야 한다. 'ETAIPE, 'AIPE EΦ' 'O ΠAPEI(우리는 글자가 아니라 숨표인 '를 무시할 수 있다. 사본에도 없었을 것이다).

우리는 아주 이른 시기부터 전해져온 다량의 본문 자료를 가지고 있기에, 개연성이 있더라도 본문에 수정을 가하는 것은 신약성경 비평에 있어서 최후의 수단이 된다. 우리는 많은 본문 증거들 중 어딘가에 각각의 경우들에 있어서 올바른 한 독법이 존재한다고 추정해야 한다. 블라스가 친숙했던 고전 연구에서는 사용할 수 있는 사본들의 양이 신약성경에 전혀 미치지 못하므로 수정이 거의 불가피하다. 게다가 현재 우리가 알고 있는 성서 헬라어 및 교회 헬라어 구문론 지식은 블라스나 라이트풋 시대의 것들보다 더욱 발전한 것이다. 우리는 마태복음 26:50에서 더 이상 수정에 의존할 필요가 없다. 빠진 단어를 보충할 필요도 없다. 헬레니즘 헬라어를 사용한 일부 저자들이 관계대명사와 간접-의문대명사를 자주 혼용했다는 점이 알려져 있다. 결코 모든 저자들이 그렇지는 않더라도, 이 사실은 당면한 구절을 풀 수 있는 단서가 될 수 있다. 이런 점에 있어서 누가가 마태를 몇 번 바로잡은 것으로 보인다. 관계대명사와 혼동되는 것은 거의 항상 **간접** 의문대명사이지만, 드물더라도 여기에서 관계대명사를 **직접** 의문대명사로 혼동했다고 보면 안 될 이유는 없다. 그렇다면 불가타 번역이 설명될 수 있다. 칠십인역과 후기 교회 헬라어에는 관계대명사가 직접 의문대명사로 변화한 놀라운 증거들이 약간 존재한다. 예를 들면, 아르카디우스〔Arcadius〕 황제의 개인 교사였고 킹슬리〔Kingsley〕의 책에 길이 남아 있는 수도원장 아르세니우스〔Arsenius〕(주후 354-450)는 관계대명사 ὃ를 δι' ὃ('무엇을 위해서?', 즉 '왜?')가 결합된 형태로 사용하였다. 이는 예수께서 유다에게 던진 질문에서 사용한 것과 사실상 동일한 것이다. 따라서 예수의 질문은 "네가 **왜** 왔느냐?"에 해당한다.

ὅτι(ὃ가 합성된 관계대명사)가 빈번하게 "왜?"라는 의미로 사용된 다른 예들이 교회 헬라어와 칠십인역에서 발견된다. 더욱이 신

약성경도 이러한 식으로 해석될 수 있다.[78]

베드로의 부인(막 14:72)

베드로는 예수를 부인한 후에 닭이 우는 소리를 두 번 들었다. 그리고 "그것이 생각이 났을 때" 그는 울었다. 빈센트 테일러는 이 구절이 "처음부터 난해한 것으로 판명 되었다"고 썼다(그의 주석, 576쪽). ἐπιβαλὼν('그가 적용했을 때')은 자동사로 목적어가 없는데, 대부분의 번역자들이 목적어를 보충했다. KJV에서는 "마음"이 추가되었다("그가 자기 마음에 적용했을 때," 즉 "그가 그것에 대해 생각했을 때").

RV는 난외주에서 "그는 울기 시작했다"라는 대안을 제시하고 있다. ἐπιβαλὼν은 '시작하다'로도 번역될 수 있다. 실제로 몇몇 사본들에서는 분명히 '시작하다'를 의미하는 헬라어 단어(ἤρξατο)를 사용하고 있는데, 이는 몇몇 필사자들이 ἐπιβαλὼν의 어려운 의미 문제를 해결하고자 했다는 점을 보여준다. 초기의 시리아 역본을 만든 사람들도 마찬가지였다. 라틴어 불가타 역본도 동일한 생각을 따른다. 더욱 많은 대안들이 있는데, 동시대의 이집트 파피루스에서는 저 동사가 '작업에 착수하다'를 의미한다. J.H. 물튼이 제안한 것처럼,[79] "베드로가 시작했고, 울었다"라고 할 수도 있다. 하지만 나는 이 해석이 우리가 가진 맥락에서 그렇게 설득력이 있지 않

78. 본서 146-47쪽을 보라.

79. Moulton-Howard-Turner, *Grammar*, vol. III, 49 이하에서 그 증거를 보라.

다고 본다.

RV를 학문적으로 비평한 노리치의 필드〔Field〕는 RV의 난외주가 문법적으로 미흡하다는 이유로 반대했다.[80] 필드는 '-을 시작하다'〔begin to〕의 구조에서 분사 다음에 정동사가 나오는 것이 아니라, 정동사 다음에 분사가 나와야 한다고 말했다. 그는 "옷"과 "머리"를 보충하는 것에 매력을 느꼈다. 즉, "머리에 옷을 뒤집어쓰고, 울었다." 이러한 행동은 눈물을 흘릴 때, 특히 남성이 눈물을 흘릴 때 하는 관습이었다. 하지만 필드는 정확한 실례를 전혀 제시하지 않았다. 이는 동사를 지나치게 많이 보충해야 하는 방식이다. 주석가들은 엄청나게 많은 제안들 앞에서 대체로 좌절했다. 어떤 주석가는 이것을 미결난제라고 불렀고, 또 어떤 사람은 "이에 대한 무지는 고금 모두의 몫이다"라고 하였다.

가장 현명한 방법은 마가와 시간적으로 매우 가까운 권위자에게 문의하는 것이다. 아마 마태는 마가가 ἐπιβαλὼν이라는 말로 의미하고자 한 바를 대부분의 사람들보다 더 잘 알았을 것이다. 만일 마태가 쓴 복음서에서 저 단어의 개념을 달리 표현했다면, 이는 마태가 베드로의 눈물에 관한 사실에서 최초의 복음서 저자와 생각을 달리했기 때문이 아니라, 마가의 어구의 구어체적 애매함을 감소시키고자 했기 때문이다. 여하튼 마태는 저 말을 "그는 밖으로 나갔다"로 대체했다. 나는 이것이 ἐπιβαλὼν의 정확한 번역이라고

80. F. Field, *Notes on the Translation of the New Testament*, Cambridge, 1899, 41-43.

생각한다. 왜냐하면 동사 βάλλειν(ἐπιβαλὼν은 βάλλειν에서 온 합성어다)은 헬레니즘 시대의 헬라어에서 자동사의 의미로도 사용되는 소수로 이루어진 타동사군에 속하기 때문이다. 저 용례는 신약성경 자체에서도 꽤 두드러진다. 이미 마가는 ἐπιβαλὼν을 다음과 같은 식으로 사용했다. 거센 바람이 일어나서, 파도가 배 안으로 들이쳤다(ἐπιβαλὼν). 여기에는 목적어가 없다. 파도가 스스로 밀고 들어온 것이다. 이것들은 헬레니즘 시대의 작가들이 이 특수한 타동사에—그리고 몇 안 되는 다른 타동사들에도—목적어를 쓰기보다 재귀적 개념으로 사용하는 것을 선호했음을 보여주는 경우다.[81] 베드로는 자신을 앞으로(ἐπί) 밀었다(βάλλειν). 아마 베드로는 자신을 땅바닥에 내동댕이쳤을 수도 있다(C.H. 터너). 그러나 베드로가 자신을 밖으로 내몰았다는 것이 보다 개연성 있는데, 왜냐하면 그것이 마태가 이 구문을 해석하며 선택한 방식이기 때문이다.

예수께서는 재판에서 '그렇다'고 말씀하셨을까?(마 26:64)

예수께서는 십자가에 못 박히기 전에 두 번의 주요한 심문을 받으셨다. 첫째는 적대적인 유대 대제사장들 앞에서였고, 다른 하나는 본디오 빌라도 앞에서였는데 겉보기에는 공정한 재판으로 시작되었다. 두 심문 모두 예수에게 그의 정체에 대해 대답하라는 요구가 있었는데, 엄밀히 말해서 두 질문 모두 예수께서 주장하신 바에

81. 이것들에 대해서는 Moulton-Howard-Turner, *Grammar*, vol. III, 51 이하를 보라.

대해 묻는 질문이 아니었다. 가야바는 예수께 본인이 메시아인지 아닌지를 선서하고 진술하라고 명령했다. 마태는 예수께서 "당신이 말하였다"라고 답했다고 설명한다. 이 복음서 저자는 대명사 σὺ를 사용하여 "당신이"를 강조하고 있는 듯하다. 강조할 의도가 없었다면 σὺ는 저 문장에 꼭 필요한 단어가 아니다(마 26:64). 그렇다면 예수께서 '그렇다'고 대답한 것이 아닐 수도 있다.

기이하게도 가야바는 "너는 자신이 메시아라고 **주장하는** 것이냐?"라고 묻지 않았다. 그의 물음은 "네가 메시아**인가?**"였다. 이는 완전히 같은 말이 아닌데, 예수의 대답은 대제사장 스스로 저 표현을 입에 담고 있음을 점잖게 상기시켜주고 있다. "당신이 그렇게 말하고 있습니다. 당신의 말은 내가 거짓 주장을 하고 있다는 뉘앙스를 전혀 내비치고 있지 않습니다. 당신은 내가 메시아일 수 있다고 말하고 있습니다. 당신은 내가 메시아인지 여부를 당신에게 말해주기를 원하고 있습니다."

뒤따라 나오는 πλὴν이 '그러나'를 의미하는지 '그리고'를 의미하는지에 대한 긴 논쟁이 있지만, 이는 중요하지 않다.[82] 우리가 그 내용을 다음과 같이 추정한다면, 둘 모두 충분히 논리적이다. "당신이 그렇게 말하고 있다. 그러나(또는 '그리고') 나는 당신에게 이것을 말하고자 한다. …." '그러나'는 '당신이 말한다'와 '내가 말한다' 사이의 대조를 나타내면서 예수의 대답이 '그렇다'가 아님을

82. M. E. Thrall, *Greek Particles in the New Testament*, Brill, 1962, 20-24, 70-78.

내비치고 있다. 대개는 πλὴν이 역접의 의미('그러나')를 갖는다고 본다. 이는 그리 중요하지 않은데, 두 의미 모두 예수가 의도하신 대답에 잘 어울리기 때문이다.

로마의 관리는 총독궁에서 같은 질문을 했다. "네가 유대인의 왕이냐?" 이번에는 예수께서 대답하시면서 현재 시제를 사용하셨다. "당신이 그렇게 말한다"(마 27:11, 막 15:2, 눅 23:4). 공관복음의 저자들은 이 대답의 단어 선택에 있어 일치한다. 또 한 번 σὺ('당신')가 강조된다. 단순하지만 애매하고 어정쩡한 이 대답은 최후의 만찬에 앞서 가룟 유다가 했던 "선생님, 그게 나인가요?"라는 질문에 예수께서 어떻게 대답하셨는지를 상기시킨다. "네가 말하였다."

이 세 경우 모두, 예수께서 "그렇다"라는 분명한 대답을 의도하신 것으로 생각되어왔다. 그러나 그렇게 보면 강조점이 다음과 같이 옮겨진다. "네가 그렇게 **말하였도다.**" 그렇다면 예수께서는 갈보리 전야에 최상층 사람들에게 메시아 비밀을 드러내고 계셨던 것이다. 자기 자신이 하나님의 아들임을 매우 공공연하게 드러내셨던 것이다. 그러나 강조점의 위치는 그곳이 아니다. 강조점은 다음과 같다. "**내가** 아니라 **당신이** 그렇게 말하고 있다." '그렇다'라는 의미를 전하려 했다면, 인칭대명사 σὺ는 무의미하다. 그러나 대명사가 멋지게 별개로 나타남으로써 모든 부담은 질문자('당신')에게 돌아가고, 질문이 가정하고 있는 바를 긍정하지도 부정하지도 않으면서 예수 자신에게서 분리되고 있다. 예수는 종종 어떤 질문에 대해 또 다른 질문으로 대답하시곤 했다. 예수는 "당신은 그렇게 생각하는가?"라고 말하는 것으로 보인다. "스스로에게 질문해 보시죠." 유다에게도 "나는 너를 배신자라고 부르지 않는데, 너의 생각은 어떠한가?"라고 대답하셨고, 심문자들에게도 "메시아라고 했는가? 당신은 어떻게 생각하는가?"라고 대답하신 것이다.

마가복음에서는 가야바에 대한 예수의 대답이 이와 다르다는 점이 먼저 논박되어야 할 것이다(막 14:62). 마가는 예수께서 "내가 그다"〔I am〕—명백한 '맞다'〔Yes〕의 의미—라고 대답하고 계신 것으로 보고한다. 하지만 이러한 독법에 반대되는 매우 권위 있는 원문의 증거가 있다는 사실은 보통 인식되지 않는다. 가이사랴 본문 형태로 알려진 매우 초기의 본문 전승은 마가복음의 대답이 마태복음 및 누가복음과 동일한 것으로 나타난다. 가이사랴 본문 형태의 독법이 상당히 정확할 수도 있다. 왜냐하면 "내가 그다" 앞에[83] "-라고 당신이 말했다"라는 말이 뜻하지 않게 혹은 고의로 생략되었다고 추측하는 것이 합리적이기 때문이다. 따라서 (마태복음 및 누가복음에서처럼) 예수께서는 "당신이 내가 그라고 말했다"라고 하신 것이다. 기독교 역사의 매우 초기에 오리게네스는 그루지아어 역본과 아르메니아어 역본에 나타나는 이러한 더 긴 형태의 대답을 인용했다.[84] 빈센트 테일러는 자신의 주석에서 이것을 올바른

83. 영어의 어순에서는 "내가 그라고 당신이 말했다"(You have said that I am)에서 "-라고 당신이 말했다"가 "내가 그다" 앞에 위치한다—역주.

84. 자세하게 말하자면, 마가복음 14:62의 긴 읽기를 지지하는 것은 다음과 같다(기호 판독에 있어서는 S. C. E. Legg, *Novum Testamentum Graece ... Evangelium secundum Marcum*, Oxford, 1935의 서문 뒤의 페이지들이 언급되어야 한다). Θ fam[13] 543 472 565 700 1071 Geo Arm Origen. 짧은 읽

독법으로 받아들였다. B.H. 스트리터〔Streeter〕도 이를 지지한다. “오

기(“I am”)는 권위 있는 수많은 사본들에 근거한 것이다. Thrall(위의 책 72쪽)은 “이 증거들〔14:62의 긴 본문을 보존하고 있는 사본들〕 중 둘 이상이 동시에 마태복음의 병행구절에서 가져온 단어 하나 혹은 구 하나를 마가의 본문에 추가한 곳이 적어도 열 군데가 있기” 때문에 마가복음 14:62에서도 “똑같은 일이 있어났을 개연성이 아주 강하다”고 추정한다. 그러나 열 개의 예 중 Thrall이 마가복음 14:35(= 마 26:39)를 선택한 것은 부적절한데, ℵ B 등에 보존된 마가복음 14:35에 〔다른 공관복음과〕 더 잘 조화되는 것이 있기 때문이다(προελθών). 이 사본들이 상당히 일치한다는 점은 부인할 수 없다. 그것들 중 최고의 것도 그렇게 하는데, 심지어 ℵ CD(14:30을 보라. Thrall이 조화를 의심한 사본들은 이 구절에서 σὺ를 포함하면서 그것을 피하고 있다. Θ fam[13] 543 565 1071 Geo), ℵ(14:30, 35, 72; 15:24, 36을 보라), B(14:31, 35; 15:10, 20, 35를 보라)도 그렇다. Thrall의 논증을 약화시키는 더 많은 증거들은 수난 이야기에서 15번 제시되고 있는데, 거기에서 그녀가 의심하는 증거들〔14:62의 긴 본문을 보존하고 있는 사본들〕 중 둘 이상이 14:62의 짧은 본문을 보존하고 있는 증거들과 반대로 〔다른 공관복음과〕 조화되지 않는 마가의 본문을 보존하고 있다. 따라서 트롤이 내놓은 열 가지 예들은 그보다 많은 15개의 예들로 상쇄된다. (1) 14:10. Θ 565는 D Old Lat Vulg Syr와 일치하지 않는 방식으로 “Ἰσκαριὼθ”를 읽는 것을 지지하는 것들에 속한다. (2) 14:19. Θ 565 700 Geo Arm Origen은 마태복음과 일치하는 ℵ B C 등과 반대로 καὶ ἄλλος μήτι ἐγώ를 지지하고 있다. (3) 14:20. Θ 565는 τρύβλιον앞에 ἕν을 추가한다. (4) 14:29. Θ는 αὐτῷ를 생략한다. (5) 14:31. 대다수는 마태복음과 일치하는 반면, Θ 565의 어순은 με δέῃ다. (6) 14:31. Θ는 δέ를 추가한다. (7) 14:43. Θ 565 700[mg] 1071 Geo Origen는 ℵ B C W 등과는 반대로 Ἰσκαριώτης를 추가한다. (8) 14:68. Θ 067 fam[13] 543 565 700 1071 Gen Arm는 καὶ ἀλέκτωρ ἐφώνησεν를 추가하지만, 대다수는 마태복음과 일치한다. (9) 14:72. Θ 543 565 700 1071 fam[13] Arm는 δίς를 추가하는 반면, ℵ C*W 등은 마태복음 및 누가복음과 일치한다. (10) 15:12. Θ 700 1071 Arm는 ℵ B C W 등과 대조적으로 θέλετε를 추가한다. (11) 15:20. Θ fam[13] 543 700 1071은 ἴδια를 추가하지만, B C 등은 〔마태복음과〕 일치한다. (12) 15:29. Θ 471 565 Geo는 ℵ B C 등과 반대로 ἐν을 생략한다. (13) 15:34. Θ 565 1071

늘날 대개는 이러한 독법이 마태에게 동화되어 기인한 것으로 의심할 것이다. 그러나 여기에서 표현이 모호하다는 점이나, 우리 주께서 그리스도라는 칭호를 받아들이심에 있어서 분명히 주저했다는 암시로 보일 수 있다는 점이 생략했던 이유일 것이다. 더욱이 그 단어들이 본래 마가복음에 있었다는 견해는 마태복음과 누가복음의 언어를 설명해준다."[85]

이러한 제안이 수용될 수 없다면, 마가가 가야바의 심문에 관한 독특한 전승을 사용하고 있는 것이 분명하다. 왜냐하면 이에 대한 누가의 기술도 우리가 제안한 "당신이 내가 그라고 말합니다"와 일맥상통하기 때문이다. 이는 질문하는 어조였을 수도 있으며, 누가복음은 예수께서 긍정하는 답변을 주지 않으신 이유를 말하시는 것으로 전한다. "내가 당신들에게 말하더라도 당신들은 믿지 않을 것이오"(눅 22:67).

"당신이 말했습니다"가 아람어 표현이라서 "그렇다"를 의미할 수 있다고 주장하며 반대할 지도 모르겠다. 하지만 예수께서 빌라도의 법정에서 아람어를 사용하셨다는 것이 믿을 만한 사실이더라도, 헬라어에서 강조의 대명사를 사용한 것은 아람어에서도 동일하게 강조의 대명사가 사용되었음을 암시한다. 따라서 달만〔Dalman〕이 제시한 바벨론 탈무드의 유사한 문장—대명사 "네가"가 없

Geo Arm는 λαμά로 읽지만 ℵ C L 등은 마태복음과 일치한다. (14) 15:35. Θ 565는 〔마태복음과〕 달리 παρεστώτων로 읽지만, B A는 〔마태복음과〕 일치한다. (15) 15:40. Θ Geo Arm는 Μαριάμ으로 읽는다.

85. B. H. Streeter, *The Four Gospels*, Macmillan, revised 1930, 322.

다—은 실제 의미를 입증하는 증거로서의 힘을 잃는다. 더 나아가 또 다른 랍비 학자인 흐볼손〔Chwolson〕과 아브라함스〔Abrahams〕는 〔달만과〕 대립되는 입장을 취한다. 탈무드에 있는 어떤 이야기에 저 어구가 나오는데, 어떤 독자든 "당신이 말했다"가 아람어로 무엇을 의미했을지 규명해야 하는 입장에 동일하게 놓여 있다.

어느 날 박학한 랍비 두 명이 특정한 상황 하에서 손과 발을 씻는 의식이 필수적인지에 대해 논쟁을 벌였다. 회당의 입구와 제단 사이의 공간에 들어가기 전에 손을 씻어야 하는가? 시므온〔Simeon〕은 이를 반대하며 논증했다. 시므온의 논쟁자는 거만한 태도로 유명했던 엘리아살 벤 힐카누스〔Eleazar hen Hyrcanus〕였다. 시므온은 이렇게 고백했다. "언젠가 나는 손과 발을 씻지 않은 채 입구와 제단 사이에 들어갔소." 그러자 엘리아살은 경멸적으로 말했다. "당신과 대제사장 중 누가 더 영향력이 크겠소?" 시메온은 침묵했고, 엘리아살은 퍼부었다. "차마 당신 스스로 대제사장의 개도 당신보다 영향력이 크다고 말하지는 못할 것이오. 그렇지 않소?" 시므온은 빈정거림에 화가 났고, 이렇게 대답했다. "랍비여, **당신이 그렇게 말했소.**" 엘리아살은 말했다. "나는 당신이 어떻게 성전 경비원을 피해 갔는지 궁금하오. 대제사장조차도 〔그렇게 했다면〕 자신의 머리가 쪼개졌을 텐데!"

시므온의 말이 단순히 '그렇다'라는 의미라면 그는 매우 비참했을 것이다. 따라서 이 병행 단락을 중요한 근거로 제시하기에는 너무나도 불확실하다.

예수께서는 드러내지 않고 자신이 하나님의 아들이라고 믿으셨고 제자들 앞에서 그렇게 주장하셨다. 그럼에도 불구하고 부활을 통해 종국적으로 자신의 지위를 확증할 때까지 예수께서 '메시아의 비밀'을 대중들 앞에서는 지키고 있었다고 추정하는 것도 합리적이다.

이런 문법적인 제안들에 반대하여, 주격 인칭대명사 사용과 관련된 고전적인 강조 또는 대비가 헬레니즘 시대의 헬라어에서는 더 이상 확인되지 않는다고 주장할 수도 있다. 실제로 신약성경 자체에도 대명사가 명백히 불필요하게 삽입된 곳이 한두 차례 나타난다. "너희는 스스로 조심하라"(막 13:9, 23)가 그 중 하나다. "요한을 내가 참수했다"(눅 9:9)라는 헤롯에 말에서도 "내가"가 특별히 강조되지 않는다. 다른 누군가 세례 요한을 참수했을 가능성은 없다. 그렇더라도 미세하지만 결국 약간의 강조의 효과가 있다. "**내가** 요한을 참수했다. 그 책임(guilt)은 **내가 진다**." 인칭대명사의 사용으로 강조 효과가 나타나지 않는 것이 분명한 경우는 거의 없다. 모든 경우에 있어서 적어도 어느 정도는 강조를 감지할 수 있다.

군인들의 멸시와 강도들의 비난

빌라도의 사람들은 예수를 채찍질하고 옷을 입히고 왕관을 씌웠다. 그리고 조롱하듯 외쳤다. "만세, 유대인의 왕이여!"(요 19:3). 이는 문자적으로는 "만세, 유대인의 그 왕이여!"이다. 이것은 정관사가 붙은 호격이다. 신약성서 헬라어에서 이 구조가 나타날 때면 대개 그럴 만한 적절한 이유가 있다. 저자의 언어 능력이 불완전해서 저러한 표현을 쓴 것이 아니다. 오히려 마태가 군인들의 경멸을 간명하게 표현한 것으로 볼 수 있다.

이 맥락에서는 그럴 만한 충분한 이유가 있지만, 그럼에도 기본적으로 정관사는 지시 형용사에 가까운 것으로 반드시 경멸을 암시하는 것은 아니다. 정관사는 손가락으로 가리키는 역할을 한다. "이 유대인의 왕이여!"

이 사건의 마태복음 판에는 다양한 독법의 이문들이 있다. 시내산 사본과 비잔틴 전통에는 (요한복음에서처럼) 정관사가 있지만, 알렉산드리아, 서방, 가이사랴 본문 유형에는 정관사가 없다. 마태복음이 요한복음에 조화시킨 것일 수도 있고, 문법을 개선하기 위한 시도일 수도 있다. 하지만 비잔틴 본문의 마가복음에서는 다른 복음서들과 조화시킨 것이 나타나기에, 마가복음과 마태복음의 정관사는 로마 군사들 쪽에서의 어떤 경멸을 표현하기 위한 것이 아닐 것 같다.

더 나아가 십자가 이야기에서도 불일치가 나타난다. 마태는 분명 두 강도가 십자가 위의 예수를 책망했다고 기록하고 있는 반면, 누가는 강도 중 하나가 예수를 옹호할 정도로 공감을 보였다고 진술했다. 하지만 고대 교부들, 곧 히에로니무스, 아우구스티누스, 암브로시우스는 현대의 작가들이 놓치고 있는 문법적 요소를 감지했다. 마태가 "강도들"(복수형)을 언급하면서 문자 그대로를 의도하지 않았다는 것이 범주의 복수형의 원리로 명백해진다(마 27:44).[86]

86. 본서 105쪽을 보라.

영어 어법에 맞추면 다음과 같이 옮길 수 있다. "예수와 함께 십자가에 못 박힌 강도가 예수를 책망했다." 마태가 특이한 헬라어 관용어를 사용할 때는 항상 이유가 있는데, 마태가 강도들을 일종의 부류로 생각하고 있었기 때문이다. '강도들이 예수를 욕하다니!' 부활 사건으로 가면 예수께서 어떤 여인들(마 28:9)을 언급하고 계신 것을 발견한다. 다른 자료들을 보면 막달라 마리아 혼자인 것이 분명하지만, 그럼에도 마태는 이들에 대해 "그들이 가서 그의 발을 붙잡았다"라고 쓴다.[87] 이 복음서 저자는 영어와 같은 방식으로 "군중들"〔crowds〕이라는 복수를 사용하면서도 의미상으로는 한 집단〔one crowd〕을 가리키고 있다. 마태는 영어보다 더 나아가서 하나의 큰 군중을 "많은" 군중들이라고 언급하지만(마 4:25, 8:1, 18, 13:2, 15:30, 19:2), 이는 분명 마태가 헬라어 οἱ πολλοὶ의 매우 경멸적인 의미를 염두에 두고 '서민 대중'〔masses〕을 의미한 것이다. 서민들이 예수를 의지했다는 점은 스스로 저 특정 계급으로 강등된 전직 세리에게 기록할 만한 가치가 있는 것이었다. 신약성경 맨 앞에 나오는 복음서가 어떤 식으로든 저 세리 마태에게 의존하고 있다면 말이다.

"예수가 죽었는가? 언제 죽었느냐?"(막 15:44)

성금요일 저녁, 날이 저물 무렵은 안식일을 준비하는 시간이었

87. "다른 자료들"이라는 표현은 내가 자작한 범주의 복수다. 왜냐하면 나는 오직 요한복음만을 염두에 두고 있기 때문이다. 요한만이 마리아에게 접촉을 금하는 경고(*noli me tangere*) 장면에 대해 말하고 있다.

다. 요셉이라는 이름의 존경받는 공회원은 예수의 시체를 옮길 수 있도록 허락을 청하러 빌라도에게 갔다. 총독은 이를 반대하지 않고, 죄수가 **벌써 죽었다**〔was already dead〕는 데 놀라움을 표한 다음 골고다에서 근무 중인 백부장을 불러들였다. 빌라도는 백부장에게 물었다. "**그가 죽은 지**〔Did he die〕 오래되었는가?"

복음서 저자의 보고에 따르면 총독은 이 두 번의 발언에서 같은 동사를 다른 시제로 쓰고 있는데, 이 점을 살펴보는 것은 중요하다. 신약 헬라어 시기에 완료와 부정과거의 차이가 거의 완전히 무너져서 신약성경을 주해함에 있어서 그 차이에 의존할 수 없다고 너무 당연하게들 생각해왔다. 하지만 마가가 빌라도의 말을 전달하는 방식은 완료와 부정과거가 다르다는 점을 내비치며, 당대의 대중 헬라어에서 완료와 부정과거 사이의 옛 구별이 분명하게 나타나는 예들도 이를 뒷받침한다. 그러나 교육받지 않은 사람들이 기록한 파피루스는 특히 프톨레마이오스 왕조에서 로마로 넘어갈 때 대체로 다른 그림을 제시한다.[88] 곧, 주후 첫 3세기 동안 과거를 표현할 때 부정과거와 완료를 구분하지 않고 사용한 것은 교양 없는 파피루스 저자 대다수의 특징이다. 그러나 신약성경은 이러한 행렬에 들어가 있지 않다. 마가는 굉장히 신중했고, 바울도 그러했다.[89] 이 둘의 글에는, 말하고 있는 시점에도 동작의 결과들이 여전히 생생하게 미침을 함축하는 완료 시제가 원래 가지고 있는 '결과

88. Moulton-Howard-Turner, *Grammar*, vol. III, 68.

89. 본서 236쪽 이하를 보라.

적' 의미가 그대로 간직되어 있다. 예수는 아주 가까운 과거의 어떤 확정된 시점에 죽으셨다. 마가는 빌라도가 예수의 사망 시점을 정확히 알고 싶어 한다는 사실을 전달하고 있기에 부정과거를 사용한다. 빌라도가 말하고 있는 그 순간에 예수의 시체는 십자가에 매달려 있었다. 이때 빌라도가 부정과거, 즉 점〔punctiliar〕 시제에서 다른 시제로 바꾸어 표현한 것은 잘 어울린다. 놀라움을 나타내는 그의 표현은 완료 시제로 나타난다. "그는 죽은 것이다!"〔He is dead〕.

이 장면을 전달하는 마가의 표현 방식은 자연스러울 뿐 아니라 간결하면서도 정확하기에, 마가의 헬라어는 당대 대중들의 평균적인 코이네 헬라어 수준과는 매우 동떨어져 있다고 볼 수 있다.

15. 부활과 그 이후

부활 이야기에서의 삽입구(막 16:1-8)

나는 삽입구가 마가 문체의 특징이라는 점과 마가의 삽입구는 단순히 삽입했다는 것뿐만 아니라 잘못된 위치에 삽입했다는 것이 중요하다는 점, 그렇기에 마가가 의미하고자 한 것이 종종 잘못된 인상을 준다는 점을 주장해왔다.[90] 이러한 지식은 부활 이야기에도 유용하게 적용할 수 있다.

마가의 어순을 문자 그대로 따라 이 이야기의 한 부분을 다음과

90. 138쪽 이하를 보라.

같이 읽는 것이 번역자들 사이에서 받아들여진 관습이다. "그들은 서로 말을 주고받았다. '누가 우리를 위해 무덤 문에 있는 돌을 굴려줄까요?' 그리고 그들이 눈을 들었을 때, 그들은 그 돌이 굴러간 것을 보았다. **왜냐하면 그 돌이 매우 컸기 때문이다**"(막 16:3-4). 내 생각에 고딕체로 표시한 부분은 삽입구다. 이에 대해 다음과 같이 상상해볼 수 있다. 말하자면, 베드로가 돌 크기를 말한다는 것을 깜빡 놓쳐서 적절한 위치, 즉 "누가 … 굴려줄까요?"라는 문장 뒤에 넣지 못하고, 그 다음 문장이 끝날 때쯤 생각이 나서 지금 위치에 들어간 것이다. 영어에서도 표현을 분명하게 잘하지 못하는 사람들은 이런 식으로 말하곤 한다. 저 어구를 바로 앞의 발언과 밀접한 것으로 여기면, 그 말이 왜 그곳에 있는지 이해할 수 없다. 나는 한 친구가 생각나는데, 그 친구는 원하던 자리를 어떻게 아쉽게 놓쳤는지를 구두로 설명했었다. "열차가 역에 늦게 도착했는데, 정말 끔찍하게 느렸다. 나는 면접을 놓쳤고, 일을 구하지 못했다. 보다시피 안개가 꼈기 때문이다." 만일 저 친구가 이 이야기를 글로 썼다면, 틀림없이 마지막 두 문장의 위치를 서로 바꾸었을 것이다. 아마 베드로도 뒤늦게 삽입구를 위치시켜 이렇게 말했을 것이고, 다음과 같이 재구성하는 것이 보다 논리적이겠지만, 마가는 베드로가 한 말을 그대로 정확히 보존했다. "그들은 서로 말을 주고받았다. '누가 우리를 위해 무덤 문에 있는 돌을 굴려줄까요?' (왜냐하면 그 돌이 매우 컸기 때문이다.) 그리고 그들이 눈을 들었을 때, 그들은 그 돌이 굴러간 것을 보았다."

아마도 위대한 사도가 이야기를 들려주는 방식을 조금이나마 생생하게 들여다보는 것은 놀랍고도 기쁜 일일 것이다. 베드로의 목소리를 기록해놓은 것만으로도 우리는 그를 더욱 가깝게 느낄 수 있다.

또한 이것은 마가복음의 몇몇 발언들 뒤에 드러나지 않은 실제 진의(motive)를 더욱 예리하게 파악하도록 이끈다.

예수께서는 부활 전에 감람산에서 제자들에게, 언젠가 자신이 죽었다가 다시 살아나서 죽은 곳을 떠나 제자들이 도착하기 전에 먼저 고향 갈릴리에 갈 것이라고 약속하셨다. 예수께서 제자들이 갈릴리에서 자신을 만나게 될 것이라고 말씀하셨다고 기록되어 있는 것은 아니다. 제자들이 이 말씀을 그런 의미로 읽었을 수는 있겠지만 말이다. 이 부분을 세부적으로 관찰해보면, 마가의 부활이야기에서 뒤늦게 나온 삽입구의 또 다른 예를 발견하게 된다. 어떤 청년이 무덤 안에서 향품을 가져온 세 여인에게 말했다. "가서 제자들과 베드로에게 말하라. 그분이 너희들보다 먼저 갈릴리로 가실 것이다. 너희가 거기서 그분을 만나게 될 것이다. **전에 그분이 너희에게 말씀하셨던 것처럼 말이다.**"(7절). 고딕체 문구는 뒤늦게 나온 삽입구로, "그분이 … 갈릴리로 가실 것이다" 바로 뒤에 나와야 한다. 왜냐하면 마가는 14:28에서 예수의 말씀을 제자들과 다시 만날 것이라는 약속의 말로 기록하고 있지 않기 때문이다. 이 삽입구는 논리적으로 다음과 같이 다른 문장에 부속된 말이다. "가서 제자들과 베드로에게 말하라. 그분이 너희들보다 먼저 갈릴리로 가실 것이다. (**전에 그분이 너희에게 말씀하셨던 것처럼 말이다.**) 너희가 거기서 그분을 만나게 될 것이다."

마태도 마가의 문장 순서에 대해 의구심을 가지고서, 이 부분을 천사 자신이 말한 것으로 기록하여 내용을 매끄럽게 만들었다. “보라, 내가 너희에게 말했느니라”〔마 28:10〕.

이 논증은 우리가 예수의 말씀에 대한 정확한 기술을 가지고 있다는 가정을 너무 지나치게 가져간 것일까? 이 논증은 우리가 예수의 말씀에 대한 정확한 기록을 가지고 있다는 점을 토대로 하는 것이 결코 아니다. 오히려 마가가 14:28을 예수의 말씀으로 두었다는 사실과, 뒤늦은 삽입구라는 가설을 상정하지 않고서는 천사가 예수의 말을 끌어온 것으로 기록된 16:8이 예수가 한 것으로 기록된 말과 서로 맞지 않는다는 사실을 토대로 한다.

눈이 열려서(눅 24:31)

후기-고전 헬라어에서는 ‘그의’나 ‘그녀의’가 없어도 되는 곳에 불필요하게 사용했다. 셈어에 결정적인 영향을 받은 것이 분명한 성경 언어 안에서는 이 현상이 매우 확연하게 나타난다.[91]

어떤 곳에서 누가는 이러한 경향을 더욱 몰아붙여서, 가장 강하게 강조할 수 있는 곳—문장의 시작 지점—에 ‘그들의’(αὐτῶν)라는 단어를 위치시켰다. “그들의 눈이 열려서”(눅 24:31). 이때 이중적인 강조가 나타난다. 첫째는 αὐτῶν을 사용했다는 점 자체고, 둘째는 매우 강조되는 곳에 위치시켰다는 점이다. 그런데 이 강조는 우리가 바로 앞의 내용과 관련하여 이 문장을 볼 때도 의미가 있다.

---

91. Moulton-Howard-Turner, *Grammar*, vol. III, 38.

"떡을 들어서 축사하시고 떼어 그들에게(αὐτοῖς) 주셨다.[92] 그들의(αὐτῶν) 눈이 열려서 그가 누구인지 알았다." 복음서 저자는 비슷한 소리가 나는 두 대명사를 연속으로 배치하였다. 이 두 대명사 αὐτοῖς와 αὐτῶν를 머릿속에서 가능한 밀접하게 결합시키는 것이 올바른 해석의 단서이며, 그래서 엠마오 이야기의 근저에 놓인 사상이 떡 주심에 있는 깨우치는 능력으로 이해된다. 예수께서 떼어 주시는 떡을 받는 자들(αὐτοῖς)은 깨우침을 얻는 자들(αὐτῶν)이다. 강조를 위한 문장의 첫 위치에 αὐτῶν이 적절하게 놓였다.

이는 틀림없이 초대 교회에서 통용되는 해석이었다. 이 해석과 일치하는 매우 고대의 변형 본문—고대 라틴어 전통으로 알려진 초기의 증거로 성경 본문 구성에 가치가 있다—도 있다. 여기에는 예수께서 떡을 들어 떼시고 그들에게 주셨다는 진술 뒤에 다음과 같은 문장이 덧붙어 있다. "그들이 예수께 떡을 받은 후, 그들의 눈이 열렸다."

이 문장은 본래 누가복음의 본문이 아니라 오리게네스의 해석—그러나 정확한 해석—으로 보인다. 오리게네스의 해석은 아마 난외주였다가 복음서 본문으로 들어간 것 같고, 그래서 고대 라틴어 전통의 일부가 되었을 것이다.

이 해석은 상징적이다. 주의 몸과 피의 성스러운 신비가 신자의 눈을 열어 부활하신 주를 보게 하고, 그분이 예수시라는 것을 인지

92. 헬라어에서는 그들에게(αὐτοῖς)가 문장의 마지막 단어다. "떡을 들어서 축사하시고 떼어 주셨다. 그들에게."—역주.

하게 한다.

그리스도인의 사역에서 죄 사함(마 16:29, 요 20:23)

무엇이 헬라어에서 완료 시제의 본질일까? 아주 정확한 정의는 아니지만, 과거의 어떤 시점에 발생한 것이지만 말하고 있는 시점에서도 여전히 사실인 사태의 상태를 나타내는 것으로 가장 쉽게 정의할 수 있을 것이다. 그것이 발생한 순간은 부정과거로 표현된다. 말하고 있는 시점에 지속되고 있는 것은 현재형으로 표현된다. 따라서 완료 시제는 상태의 시작과 현재 그 상태의 지속이라는 두 개의 사실을 동시에 표현해야 한다.

신약성경의 어떤 부분에서는 이러한 문법 공식이 중요한 신학적 의의를 갖는다. 예를 들어, 사도들이 죄 사함(요 20:23)과 "묶고 푸는 것"(마 16:19)을 좌우할 수 있는 책무를 허락받은 것으로 볼 수 있을까?

마태복음 16:19에서 예수께서는 하늘나라의 열쇠들을 베드로에게 약속하셨고, 무엇이든 베드로가 땅에서 묶으면 하늘에서도 묶일 것이며(완료 분사) 땅에서 풀면 하늘에서도 풀릴 것이라고(완료 분사) 말씀하셨다. 이 부분에서 완료 시제의 실제 의미가 아주 중요하다. 우리는 W.C. 알렌〔Allen〕의 해석에 도전할 필요가 있다.[93] "무엇이든 네가 묶으면 계속 묶여 있을 것이며, 절대 풀리지 않을 것이라."

93. W. C. Allen, *The Gospel according to St. Matthew* (I.C.C.), T. & T. Clark, 3rd. ed. 1912, 177.

이 해석은 주요 강조점을 미래에 두고 있다. 조동사 ἔσται('…ㄹ 것이다'〔3인칭〕)에만 미래적 함축이 있을 뿐, 분사 δεδεμένον은 완료형으로 미래를 보는 것일 수도 있지만 과거를 보는 것일 수도 있다. 우리가 위에서 언급했던 완료 시제의 본질에 기대자면, 다음과 같은 해석이 더 나을 것이다. "무엇이든 네가 묶는 것은 이미 영구적으로 묶였던 것이다." 이로써 인간의 선택이라는 책임은 사라지며, 따라서 무지의 상태에서 내린 선택이다. 이는 베드로가 항상 오류 없는 성령의 인도 아래 이 중대한 묶고 푸는 문제를 행함을 나타낸다. 아나니아와 삽비라의 죽음은 아마도 이러한 약속이 드러난 초기 사례일 것이다.

이 문제는 다른 구절, 즉 요한복음에서 더욱 분명해진다. 요한복음에서도 완료 시제가 사용되었는데, 이는 결코 미래-완료가 아니다. "성령을 받으라. 누구의 죄든 너희가 용서해주는 그 죄는 〔이미〕 용서받은 죄다(완료).[94] 누구의 죄든 너희가 남겨둔 그 죄는 계속 남아 있어온 죄다." 문제는 여기에 미래를 나타내는 요소가 없음에도 불구하고 이 완료 시제가 미래적 현재〔futuristic present〕의 의미

94. 이는 사실 논란의 여지가 있는데, 왜냐하면 이는 바티칸 판본의 본래 필사와 시내산 사본의 수정인 알렉산드리아 사본과 베자 사본이 읽은 ἀφέωνται에 의존하고 있기 때문이다. 이는 편찬자들 사이에서 널리 받아들여진 것이다. 그러나 많은 사람들이 공인본문〔TR〕이 읽는 방식(ἀφίενταί, 같은 동사의 현재 시제)을 선호할 것이다. 이는 매우 중요한 본문 전통인 코리데티〔Koridethi〕 사본과 후리어 복음서의 지지를 받는다는 점에서 유리하다. 완료 시제가 문장에서 다른 완료 시제들과 더욱 자연스럽게 어울린다고 느껴지기 때문에, ἀφέωνται가 수정된 것임을 알아보는 일은 어렵지 않다.

로 이해되어야 하는지 여부다. 현재 시제가 미래적 의미로 사용되는 경우는 광범위하다. 그리고 완료 시제라는 것은 주어의 **상태**를 나타낸다는 점에서 원래 의미상 현재다.[95] "그 죄는 용서받는다"('그 죄는 용서받을 것이다'는 뉘앙스가 있다)는 "그 죄는 〔이미〕 용서받은 것이다"만큼이나 가능한 의미다. 그러나 사실 신약성경 시대에는 옛 현재-완료 시제가 사용된 경우가 매우 드물었을뿐더러, 잘 알려진 몇몇 상투적인 표현에만 국한되어 사용된 경향이 있었다.[96] 요한복음 20:23에서 완료형인 ἀφέωνται(이 독법이 맞다면)와 κεκράτηνται는 현재-완료로 의도된 것으로 보기 어렵다—특히 요한에게 있어 그렇고, 옛 자동사 완료형이 능동적, 타동적, 결과적 완료에 확실히 밀려서 대체되고 있던 기간에 그렇다.[97]

그러나 이 과정이 한 단계 더 나아가서 완료가 이미 부정과거의 의미를 가진 완료라는 가정은 두 본문 맥락에서 모두 신뢰할 수 없는 가정이다. 사실 신약성경에 이에 대한 수많은 예들이 있지만,

---

95. "완료 시제는 원래 결과적 의미가 전혀 없었고, 다만 주어의 상태를 나타냈다. 주어의 상태는 이전의 어떤 활동으로 인해 이르게 된 것이긴 하지만, 그렇게 이르게 된 상태는 완료 시제로 나타낸다. 완료 시제가 신약성경 시대보다 훨씬 이전부터 현재의 의미를 지닌다고 말할 수 있을 만큼 오랫동안 늘, 완료 시제는 과거의 활동으로 이르게 된 현재의 상태를 나타냈다." Moulton-Howard-Tuner, *Grammar*, vol. III, 82.

96. 예를 들면, 마태복음과 누가복음에서의 ἀπόλωλα, 요한복음과 바울서신에서의 ἀνέῳγα, 복음서에서의 πέποιθα와 ἕστηκα, 그리고 당연히 οἶδα.

97. 저자(또는 예수)가 명백히 저 동사를 모든 점에서 완료형 κεκράτηνται와 평행한 것으로 의도했고, 그래서 그것은 완료적-현재이기에("그 죄는 이미 사하여진 것이다"), ἀφίενταί가 올바른 독해라고 여긴다고 해서 논증에 별다른 차이가 발생하진 않을 것이다.

대개 맥락을 통해 완료와 부정과거가 명료하게 구별된다.[98] 다른 세 개의 복음서에는 모두 합쳐 29회의 완료가 나타날 때에, 요한복음에는 77회 나타난다는 점을 고려해 볼 때, 유독 요한은 결과적 완료라는 상황을 보존하길 원했다고 볼 수 있다. "우리는 이를 제4복음서 특유의 문체로 생각할 수 있다. 즉, 강조와 엄숙한 분위기를 좋아했으며, 모든 것의 영속적인 의미에 중점을 두고 있다."[99] 그래서 요한과 마태의 맥락에서 예수께서 사용하신 (또는 사용하신 것으로 표현된) 완료 시제를 부정과거-완료인 것처럼 읽으면 안 된다는 것이 분명해진다. 우리는 다음과 같이 바꾸어 읽으면—실제로 그렇게 읽고 있지만—안 된다. "무엇이든 네가 땅에서 묶으면 그때부터 하늘에서도 묶일 것이며, 무엇이든 네가 땅에서 풀면 그때 하늘에서도 풀릴 것이다"(마 16:19). "누구의 죄든 너희가 용서해주면, 그때 그 죄는 용서될 것이다. 누구의 죄든 너희가 남겨두면, 그러면 그 죄는 계속 그대로일 것이다."(요 20:23). 이는 완료 시제의 풍성한 의미를 폐하는 것과 같다. 마태복음 16:19와 요한복음 20:23은 어떤 죄가 용서받을 만한 것인지를 결정할 수 있는 권위를 어떤 장로에게 수여하는 구절이 아니다.

나는 요한복음의 맥락에서 주께서 성령에 대해 특별히 언급하고 계시다는 점만을 덧붙이려 한다. 이러한 사실은 확실히 저 두

98. 예를 들면, 빌라도의 세심한 시제 구분에 대해서는 본서 163-65쪽을 보라. 바울이 그리스도의 부활을 논할 때도 그렇다. 이에 대해서는 본서 239쪽 이하를 보라.

99. Moulton-Howard-Tuner, *Grammar*, vol. III, 83.

구절을 제대로 이해하는 단서가 된다. 베드로와 요한은 후에 중요한 선례들을 남길 운명이고, 또 많은 사람들을 죄의 속박으로부터 풀어 준다. 이들은 사람들을 죽음으로부터 구하기도 하고 죽음에 이르게 만들기도 한다. 사마리아인들과 이방인들에게는 세례를 베풀었고, 마술사 시몬에게는 엄중하게 행했다. 베드로와 요한은 이 중 아무것도 그들 자신의 개인적인 결정이라고 의식하지 않았고, 인도하심으로 압도된 영감받은 것으로 의식했다. 어떠한 특별한 경우에는 성령께서 베드로에게 직접 말씀하셨다. “내려가 이 사람들과 함께 가라. 내가 그들을 보냈느니라.” 베드로가 본 환상에 뒤따라 고넬료는 세례를 받았고 수많은 이방인들이 이미 천국에서 내려진 결정에 따라 교회로 들어왔다. 이것은 어떤 식으로도 인간이 계획하거나 고안해낸 것이 아니었다.

제3장
다소의 사울

1. 사울은 어디에서 자라났는가?

최근 네덜란드어에서 번역된 한 논문에서, 바울이 예루살렘에서 교육만 받은 것이 아니라 심지어 거기에서 자라났다는—다소에서 자란 것이 아니라—흥미로운 주장을 접한 적이 있다. 흔히 바울서신에 나타나는 헬라적인 요소가 바로 바울이 자라난 헬라 도시 다소에서 비롯한 것이라고 추정하곤 한다. 그런데 바울이 예루살렘에서 자라나고 교육 받았다면, 바울의 사상에서 발견되는 헬레니즘의 영향은 전적으로 유대교 안에서 설명되어야 할 것이다.[1]

바울이 자라난 곳과 관련한 논의는 주로 사도행전의 두 본문과 관련하고 있다.

(1) 첫 번째 본문은 사도행전 22:3로서,[2] 여기에 나타난 "이 성"

1. W. C. van Unnik, *Tarsus or Jerusalem: The City of Paul's Youth*, English translation by G. Ogg, Epworth Press, 1962.
2. "나는 유대인으로 길리기아 다소에서 났고 이 성에서 자라 가말리엘의 문

이 의미하는 바에 모든 것이 달려있다. "이 성"이란 예루살렘인가? 아니면 다소인가? 일단 먼저 판 운니크(van Unnik)는 여기에서 구두점을 정확하게 찍을 필요가 있다고 제안하였다. 그는 표준과도 같은 KJV의 구두점 위치—웨스트코트(Westcott)와 호트(Hort)가 따르고 있고, 최근에는 RSV도 따르고 있는—를 거부하였다. KJV 번역은 다음과 같다. "나는 길리기아 다소에서 태어난 유대인이지만, 가말리엘의 문하가 있는 이 성에서 자라나 우리 조상들의 엄한 율법을 따라 교육을 받았다." KJV의 구두점 위치에 따르면, 바울은 다소 태생이지만, 예루살렘에 있는 가말리엘의 돌봄 아래에서 자랐고, 교육을 받았다는 의미를 전하게 된다. 판 운니크는 사울이 가말리엘의 돌봄 아래에서 "자라났다"는 표현에 어색함을 느꼈기에, 그 단어를 바르게 이해하고자, (가말리엘과 "사울이 자라났다"는 표현을 연관시키는 KJV의 구두점 방식보다는) 가말리엘과 사울의 교육받은 사실을 밀접하게 연관시키고 있는 NEB와 같은 구두점을 선호했다. NEB는 다음과 같이 옮기고 있다. "나는 진정한 유대인으로, 길리기아 다소 태생이다. 나는 이 성에서 자라났으며, 가말리엘의 문하생으로서 우리 조상의 율법을 세세하고 철저하게 훈련받았다." 이 경우에는 "이 성"이 다소를 가리키는지 예루살렘을 가리키는지 (헬라어에서 분명하지 않은 것처럼) 분명하게 알 수 없다.

하에서 우리 조상들의 율법의 엄한 교훈을 받았고"(개역). 개역성경에서 "이 성"이란 분명히 다소를 가리키고 있지만, 헬라어 원문에서는 구두점의 위치에 따라 의미가 다소 달라질 수 있다. 이하의 논의를 살펴보라—역주.

그런데 "이 성"이 다소를 가리키는 것이 아니라면, 바울이 천부장 글라우디오 루시아에게 대중 연설의 허락을 구하면서 자신이 정치적·문화적으로 큰 영향력을 가진 헬라 도시 다소에서 태어났다는 것을 강조했던 점(행 21:39)과 모순이 발생하게 된다. 더욱이 판 운니크가 제안한 구두점을 수용한다면, "자라났다"는 단어는 "다소"와 매우 밀접해진다. 왜냐하면 이때 다음과 같이 번역하는 것이 가능해지기 때문이다. "나는 유대인이고, 길리기아에 있는 다소에서 태어났으며, 이 성에서 자라났다. 그리고 나는 가말리엘의 문하에서 우리 조상들의 율법의 정확한 지식을 훈련받았다."(녹스역). 이것은 라틴어역인 식스투스-클레멘티나 불가타의[3] 구두점 위치 및 그 의미와 일치한다(*ego sum vir Iudaeus, natus in Tarso Ciliciae, nutritus autem in ista civitate, secus pedes Gamaiel eruditus iuxta veritatem paternae legis*). 이때 "이 성에서"의 "이"〔that〕를 의미하는 대명사 *ista*는 다소를 지칭할 가능성이 크다. 이와 같은 구두점 위치에 따른 의미에 반하는 것으로, 분사구는 통상 분사구 뒤에 놓인 단어와 관련된다는 사실도 짚고 넘어갈 필요가 있다. 이에 따르면, "자라난"〔ἀνατεθραμμένος〕이라는 분사가 〔앞에 놓인 "다소"와 연관되는 것이 아니라〕 쉼표 뒤에 따라 나오는 "가말리아의 문하에서"〔παρὰ τοὺς πόδας Γαμαλιὴλ〕와 연관되는 것이 자연스럽다는 것이다. 하지만 누가의 문체에서는 이와 관련한 일관된 패턴이 발견되지 않기 때문에, 우리는 이 잠정적인 패턴을 근거로 논지를 이끌어갈 수 없다. 다음

3. 16세기 교황 클레멘트 8세의 주도 하에 개정된 불가타—역주.

과 같은 수많은 본문들에서는 누가가 항상 분사를 관련 어구 앞에 놓지 않는다는 것을 보여준다(예, 행 1:3, 15, 2:33[2회], 3:2, 26, 6:1, 7:9, 8:3, 10:9, 23, 11:12, 13:39, 14:11, 13, 17, 15:5, 21, 16:25, 37, 18:18, 19:34, 40, 21:15, 24, 26). 따라서 누가의 문체에 따르면 바울이 꼭 '〔예루살렘의〕 가말리엘의 문하에서' 자라났다고 볼 필요는 없다.

이렇게 사도행전 22:3과 관련한 증거들을 고려한다면, "이 성"이 반드시 예루살렘을 지칭해야만 하는 것은 아니다. 판 운니크가 주장한 구두점 위치를 수용하더라도 "이 성에서"라는 어구는 다소와 밀접하게 연관되는 것이 더욱 자연스럽다. 그렇다면 다음과 같이 읽을 수 있다. "나는 길리기아에 있는 다소에서 유대인으로 태어났다. **그리고** 이 성에서 자라났다. 가말리엘의 문하에서 우리 조상들의 엄격한 방식의 율법에 따라 교육을 받았다." 그렇다면 헬라 도시인 다소가 바울의 사상 형성에 아무 영향을 주지 못했을 것이라는 주장은 설득력을 잃게 될 것이다.

(2) 두 번째 관련 본문은 사도행전 26:4이다. "내가 어릴 때에 아주 처음부터 나의 민족 중에서와 예루살렘에서 생활한 방식을 모든 유대인들이 알고 있다." 여기에서 "나의 민족"이 일반적인 유대인들을 가리키는 것인가, 아니면 바울이 태어났던 길리기아〔헬라 지방〕의 사람들을 가리키고 있는 것인가? "그리고/또한"〔and〕으로 병렬된 어구가 "예루살렘에서"라는 것에 비추어 볼 때에 후자가

더욱 자연스럽다.[4] 이러한 이유로 〔"나의 민족"을 유대인으로 보았던〕 판 운니크은 "그리고/또한"이라는 단어로 인해 발생할 잉여적인 의미를 회피하기 위하여 이 어구를 "예루살렘을 포함하고 있는 나의 민족 중에서"라고 번역하였다.

이때 헬라어와 관련하여 두 가지를 살펴볼 필요가 있다. 첫째는 ἔθνος가 무엇을 의미하는가(유대 민족을 의미하는가? 헬라적인 다소 민족을 의미하는가) 하는 것이며, 둘째는 τε가 이 문맥에서 "그리고"를 의미할 수 있는가 하는 것이다.

ἔθνος는 복수 형태에서, 우리가 예상하고 있듯이, 항상 이방인을 가리킨다. 하지만 신약성경의 용례에 따르면 그 단수 형태가 유대인과 이방인 모두를 지칭할 수 있다는 것은 거의 확실하며, 구체적으로 사마리아를 가리키고 있는 경우도 한 차례(행 8:9) 나타난다.[5] 그렇지만 바울이 직접 "나의 민족"이라고 말하는 두 경우에는 모두 유대 민족을 가리킨다(행 24:17, 28:19). 당면한 과제인 사도행전 26:4에 있어서는, τε가 존재함에도 불구하고,[6] "나의 민족"이 유대 민족을 가리키고 있다는 것은 당연시되고 있는 것 같다.

---

4. '유대 민족 중에서와 예루살렘에서'로 이해하면 접속사 and가 다소 잉여적으로 보인다는 말이다. 즉, and가 사용될 필요가 없다—역주.
5. 이방인을 가리키는 경우: 마 21:43, 24:7(= 막 13:8, 눅 21:10), 행 2:5, 7:7, 10:35, 17:26, 계 5:9, 7:9, 13:7, 14:6; 유대인을 가리키는 경우: 눅 7:5, 23:2, 요 11:48 이하, 18:35, 행 10:22, 24:3, 10, 17, 28:19, 롬 10:19, 벧전 2:9.
6. τε라는 단어로 인해 "나의 민족"과 "예루살렘"이 서로 다른 두 그룹을 지칭하는 것처럼 보임에도 불구하고—역주.

더 나아가 τε를 생략해야 하는 것은 아닌지에 대한 의문이 생길 수 있다.[7] τε는 연결 불변사로서 일반적인 사용에서는 점차 쇠퇴하였는데, 후대에—특히 가장 오래된 신약 사본이 필사되던 시기에—문체를 꾸미기 위하여 되살아났다. "본문 전승 과정에서 필사자들과 편집자들이 때때로 δέ를 대신하여 τε를 쓰기도 했다는 것은 놀라운 일이 아니다."[8] 하지만 사도행전의 모든 τε의 발생을 이러한 방식으로 설명할 수는 없다. 170회는 너무나도 많은 수이기 때문이다. 사도행전 26:4에서 τε의 존재를 설명하기는 어렵지 않다.[9] 즉, 필사자가 문체를 꾸미기 위하여 τε를 삽입했다는 설명보다는, 내적인 논리에 따라 더욱 자연스러운 의미를 산출하기 위하여 원문에서 τε를 생략했을 가능성이 더욱 크다.[10] 후자의 경우가 더 어렵기 더욱 개연성이 있다.[11] 이제 우리는 ἔθνος의 의미를 재구성해야 한다. 사도행전 26:4에서 τε의 존재를 수용하여, "그리고/또한"이 의미하는 바를 염두에 둘 때에, ἔθνος가 유대인들보다도 이방 민족(길리기아)을 가리키고 있다고 보는 것이 더욱 자연스럽다.

이렇게 τε는 저자의 진정한 문체라고 볼 수 있다. 이 본문을 가

7. 본문에 τε가 없는 사본도 존재한다—역주.
8. Moulton-Howard-Turner, *Grammar*, vol. III, 338.
9. 어떠한 중요한 필사본들 중에, 에프라임 사본(5세기)과 9세기의 네 가지 언셜 사본에만 생략되어 있다.
10. 만일 필사자들이 "민족"을 유대인으로 간주했다면, "나의 민족 중에서와 예루살렘 안에서"보다 "예루살렘에 있는 나의 민족 중에서"가 더 쉽기 때문이다.
11. 이는 사본학의 기본 명제이다—역주.

지고 사울이 예루살렘에서 자랐다는 것을 지지하기 원한다면, τϵ가 "그리고/또한"의 의미라기보다는 "포함하는" 내지는 "실제적으로는"이라는 의미를 가지고 있다는 것이 논증 되어야만 한다.[12] 하지만 (καί를 동반하지 않은) τϵ는, 플라톤으로부터 폴뤼비오스에 이르기까지, 단어와 단어를, 절과 절을 연결하는 단순한 연계사로 "그리고/또한" 이상의 의미로 사용되지 않는다.[13] 누가의 τϵ의 사용에 관하여, 누가가 이 단순한 연결사적 불변사를 통해 문체의 단조로움을 이따금 피하려고 했다고 보는 것이 가장 좋은 설명으로 보인다. 이는 누가만이 사용하는 기술이 아니다. 히브리서나 유다서의 저자와 같은 "문학적인" 작가들 및 바울에게서도 그 작법을 확인할 수 있다.

이 본문의 경우에 바울은 "나의 민족"이라는 어구로 이전이나 나중〔행 24:17, 28:19〕의 경우와는 다른 대상을 지칭한 것이 분명하다. 곧, 〔유대인으로서의〕 현재 입장이 아닌, 예루살렘에서 교육 받기 이전의 어린 시절을 언급하고 있는 것이다. 바울은 자신의 "민족"을 언급하면서 자신이 자랑스러워했던 고향, 곧 "대단한 도시" 다소 사람들을 생각했을 것이다.

---

12. 후 양자의 경우를 번역하자면, "예루살렘을 포함하는 나의 민족들 중에서" 내지는 "나의 민족들 중, 실제적으로는 예루살렘에서"라는 의미를 가질 것이다—역주.
13. H. G. Liddell and R. Scott, *A Greek-English Lexicon*, 9th, ed. By H. S. Jones and R. McKenzie, Oxford, 1940, vol. II, 1763 (A. I. 4).

2. 서신에 기록된 바울의 전기적 진술

우리는 겉으로 보이는 바울의 개인적인 언급들을 액면 그대로, 곧 바울 자신에 관한 전기로 받아들여서는 안 된다. 바울은 자신의 논점을 분명하게 하기 위하여 데모스테네스 이래로 그리스 문학에서 흔히 볼 수 있는 수사학적 기교, 즉 1-2인칭 대명사 '나-너희'를 사용하고 있기 때문이다.

이것은 로마서에서 특히 중요하다. 바울은 회심 전후에 악한 본성과 싸우는 신자의 갈등을 논하면서 자신의 요지를 분명하게 할 요량으로 극단적인 경우(그리스도인들의 극단적인 경험)를 제시하였다. 바울은 자신이 탐심을 경험한 것으로 묘사하면서(롬 7:7) 그 탐심을 분명하게 고백하였다. "죄가 내 속에서 온갖 탐심을 이루었다"(롬 7:8). 이는 과거에 바리새파였던 자에게 비밀스러운 죄가 있었다는 것을 의미하는 것이 아니다. 바울 당대에 헬라어를 구사했던 어떠한 독자들도 이것을 바울의 고백으로 생각하지 않았을 것이다. "육신으로 내가 죄의 법을 섬긴다"(롬 7:25)는 것은 바울의 자전적인 고백이 아니라 관습적인 수사학이다. 말하자면, 바울은 모든 그리스도인들과 경험을 공유하면서, 자신의 경험 이상의 극단적인 경우를 묘사하고 있는 것이다. 로마서에 나타난 "너희들" 역시 로마에 있는 유대 그리스도인들을 개인적으로 지칭하는 것이 아니다.

고린도서신에 분명하게 나타난 바울 자신의 한탄[14] 중 다수는 바울 개인에 관한 것으로 받아들일 필요가 없다. 이 편지를 〔누군가가 대필하고 있는 것이 아니라〕 직접 쓰고 있는 바울은 수사학적 장치들을 자연스럽게 사용할 수 있었을 것이다(고전 16:21, "나 바울은 친필로 너희에게 문안한다"). 예를 들어, "〔만일 내가 감사함으로 참여하면 어찌하여 감사하는 것에 대하여〕 내가 비방을 받겠는가?"(고전 10:30)는 '어찌하여 그리스도인들이 비방을 받겠는가?'를 의미한다. 또한 모든 일에 모든 사람을 기쁘게 했다는 바울 자신의 진술은 자신만의〔private〕 복음 전도 기술을 말하고 있는 것이 아니라 일반적인 그리스도인들이 행하는 방식을 표현한 것이다(고전 10:33, "나와 같이 모든 일에 모든 사람을 기쁘게 하여 … 그들로 구원을 받게 하라").

또 다른 곳에서 바울의 경험 묘사는 명료한 문법을 필요로 한다. 베드로가 유대인들에게 복음을 전하도록 부르심을 받은 것과 같이 바울 자신은 이방인들에게 가도록 특별한 부르심을 받았다고 진술한다(갈 2:7). 이때 바울은 "무할례자의 복음"을 전하였다고 말했다. 이것은 바울이 사용하는 또 다른 방식의 〔목적어적〕 속격이다. 즉, 속격의 목적어가 종종 직접적으로 번역되기도 하지만 반드시 그러한 것은 아니다.[15] 목적어적 속격을 간접적으로 번역함으로써('-에게'나 '-을 위하여/향하여') 이 경우를 바로 이해할 수 있다.

14. 하나의 예를 들자면 이하에서 소개하고 있는 고전 10:30—역주.

15. 즉, 이 경우 "무할례자를 복음 전함"이라고 직접적으로 번역할 수 없다—역주.

결국 "무할례자의 복음"이라는 것은, 바울의 속격〔Pauline genitive〕의 미묘함을 깨닫지 못한 채 사람들이 오랫동안 의심해왔던 것과 같이 '무할례자를 위한 좋은 소식'을 의미한다.[16]

3. 사울의 회심

"나는 그들로 하여금 신성모독 하는 말을 하게 하려 했다"(행 26:11)

예루살렘에 있던 초기 기독교인들은 사울의 분노어린 열심의 희생양이었다. 그런데 우리에게 가장 많이 알려지고 가장 많이 사용되고 있는 영역본에서, 본래 랍비였던 사울이 초기 기독교인들에게 신성모독을 강요하였고, 이 불쾌한 시도가 성공한 것 같이 진술하고 있는 것은 충격적이다. "나는 그들을 모든 회당에서 벌하곤 했고 그들로 하여금 강제로 신성모독을 하게 했다"(KJV). RV와 그 이후의 역본들에서는 헬라어의 시도의 미완료〔conative imperfect〕를[17] 고려하여 KJV의 오류를 바로잡았다. 실제로 사울은 담담한 어조로 "나는 그들로 하여금 신성모독 하는 말을 하게 **하려 했다**"라고 말했을 뿐이기에, 사울의 악의에 찬 시도가 어떠한 성공—그의 박해로 인해 기독교의 새로운 신앙이 널리 퍼진 것 외에—을 이루었

16. 참조, 개역성경에서는 "무할례자들에게 복음 전함"이라고 번역되었다—역주.
17. 시도를 했지만 완료되지 못한 행동을 표현하는 미완료로 신약성경에 종종 나타난다—역주.

다고 생각할 필요는 없다.

오직 사울만이 그 목소리를 알아들었다(행 9:4)

신약성경이 쓰인 헬레니즘 헬라어 시기에는 흐릿해졌지만 고전 헬라어에 있었던 친절한 문법적 구분들 중 하나는 '듣다'(ἀκούω)는 동사에 목적어로 목적격이 올 때와 속격이 올 때에 그 의미가 달랐다는 것이다.

이러한 구분이 여전히 유효하다는 것을 확신할 수 있다면, 많은 성경 해석에 적용될 수 있을 것이다. 이와 관련하여 가장 가능성이 희박한 해설은 다음과 같다. 말하자면, '듣다' 동사의 목적어로 분사구가 따라 나오는 경우(예, '누군가 걷고 있는 것〔분사구〕을 우리가 듣는다') 속격과 목적격 사이에 실제적인 차이가 존재한다는 것이다. 이 구분 방식에 따르면 목적격이 올 경우에는 분사를 간접화법의 종속절로 변화시키고(예, '야곱은 애굽에 옥수수가 있다는 것을 들었다'), 속격은 분사로 하여금 그 소리가 직접 들리는 것을 가리키도록 만든다. 다음과 같은 예를 생각해 볼 수 있을 것이다. "예수께서 그들이 변론하고 있는 것〔속격〕을 들으셨다"(막 12:28). "우리는 그가 말하고 있는 것〔속격〕을 들었다"(막 14:58). 이때 '그가 말했다는 사실'을 들은 것이 아니다. 또한 누가복음 18:36에서는 '무리가 지나가는'〔속격〕 소리를 〔직접〕 들은 것이지, '무리가 지나갔다는 사실'을 〔간접적으로〕 들은 것이 아니다. 오순절 사건에 있어서도, 실제로 모든 제자들이 각각 자기의 언어로 말하는 것〔속격〕을 들은 것이지, 떠도는 소문을 들은 것이 아니라는 말이다.

이는 사울의 회심 사건에서 이어진다. 사도행전에 나타난 사울의 두 번째 회심 기사(행 22:7)에서는 속격이 사용되었기에 사울이 하늘의 음성을 직접 들었다고 볼 수 있다. 그런데 첫 번째나 세 번째 회심 이야기에서는 정확히 동일한 사건을 설명하면서 목적격을 사용된 것을 확인한다면 다소 당황스러울 것이다. 이와 같이 마가복음에서도 직접 들은 것을 목적격으로 표현하는 경우가 한 차례 나타난다. 하지만 마가는 누가만큼 좋은 헬라어를 구사한다는 평가를 받지도 못하거니와, 또한 이 경우는 합성동사(παρακούω)와 관련하여 발생했다(막 5:36, "예수께서 그가 한 말〔목적격〕을 곁에서 들으셨다"). 이상에서 언급한 규칙에 따르자면 마가복음 5:36은 '예수께서 그가 말했다는 사실을 곁에서 들으셨다'는 의미를 전달할 것이다. 이러한 구분 방식은 거의 통하기는 하지만 항상 통하는 것은 아니기에 큰 의미가 없다.

사울의 회심 기사에 나타난 격의 불일치로 인하여 이를 문법적으로 극복하여 누가의 일관성을 입증하려는 시도가 있어왔다. 결국에는 고전 헬라어의 구분, 말하자면 목적격은 실제로 목적어의 명료성〔specification: 소리를 실제로 들었는가〕가 아니라 목적어의 정도〔extent: 얼마나 잘 이해했는가〕를 가리킨다는 것에 더욱 관심을 두기 시작했다. 즉, 목적격은 소리 **자체**가 아니라 소리의 골자〔내용〕를 듣는 것을 표현한다는 것이다. 우리는 이로부터 이 '듣다'는 동사의 의미가 '듣다'에서부터 '이해하다'까지 미묘한 차이가 발생한다는 것을 추론할 수 있다. 이러한 구분이 성서 헬라어에까지 유지되고 있다면, 바울의 회심 이야기들 안에 나타나는 문법적인 문제를 깔끔하게 해결할 수 있을 뿐만 아니라, 그 이야기에서 의미 있는 부가 정보를 발견하고, 능숙하게 언어를 다룬다는 누가의 명성도 지켜낼 수 있다.

J.H. 물튼〔Moulton〕은 이 "오래되고 잘 알려진 구분"이 신약성경에서도 유효하다고 생각했는데,[18] 이는 미국의 A.T. 로벗슨〔Robertson〕과[19] 그리고 로마 가톨릭 학자, 막시밀리안 체르빅〔Maximilian Zerwick, S.J.〕의 지지—그 외에도 RV의 난외주의 지지—도 받았다.[20] 누가의 필력에 대한 그러한 〔높은〕 평가가 더욱 옳을 가능성이 있는 이유는 마태복음 한 구절에서 사용된 고전 헬라어답지 않은 목적격을, 누가가 의도적으로 속격으로 수정한 것으로 보이기 때문이다. "누구든지 나의 이 말들을 듣는 자마다"(마 7:24, 눅 6:47)라는 어구에서, 소리의 내용을 이해하는 것이 아닌 물리적인 소리를 가리키는 것이기에 엄밀히는 속격이 더욱 정확하다고 볼 수 있다.

이와 같은 방식으로 누가는 사울의 회심을 묘사할 때에(행 9:7), 사람들이 어떤 음성을 들었다고 말하면서, 추정컨대 소리가 들렸다는 것 그 이상의 것을 의미하지 않으려는 의도로, 정확하게 속격

---

18. *Prolegomena*, 66. 반대 입장을 취한 사람은 W. H. Simcox, *The Language of the New Testament*, Hodder, 1889, 90이다. 그 구분을 인정하지 않은 사람은 다음과 같다. F. Field, *Notes on the Translation of the New Testament*, Cambridge, 1899, 117; C. F. D. Moule, *An Idiom Book of New Testament Greek*, Cambridge, 1952, 36.

19. A. T. Robertson, *A Grammar of the Greek New Testament in the Light of Historical Research*, Hodder, 1914, 448-49, 472, 506.

20. M. Zerwick, *Graecitas Biblica*, 3rd. ed., Rome, 1955, §50.

을 사용한다. 마찬가지로 정확히, 이 이론에 따른다면, 누가는 바울이 성전 영내에서 군중들에게 자신의 이야기를 전했던 것을 기록하면서 목적격을 사용했는데(행 22:9), 이는 시종들이 그 음성을 듣지(즉, "이해하지") **못했기** 때문이었다. 동사와 함께 사용된 목적어의 격이 동사의 의미를 바꾸기 때문에 사도행전 9:7과 22:9 사이에 어떠한 모순도 없게 된다. 따라서 사도행전 9:7에 따르면 바울과 함께 있던 사람들은 소리 자체는 들었지만(명료의 속격), 22:9에 따르면 그 의미(정도의 목적격)는 이해하지 못했던 것이다. 사람들은 어두운 창문을 통해 희미하게 보았지만, 바울은 직접 대면하여 보았으며 그 음성을 이해하였다. 그 환상은 사울 한 사람만을 향하고 있었다.

이렇게 깔끔한 이론에 반대하는 사람도 적지 않다. 누가가 통상적으로 사용하고 있는 격이 간단하지만 다른 규칙, 즉 **사물**의 소리를 나타낼 때에는 목적격을, **사람**의 소리를 가리킬 때에는 속격을 사용한다는 주장도 있다.[21] 하지만 이러한 규칙에 대한 예외는 고전 헬라어에 상당수 나타나며, 누가에서도 다수 확인할 수 있다. 예컨대 〔하나님의 음성을 묘사하고 있는〕 사도행전 9:7과 22:7에서 **사물**의 소리를 지칭하는 속격이 사용되었다.

따라서 이러한 규칙을 제쳐두고서 목적격은 대상에 대한 **이해**를 수반하고 속격은 대상의 물리적인 **소리를 듣는 것**에 국한된다는 설

21. *Expos. Times*, vol. LXXI, no. 8 (May, 1960), 243 ff. Liddell과 Scott은 그것이 "적절한" 고전적 용례라고 했다.

명을 더욱 자세하게 살펴보는 것이 좋을 것 같다. 이 이론은 또 다른 문맥에서도 확인할 수 있다. 사도행전 3:23에서 "선지자의 말을 듣지(속격) 아니하는 모든 자"라는 표현은 선지자가 말하는 것조차도 허용하지 않는다는 뜻으로, 이해는 말할 것도 없다. 마태복음 10:14("누구든지 너희 말을 듣지(목적격) 아니하거든 … 너희 발의 먼지를 떨어 버려라")에서는 사람들이 단순히 사도들의 말을 들은 것으로 충분한 것이 아니라 주의를 기울여 듣고 이해해야 한다는 것을 묘사하고 있다. 반면 예외처럼 보이는 본문들도 다수 존재한다. 즉, 몇몇 경우에 있어서 목적격은 이해에 대한 개념이 아니라 단순히 물리적인 인식을 가리킬 때에 사용되는 것처럼 보인다는 것이다. 예를 들어, (속격으로 나타나는 몇몇 사본을 제외하고 목적격으로 사용된) 마태복음 26:65와 마가복음 14:64에서는 (이해를 의미하는 것이 아니라) 대제사장이 단순히 예수의 신성모독 발언을 들은 것만으로 충분한 것으로 보인다("너희가 지금 이 신성 모독 하는 말을 들었도다"). 또한 마리아가 사촌 엘리사벳의 집에 들어갔을 때에, 엘리사벳의 뱃속에 있던 아기가 들었던 마리아의 음성은 물리적인 소리 이상의 것이 아니었다(눅 1:41). 마리아가 말한 내용이 아기를 복중에서 뛰어 놀도록 만들었던 것이 아니라 단순히 마리아의 물리적인 목소리에 그러한 반응을 일으킨 것이다. 요한복음에서는 이 문법 규칙에 대한 예외가 거의 나타나지 않지만 다른 신약성경들, 특히 사도행전과 요한계시록에서는 일반적으로 그 규칙이 정확하게 적용되지는 않는 것처럼 보인다. 이러한 경우에는, 단순히 목적격(이해)이 속격의 기능(물리적 소리)을 완전히 대체하는 것이 아니라 단순히 속격의 영역을 포괄하는 것으로 볼 수도 있을 것이다. 그럼에도 불구하고 나는 이상에 언급된 경우들이 단지 예외로 간주할 수 있는지 의심스럽다. 얼핏 보기에 그저 물리적인 인식을 가리키는 것처럼 보이는 목적격들은 더욱 미묘하게 해석될 여지가 있다. 마태복음 26:65와 마가복음 14:64에서 대제사장은 궤변을 늘어놓는 것이 아니라 학자와 같이 아주 신중하게 거룩한 것과 그렇지 않은 것들을 가려내고 신성모독 여부를 밝혀야만 했다. 경건하기는 하지만 교육받지 못한 유대인 무리들의 말만 듣고서 예수께서 신성모독을 했다고 확신하기는 어려웠기 때문이다. 그렇기에 예수께서 메시아라는 주장에 신성모독이라고 외친 대제사장 가야바의 발언은 분명히 당혹스럽다—예수께서 메시아라는 주장 자체가 신성모독이 아니기 때문이다. 이러한 관점에서, 목적격의 본래 의미를 유지하면서 대제사장의 말을 다음과 같이 해석할 수 있다. "〔그가 신성모독 하는 말을 하였으니 어찌 더 증인이 필요할까?〕 너희가 그의 대답에서 신성모독을 **발견하였다**(단순히 들은 것이 아님). 어떻게 생각하느냐? 그것이 신성모독이다. 그렇지 않느냐?"〔마 26:65〕. 예수의 자기 고발은 분명히 직접적이지는 않았는데, 대제사장은 이를 듣고 있는 군중들에게 가타 여부를 말할 필요가 있었기에, 사람의 귀에 들리는 대로 반응하기보다는 선입견에 호소했다.

또 목적격 사용의 명백한 예외로 보이는 것으로 엘리사벳을 방문했던 마리아의 경우가 있다. 엘리사벳의 복중의 아이가 반응했던 것은 마리아의 단순한 음성 때문이었을까? 여기에는 많은 것들이 관련되어 있다. 처녀 마리아가 그날 엘리사벳의 집에 방문했을 때, 엘리사벳은 많은 것—내러티브 표면에 상당히 절제되어 드러나 있지는 않지만—을 알게 되었을 것이다. 엘리사벳은 마리아를 통해 자신이 어떠한 이유로 수태하게 되었는지 알게 되었고, 마리아 안에는 더욱 위대한 아이가 들어있다는 것도 알았음에 틀림이 없다(눅 1:42). "복된 여자여!"(눅 1:42) 엘리사벳이 소리쳤다. "네 태중의 아이가 복되구나!"(눅 1:42) 다소의 사울과 같이, 엘리사벳은 마리아의 목소리를 **들었고**, 사울과 같이 **이해했다**. 마리아의 문안 인사는 단순히 들렸을 뿐만 아니라, 해석되기도 했던 것이다. "나의 주의 어머니가 내게 나아오는구나!"(눅 1:43). 엘리사벳은 이해했다.

4. 사울과 그의 독자들

"당신은 아주 잘 알고 있다"(행 25:10; 딤후 1:18)

바울은 총독 베스도의 교활함에 분개하며 이야기했다. "당신이 **아주 잘** 알고 있는 것과 같이 나는 유대인들에게 불의를 행한 적이 없다"(행 25:10). 이것보다 더 차분한 분위기로 디모데에게 다음과 같이 말하기도 했다. "오네시보로가 나를 위하여 에베소에서 한 일을 네가 **아주 잘** 알고 있다"(딤후 1:18).

지극히 높고 능력 있는 지도자 제임스의 주교들은[22] 우리가 현

---

22. KJV 번역가들을 지칭함—역주.

재 헬레니즘 헬라어에 관하여 알고 있는 것보다도 많이 알지 못했지만, 이 경우에 있어서는 NEB보다도 잘 번역하였다. 헬라 작가들은 고전 헬라어의 표준적인 방식과는 달리 최상급을 표현하기 위하여 비교급 형용사를 사용하는 경향이 있었다.[23] 최상급의 여러 기능들 중 하나는 절대 최상급〔elative〕으로서,[24] 이것은 영어에서 very(아주/매우)라는 단어로 표현될 수 있다. 예를 들어, 일반 최상급이 '가장 큰'〔biggest〕이라면 절대 최상급에서는 '아주 큰'〔very big〕으로 번역될 수 있다. 이것은 형용사뿐 아니라 부사에도 적용될 수 있다. NEB 번역자들은 βέλτιον〔비교급 형태로, "더욱 잘"을 의미〕을 고전 헬라어에서처럼 비교급 부사로 이해하여 그 단어의 뜻을 다음과 같이 확장시켜 번역하였다. "너는 내가 너에게 말한 것보다도 더욱 잘 알고 있다."

헬레니즘 헬라어에 대한 충분한 지식이 있었던 1881년 KJV 개정판 담당자들은 βέλτιον을 고전 헬라어 방식("너는 내가 너에게 말한 것보다도 더 잘 알고 있다")으로 번역해야 한다고 주장했던 엘리코트〔Ellicott〕, 홀츠만〔Holtzmann〕, 헌터〔Hunter〕와 같은 주석가들을

23. 본서 126-28쪽을 보라.

24. 절대 최상급이란, 비교되는 대상이 없는 최상급을 일컫는다. 보통 '매우/아주 + (형용사)'로 번역된다. 이에 반해 (일반) 최상급은 비교의 대상을 전제한 것으로 '가장/최고 + (형용사)'로 번역된다. 즉, 여기서 '절대'란 비교 대상이 없을 정도라는 강한 의미가 아니라, 단지 구체적인 비교 대상을 상정하지 않는다는 의미다. '비교 대상을 상정하지 않는다'는 의미와 '최상급'이라는 말이 모순으로 들릴 수 있지만, 이렇게 표현한 이유는 형용사의 형태는 (일반) 최상급과 같지만 내용상으로는 비교 대상이 없기 때문이다—역주.

따르지 않았다. 이렇게 βέλτιον을 비교급으로 번역하는 것은 당시 헬라어 구문론에 있어서 절대적인 위치를 가지고 있었던 위너〔Winer〕의 문법서의 상당한 지지를 받았다—위너는 "내가 너에게 말한 것보다도"라는 어구에 약간 변화를 주어 "나보다도" 정도로 제안하였다. 하지만 RV와 대부분의 후속 영역본에서 헬레니즘 헬라어의 비교급의 의미가 변화하였다는 것에 착안하여, 위클리프〔Wiclif〕와 림즈성경〔Rheims Bible〕에 반대하고 틴데일〔Tyndale〕과 커버데일〔Coverdale〕에 의존하고 있는 KJV의 번역을 유지하고 있는 것은 잘한 일이다. 또한 앞에서 다루었던, 총독 펠릭스가 돈을 받기를 바라면서 바울을 **반복적으로** 불러 이야기하였다는 진술이 나타나는 사도행전 24:26도 살펴볼 필요가 있다. 여기에서는 비교급 형태(πυκνότερον)가 사용되었지만 분명히 절대 최상급의 의미 "매우 자주"의 의미를 가지고 있음에 틀림이 없다.

더 중요한 것은 갈라디아서 4:13에 나타나는데[25] 이때 이 구문론적 논의의 결과는 역사비평에까지 영향을 미칠 수 있다. 말하자면, 이 비교급과 관련한 논의는 갈라디아서의 수신자에 관한 북갈라디아설과 남갈라디아설 사이의 성가신 의문들을 해결하는 데에 도움이 된다. 즉, 바울은 τὸ πρότερον〔비교급〕라는 표현으로 진짜 비교급의 의미를 전하기보다는 절대 최상급을 의도했을 가능성이 크다. 고전 헬라어에서도 τὸ πρότερον는 '본래에'〔originally〕, '매우 일찍이'

25. 갈 4:13, "내가 **먼저 번에**(비교급으로 번역할 경우)/**매우 일찍이**(절대 최상급으로 번역할 경우) … 너희에게 복음을 전한 것을 너희가 아는 바라"—역주.

(at the very first)를[26] 의미한다. 따라서 여기에서 바울이 단지 두 번의 방문 중 먼저 번의 방문(즉, 비교급)을 의미하고 있다고 생각하는 것은 미덥지 않다. 그리고 '적어도 세 번 이상의 방문 중에서 가장 첫 번째'를 가리키는 비-절대 최상급(non-elative)으로 간주할 이유도 없다. 안타깝게도 이 관찰은 갈라디아서의 논쟁에서 중요한 역할을 하는 특정 구절을 빼앗아가지만, 학자들은 종종 단지 불가능한 것들을 제쳐두고 논의를 진행해야 하는 경우가 있다.

"바울과 친밀했던 회심자들"(빌 1:3, 5)

헬라어 문법을 통해 바울과 빌립보에 있는 그리스도인 공동체 사이의 관계—대수롭지 않지만 사람들의 흥미를 자아낼만한—를 조명해 볼 수 있다.

속격이 주어적으로 해석되어야 하는지 목적어적으로 해석되어야 하는지의 문제는 바울서신에 빈번하게 나타난다. 빌립보서 1:3에서 바울은 자신과 친밀했던 회심자들에게 편지를 쓰고 있다는 것을 밝히고 있다. "너희의 **생각마다**(your every remembrance) 내가 나의 하나님께 감사한다"(문자적인 번역). 그런데 이때 바울이 의미한 것이, '**내가 너희에 대해** 생각할 때마다'(목적어적)일까, 아니면 '**너희가 나를** 생각할 때마다'(주어적)일까? 어쩌면 이것은 중요하지 않은 문제일 수 있고, 심지어는 두 가지 해석을 모두 포함하고 있을 수

26. At the very first는 보통 "가장 처음에"로 번역하는 것이 일반이지만, 이는 구체적인 비교의 대상을 함의하고 있는 일반 최상급의 느낌을 전하기에, "매우 일찍이"로 번역하였다—역주.

도 있다. 마치 바울이 "그리스도의 사랑"에 관하여 말하면서 우리의 사랑을 포함시키듯이 말이다. 말하자면, 이는 상호적인 것으로, 우리를 향한 그리스도의 사랑이자 그리스도를 향한 우리의 사랑을 의미할 수 있다.

바울과 친밀했던 빌립보교회의 성도들은 "복음 안에 있는〔in〕 협력"(빌 1:5)으로[27] 묘사된다. 하지만 이 어구는 헬라어 문법에 비추어 수정될 필요가 있다. '안에'라는 단어는 헬라어 전치사 ϵἰς인데 바울과 마태는, 헬라 시대의 많은 작가들과는 달리 ϵἰς(안으로)와 ἐν(안에)을 혼용하여 사용하지 않았다. 이는 예수회 문법학자인 체르빅의 인정을 받기도 했다.[28] 만일 바울이 우리가 생각하고 있는 것과 같이 정말로 그렇게 세심하게 전치사를 사용하고 있다면, 바울은 분명히 KJV의 번역("복음 안에 있는 너희의 협력")이 제시하고 있는 내용보다도 구체적인 것들을 염두에 두고 있었음이 틀림없다. 그보다도 "복음의 촉진을 위한 너희의 협력"이라는 RV의 번역이 낫다. 엘리코트〔Ellicott〕와 라이트풋〔Lightfoot〕이 이 번역을 지지하고 있기는 하지만, 이 RV도 여전히 ϵἰς에 함의된 의미를 온전히 전달하고 있는 것은 아니다. 왜냐하면 ϵἰς는 '목적을 향한 어떤 움직임이나 전개/발전'의 의미를 함의하고 있기 때문이다.

바울은 빌립보 성도들의 인색하지 않은 협력에 대하여 칭찬을 아끼지 않았다. 바울에게 있어서 이들의 도움은 사심이 없는 온전

27. "너희가 복음을 위한 일에 참여하고 있다"(개역)—역주.

28. M. Zerwick, *op. cit.*, §§77-79.

한 것이었고 영적으로 충만한 행위였다. 그 도움의 목적은 단지 복음 전파가 계속 되게 하는 것이었다. 바울은 빌립보 성도들의 헌금에 고마워했다. 바울에게 있어서 그들의 헌금은 '복음 전파에 기여가 되는 협력'이었다.

바울은 왜 로마에 가기를 원했을까(롬 1:15)

내가 본 성경들—헬라어 신약성경을 제외하고—은 모두 바울이 복음을 전하기 위하여 로마에 가고자 원한다는 의미를 전하고 있다〔롬 1:15, "그러므로 나는 할 수 있는 대로 로마에 있는 너희에게도 복음 전하기를 원하노라"〕. 이것이 정말 바울이 의미하려고 했던 것인지는 의심스럽다. 일단, 바울은 이미 개종한 그리스도인들에게 또 다시 복음을 전하는 일이 시간 낭비라고 생각했을지도 모르겠다. 더불어 문법적으로도 이 구절은 오랜 기간 논쟁거리가 되어왔다. "내게 있어서 … 할 수 있는 대로"(τὸ κατ' ἐμὲ)라는 번역은 옳다. 물론 바울이 그러한 의미를 전달하기 위하여 τὸ ἐξ ἐμοῦ라고 말했을 수도 있었겠지만 말이다. 이 번역이 정확해지려면, ("나는 –을 하려 한다"로 번역되는) 헬라어 단어〔πρόθυμον, 형용사〕가, 보조동사 εἰμί〔be 동사〕의 지지를 받아 주동사의 기능을 하는 것으로 이해되어야 할 것이다. 그렇다면 더욱 더 우리는 목적격이 아닌 주격을 가지고 있는 사본의 권위를 수용해야 할 것이다.

하지만 나는 τὸ κατ' ἐμε라는 어구가 부사구가 아닌 명사구로서 '전하다'〔εὐαγγελίσασθαι〕는 동사의 목적어라고 제안한다. 이 동사 자체는 (KJV, RV, RSV 및 다른 역본들에서처럼) '복음을 전하다'라는 의미만을 가지는 것이 아니다. 바울은 '전하다'는 동사를 쓰면서 '복음'이라는 단어를 염두에 두었다는 듯이, 당연하게 바로 다음 문장〔롬 1:16〕에서 "복음"〔εὐαγγέλιον〕이라는 단어를 사용한다. 그렇지만 '복음'은 '전하다'는 동사에 있어서 필수적인 것이 아니기에, 성경 저자들은 복음을 전하는 것 외의 경우에도 '전하다'라는 동사를 사용했다. 실제로 로마서 10:15에서 인용하고 있는 칠십인역 본문에서 '전하다'〔εὐαγγελιζομένων〕는 동사의 목적어는 '복음'이 아니라 "좋은 것들"〔ἀγαθά〕인데, 이 문맥에서도 바울은 바로 다음 문장(롬 10:16)에서 "복음"이라는 단어를 사용했다. 이러한 사실은, 성서 헬라어의 일반적인 증거들에 반하여, '복음'이라는 단어가 바울의 기술적인〔technical〕 단어 사용 방식에 있어서 '전하다'는 동사에 필수라는 것도 증명하지 못하고, 또한 어떤 문맥에서 〔'복음을 전하다'는 의미가 아닌〕 아주 단순히 '전하다' 혹은 '알리다'로 번역하는 것이 부적절하다는 것을 증명하지도 못한다.

따라서 τὸ κατ' ἐμε는 명사구로서 동사 '전하다'의 목적어가 될 수 있다. 이 어구는 전치사 κατά와 목적격 대명사로 이루어져 있는데, 이는 성서 헬라어에서 '-에 따라서/따르면'이라는 특징적인 의미를 지닌다. 그러므로 이 어구는 '나에 대한 소식' 내지 '일/사건에 관한 나의 견해'를 의미할 수 있으며, 그것이 문맥에 적절하다. 바울은 로마교회 성도들에게 〔복음 전하기를 원했던 것이 아니라〕 '어떤 일/사건들에 관한 자신의 의견'을 전하기를 고대하고 있었던 것이 분명하다.

바울은 로마교회 성도들의 신앙과 삶에 대하여 이미 들었고, 로마교회 역시 바울에 관한 이야기를 들었을 것이다. 바울은 자신의 경험과 가르침을 로마교회와 나누기를 원하는 마음을 담아 이렇게 말했다. "헬라인이나 야만인 모두에게 내가 빚을 졌다. … 그러므로 나는 로마에 있는 너희에게 나의 의견을 전하여 주기를 열망하고 있다."

"나의 손으로"(갈 6:11)

서신 부정과거〔epistolary aorist〕로 알려진 수사는 헬라어로 편지를 쓰는 저자들에 의하여 상당히 빈번하게 사용되었다. 과거시제가 서신 부정과거로 쓰였을 때에는 영어의 현재시제로 옮기는 것이 더욱 적절하다. 예를 들어, "나는 두기고를 **보냈다**〔과거〕"(엡 6:22, 골 4:8)는 것은 "이 편지와 함께 내가 두기고를 **보낸다**〔현재적 의미〕"는 것을 의미할 것이다. 이러한 헬라어의 시제 활용 방식은 어떤 의미에서 논리적이기도 하다. 두기고가 도착했을 때에〔즉, 수신자가 편지를 읽을 때에〕, 두기고를 보내는 실제적인 행위는 당연히 과거에 속한 일이기 때문이다. 바울이 빌립보서 2:28과 빌레몬서 1:12에서 종 오네시모에 관하여 했던 말 역시 동일한 맥락에서 이해할 수 있다.

하지만 바울이 '쓰다'는 동사에 대하여는 이 관용어법을 사용하지 않았다는 것에 유의할 필요가 있다. 고린도전서 5:9, 11에서 바울은 ἔγραψα("**내가** 너희에게 **썼던**〔과거〕 편지에 …")라고 말하는데, 이는, 서신의 관용법과는 달리, 분명히 **과거에 앞서** 편지—바울에게 질문한 편지로서 고린도전서는 이것에 대한 대답이 된다—를 쓴

적이 있다는 것을 의미한다. 로마서 15:15〔"그러나 내가 너희로 다시 생각나게 하려고 하나님께서 내게 주신 은혜로 말미암아 더욱 담대히 대략 너희에게 썼다"〕에서 '썼다'는 언급은 바로 그때 그가 쓰고 있었던 그 편지〔로마서〕를 가리키고 있는데, 이때에는 편지의 어조에 변화를 주거나 앞에서 했던 말들을 정리〔re-assesment〕하기 위하여 과거시제가 의도적으로 사용된 것이다. 이와는 달리, 바울이 '쓰다'는 동사를 서신체로 의도했을 때에는 실제로 현재시제(γράφω)를 사용한다. 이에 대한 예시는 고린도후서 13:10과 데살로니가후서 3:17에서 확인할 수 있다.

이를 해석에 적용한다면, 모호하게 보이는 갈라디아서 6:11의 경우에 부정과거 ἔγρψα는 서신체가 아닌 진짜 과거시제라고 더욱 확신할 수 있을 것이다. 일반적으로 이 단어는 서신체로서 "내가 나의 손으로 너희에게 얼마나 큰 글씨로 쓰고 **있는지를**〔현재진행〕 보아라"(RSV)는 것을 의미하는 것으로 번역되며, 이때 우리는 바울이 서기로부터 펜을 받아 큰 필체로 서신을 마무리 하는 장면을 시각화 할 것이다. 로마서 말미에서는 바울이 자신의 인사 부분에 "이 편지의 기록자"(롬 16:22)로 언급된 대필자 더디오의 인사를 결합시키기도 하였으며. 또 다른 세 서신(고전 16:21, 골 4:18, 살후 3:17)에서는 편지를 갈무리하면서 서기의 펜을 넘겨받아 자신의 손으로 인사를 추가한 흔적이 나타난다. 바울은 데살로니가후서를 완성할 때까지 자신이 썼던 모든 서신에서 그러한 추가적인 기록에 관하여 언급했다. 서기가 받아쓰는 것은 실제로 매우 일반적인 관행이었기에, 이는 저자들의 독자적인 문체를 고려할 때에 염두에 두어야 할 매우 중요한 사안이었다. 왜냐하면 통상 속기 체계가 사용되었다 하더라도, 우리는 대필자가 어느 정도까지 수정하여 기록하였는지 결코 알 수 없기 때문이다. 하지만 갈라디아서에 있어서는 대필자가 이 편지를 썼는지에 대해 진중하게 의심해 볼 필요가 있다. 갈라디아서에는 문체가 전환하는 지점이 없기 때문이다. 바울이 갈라디아서를 직접 썼다면, "큰 글자"〔갈 6:11, "내 손으로 너희에게 이렇게 큰 글자로 쓴 것을 보라"〕를 언급할 만한 충분히 어려운 상황에서 썼다는 것을 알 수 있다. 이를 바울의 좋지 않은 시력으로 설명할 수도 있겠지만 그 증거는 희박하다. 큰 글자는 다름 아닌 바울이 손을 다친 적이 있다는 것에 대한 증거일 수 있다. 다친 손은 적어도 글자를 크게 쓰도록 할 수 있지만, 좋지 않은 시력은 보통 얼굴을 종이에 가깝게 대도록 만들기 때문이다. 여기에서 강조점은 "나의 이 손으로"〔my own hand〕에 있다. 이 어구를 약간 다른 방식으로 강조되는 것—'나의 부족한 손'〔my poor hand〕이라는 애처로운 언급—으로 이해하여 다른 누군가의 손이 아닌 자신의 손으로 쓰고 있다고 대조하는 보는 것은 너무 성급한 것일 수 있다.

밤빌리아의 버가에서 바울이—메시아를 십자가에 못 박았다는 바울의 고발에 분개한 유대인들에 의해—실제로 십자가에 못 박혔을 것이라는 제안은 너무나도 허무맹랑한〔fantastic〕 이야기라고 생각할 수도 있을 것 같다. 이것은 바울이 갈라디아를 방문하기 위하여 내륙으로 들어가기 직전에 일어나서, 청년 마가는 이로 인해 예루살렘 집으로 돌아갈 정도의 충분한 거리낌을 느꼈을지도 모른다

〔행 13:13〕. 열병이나 토로스 산〔Taurus〕의[29] 강도 이상의 무언가가 마가에게 영향을 주었던 것이다. 이러한 추측을 묵살하기 전에, 우리는 바울이 자신의 볼품없는 자신의 필체에 대해 언급하는 것〔갈 6:11〕과 동일한 맥락에서, 자신을 십자가의 박해로부터 몸을 사리고 있는 적들과 대비하고 있다는 사실을 철저하게 고려할 필요가 있다〔갈 6:12, "그들이 그리스도의 십자가로 인한 박해를 면하려 함뿐이라"〕. 그리고 거의 고통에 가까운 외침이 뒤따른다. "내게는 우리 주 예수 그리스도의 십자가 외에 결코 자랑할 것이 없으니 … **내가 … 십자가에 못 박혔다**(완료시제)"(갈 6:14). 이 표현은 메타포일 필요가 없다. 더욱이 여기에 바로 뒤이어 자신의 몸에 가진 예수의 흔적〔갈 6:17, στίγματα〕에 대한 언급이 나온다. 바울은 이방인들에게 육체의 고통을 가지고 복음을 전했고(갈 4:13), 그들은 바울을 마치 예수 그리스도를 받아들이듯 받아들였다. 갈라디아서에서 바울은 자신이 "그리스도와 함께" 십자가에 못 박혔다는 것을 상기시키면서, "그런데 나는 여전히 살아있다!"(갈 2:20)라고 덧붙였다. 우리는 계속해서, "오, 어리석은 갈라디아 사람아 … 예수 그리스도께서 십자가에 못 박히신 것이 너희 눈앞에 밝히 보이거늘!"(갈 3:1)이라는 진술도 읽을 수 있다. '내가 -함께 십자가에 달렸다'는 동사는 예수와 함께 십자가에 달린 강도들을 묘사하던 단어와 동일하다(συνεσταύρωμαι). 많은 논쟁을 불러일으켰던 그 유명한 바울의 "육체의 가시"(고후 12:7)는 바울의 이 십자가설과 일치한다. 마지

---

29. 버가에서 비시디아 안디옥으로 가기 위하여 넘어야 할 산—역주.

막으로 말하자면, 바울은 고린도 교인들에게 자신이 항상 주 예수를 죽음에 처하게 한 것을 자신의 몸에 짊어지고 다닌다고 이야기 했다(고후 4:10). 어떤 사람들은 이 모든 것이 메타포인지 의문을 품고 있다.

5. 사울의 여정과 관련한 구문

시제와 배려(행 14:37)

요한 마가라 하는 유대인 청년은 어떠한 이유로 〔바울의〕 첫 선교 여행에서 가장 위험한 순간에 바울을 떠나, 버가에서 북쪽으로 수백 킬로미터 떨어진—강도들이 출몰하는 고지대를 통과하여—갈라디아 지방으로 갔다. 바울이 두 번째 선교 여행을 계획할 때에, 요한 마가의 인척 바나바는 마가도 다시 데리고 가보자는 바람을 내비쳤다(행 15:37). 사도행전은 두 동료 사이의 갈등이 깊어 함께 동행 할 수 없었다고 기술한다(행 15:39).

하지만 사도행전의 저자가 바나바의 심리를 정확하게 이해하고 기록한 것이라면, 요한 마가를 데리고 가자는 바나바의 제안은 그저 머뭇거리는〔tentative〕 제안이었다. 보통 부정과거시제가 사용되고 있는 곳에서의 미완료시제(행 15:37)는 중요한 의미를 지닌다. "바나바가 원했다〔wanted〕"는 것은 '바나바가 -할 마음이 있었다' 내지는 더 좋은 번역으로 '바나바는 -할지 말지 고민했다'는 것을 의미한다. 미완료는 이러한 의미로 빈번하게 사용된다.

바나바의 바람이 실제로 부정과거시제나 현재시제가 아닌 미완료시제로 보고되고 있기 때문에, 이 미완료시제는 매우 중요하다. 바나바는 '요한 마가를 데려갈지 말지' 고민했다. 즉, 바나바는 요한이 항상 동행할 것이라고 생각했던 것이 아니다.[30] 그러한 의미는 현재부정사가 보여주었을 것이다. 이 모든 상황이 배려심 있게 제시되고 있는데 바울의 대답 역시, 시제에서 볼 수 있듯이 완곡했다. 미완료 ἠξίου〔행 15:38〕는 바울이 단지 '부탁했다'는 것을 의미하기에 강압은 없었다고 볼 수 있다. 바울이 결과를 바라보며 했던 말이라면 신약의 많은 예들과 같이 부정과거시제를 사용했을 것이기 때문이다. 바울은 자신이 주저하는 이유에 대하여 충분히 설명한다. 곧, 요한 마가는 "밤빌리아에서 자기들을 떠나 함께 일하러 가지 않았다." 여기에 바울의 부탁이 따라 나온다. "마가를 항상 데리고 다니지는 말자." 이때 바울은 바나바가 쓴 것과 같은 동사〔συμπαραλαμβάνω〕를[31] 사용하면서도 바나바가 사용한 부정과거시제〔συμπαραλαβεῖν, 행 15:37〕를 현재시제〔συμπαραλαμβάνειν, 행 15:38〕로 바꾸었다. 왜냐하면 바울은 요한 마가를 계속해서 혹은 규칙적으로 데리고 다니는 것을 염두에 두고 대답했기 때문이다. 바울은 그럴 필요가 없다고 생각했다. 아마도 바울은 청년 마가에게 휴식을 준 이후의 여행에서 그를 데려갈 의도였을 수도 있다. 이것 외에 다른 어떤 설명도 사도행전 15:38에서 사용된 현재부정사로의 두드러진

30. 마가를 고정 멤버로 생각하지 않았다—역주.

31. '데리고 가다'는 뜻으로 앞에서 바나바가 미완료시제로 사용했던 '원하다'와는 다르다—역주.

변화를 적절하게 설명하지 못한다. 약간의 글자를 삽입하는 것을 포함하여 변화는 그리 크지 않다(συμπαραλαβεῖν에서 συμπαραλαβάνειν). 바나바는 아마 그 미묘함을 놓쳤을 것이다. 어찌되었든 간에, 처음에는 합리적이고 서로 주저했던 의견 차이가 결국은 "폭발"(παροξυσμὸς)했다. 이는 오래된 동료가 결별할 만큼 매우 격렬했다. 저 폭발은 보통 바울의 기분파 기질과 완벽하게 일치하는 것으로 간주되며 바울의 태도는 용서하지 못하는 실수를 범한 것으로 비판을 받는다. 우리가 문법을 진지하게 고려하기를 원한다면, 전체적인 입장을 재고하여 바울이 적어도 상당히 배려한 것을 인정해 줄 필요가 있고, 필경 성급한 사람[바울]이 다른 조력자[실라]를 선택하여 그리스도인 형제들에게 주의 은혜에 부탁함을 받기 전까지 떠나지 않았던 동안에 분명히 교회의 파송을 기다리지 않고 마가를 데리고 구브로로 떠난 바나바에 대한 인정은 자제할 필요가 있다. 이 정도는 무엇이 옳은 일인지에 관한 관심과 문법적 진리 안에서 말할 필요가 있다.

일종의 명령과 같은 것(행 16:22)

바울과 실라가 두 번째 선교 여행 중 빌립보에 이르렀을 때에 확인할 수 있는 이해하기 힘든 한 가지 작은 요소는 누가의 섬세한 필치를 인정함으로써 해결할 수 있다. 바울과 실라는 어떠한 이유로 로마시민에 대한 불법적인 구타와 감금을 당국에 알리지 않았을까? 다음날 바울이 로마시민이라는 것을 주장하였을 때에, 관리자들이 긴장하며 직접 사과를 하기는 했지만, 이는 너무 늦은 것이었다. 평상시에 그는 매질을 원하거나 순교를 환영했던 것이 아니기에, 이후에 예루살렘에서도 자신의 로마시민 됨과 그 특권에 대하여 주장했던 것이다.

〔행 16장 맥락에서〕 바울과 실라가 사실 로마시민으로서의 신분을 알렸지만, 빌립보의 행정관이 거대한 상업적인 이익 앞에서 그들을 의도적으로 과하게 다루었다는 것이 대답이 될 수도 있을 것이다. 아폴로의 사제들은 말썽을 피우고 있는 두 낯선 자들에게 대한 강력한 행동을 요구했다. 저자 자신이 바울과 실라를 매질하라는 관리의 명령을 미완료시제로 표현한 것에 그 단서가 은연중에 나타난다(행 16:22). 헬라어 동사의 미완료시제가 요구나 명령에 사용되는 경우에는 늘 과거의 완료되지 않은 행동 개념을 함의하고 있다. 이 경우에는 말하자면, 시도는 하되 성취되지 않은 느낌이나 실행되어야 할 일에 대한 확신이 없다는 느낌을 전한다. 우리는 이것을 이미 바나바가 마가를 데려가야 하는지 '고민했던 것'과 바울이 그러기는 어렵다며 '주저하며 부탁'한 경우에서 확인했다. 빌립보의 관리자들이 간수에게 "그들을 매질해야만 한다!"라고 명령했던 것이 아니다. 간수는 〔로마시민에게 행하는〕 그것이 위법이라는 것을 알고 있었을 것이다. 이들이 했던 것은 간수에게 일종의 명령 같은 것, 즉 윙크 내지는 끄덕임과 같은 힌트를 주었던 것이다. '이 사람들에게 평소에 하던 대로 하라.' 저자 누가는 그들이 확실하고 단호하게 매질을 명령했다고 말하기를 신중히 회피했다. 누가가 사용했던 시제를 따르자면, 고발자〔아폴로의 사제들〕의 상업적인 이익을 만족시키기 위하여 그저 명령하는 것처럼 보일 뿐이기에, 엄

밀히 말하자면 아직은 로마법을 위반한 것이 아니었다. 관리들은 외교적 수완으로 내린 명령이지만 그 내키지 않은 명령을 그 간수가 눈치 빠르게 수행하지 않기를 바랐을 것이다. 다음날, 관리들은 매질하라는 명령이 문자적으로 성취되었다는 것을 듣고서, 놀라면서 수감자들을 풀어주라 명하였다〔행 16:37〕.

왜 바울은 애초에 간수에게 항의하고 형벌을 받기를 거부하지 않았을까? 항의를 하였지만 그 항의가 묵살되었을 것이라는 점은 거의 확실하다. 바울과 실라가 로마시민자라는 것을 알렸더라도, 우리가 추측하고 있는 것과 같이 그 상관이 은밀한 명령을 했던 것이라면 그 일은 무의미했을 것이다. 관리들은 간수에게 자신들의 책임을 떠넘기기를 바랐다.

이와 관련하여 사도행전 16:39("와서 권하여 데리고 나가 그 성에서 떠나기를 청하니")의 '서방'본문에 다음과 같은 긴 문장들이 추가되어 있는 것은 흥미롭다. 관리들이 "많은 동료들과 함께 감옥에 들어와, '너희는 무고한 자들이니, **우리가 너희들을 잘못 재판하였다**'라고 말하며 나오라고 간청하였다. '이 성을 떠나라. 우리가 당신들에 대해 행한 것에 대해 군중들이 소동을 일으킬 수도 있다.'"[32]

〔'너희들이 누구인지 몰랐다'고 하지 않고, "너희들은 무고한 자들이니"〕 "우리가 너희들을 잘못 재판하였다"라고 고백한 것은 앞서 우리가 제안한 것과 일치한다. 즉, 관리들은 어떤 방식을 사용하여 일부러 법

32. 쌍따옴표 처리된 부분이 모두 추가된 부분이다—역주.

을 어긴 것이지, 모르고 행동한 것이 아니었다는 말이다. 하지만 일반적인 번역("우리는 너희들과 관련한 일을 몰랐다")에 반하는[33] 이 번역에 대해 몇 가지 변호할 것이 있다. 〔서방사본의〕 ἀγνοέω는 '모르다'의 의미로 매우 자주 사용되기는 하지만, 폴뤼비오스나 다른 작가들은 이 단어를 "잘못 행동하다"는 의미로 사용하기도 했다. 사실 관리들이 몰랐다는 것은 설득력이 없는 변명이었기에, 이는 입지가 공고한 자들의 압박을 받아 행하여진 부당한 일에 대한 굴욕적인 사과로 볼 수 있다. Τὰ καθ' ὑμᾶς("너희들과 관련한 일," 말하자면 "너희들에 대한 재판")는 부사적인 역할을 하는 목적격으로, 이와 유사한 표현들이 바울의 저작들과 당대 그리스 작품들에 풍부하게 나타난다.[34] 베스도가 아그립바 왕 앞에서 "바울의 일"(행 25:14)에 관한 것을 알렸을 때게, 실제로 그 어구는 "법정에서의 재판"을 의미했던 것이 틀림없다.

사도행전의 '서방본문'의 정확한 가치에 대한 평가는 매우 상이하다. 이 서방본문은 개혁신학자 테오도레 베자〔Theodore Beza〕가 케임브리지대학교 도서관에 대거 기증한 매우 유명한 필사본이다. "서방"이라는 이름은, 본문전승의 초기에 본문의 확정적인 유형을 지칭하는 것이기에, 오해의 소지가 있다. 어떤 학자들은 이 사본이 실제 저자의 펜 끝에서 비롯한 사도행전의 본래 판본—아마도 본래 저자, 혹은 누군가가 개정하기 이전의 대략적인 초안—이라고

33. R. B. Rackham, *The Acts of the Apostles*, Westminster Commentaries, Methuen, 14th ed. 1951, 286.

34. Moulton-Howard-Turner, *Grammar*, vol. III. 14-15.

생각하고 있으며, '서방본문'의 많은 첨가 어구들은, 우리가 입증할 수 있는 한, 실제 누가 자신의 문체와 일치한다.

아그립바의 언변(행 26:28)

가이사랴에서 바울의 변증을 들었을 때에 아그립바 2세의 발언은 다양하게 이해되고 설명되어왔다. KJV에서 비롯한 "네가 나를 거의〔almost〕 설득하여 그리스도인이 되게〔become〕 한다"라는 문장은 원문이나 번역 중에 어딘가 분명한 오류가 있는 것으로 보인다. 이때 RV를 살펴볼 수 있다. 1881년, 영국 최고의 학자들이 모여 만든 RV에서는 "설득력이 거의 없는 것을 가지고 나를 그리스도인으로 만들려〔make〕 한다"라고 옮겼다. 어떤 차이가 있는가? 첫째, 지금까지 '거의'〔almost〕를 의미하는 관용구로 이해되어 왔던 ἐν ὀλίγῳ(문자적으로는 '적은'을 의미)라는 단어가 RV에서는 달리 번역되었다. 즉, RV에서 ἐν은 문자적으로 '-에서'가 아닌 '-을 수단으로'를 의미하는 도구의 ἐν으로서, 이 어구는 "적은 것을 수단으로 삼아"의 의미로 옮겨졌다. 하반절에는 더욱 큰 변화가 나타나는데, 이 변화는 RV에서 KJV의 번역가들이 사용할 수 없었던 더욱 우수한 사본에 바탕을 두면서 발생했다. 이 구절에 있던 본래 '-을 만들다'(ποιῆσαι)는 단어는 신약성경의 가장 초기 전승 과정에서 필사자들에 의해 '-이 되다'(γενέσθαι)로 대체되었다. 왜냐하면 '-이 되다'는 것이 이해하기 더욱 쉬웠기 때문이다.[35] 1961년 NEB 제작자

35. 이해하기 어려운 것이 원독법이라는 것은 사본학의 기본 원리이다—역주.

들은 '되다'는 단어가 현대 영어에 적절하게 어울렸음에도 불구하고, RV의 번역을 실질적으로 고치지 않았다. "너는 나를 설득하여 나를 그리스도인을 만드는 데에 많은 것이 필요하지 않다고 생각하는구나." 그렇다면 아그립바 왕의 이 유명한 표현에 더 이상 어떠한 문제도 없을 것이라 생각할 수 있을까? 이 번역이 헬라어 구문에 다음과 같은 폭력을 행사하는 동안에는 아니다. 헬라어는 문자적으로 다음과 같이 읽힌다. "적은 것으로 너는 나를 설득하여 〔누군가를〕 그리스도인을 만들게 한다."[36] 따라서 RV를 정당화하고 더더욱 NEB을 정당화하기 위해서는 헬라어 원문에 조악한 조작('네가 만들다'는 동사를 수동태로 '네가 만들어진다'로 수정하는 것)을 가해야 한다. 왜냐하면 이러한 헬라어 구조는 분명히 두 번역위원회〔RV와 NEB〕에서 번역될 수 없는 성질의 것이기 때문이다. 따라서 이들의 번역에는 원문에 대한 어떠한 문법적인 해석과도 관계없는 의견들이 반영되었다.

이 문법적인 문제에서 벗어나는 한 가지 방법은 "〔누군가를〕 그리스도인을 만들다"는 헬라어 어구를 다소 다른 의미, 곧 '그리스도인으로 역할하다'〔play a Christian〕, 사실상 '그리스도인이 된다'는 뜻으로 번역하는 것이다.[37] 이는 선례가 있다. 헬라어 성경 번역자들

---

36. 이는 바울이 아그립바를 그리스도인 만든다는 뜻이 아니라, 바울이 아그립바를 설득하여 누군가를 그리스도인 만들게 한다는 의미가 된다—역주.

37. *Lake and Cadbury in The Beginnings of Christianity*, vol. IV, 323을 따라, F. F. Bruce's Tyndale Press Commentary (1951)과 New Peake's Commentary (1962)에서 수용되었다.

은 열왕기상 21:7의 히브리어 본문의 의미가 '왕을 만들다'가 아닌 '왕으로 역할하다'임에도 '왕을 만들다'라는 헬라어 구문을 사용하여 옮겼다("그리스도인"이라는 단어의 위치에 "왕"이라는 단어가 있을 뿐이다). 매우 후대의 그리스 문학에서도 '왕을 만들다'는 어구가 다시 "왕으로 역할하다"는 의미로 나타나지만,[38] 바울 당대의 작품 안에서는 이와 같은 관용구가 발견되지 않는다. 만일 바울 시대에 '왕을 만들다'〔ποιῆσαι〕는 어구를 가지고 자동사적 의미로 '왕으로 역할하다'를 표현하는 것이 있었다면, 〔행 26:29에서〕 바울이 아그립바에게 대답할 때 (수동태인 γενέσθαι가 아닌 자동사인 ποιῆσαι를 사용하여) "나는 하나님께 네가 **나의 역할하기를**〔play my part〕 구한다"〔행 26:29〕라고 대답했었을 것이다.[39] 따라서 바울이 사용한 γενέσθαι('되다' 혹은 '만들어지다')는, 능동태이면서 자동사는[40] 아닌 ποιῆσαι('-을 만들다')의 수동태적 의미인 것이 분명하다.[41]

칠십인역의 증거가 그렇게 인상적이지는 않다. 칠십인역의 사무엘서와 열왕기서는 문자적인 번역과 효과적이지 않은 번역으로 악명 높으며, (바티칸 사본과 하나의 필기체 사본에만 나타나는) '왕으로 역할하다'는 일반적으로 통용되는 마소라 본문이 아닌 더욱 초기의 히브리어 구약성경에 대한 문자적인 번역이라는 것에는 의

38. 이때 "왕으로 역할 하다"는 의미에서 ποιῆσαι(만들다)는 자동사이다. 이때 자동사는 동사의 동작이 주어에게만 미치는 동사를 뜻한다—역주.
39. 왜냐하면 앞 구절인 행 26:28에서 아그립바가 ποιῆσαι 동사로 묻기 때문이다.
40. 이때 자동사는 동사의 동작이 주어에게만 미치는 동사를 뜻한다—역주.
41. 즉, '-으로 역할 하다'라는 의미가 아님이 분명하다는 것이다—역주.

심의 여지가 없기 때문이다. 마소라 본문은 "통치권을 수행하다"(알렉산드리아 사본과 몇몇 다른 루키아누스판과 헥사플라판에서 발견된다)라는 읽기—우리가 현재 가지고 있는 히브리어 본문에 대한 문자적인 번역—를 반영하고 있다. 문제는 이러한 것들이 문자적인 번역으로서 관용적인 헬라어 구문으로 볼 수 있는 근거가 없다는 것이다. 비잔틴 시대의 작가들에게서 발견되는 다른 증거들은 사도행전의 저자 누가보다 수세기 이후의 것들이기에 누가의 문체를 해석하는 데에 있어서 상대적으로 가치가 거의 없다. 특히, 누가가 고전 헬라어의 적법한 문법을 사용했을 이유가 없다. 바울은 왕 앞에서 당당하게 변호를 하고 있고 바울의 어조는 가장 고조된 상태이다. 이러한 연설에서 유일하게 발견할 수 있는 확실한 증거는 과장된 톤으로 인해 "세련된" 것으로 불리곤 했던 고풍스러운 희구법뿐이다. 바울은 "제가 기도하기를 원하나이다"(행 26:29)라고 말했다. 따라서 여기에서 추측할 수 있는 것은 아그립바의 발언이 구어체 관용어—당대의 헬라 문학작품에서는 어디에서도 찾아볼 수 없다—가 아니라 로마에서 교육을 받고, 클라우디우스 황제와 친밀했으며, (우리가 역사가 요세푸스의 기록을 믿을 수 있다면) 언변의 양식〔style〕에 있어서는 투퀴디데스를 회상시킬 만큼 매우 고전적인〔classical〕 사람의 철저하게 정확한 발언이라는 것이다.

이 철저하게 고전적인 문장은 문법학자들에게 잘 알려져 있다. 문장의 주동사가 목적어를 가지고 있고, 동시에 이 목적어가 주동사에 의존하고 있는 부정사의 목적어도 된다면, 그 목적어는 명사이든 대명사이든 간에 부정사절에서 반복되지 않는다.[42] 아그립바의 언변의 구조가 정확히 그러하다. "너는 나를(주동사의 목적어) 설득하려 한다(주동사). 네가(부정사의 주어로서 주동사의 주어와 같음. 부정사절에서 반복되지 않음. 이는 고전적인 문체와 일치함) 나를(주동사/부정사의 목적어. 고전 헬라어의 부정사절에서 반복되지 않음) 짧은 시간에(혹은 쉽게) 그리스도인을 만들도록(주동사에 의존하는 부정사)"〔You are trying to persuade me that (you) have made (me) a Christian in a short time〕. 크세노폰의 『회고록』〔*Memorabilia*, I. 2. 49〕에 정확한 병행구가 나타난다. 여기에서 그리스의 역사가는 아그립바가 사용하였던 바로 그 동사(ποιῆσαι)로 소크라테스를 묘사하고 있다. "소크라테스는 … 그의 제자들(주동사의 목적어)을 설득하려 한다(주동사). 그(주어. 언급되지 않음)가 그들을(목적어. 헬라어에서 언급되지 않음) 그들의 조상들보다도 더욱 지혜롭게 만들기 위해."

이것을 표 형식으로 보는 것은 아그립바의 언변이 어떻게 고전적인 패턴을 가깝게 따르고 있는지를 평가하는 데에 가장 쉬운 방법이라 생각한다.

42. 예를 위해서는, Kühner-Gerth II, §476.2 fin를 보라.

저자	주절			
	주어	주절 동사	주동사의 목적어 (헬라어에서 표현됨)	종속절과의 연결 (헬라어에서 필요하지 않음)
누가 (행 26:25)	You 네가	are trying to persuade 설득하려 한다	me 나를	that - 하도록
크세노폰 (Mem. I. 2. 49)	Socrates 소크라테스가	are trying to persuade 설득하려 한다	his disciples 그의 제자들을	that - 하도록

저자	종속절			
	주어 (주절의 주어와 같기 때문에 헬라어에서 표현되지 않음)	종속절 동사 (부정사)	목적어 (주절의 목적어와 같기 때문에 헬라어에서 표현되지 않음)	술부
누가 (행 26:25)	You 네가	have made 만들다	me 나를	that 짧은 시간 안에 그리스도인을
크세노폰 (Mem. I. 2. 49)	Socrates 소크라테스가	will make 만들 것이다	them 그들을	wiser than their fathers 그들의 조상들보다 지혜로워지도록

[행 26:25와 크세노폰의 『회고록』 I. 2. 49 비교]

제4장
사도 바울

1. 실제적인 권면

결혼과 이혼(고전 7:10-16)

많은 고린도교회 회심자들에게 결혼 상태를 계속 유지해야 하는지는 굉장히 어려운 문제였다. 바울은 〔주께 받은 말씀이 아닌〕 영감을 받은 사도로서 이 문제에 대한 지침을 주고 있다.

일반적으로 (마 5:32와는 달리) 배우자가 부정을 저질렀다 하더라도, 남자는 자기 아내와 이혼해서는 안 되며 여자도 마찬가지였다〔고전 7:10-11〕. 또한 어떤 경우에라도 배우자가 살아있는 한 재혼해서도 안 된다. 짐작컨대 이 가르침들은 예수의 가르침에 따른 것으로,[1] 두 배우자 모두 그리스도인인 경우에 한한 것으로 보인다. 그럼에도 불구하고 어떤 그리스도인들은 예수를 믿지 않는 배우자

1. 고전 7:10, "명하는 자는 내가 아니요 주시라"—역주; 막 10:9, 눅 16:18. 본서의 2장 130-131쪽을 보라.

로 인하여 결혼 생활에 어려움을 겪었을 수도 있고 믿지 않는 배우자가 이혼을 요구하였을 수도 있다. 바울은 이러한 경우에만 갈라섬을 허락한 것 같다. 하지만 그렇다 하더라도 이혼을 바라지는 않은 것 같다. 바울은 이들의 화합의 가능성에 강조점을 두고 있다. 믿지 않는 배우자도 그리스도인인 배우자로 인하여 적어도 잠재적으로나마 하나님과 관련되어 있기 때문이다〔고전 7:14〕. 그리스도인-비그리스도인 사이의 결혼 안에 있는 자녀들 역시도 그리스도인의 교제의 축복을 누릴 수 있었다.

따라서 어떤 점에서는 화합이 목표다. 그렇지만 믿지 않는 배우자가 결혼 관계를 청산하고자 한다면, 양측은 이혼하고 자유롭게 재혼할 수 있었다〔고전 7:15〕. 겉으로만 연합을 유지하는 것은 의미가 없었다. 더욱이 바울은 믿지 않는 배우자를 그리스도인으로 회심시킬 가능성이 매우 희박하다고 생각했다. 이 부분〔고전 7:16〕을 바른 문법을 적용하여 번역하면 다음과 같다. "네가 네 배우자를 구원할는지 어떻게 아느냐?"[2] 하지만 다음과 같이 이해해서는 안 된다. "네가 네 배우자를 구원하지 **못할는지** 어떻게 아느냐?"[3]

바울은 부부가 갈라설 수 없다는 주의 말씀이 믿지 않는 자와의 결혼 관계에는 적용되지 않는다고 이야기한다(고전 7:12, "그

2. 구원 못 할 수도 있다는 의미. 하나님께서 화평하도록 부르셨는데, 당신은 배우자가 그리스도인이 될 것이라는 불확실한 가능성으로 인해 화평을 깨고 있지는 않은가? 화평하지 않다면 이혼해도 된다는 의미—역주.
3. '아마도' 혹은 '어쩌면'에 해당하는 의미로 하나님이 구원하실 수 있으니 조금 불편하더라도 참으라는 의미를 전한다—역주; 이러한 느낌은 RSV, NEB 및 다른 번역본들이 제시하고 있다.

나머지 사람에게 내가 말하노니 [이는 주의 명령이 아니라]"). 그럼에도 불구하고, 그리스도께서 믿는 자들 사이에 결혼한 기독교인들만을 위하여 〔이혼 금지〕 법을 제정하셨다고 보기도 어렵다.

앨포드〔Alford〕는 고린도전서 7:16의 참된 번역이 14세기의 니콜라우스 뤼라누스〔Lyra〕에게서 기인하는 것으로 보았고, 이후 1614년에 로마가톨릭 학자 에스티우스〔Estius〕와 마이어〔Meyer〕, 드 베터〔De Wette〕, (로마가톨릭의) 비스프링〔Bispring〕이 그 번역을 채택한 것에 주목했다. 어떤 주석가들은[4] 여전히 〔이혼이 가능하다는 것을 말하고 있는〕 고린도전서 7:15가 14절과 16절 사이에 삽입된 것으로 간주하기도 하지만, 15절에서 새로운 주제가 나타나 15-16절을 하나의 단위로 보는 것이 더욱 자연스럽기에 15절을 꼭 삽입절로 여길 필요는 없다. 앨포드는 〔16절의〕 헬라어 단어들의 어순이 자신의 해석을 지지하고 있다고 보았다. 왜냐하면 〔7:16의 두 문장에서〕 "남편"과 "아내"가 각각 문장의 강조되는 위치에 나타나기 때문이다. 이에 따른 이 문장의 의미는 다음과 같다. "아내여, **남편을** 회심시킬 수 있을지 네가 어떻게 아느냐?"

여기에서 분명하게 거부할 수 있는 것은 라이트풋과 핀들레이〔Findlay〕가 칠십인역에 근거하여 "구원 **못할는지**"라는 번역을 정당화하려는 시도이다.[5] 구약 칠십인역에는 고린도전서 7:16과 유사한 어구가 나타나는데, 이는 '아마도' 내지는 '어쩌면'(문자적으로

4. E.g. E. Evans in the Clarendon Bible.

5. J. B. Lightfoot, *Notes on 1 Corinthians i-vii*, Macmillan, 1895; G. G. Findlay, Expositors' Greek Testament, Hodder, 1895.

는 "누가 아느냐?")을 표현하고 있는 히브리어를 번역한 것이었다.[6] 이 어구가 바울의 것과 비슷하기는 하지만 동일한 것은 아니기에 칠십인역에서 유래했다고 볼 필요는 없다. 바울은 '누가 아느냐?'〔Who knows?〕라는 히브리어 관용구가 아니라, '네가 무엇을 아느냐'〔What do you know?〕라고 말했다. 또한 '어떻게'〔how〕는 '무엇'〔what〕이 아니기에 "어떻게 아느냐?"라는 번역이 오역이라고 반대할 수도 있다. 하지만 헬라어 τι(무엇)는 실제로 '어떻게'〔how〕를 대신하여—τι는 빈번하게 사용되는 의미인 '왜'〔why〕와 크게 다르지 않다—사용되곤 한다.[7]

뤼라누스 이전 수세기 동안, 그리고 그 이후에도 당연하게 간주되어 왔던, 바울의 가르침에 대한 오역은 사도의 가르침을 문자적으로 고수하려고 했던 켄트의 성녀 베르타〔Bertha〕나 메로빙거 왕조의 클로틸다〔Clothilda〕와 같은 많은 그리스도인 배우자에게 불행이 되었다.[8] 다행히도 이 여성들은 믿지 않는 배우자를 회심시킬 수 있었다. 하지만 다음과 같은 참된 이야기를 듣는 여인들도 있을 것이다. "네가 남편을 구원할 수 있을지 어떻게 아느냐?"[9]

---

6. F. Brown, S. R. Driver, C. A. Briggs, A Hebrew and English Lexicon, Oxford, 1906, s.v. מָן f. (d). 특히 에스더 4:14("네가 왕궁에 들어온 것이 이 때를 위함인지 누가 알겠느냐?"는 "아마도 네가 …"를 의미한다.

7. 칠십인역 호세아 11:8 "어떻게(τι) 내가 너를 포기하겠느냐?"(두 차례).

8. "네가 네 남편을 구원하지 못할지 어떻게 아느냐?"를 고수했다는 의미. 즉, 불화가 있더라도 하나님께서 구원하실 것이니 이혼하지 말고 견디라는 의미—역주.

9. 즉, 하나님이 구원하실지 알 수 없으니 결혼으로 인해 화평을 깨는 경우에는 이혼해도 좋다는 의미—역주.

심지어 바울의 가르침이 정확하게 번역되었을 때에도, 바울의 전체적인 입장은 불충분하기에 현재의 상황에 적용되기는 어렵다. 우리 사회의 대부분의 사람들은 결혼 후에 그리스도인이 되어서 믿지 않는 배우자라는 짐을 진 그리스도인이 되었다고 주장할 수도 있다. 또한 대부분의 모든 믿지 않는 배우자들은 그리스도인과 다른 멍에를 메고 있다고 주장할 수도 있다. 이 주장이 진척된다면 교회는 성경적으로 이혼을 막지 못할 것이다. 기독교인은 어떻게 정의될 수 있는가? 공인된 교회의 등록 교인? 교회를 다니는 사람? 바르게 하나님을 경외하는 사람? "할 수 있다면 화합하라. 그것이 가능하지 않다면 너의 자유를 제한하지 마라"라는 매우 일반적인 의미의 가르침이 아니라면, 지금은 바울의 말들이 영향을 줄 수 있었던 시대로부터 오랜 시간이 흘렀다. 그렇기는 해도, 저 구절은 현재 이혼이 허용된다는 진술 이상의 것을 말하고 있다.

"자유롭게 될 수 있는 기회를 잡아라"(고전 7:21)

잘 정립된 문법 원리들은 헬라어에서 명령문의 용법을 통제한다. "부정과거 명령법은 구체적인 경우에 있어서 행동에 관한 가르침에 어느 정도 제한된다. … 반면 현재 명령법은 무언가를 지속적으로 하라고 명령하거나 계속적으로 하라는 명령을 담고 있다."[10]

이 문법 원리는 노예제도에 대한 바울의 가르침에 관련한 오래

10. Moulton-Howard-Turner, *Grammar*, vol. III, 74.

된 문제를 해결해 줄 수 있다. “네가 종으로 있을 때에 부르심을 받았느냐? 염려하지 말라. 그러나 네가 자유롭게 될 수 있더라도/있다면, 그것을 이용하라”(고전 7:21). 안타깝게도, KJV의 친숙한 단어들은 두 가지 방식으로 이해될 수 있다. 즉, “이용”이라는 단어의 목적어인 “그것”이 “자유” 혹은 “종” 모두를 가리킬 수 있다는 것이다. “비록 너희에게 자유롭게 될 수 있는 기회가 주어지더라도, (하나님의 영광을 돌리기 위하여) 너의 종 됨을 이용하라.” 혹은, “만일 너희에게 자유롭게 될 수 있는 기회가 주어진다면, 그 기회를 이용하라.” 첫 번째 해석은 “어디에서 부르심을 받든지 모든 사람은 동일한 부르심 안에 있는 것이다”〔고전 7:22〕라는 인접한 문맥에서 바울이 독자들에게 촉구하고 있는 내용과 잘 어울린다. 이것은 시리아어 페쉬토〔Peshitto〕의 해석이기도 하다. “너희는 종이 되기를 스스로 선택하라.”

크뤼소스토모스는 두 번째 해석에 관하여 알고 있었겠지만 소위 “바울의 방식”을 근거 삼아 첫 번째 해석을 선택하였다. 물론 후자가 현대의 해석에 더욱 부합하기는 하지만, NEB가 전통적인 해석을 난외주로 내려버리고 본문에서는 두 번째 해석을 택하였다는 것은 놀랄만하다. “너희에게 자유롭게 될 수 있는 기회가 주어진다면, 그 기회를 취하라.” 어떤 이들은 이 번역이 “너희에게 자유롭게 될 수 있는 기회가 주어진다 하더라도”라고 번역될 수 있는 헬라어 조건절의 불변사를 무시한 것이라고 생각했다. 다른 측면에서 말하자면, 이 두 번째 번역은 명령법에 사용된 문법적인 시제를 충분히 반영하고 있다고 볼 수 있다. 바울이 그들에게 종으로서 하나님께 영광을 돌릴 그들의 기회를 계속 사용하라고 충고하고 있는 것이라면 현재 명령법이 필요했을 것이다. 하지만 바울은 부정과거 명령법을 선택하여 명령했다. “너희들의 기회를 잡으라!”

조건 불변사에 관한 정확한 의미에 관한 문제—즉, ‘만일’인지 ‘비록’인지—는 실제로 이 논의와 관련이 없다. 왜냐하면 εἰ καὶ는 두 가지 의미를 모두 취할 수 있기 때문이다. 그렇기에 우리는 다른 문법 요소와 문맥에 의존해야 한다.

2. 그리스도인의 연합

하나의 떡은 우리의 하나 됨을 나타낸다(고전 10:17)

“많은 수의 우리는 한 떡이자 한 몸이기에”〔For we, being many, are one bread, one body〕.[11]

이렇게 바울의 글을 해석하는 것은 일반적인 방식이지만 이는 문법 규칙에 필요 이상으로 얽매여서 의미가 부자연스러워진 경우로 보인다. be 동사를 보충하는 것은 적법하다. 헬라어에는 여기에서의 are에 상응하는 것이 나타나지 않지만,[12] 바울은 단순히 계사로서의 be 동사는 생략하기도 하며, 때로는 계사 이상의 의미를 지닌 경우에도 생략하기 때문이다. be 동사가 강한 의미〔there is: 있다〕

11. “떡이 하나요, 많은 우리가 한 몸이니”(개역)—역주.
12. 헬라어 원문에는 “we are”를 의미하는 be 동사가 나타나긴 하지만, 저 번역에서와 같이 “우리”를 “한 떡”과 연결시키는 계사가 아니다—역주.

를 가지고 있음에도 불구하고 생략한 경우로는 데살로니가전서 5:3("평안함과 안전함이 **있다**")과 그 외의 30여 곳의 본문을 생각해볼 수 있다.

고린도전서 10:17에 나타난 그리스도인의 연합에 대한 진술에서는 생략된 것이 계사 이상의 의미를 가진 것('-가 있다')으로 이해된다면 이해하기 쉽다. 그러면 다음과 같이 읽을 수 있을 것이다. "하나의 떡이 **있기** 때문에, 많은 수의 우리들은 하나의 몸이다." 바울은 고린도교회의 신자들이 주의 떡과 잔 안에서 그리스도와 이미 연합했다는 것에 근거하여 우상과의 관계를 끊어야 한다고 추론한 것이다. 어느 누구도 주와 마귀를 동시에 관계하고 있을 수 없다. 여기에 이분법이 있다. 즉, 여기에는 주의 가족과 마귀의 가족, 두 그룹이 있는데 각각의 그룹은 각각의 신과 유대관계가 있으며, 그 안에서 끈끈하게 묶여 있다. 하나의 떡이라는 것은 이 점을 상징한다. 하나의 떡이 있기에 주의 식탁으로 모이는 많은 신자들은 한 몸이다. 이것은 그들이 하나의 떡이라는 것을 의미하는 것이 아니다. 더욱 정확한 것은 RV의 난외주의 독법이다. "하나의 떡이 있는 것으로 볼 때, 많은 수의 우리는 하나의 몸이다." RV 번역자들이 be 동사를 삽입한 번역에 대해 주저하고 있는 이유는, 어쩌면 문법적인 반대, 곧 바울이 자신의 서신에서 30여 차례 그러한 be 동사를 생략한다는 것을 알지 못한 채, 연결사가 아닌 be 동사를 생략하는 바울의 습관에 탓을 돌리는 것에 대한 어떤 불안감으로부터 기인한 것일 수도 있다.

몸의 지체들을 죽이라(골 3:5)

골로새서 저자가 자신의 지체들을 호격으로 부르고 있다는 것이 과장된 것처럼 보이기는 하지만, 또 다른 대안을 생각하기도 쉽지 않다.

골로새서 3:5의 일반적인 번역에서는 "땅 위에 있는" 우리 몸의 지체들을 언급하고 있는데, 이 지체가 "음란과 부정과 사욕과 악한 정욕" 등으로서 열거되는 것을 볼 때에, 정확한 번역이라고 하기 어렵다. 몸이 가지고 있는 그러한 결점들의 존재를 몸의 지체라고 부르고 있는 이 번역이 만족스럽지 않기에, 어떤 사람들은 일반적인 번역들과는 달리 "지체들"을 호격으로 보아 바울이 마치 자신의 몸에게 말하고 있는 것으로 제안하고 싶어 한다.

그 제안은 다음과 같이 귀결한다. 즉, "지체"를 수식하는 형용사절("땅 위에 있는")은 명사절("땅 위에 있는 것들")이 되어서 "극복하라"라는 명령문의 대상이 된다. 이 구절은 다음과 같이 읽힌다. "나의 몸의 지체들아, 땅 위에 있는 것들, 곧 음란과 부정과 사욕과 악한 정욕을 극복하라." 이러한 번역이 문맥에서 "지체들"을 그리스도의 몸 된 지체로서 이해하는 것이 골로새서 문맥에서 더욱 의미 있을 것이다. 바울은 일반적인 그리스도인들과 특정한 독자들을 염두에 두었을 것이다. "너희는 〔그리스도의〕 몸의 지체들로서 땅 위에 있는 것들을 죽여야 한다."[13]

---

13. Charles Masson은 "지체들"이 호격으로 간주되어야 한다는 제안을 하면서, 이를 교회라는 몸의 구성원들로 이해했다. *Commentaire du Nouveau Testament*, Neuchatel and Paris, 1950, in loc.

3. 유대교의 변절자들

모든 것에도 불구하고 죄인들(롬 2:27)

헬라어 전치사는 그 기본적인 의미를 잃지 않는 선에서 문맥 내에서 부가적인 뉘앙스를 전달한다. 이를 놓친다면 아쉬운 주해만큼이나 아쉬운 번역을 낳게 될 것이다.

이 지면에서는 보통 '통해서'라고 번역—공간이든 시간이든—되는 (속격과 함께 사용되는) διά에 대해 논하려 한다. διά는 어떤 문맥에서 '-에도 불구하고'〔in spite of〕를[14] 의미할 수 있다. "그는 **고통을 통하여**〔through: διά〕 그의 영광으로 들어갔다"라고 번역하고 있는 영어 문장은[15] 이 전치사가 어떻게 '-에도 불구하고' 내지는 '-에 직면하여'라는 파생적인 의미를 전달 수 있는 지를 보여준다. 이는 헬라어에서도 마찬가지이다. 로마서 2:27에서 바울의 유대인들에 대한 고발 장면은 중요한 예시가 된다.

KJV에 따르면 바울은 다음과 같이 이야기한다. "또한 본래 무할례자가 … 문자〔성경〕와 할례로〔by〕 율법을 범하는 너를 정죄하지 아니하겠느냐?"〔롬 2:27〕[16] 하나님께서 주신 성경과 모세의 규례들로〔by〕[17] 율법을 범할 수는 없기에, 우리는 여기에서 διά를 '-으로'〔by: 혹은 "-에 의해"〕나 '-을 수단으로'로 번역해서는 안 된다. 그보다

14. 문맥에 따라서 '-을 무릅쓰고'라고 번역할 수도 있다—역주.
15. 히 2:10을 가리키고 있다—역주.
16. 개역성경에서는 "율법 조문과 할례를 가지고"라고 번역되었다—역주.
17. 말하자면, '-을 수단으로'—역주.

도, 우선적으로 '통해서'라는 의미를 가지고 있는 이 헬라어 전치사는 여기에서 '-에도 불구하고'라는 파생적인 의미를 갖는다. 이 번역이 완벽한 의미를 전달한다. "네가 가진 문자(즉, 성경)에도 불구하고, 네가 행한 할례에도 불구하고, 너는 율법을 범한다."

KJV는 로마서 2:27에서는 이를 놓쳤지만, 이와 병행되는 곳(롬 4:11, "무할례를 통하여〔διά〕")에서는 이 점을 파악했다. 즉, KJV는 로마서 4:11에서 διά를 '-에도 불구하고'의 의미로 간주하고, "무할례에도 불구하고"[18] 라고 번역하였다.

이와 같이 로마서 2:27에서도 KJV 번역자들이 διά를 그렇게 번역했다면 좋았을 것 같다. 로마서 초반부에 나타나는 기본적인 논의는 단지 이방인들뿐 아니라 유대인들 역시, 많은 이점과 특권들을 가졌음에도 불구하고, 죄를 범하였다는 것이기 때문이다.

유대인의 나음(롬 3:9)

유대인인 바울은 하나님의 시각에서 이방인들에 대한 유대인들의 이점을 이야기하고자 할 때에 다음과 같은 명제로 시작한다. "그러면 무엇인가? 우리가 그들보다 더 나은가〔προεχόμεθα〕?"(롬 3:9, KJV).

이 번역은 라틴 불가타에 기초하고 있는데, 좋은 번역이라 할 수 있다. 그런데 필드〔Field〕와 개정판 역자들은 본〔Vaughan〕과 올스하우젠〔Olshausen〕의 의견을 반영하여 그 동사〔προεχόμεθα〕를 수동태로

18. 개역성경에서는 "무할례자로서"라고 번역되었다—역주.

보았고, 정확히 반대 의미에 도달하여 불필요한 논의를 복잡하게 형성시켰다. "우리가 능가되는가?"("Are we excelled?). 본은 이 동사의 수동태가 "가장 유별난(unusual), 아마도 특별한(perhaps unique)"이라는 의미를 가지고 있다고 생각했기에 능동태로 나타나기를 기대했을 것이다. 안타깝게도 본은 바울이 이때 수동태가 아닌 중간태—물론 능동태의 뉘앙스로('뛰어나다')—를 사용했을 수도 있다는 것을 놓친 것 같다.

지금은 학생들이 거의 사용하지 않는, 그림-세이어(Grimm-Thayer) 사전은 하찮은 규칙들을 찾는 것을 견디지 못한다. "이 중간태 단어가 능동의 의미로 어떤 곳에서도 사용된 적이 없더라도 당면한 단락(로마서 3:9가 속한 단락) 내에서 그렇게 사용되었다는 것에 반대하는 이는 아무도 없다. 아주 많은 사람들의 마음에 들고 문맥에 명백하게 부합하는 해석에 대해서는 어느 누구도 반대하지 않는다." 그림-세이어는 "아주 많은 사람들" 안에 샌데이(Sanday)와 헤들람(Headlam)이 "고대와 현대의 주요한 주석가들"이라고 부른 사람들 및 이전 세대의 벵엘(Bengel)뿐 아니라 웨스트코트(Westcott) 주교와 앨포드(Alford)까지도 같은 부류에 넣었던 것 같다. 결국 그림-세이어 사전은 그 이름도 유명한 본과 필드, 샌데이-헤들람 이르는 학자들의 반대편에 서게 되었다. 본이 이 수동태의 의미를 "아마 특별한"(perhaps unique)이라고 간주했던 것은 이상하다. 필드는 플루타르코스의 글에서 한 예를 발견했지만, 이 이집트 파피루스에는 저 동사의 중간태나 수동태의 예가 나타나지 않는다. 하지만 본과 올스하우젠은 그 동사가 수동태라고 주장하면서 어떻게든지 능동태나 중간태를 전제한 번역에 이르고자 했다. "우리가 선호되는가?"〔Are we preferred?〕. 이들은 문맥이 그러한 의미를 분명하게 지지하고 있다고 느꼈는데, 이것은 필드가 간과한 것이었다.[19] 그림-세이어 사전에서 이 단어가 능동태의 의미로 사용된 중간태의 예들을 제시하고 있지는 않지만, 신약성경에는 중간태 형태로 능동태의 의미를 지칭하고 있는 용례가 매우 많이 나타난다. 실제로, 중간태는 그와 동일한 의미로 능동태 형태가 나타나는 바로 그 문장 안에서 사용되곤 한다. 신약성경 저자들의 중간태 이해는 능숙하지 않았지만, 어느 정도 고전 헬라어의 관례로서 중간태를 사용하기를 멈추지 않았다. 오히려 이들은 너무 과하여서 중간태의 기능을 거의 죽게 만들었다. 더 나아가 아주 초기의 해석자들이 달았던 주석 자체도 중간태의 의미에 대한 간접적인 증거로서 중요하다. 이와 관련하여, 초기의 주석—독자들을 위해 본문의 의미에 대해 설명하고 있는 필사본의 난외주에 위치한 각주—이라 할 수 있는 고대의 훌륭한 이문이 있는데, 이 각주가 뜻하지 않게 본문에 기록되기도 했다. (교정되지 않은) 본래의 베자 사본(5세기)과 보에르네리아누스 사본(9세기)은 아마도 이러한 주석 형태들 중 하나를 나타내고 있다고 말할 수 있을 것이다. "우리가 그들보다 나은가?" 그렇게 이 필사본들의 각주에서는 저 중간태 동사를 능동적 의미로 해석한다. 이는 중간태로 사용된 동사의 의미가 우리가 부족한

---

19. 하지만 그가 RV의 난외주의 세 번째 제안을 무시하는 경우에는 문법적으로 옹호될 수 없다.

증거를 가지고 추측하는 오늘날보다 더 잘 알려진 시대에 해석된 것이다.

유대인의 믿음이 세상을 구원할 것이다(롬 3:30)

나는 다른 곳에서[20] 헬라어의 이러한 특징을 너무 세밀하게 구분하려는 것에 대해 경고하면서, 헬라의 작가들이 헬라어 전치사들의 특징들을 구분하지 않고 사용하는 경향으로 인해, 번역자는 "전치사의 신학"에 대해 두 번 상기하는 것이 좋다고 제안한 적이 있다. 항상 문맥을 살펴보는 것이 가장 중요하다.

이는 일반적인 경향에 대한 평가이기에, 어떤 신학적인 의미가 있는 곳에서, 말하자면 바울이 동일한 문장 내에서 서로 다른 전치사를 사용하는 경우에 〔전치사를 섬세하게 해석하는 것에 대하여〕 전면적으로 부정하려는 것은 아니다. 이 경우는 아주 다를 수 있다. 실제로, 번역가는 "신약저자가 어떠한 표현을 다른 표현으로 변화시킬 때에, 설령 그러한 차이가 우리에게 중요하지 않을지라도, 그들에게도 중요하지 않을 것이라고 추정해서는 안 된다."[21] "안에"(헬라어 ἐν)라는 단어를 번역할 때에 언어학적 원리에 관계없이 특정 문맥에 적합하도록 아주 자유롭게 번역하는 것이 좋은 예가 될 수 있다.

어떤 사람들은 바울이 로마서 3:30을 쓸 때에 염두에 두었던 것

---

20. Moulton-Howard-Turner, *Grammar*, vol. III, Introduction.

21. *Bible Translator*, vol. X, no. 3, July 1959, 120.

에 대해 궁금해 할 것이다. 이때 하나의 구절에 두 개의 어구가 병행이 되는데 각각 다른 전치시가 사용되었다. "할례자도 믿음으로 말미암아(ἐκ: 문자적으로는 '믿음으로부터') 또한 무할례자도 믿음으로 말미암아(διὰ: 문자적으로는 '믿음을 통해') 의롭게 하실 하나님은 한 분이시니라"〔개역〕. 어떤 이들은 하나님께서 유대인들과 이방인들의 믿음에 관하여 서로 다른 두 가지 방식을 가지고 계신지에 대해 묻는다. 많은 사람들은 여기에서 ἐκ와 διὰ를 구분하려고 하는 것— 샌데이와 헤들람이 시도했던 것과 같이—은[22] 맹신이라는 C.F.D. 모울〔Moule〕의 견해에 동의할 것이다.[23] 샌데이와 헤들람은 ἐκ는 원천을, διὰ는 그에 수반되는 상황을 지칭한다고 제안했지만, 이 개념이 각각 유대인과 이방인들에게 실제적으로 어떻게 작용하는지 분명하게 이야기하지 않았으며, 그 구분이 이어지는 병행구절에 어떠한 명백한 차이를 만들어내는지는 설명하지 않았다. 즉, "하나님은 오직 하나의 조건—그분은 믿음으로 할례자와 무할례자를 모두 '의인'으로 다루신다—을 요구하신다. 할례자에게 믿음은 시동인〔moving cause〕이고,[24] 무할례자에게 바로 그 믿음은 시동인이자 받아들여지기 위한 유일한 조건이다"(95쪽)라는 것이다.

22. W. Sanday and A. C. Headlam, *The Epistle to the Romans*, ICC, T. & T. Clark, 5th ed., 1902, 96.

23. C. F. D. Moule, *An Idiom Book of New Testament Greek*, Cambridge, 1953, 195.

24. 아리스토텔레스가 말한 사중인 중 하나로, 다른 말로는 '동력인' 내지 '작용인'으로 불린다. 시동인이란 사물의 형성이나 변화의 원인이 되는 힘을 가리킨다—역주.

추정컨대, 유대인에게 있어서 할례는 (사효적 효과의[25] 형식 차원에서) 칭의의 **표면상의** 근거이고, 실제적인 근거(ἐκ, 원천을 지칭)는 유대인의 개인적인 믿음이다. 유대인들이 이것을 이해하지 못했다 하더라도 말이다. 반면 이방인에게 있어서 칭의의 근거는 오직 한 가지, 곧 표면상의 근거(διά, 수반되는 상황을 지칭하는 전치사)가 되는 개인적인 믿음뿐이다.

RSV는 이 구분을 동일한 의미 선상에서 다룬 것으로 보인다. "하나님은 할례자의 믿음에 근거하여 할례자들을 의롭게 하시고, 무할례자도 그들의 믿음으로 인해 의롭게 하신다." 그들은 헬라어의 두 개의 유의어(ἐκ́ διά)를 기계적으로 축소시켜 영어의 두 개의 유의어로 번역했다('-에 근거하여'와 '-로 인하여').

바울이 단어를 신중하게 선택했다는 가정 하에, 사람들은 이 구절과 이어지는 구절들을 완전히 새로운 방식으로 해석하려고 시도한다. 그러한 추측은 두 개의 문법적 원리에 의해 지지된다.

첫째, 바울은 앞에서 "믿음"을 언급할 때에 관사를 사용하지 않았다. 즉, 그는 "하나님이 믿음으로(ἐκ) 할례자를 의롭다하실 것이다." 그렇지만 두 번째 나오는 믿음의 경우는 관사를 사용했다. 즉, 그는 "또한 무할례자는 그 믿음을 통해"(διά τῆς πίστεως). 그것은 단지 헬라어 관사의 일반적인 전방조응적 용법일 뿐이다.[26] 왜냐하면 두 번째 언급된 믿음에 있는 관사는 마치 설명적 형용사와 같이

25. 하나님께서 종교 의례를 통해 은총을 내리신다는 가톨릭 교리—역주.

26. 전방조응에 관한 더 깊은 논의는 본서 26-32쪽을 보라.

바로 앞에 나왔던 명사 "믿음"을 지칭하기 때문이다. 관사의 반(semi)-설명적 특징의 관점에서 우리는 그 구절을 다음과 같이 번역해야 한다. "하나님이 유대인들을 그들의 믿음의 직접적인 결과로서 의롭게 하실 것이다. 그리고 이방인들을 **바로 그** 믿음을 수단으로 의롭게 하실 것이다." 그것은 전치사들의 차이와 전방조응적 의미를 모두 만족시킨다. 더 나아가 이 번역은 바울이 말하고 있는 믿음이 이방인의 믿음도 아니며 유대인과 이방인 모두의 믿음도 아니고, 기대할 수 없었던 유대인만의 믿음이라는 중요한 논점을 산출한다. 이방인들은 **유대인의** 그 믿음을 수단으로 구원 된다! 로마서의 중심 주제들 중 하나는 하나님의 구원 계획이 첫째로는 유대인들의 칭의를 포함하고, 그 이후에는 유대인들을 통하여 이방인들의 칭의를 포함한다는 것이다. 두 나누어진 세계는 독립적이다. 왜냐하면 유대인들이 이방인의 회심에 자극을 받아 하나님께로 돌아오는 반면, 이방인들은 결국 하나님을 믿는 이스라엘의 믿음으로부터 흐르고 있는 복을 수확하기 때문이다. 그러므로 11:15에서 바울은 하나님께서 이스라엘을 일시적으로 버리신 것에 대한 결과로 전 세계의 화해를 낳게 되었다고 말할 수 있었던 것이며, 이스라엘이 믿음을 가지고 하나님께 돌아올 때에, 세상이 누리게 될 복은 그에 상응하여 더욱 커지게 될 것이다. 바울은 이방인들을 위한 이 복을 다름 아닌 "죽은 자들로부터의 생명"으로 묘사될 수 있었다. 내가 믿기로, 바울은 그러한 사상을 이미 로마서 3:30에서 염두에 두고 있었고 심지어 거기에서도 "한 분이신 하나님" 아래 유대인과 이방인의 상호의존성을 강조하고 있었다. 유대인들은 자신들의 믿음으로 의롭게 되며, 이방인들은 유대인들의 믿음으로 의롭게 된다.

다음 구절인 로마서 3:31을 전통적인 방식으로 번역하지 않을 경우 저 사상과 충돌하지 않는다. 전통적인 이해는 다음과 같다. "그런즉 우리가 믿음으로 말미암아 율법을 파기하느냐 그럴 수 없느니라 도리어 율법을 굳게 세우느니라." 이는 바울이 상상한 반대자를 제대로 고려하지 못하여 매우 많은 것들을 놓치게 된 빈약한 번역이다. 무엇보다도 단어들의 중요한 역할을 놓치고 있다. 즉, 전방조응에 대한 문법적인 고려는 더욱 많은 빛을 비추고 있다. 관사가 없기에 논지는 반대가 된다.

'율법'이나 '원리/법칙'〔principle〕을 의미하는 νόμος라는 단어가 관사 없이 두 번 사용되기에 전방조응적 기능은 나타나지 않으며, νόμος는 각각의 경우에 동일한 것을 가리키는 것이 아니다. 말하자면, 두 번째 νόμος는 '앞에서 지칭했던 바로 그 율법'을 의미하는 것이 아니라는 말이다. 바울은 사실 완전히 일반적인 문학적 장치의 이점을 이용하여, 한 단어를 한 문장에서 다른 의미로 두 번 사용했다. 이를 영어로 옮기기는 쉽지 않다. 왜냐하면 영어에는 '율법'과 '원리/법칙'〔principle〕라는 두 의미를 지닌 한 단어가 없기 때문이다. 우리는 평범하게 다음과 같이 번역할 수 있다. "그러면(유대인들이 토라가 아닌 믿음으로 구원을 얻는 다는 우리의 논증에 의하면) 우리가 토라를 헛되게 만드는 것인가? 그럴 수 없다! 적어도 우리는 원리/법칙을 세웠다." 그 원칙은 이스라엘의 믿음이 세상의 구원의 수단이 될 것이라는 것이다. 바울은 모세의 율법을 폄

하한다는 모든 혐의에서 벗어났지만, 자신의 저 논리가 결국 율법의 목적을 포함하게 된다면(자부심을 가진 유대인들에게는 슬픈 이야기겠지만!), 이스라엘의 믿음이 세상을 구원할 것이라는 더욱 중요한 원리를 드높이게 된다고 주장했다.

두 가지 문법적 원칙, 곧 전방조응 및 ἐκ는 직접적인 원천을, διά는 수단을 가리킨다는 것으로부터 이렇게 많은 것들을 이끌어낼 수 있을까? 바울은 비록 자신의 서신을 받아쓰게 하고 있지만, 옛 랍비와 같았던 바울의 제자들은 그의 말들을 매우 신중하게 선택했을 것이다.

4. 믿음과 행위들

"예수 그리스도의 믿음"

바울은 하나님의 의가 "예수 그리스도의 믿음"〔the faith of Jesus Christ〕을 통하여 모든 믿는 자들에게 나타났다고 말한다(롬 3:21-25). 이 구절의 의미를 확정하기는 쉽지 않지만, 모든 것은 헬라어 속격의 의미—속격이 의존하고 있는 명사와 관련하여 목적격의 관계인지 주격의 관계인지—에 달려있다. 영어성경 독자들이 속격의 이중적인 의미에 익숙하지 않을 경우, 그 어구가 "예수 그리스도를 믿는 믿음"—그리스도가 가지고 있는 믿음이 아니라 그리스도를 믿음의 대상〔object〕으로 삼는 믿음—을 의미할 수 있다는 것에 놀라게 될 것이다. 이러한 이유로 문법학자들은 그것을 목적어적

〔objective〕 속격으로 부른다. 주어적 속격은 "예수 그리스도에게 속한 믿음(아마도 신실하심)"이라는 의미를 전한다.

헬라어 속격에 대한 정확한 평가는 해석함에 있어서 가장 중요하고도 어려운 문제가 된다. 이 독특한 경우에 있어서, KJV는 "예수 그리스도의/를 믿는 믿음"〔the faith of Jesus Christ〕이라는 헬라어를 문자적으로 번역한 라틴 불가타의 이도저도 아닌 단순한 속격에 기초함으로써 이 문제를 회피하고 있다. 영어〔KJV〕로는 주어적 속격, 즉 예수 그리스도가 가진 개인적인 믿음을 지칭하는 것처럼 들린다. 반면 NEB는 목적어적 속격 편에 서서, "예수 그리스도를 믿는 믿음"이라고 옮겼다. 이 이슈는 매우 중대하다. 만일 구원이 전체적으로, 그리스도를 믿는 믿음과 관계없이, 그리스도의 신실하심(믿음)에 달려 있다면, 구원 드라마에 있어서 하나님 편에 너무 많은 무게가 실리게 된다. 구원은 사람 편의 어떠한 반응이 있기까지 완성될 수 없는 것이며, 그 반응은 예수 그리스도를 믿는 믿음이다.[27]

Πίστις에 대한 구약적 의미는 실제로 '믿음'이라기보다도 '신실함'에 가깝다. 그럼에도 불구하고 우리가 이 문제에 있어서 한 편을 택해야 한다면, πίστις를 목적어적 속격으로 보는 것이 더 나을 듯하다. 마가 역시 이와 유사한 구절에서 믿음을 이러한 방식으로 이해했던 것 같다. 마가복음 11:22에서는 이 속격〔the faith of God〕이

27. *Expos. Times*, vol. LXVIII, 111, 157에 나타난 T. F. Torrance와 C. F. D. Moule의 논의를 보라.

분명히 '하나님을 믿으라'는 것을 의미하고 있다. 더 나아가 이와 유사한 데살로니가후서 2:13〔faith of the Truth〕에서도 주어적 속격이 사용되었다고 보기는 어렵기에 목적어적 속격으로 해석되어야 한다. 곧, 하나님은 그분의 진리를 믿는 우리의 믿음으로 우리를 구원하셨다. 바로 앞에서 "진리를 믿지 않는 사람들"에 대한 정죄가 나오는 것을 볼 때에 그렇게 이해되어야 한다.

이와는 반대로, 로마서 3:3에 있는 속격〔the faith of God〕은 인간의 신실하지 못함과 대조되고 있기에 "하나님의 신실하심"으로 이해할 경우 문맥에서 더 좋은 의미를 전달한다.

속격의 문제는 한 해석과 그에 반대되는 해석 중 하나를 선택해야 하는 경우에 있어서는 넘어서기 어려운 문제이다. 저자는 속격을 사용하면서 주격과 목적격을 동등하게 염두에 두고 있었을 수도 있기에, 구문을 과도하게 정확하게 분석함으로써 해석의 풍성함을 희생시킬 필요는 없다. 이하의 합성된 패러프레이즈에서는 인간의 구원 드라마에 있어서 바울이 〔인간의〕 믿음과 〔하나님의〕 신실하심의 역할에 대하여 말해야 했던 것을 해석하여 보여주고 있다. 즉, "하나님의 구원 행위는 단지 그리스도를 믿는 모든 자들을 위하여 자신을 기꺼이 내어주시는 그리스도의 신실하심에 의한 것일 뿐 아니라 그리스도를 믿는 사람들의 반응에 의한 것이기도 하다(롬 3:21-25). 사람은 율법을 지킴으로써가 아니라 예수 그리스도를 믿음으로써, 그리고 그리스도의 신실하심으로써 하나님 앞에 의로울 수 있다(갈 2:16). 나는 나를 위하여 자신의 생명을 내어주신 예수 그리스도의 신실하심 및 하나님의 아들을 믿는 나의 믿음에 나의 생명의 빚을 지고 있다(갈 2:20). 예수 그리스도를 믿는 모든 사람들에게 약속된 것이 있고, 그리스도의 신실하심으로 인해 약속된 것이 있다(갈 3:22)."

이는 교착 상태를 해결하기 위하여 문법적으로 타협하려는 것처럼 보일 수도 있지만, 바울의 마음—자신의 펜이나 대필자의 펜보다 빠르게 반응하는—에 있어서는, 바울서신들에 빈번하게 나타나는 추상적인 개념들과 관련하여 사용된 단순 속격으로부터 모든 풍성한 의미의 정수를 뽑아내는 것이 비합리적인 일은 아닐 것이다. 바울에게 속격을 목적어적으로 사용했는지 혹은 주어적으로 사용했는지 해명하도록 요구한다면, 어느 것도 전적으로 거부하지는 않았을 것이다.

바울 vs. 야고보

추정되는바 구원의 방식에 대한 두 신약 저자의 관점 사이의 간극은 논의를 발생시키곤 한다. 마르틴 루터〔Martin Luther〕는 갈라디아서와 로마서에 비해 야고보서를, 기독교인들에게 그다지 적용할 것이 없는 것으로 느꼈기에, 좋아하지 않았다. 바울의 서신들에서는 의심의 여지없이 오직 믿음으로만 구원을 받는다고 이야기하지만, 야고보는 반대로 오직 믿음으로만이 아니라 행위로도 구원을 받는다고 말하는 것처럼 보인다.

하지만 어느 누군가가 갈라디아서 5:6의 동사 ἐνεργουμένη(중간태)를 제대로 이해한다면 둘 사이에 불일치—마찰은 말할 것도 없이—가 존재한다는 것을 인정하기는 어려울 것이다. 바울과 야고보 모두에게 있어서, 칭의는 믿음으로 되는 것이며, 이 믿음은 선행을 낳는다. 야고보는 분명히 행위로써 사람의 믿음을 알 수 있다고 주장했다. 바울은 "행위"에 대하여 말하기를 좋아하지 않고, 대신 "사랑"이라는 단어를 반복적으로 사용했는데, 이 둘을 연결해 볼 때 사랑은 타자에 대한 자비의 행위이기에 야고보가 의미했던 '행위'에 수렴한다 말할 수 있다. 실제로 바울은 고린도전서 13장에서 사랑을 믿음보다 우위에 놓고 사랑이 없는 믿음은 아무 소용이 없다고 말하였고, 갈라디아서에서는 야고보의 실제적인 메시지를 거의 자구적으로 반복하면서 행위를 신뢰하지 말라고 강력하게 호소했다. 기독교 안에서 한 가지만을 확보하는 것은 중요하지 않다. 즉, "사랑을 보여주는 믿음"이 중요한 것이다. 그것이 바로 "사랑 안에서 드러나는 믿음"〔J.B. Philips〕이다.

"바울과 야고보의 메시지를 분리시키는 것처럼 보이는 간극"을 잇는 이 "다리"〔bridge〕(라이트풋이 그렇게 불렀다)는[28] 문법적인 의미를 충분하게 다룰 때에 분명해진다. 분사 ἐνεργουμένη는 수동태 형태지만 수동태의 의미로 받아들여서는 안 된다. 바울은 결코 이 동사를 다른 곳에서 수동태 의미로 사용한 적이 없으며, 바울이 여기에서 수동태로 사용했다면 그 의미는, "우리가 다른 사람들을 사랑함으로써 그들에게 자극이 되는 믿음"을[29] 의미하게 된다. 터툴리안이 그러한 방식으로 읽었고 NEB도 (RV와 같이) 그러한 해

28. J. B. Lightfoot, *Epistle to the Galatians*, Macmillan, 10th ed., 1890, 205.

29. 개역성경의 의미가 이러하다. "사랑으로써 역사하는 믿음"—역주.

석을 난외주에 실었는데, 그러한 의미는 가당하지 않다. 나는 이 동사 형태를 중간태로 보는데, 이 특정한 시제에서 중간태와 수동태는 동일한 형태를 가진다. 신약성경에는 중간태 형태임에도 불구하고 자동사의 의미로 능동적인 의미를 전달하는 수많은 동사들이 있다. 예컨대, '의심스럽다,' '열등하다' 등이 그러하다. 이 모든 동사들은 신약성경에서 중간태의 형태뿐 아니라 능동태의 형태도 가지고 있었는데, 성서 헬라어 시기에 능동태와 중간태 사이의 많은 혼란이 있었고, 사치로 느껴졌던 중간태의 존재는 시간이 지남에 따라 사라졌다. 실제로 신약성경 저자들이 가지고 있던 태에 대한 문법적인 구분에 대한 감각은 급격히 떨어지고 있었다.

우리가 바울의 신학을 깊이 들여다보면서 동일한 단어의 중간태(ἐνηργεῖτο)가 회심 이전에 일어나는 일에 대하여 바로 저 방식으로 사용된 것을 발견할 때에, 당면한 문법적인 논의는 마무리 될 수 있다. "죄의 정욕이 우리 안에서 **역사하여**,[30] 사망의 열매를 맺게 한다"(롬 7:5). 이것을 갈라디아서 5:6과 연결하여 생각할 필요가 있다. "믿음은 이제 **역사하여** 사랑을 보여준다."

이것이 바로 야고보가 주장했던 바로 그 복음이다.

---

30. 여기에서도 갈 5:6와 마찬가지로 중간태 형태로 사용되었는데 통상 능동의 의미로 번역된다—역주.

5. 부활

때로 어떤 이들은 성서 헬라어 시대에 부정과거와 완료시제 사이의 구분이 없어졌다고 하는데, 이는 너무 극단적인 주장이다. 성경 저자들은 종종 둘 사이의 차이를 엄격하게 유지하면서 이를 수단으로 신중하게 독자들을 위로하려는 것처럼 보이는 경우도 있기 때문이다. 그래서 바울은 복음의 진리를 큰 소리로 외치는 것처럼 나타나기도 한다.

고린도전서 15장의 부활 논의에서 인상적인 예를 발견할 수 있다. "그리스도가 우리의 죄를 위하여 **죽으셨다**〔died〕"는 장례식장 분위기로 완전히 다 끝나버린 듯한 느낌의 번역이다. NEB는 헬라어의 부정과거시제가 전할 수 있는 생동감 있는 바울의 메시지를 선포할 기회를 놓쳐버렸다. "그리스도가 우리의 죄를 위하여 죽으**셨었다**〔did die〕(과거에 한 번)." "그는 매장 당하**셨었다**〔did suffer burial〕." 이 동사들은 부정과거로서 일시적이며〔momentary〕, 묻혀서 사라진 것이 아닌〔non-committal〕 느낌을 준다. 그 이후에 중요한 완료시제가 나온다. "이제 그는 삼 일 만에 죽음에서 일어나셨다〔is risen〕." 섬세한 번역은 섬세한 울림을 가져오며 더욱 믿을 만하다. 반면 둔감한 번역은 저자의 개성을 말살시키고, 멋지게 균형 잡고 있는 변증의 날을 무디게 한다.

바울은 시제를 사용함에 있어서 결코 경솔하지 않았다. 그렇기에 자신에게 있어서 가장 중대했을—마찬가지로 기독교인들에게 있어서도 매우 중요한 상황인—그리스도의 죽음과 부활을 묘사함에 있어서는 특히 그러했다. 역사적인 사건으로서의 부활은 고린도전서 15:15에서 부정과거시제로 묘사되었다. "하나님께서 그리스도를 다시 살리셨다." 신자들이 다시 살아나게 **될**(미래의 의미를 전하는 현재시제) 소망은 전적으로 그리스도의 부활의 역사성, 즉 부활이 실제로 발생했는지(다시, 부정과거)에 달려 있다. 하지만 바울은 다음 문장에서 새로운 시제를 소개하고, 그것으로 새롭고 더욱 깊은 주제를 소개한다. 그 역사적 행위의 영향이 효과적으로 **지속**되느냐(여기에서는 완료)는 오직 죽은 자들이 다시 일어날 때에 입증된다. 그래서 바울은 이것을 다음과 같이 표현하였다. "하나님께서 한 번 그리스도를 죽은 자들 가운데에서 다시 일으키셨다. 만일 너희가 죽은 자들이 일어나는 일이 없다고 말한다면, 나는 하나님이 그리스도를 일으키시는 이 행위를 하지 않았다고 말할 것이다. 그는 살아계신다. 왜냐하면 죽은 자들이 다시 일어날 것이기 때문이다. 만일 그리스도가 여전히 살아계신 것이 아니라면, 너희의 믿음이 헛된 것이며, 너희는 여전히 죄 가운데에 있는 것이다. 더 나아가 그리스도와 함께 잠든 자들(부정과거, 왜냐하면 이것은 지속적인 상태가 아니기 때문에)은 소멸했다('소멸하다'는 부정과거, 즉 그들이 소멸한 것은 잠시 동안이다). 우리의 현재 삶을 통해 우리는 지속적으로 그리스도를 믿는다. 그 자체로는 무의미하다. 만일 그리스도가 지금 살아계신 것이 아니면(완료), 지속적인 믿음은 우리를 돕지 못할 것이다. 그러나 그리스도께서 죽은 자 가운데서 다시 **살아나셨고**〔was raised〕, **살아계신다**〔is alive〕. 그는 잠자는 자들의 첫 열매이시다"(고전 15:15-20).

더 나아가 이 단락에서 중요한 것은 시제가 주의 깊게 선택되었다는 것만이 아니다. 고린도전서 15:19에서 부사 μόνον("오직")의 위치가 정확하게 선택되었다. 바울은 "오직 이 세상의 삶에서 …"를 의미한 것이 아니다. 헬라어에서 부사는 그것이 수식하는 동사나 형용사 내지는 다른 부사 바로 뒤에 위치하는 경향이 있다. 이 문장에서 부사 μόνον은 "이 세상의 삶에서" 뒤에 위치하는 것이 아니라, 동사 뒤, 실제로 전체 문장 끝에 나타난다. 여기에는 우리가 이 세상에서의 믿음과 다른 곳에서 가진 믿음 사이에 대조가 의도된 것이 아니다. 그보다도 대조점은 **단지** 믿음**만** 가진 것과 현재 부활하신 그리스도의 생명의 실체에 의해 지지를 받는 믿음 사이에 있다. 그러한 것이 바로 번역 과정에서 신중하게 살려야 하는 섬세한 문법적 '디테일'〔minutiae〕이다. 부수적으로는 이 구문론의 영역만이 아니라 바울이 부활을 논하면서 사용한 어휘의 영역에서도 미묘한 키아로스쿠로〔chiaroscuro〕[31] 기법을 확인할 수 있다. 즉, 바울은 "죽은 자들"과 "잠자는 자들"을 구분하여 사용했다. 그리스도와 관련해서는 공개적이고 담대하게 "죽음"이라고 말하면서도, 우리와 관련해서는 "잠"이라고 표현했다. 마치 바울이 우리의 감정을 헤아리고 있는 듯이 말이다. 그 부활에 관한 언급이 나타날 때에는 안심시키기 위하여, 이를테면 단순히 "죽은 자"라고 이야기한다. 하지만 문맥이 오직 소망(예, 첫 열매)에 관한 것일 때에는 더욱 친절하게 〔죽은 자를〕 "잠자는 자"로 지칭한다.

31. 강한 명암대비로 표현 효과를 극대화하는 예술 기법—역주.

이러한 논점은 19세기에 콘스탄티노플의 주교 포티우스〔Photius〕에 의하여 주목된 바 있다.

6. 세상의 끝(고전 10:11)

바울은 구약이 "우리를 훈계하기 위하여 쓰인"(KJV) 일종의 비유라고 말하였다. 중요한 것은 우리가 어떠한 이유로 이 비유에 특별한 주의를 기울여야 하는가이다. 그것은 바로 우리에게 "종말〔세상의 끝들〕이 왔기" 때문이다.

"세상의 끝들"〔the ends of the world〕이라는 어구에 대해 많은 논의가 있어 왔다. 이것이 마지막 날의 재앙을 의미하는가? 여기에서 "세상"이란 본래 헬라어로 복수 '세상들'(αἰώνων)이 쓰였기에 그렇게 생각되지 않을 수 있다. 이 "끝"의 복수가 '경계'〔frontier〕를 의미할 수도 있다는 의견이 대두되면서, 이 '세상들'이란 때로 '시대들'이나 '세대들'의 의미로, 그리고 〔세상들의 끝들은〕 '세대들의 경계들' 내지는 '한 시대와 다음 시대 사이의 중간 지점'을 의미할 수도 있다는 것과 결부되었다. 그렇다면 바울은 당연히 독자들로 하여금 그들의 삶이 옛 세대와 새 세대의 경계로서 구약과 신약이 만나는 지점, 곧 율법이 끝나고 복음의 시대가 시작하는 지점에 서 있다는 것을 상기시키고 있을 수 있다. 이러한 제안이 이상하긴 하더라도, 적어도 두 개의 복수 형태인 '끝들'과 '세상들'을 설명할 수는 있을 것이다.

하지만 이 경우에는 헬라어와 셈어 모두에서 복수 명사가 사용되더라도 영어로 번역할 때에 단수인 상황이 존재한다는 것을 기억할 필요가 있다. 하나의 중요한 예로 '하늘들'의 경우가 있으며, '세상들'(αἰώνων)의 경우도 마찬가지이다. 영어에는 시적 발화가 아니고서는 이러한 표현이 없기 때문에, 일반적인 영어로 옮길 때에 "그들은 **세상**의 끝을 만난 우리를 훈계하기 위하여 쓰였다"라고 표현되어야 한다. 바울은 파루시아에 대한 선명한 기대를 초기의 모든 그리스도인들과 나누고 있는 것이다.

언어들은 단수와 복수를 사용함에 있어서 저마다 독특한 특징을 가지고 있기에, 심지어 오늘날의 대표적인 인도유럽어족 내에서 한 언어에서 관용적인 복수 표현은 다른 언어에서 단수로 번역되기도 한다. 영역본의 번역자들은 대개 이것을 간과하고 있다. 이러한 예로 1611년의 번역자들이 알고 있던 것("세상")을 1961년의 사람들이 놓친 것("세대들")을 들 수 있다. 또한 최근의 헬라어 문법 연구에서는 이러한 예가 될 수 있는 수많은 헬라어 복수 형태에 진정한 복수 사상이 없을 수 있다는 것을 보여주었다.[32]

종종 "세대들"로 번역되고 있는 단어는 주목할 만한 예가 된다. 이 단어가 일곱 세대를 가리키는 경우에는 실제 복수 개념일 수 있겠지만, 다른 맥락에서 이 헬라어 단어는 오직 저자가 히브리어 단어—히브리어의 특징적인 방식으로서 의미의 강조를 위하여 관용

32. 고전 헬라어의 선례를 위해서는 특히, J. Wackernagel, *Vorlesungen über Syntax*, Basel, 1926, vol. I. 97 이하를 보라.

적으로 복수 형태를 취하는—에 영향을 받았기 때문에 복수로 나타나는 것이다.[33] 성서 히브리어에서 이 단어의 복수 형태는 '한없음'〔everlastingness〕, '영원성'을 의미한다. 하지만 후기 성서 히브리어에서는 〔이 단어의 복수형에〕 새로운 의미, 곧 '세상'이라는 의미를 발전시켰고,[34] 그렇게 성경의 어떤 책들에서는 분명히 이 단어가 '세상'의 의미로 나타나고 있다. 이 단어가 보통 단수로 사용되는 것은 사실이다. 하지만 칠십인역 번역자들이 히브리어의 복수형으로 되어 있는 이 단어를 번역할 때에 헬라어의 복수형로 번역하면서, 헬라어 복수형태에 익숙해지게 되었다. 이 복수형은 명백하게 히브리어의 '세상'이라는 단어에 대한 번역어의 선례가 된다. 그래서 단수의 의미〔'세상'〕를 가지는 새로운 복수 형태의 단어가 성서 헬라어 안에서 통용되게 되었다. 토비트 13장에서는 헬라어 번역가가 실제로 단수와 복수 형태 사이에서, 그리고 두 가지 의미("영원"[1절]과 "세상"[6, 10절]: 시내산 사본과 바티칸 사본에 따르면) 사이에서 머뭇거리고 있는 부분을 발견할 수 있다. 이 단어가 나타나는 6절과 10절의 문맥에서, 토비트는 다른 민족들 중에서 하나님을 찬양하고 있는 것이 분명하다. 즉, 이 문맥에서 찬양받는 분은 **세상**의 하나님이지, 실제로 **영원**의 하나님이 아니다.

이 모든 것들은 수많은 신약 본문들, 특히 바울의 재림 언급의 전례가 될 수 있다. 바울이 독자들로 하여금 그들이 세상 역사에서

33. F. Brown, G. R. Driver, C. A. Briggs, *op. cit.*, under שלם 2. 1을 보라.

34. M. Jastrow, *Talmud Dictionary*, London and New York, 1903, vol. II, 1052.

아주 잘 정돈된 두 개의 분리된 세대의 경계에 서있다는 것을 상기해주었다고 생각할 필요는 없다. 바울의 역사관은 적어도 그의 사역 당시에는 그러한 모습을 보이지 않았다. 이 구절은 그리스도의 임박한 재림 및 우리가 알고 있는 것과 같이 우주의 끝, 우리가 살아가는 삶의 끝을 향한 기대와 관련한 것이다. 그러한 대격변을 '세상의 끝'이라고 부르는 것보다 더 나은 묘사는 없을 것 같다.

7. 인류의 연대성

이 소제목은 로마서를 상기시킨다. 바울의 논의는 때로 복잡하여서 로마서 해석자들은 전혀 다른 방향의 설명을 내어놓기도 한다. 하지만 바울의 구원 개념은 매우 근본적인 차원에서 오랫동안 서구의 전통이었던 개인주의와 반대되는 것이기에, 서구의 독자들이 바울과 자신들 사이의 이해를 방해하는 철학적인 장벽을 관통하지 못한다면 오해는 계속될 것이다. 바울의 구원론은 전체적인 집단인 인류에 대한 관점에 기초하고 있다. 모든 것은 멤버십〔membership〕 개념에 의존한다.

하나님의 구원의 은혜를 극단적으로 축소시킬 수밖에 없는 진술, 곧 "인류 안에 있는 멤버십으로 인해 우리는 죄를 피할 수 없다"〔롬 5:12〕를 의미하고 있는 것처럼 보이는 진술은 서구인들에게 충격적이다. 인류를 그렇게 밀어붙이는 것이 적법한 것일까?

신학적인 물음 뒤에는 문법적인 문제가 있다. 샌데이와 헤들람을 포함하여 많은 비평가들에게 있어서, 로마서 5:12의 헬라어 단어 ἐφ' ᾧ는, 실제로 고린도후서 5:4에서 사용되고 있는 것과 같이 '-때문에'[35] 이상을 의미하지 않는다.[36] 이에 진지하게 의구심을 던지는 문법학자들이 많은데,[37] 이들은 이 헬라어 어구를 문자 그대로 in whom으로 받아들인다. 이 논의는 모든 사람이 죄를 '범해서' 죽음이 왔다는 것을 가리키는 것인지(서구인들에게 있어서 매우 공정한 생각), 아니면 바울이 인류의 연대성의 개념을 강경하게 내세우고 있는지—매우 극단적으로 인류를 첫 번째 조상의 죄 안에 기계적으로 포함시키거나, 비신화화하면서 인류를 단지 인간이라는 이유로 죄 지음〔sinning〕 안에 포함시키는 것—하는 신학적인 물음에 영향을 미친다. 모든 것은 ἐφ' ᾧ와 관련한 입장과 관련이 있다. 바꾸어 말하자면 ἐφ' ᾧ와 관련한 입장이 일반적인 바울신학 읽기에 의하여 색 입혀졌다고 말하는 것이 낫지 않을까? 이 어구를 문자적으로(in whom) 보는 문법학자들은 전체적인 문맥을 다음과 같이 이해할 것이다. "한 사람에 의하여 죄가 세상에 들어오고, 죄로 인하여 죽음이 온 것처럼, 그렇게 그를 통하여 죽음이 모든 사람에게 이르렀다—**그 안에서** 모든 사람이 죄를 범한 것이다." 나는

35. 이 전치사구를 '때문에'로 볼 경우, '모든 인류가 죄를 범했기 때문에 죽음이 왔다'는 의미를 가리키게 된다—역주.

36. *Romans* (International Critical Commentary), 5th ed., T. & T. Clark, 1902, 349.

37. 이에 대한 것은 Lyonnet가 *Biblica*, vol. XXXVI, 1955, 436-56에서 다루었다. Sanday와 Headlam와 입장을 달리하는 Lyonnet는 헬라 교부들의 해석을 유용하게 다루었다.

로마서 전체에 비추어 이것이 바울의 주된 논지에 더 부합한다고 말하고 싶다. 되 돌이킬 수 없이 죄와 사망 안에서 아담과 연합된 아담의 후손들은 이제 '새 아담'에게 속하였다. 이것이 바로 구원이 완전하게 성취될 수 있는 방법이다. 이 구원은 '행위'로 인한 것이 아니라 "그리스도 안에" 있다는 이유에서 기인하는 것이다. 이 사상은 로마서에서만이 아니라 다른 모든 곳에서도 바울이 중요하게 다루고 있는 신학적인 전제이다. "아담 안에서 모든 사람이 죽은 것 같이 그리스도 안에서 모든 사람이 삶을 얻으리라"(고전 15:22). 헬라 교부들은 그리스도의 재창조 교리를 매우 실제적으로 생각했기에 로마서 5:12에서 어떠한 어려움도 느끼지 못했고 특별히 주석들에 의존하지도 않았다. 그럼에도 불구하고 알렉산드리아의 퀴릴로스가 ἐφ' ᾧ를 καθ' ᾧ로 대체하고 in whom이라는 어구에 내포된 인류의 연대성보다도 각 사람의 특정한 죄의 행위에 강조를 두었던 것은 사실이다. 퀴릴로스는 우리 모두가 아담과 같이 죄를 지었다는 "점에서" 아담의 모방자들이라고 주장하였다(PG LXXIV, 784C). 테오도레토스는 더욱 분명했다. "그의 조상의 과오로 인한 것이 아니라, 각 사람 자신의 과오로 인하여 죽음의 형벌을 받게 되었다"(PG LXXXII, 100 B). 코넬리아 로제몬드(Cornelia Rozemond)는 자신의 흥미로운 기독론 연구에서 매우 많은 것들을 지적하면서도,[38] 다마스커스의 요하네스의 시대에 헬라 교부들 가운데 다른 해석이 통용되었다는 것을 인정했다. 그들은 ἐφ' ᾧ를 마

38. *La Christologie de Sint Jean Damascène* (Studia Patristica et Byzantina,

치 through whom을 의미하는 δι' ᾧ와 같이 해석했다. 이것이 요하네스의 해석(PG XCV, 477 A)이자 오에쿠메니우스(PG CXVIII, 416 D)의 해석이었는데, 이 모든 것에는 죄를 짓고 죽게 되었던 아담을 통한 인류의 연대가 함의되어 있기에, 그리스도—인간과 하나님을 연합시키는—를 통한 구원과 복 안에 있는 보상—인류의 연대에 대한 보상—으로 귀결된다. 이러한 차원에서 그들은 성육신이 하나님의 "인류애"—인류에 대한 자애로움—를 보여준다고 믿었다. 동일한 차원에서 이레나이우스와 바실리우스, 닛사의 그레고리우스, 알렉산드리아의 퀴릴로스에 따르면, 세례의 은혜(즉, 새 아담을 입는 것)는 첫 아담이 본래에 누렸던 완전한 상태로 우리를 회복시킨다.

이 모든 것들은 헬라 교부들이 가지고 있는 특징—헬라 교부들만의 고유한 것은 아니지만—이었다. 바울의 구원론에 대한 이와 동일한 깊은 영적 해석이 영국의 복음주의로 들어왔고, 두 아담의 표상에 관한 시가 아이작 왓츠〔Isaac Watts〕의 재능으로 탄생했다.

> 그분께서 자신의 치유 능력을 보여주는 곳에서
> 죽음과 저주는 더 이상 없다.
> 그분 안에서, 아담의 후손들은
> 그들의 조상이 잃었던 것보다 더 큰 복들을 자랑한다.

1959), 9.

이러한 해석은 일반적인 바울의 죄와 속죄 개념과 일치한다. 이제 로마서 5:12의 이 해석에 대한 문법적 정당성에 관한 질문이 남아있다. ἐφ' ᾧ가 실제로 의미하는 것이 무엇인가? 전치사 ἐπί(여기에서는 ἐφ로 축약되어 나타난다)가 매우 광범위하게 사용되기에 이에 대답하는 것은 쉽지 않다. ἐπί는 에베소서 1:10("하늘에")에서 나타나는 것처럼 때로 공간적 의미('-안에' 내지는 '-에')를 가지기도 하지만, 나는 성서 헬라어의 매우 많은 경우에 있어서, 심지어는 고전 헬라어에서도 격에 따라 이 전치사의 의미가 달라진다는 것을 주장하기 어렵다는 사실에 근거하여 제안하고자 한다. 〔격에 따른 의미의〕 가변성은 바울이 디모데에게 쓴 편지에서 이 전치사를 속격으로 사용한 곳, 즉 "본디오 빌라도를 향하여(ἐπὶ Ποντίου Πιλάτου) 선한 증언을 하신 예수 그리스도"(딤전 6:13)를[39] 언급하는 장면에서 분명하게 나타난다. 이때 이 전치사구는 '빌라도의 권세 아래에서' 내지는 '빌라도의 관할 구역 안에서'를 의미하는데, 이것은 바울이 로마서 5:12에서 인간의 운명에 관하여 말하려고 했던 것과 일치한다. 인간은 최초의 조상의 "권세 아래," "관할 구역 안에" 있다. 인간은 죽음이 통치하는 아담의 관할 영역에 속하여 있기에 죽음을 물려받았다고 말할 수 있다. 만일 〔로마서 5:12에 나타나는〕 여격을 동반한 ἐπί의 의미가 속격을 동반한 것과는 다르다는 반대를 만나게 된다면, 우리는 적어도 크뤼소스토모스가 "나는 이

39. "향하여"는 개역성경의 번역일 뿐이다. 원서는 단순히 ἐπί Pontinus Pilate라고 되어 있다—역주.

것을 네 판단(의 권세 아래)에 맡기겠다"라고[40] 말하면서 사용한 여격을 동반한 ἐπί에 대하여 언급할 수 있다. 더욱이 로마서의 "모든 사람이 죄를 범하였다"라는 진술에 나타난 동사의 부정과거 시제—지속적이거나 습관적인 행동에 관한 것이 아니라, 행동 자체를 강조하는 경향이 있는 시제—도 이를 지지한다. 여기에서 모든 사람이 죄를 범했다는 이유로 죽음이 모든 사람에게 이르렀다는 의미라면 미완료시제를 기대할 수 있을 것이다. 부정과거는 단일한 과거의 행동, 곧 아담이 범죄 하였을 때에 미리 예상되었던 인류 전체의 죄를 가리킨다. 그 언급은 사람들이 지속적으로 저지르는 다양한 죄들이나 각각의 사람들이 저마다 짓는 독특한 죄를 가리키는 것이 아니라, 단순히 인간이 단지 아담의 자손이라는 것으로 인해 사람들이 가진 확정적인〔once-and-for-all〕 죄를 가리키는 것이다.

ἐφ' ᾧ를 이해하는 이 방식은 오리게네스와 라틴 불가타(*in quo*), 아우구스티누스, 베자에게서 나타난다. 크뤼소스토모스가 이 구절을 어떻게 이해했는지는 분명하지 않지만, "아담이 타락하였을 때, 심지어 나무의 실과를 먹지 않은 사람들조차 모두 그로 인하여 죽게 되었다"라고 쓴 적이 있다는 것은 분명하다. 또한 테오필락투스는 ἐφ' ᾧ가 '때문에'를 의미하는 접속사가 아니며, ᾧ는 세상에 죄를 들여온 '한 사람,' 아담을 지칭하는 관계대명사라는 것에 의

40. *Homilies on Images*, 357, 46; M. Soffray, Recherches sur la Syntaxe de St. Jean Chrysostome, Paris, 1939, 74를 보라.

심의 여지를 남겨두지 않는다.

8. 신비적 ἐν

전치사와 관련한 신학에 대한 많은 저작들이 요즘에는 의심할 만한 것으로 간주되고 있다. 그렇더라도 성서 헬라어 문법을 공부하는 학생들은 신학적으로 중요한 의미를 전하는 전치사 ἐν의 고유한 용법에 관하여 인지하고 있어야만 한다. 이는 후기 고전 헬라어에서 유행했던 도구적 ἐν('-으로'나 '-을 가지고')도 아니며 단순히 공간을 의미하는 '안에'도 아니다. 만일 전치사 ἐν이 메타포적이거나 영적인 의미가 아니라 비밀스럽고 비가시적인 것〔secret and invisible〕으로 이해된다면 그것은 신비적인 것〔mystical〕이라고 말할 수 있다. "그리스도 안에"라는 어구는 공간적인 의미—이렇게 보는 것은 미숙하고도 무의미한 것이다—를 가리키는 것이 아니며, 메타포 역시도 아니다. 어떤 신학자들은 "그리스도 안에"를 '그리스도화'〔christification〕, 곧 그리스도의 육체나 본성을 공유하는 것—후대의 신학에서 테오시스〔theosis〕, 곧 인간 본성의 신화〔deification〕로 예시된—으로 이해하며, 그 "그리스도 안에" 있는 것의 궁극적인 목표는 이레나이우스가 *anakephalaiosis*라고 말한바, 곧 모든 사람들이 그리스도를 "재현"〔recapitulation〕하는 것으로 묘사된 완성인데, 이 동사는 에베소서 1:10에서 사용되었다(ἀνακεφαλιώσθαι, '합일하다').

이것은 바울 및 "신적 성품에 참여하는 자"(벧후 1:5)라고 쓴 저자의 생각 안에 있던 씨앗으로부터 만개한 것이다. 하지만 바울의 특징적인 문체가 이 방향을 가리키고 있는 것은 우연은 아닐 것이다. 바울은 동사나 형용사보다도 일부러 실명사를 선택하여 그리스도 안에(ἐν Χριστῷ) 있는 사람들과 그리스도와의 관계를 묘사하면서, 행동을 존재—자신의 신학을 잠재적으로 반영하고 있는 관용구—로 정교하게 바꾸었다. 한때 활동이자 확장이며 운동이었던 것이 이제는 정체성에 관한 것이 되었다. 동사와 형용사의 사용은 중단되었고 이는 실명사 관용구로 대체되었다. 그리스도는 더 이상 생명을 **주시는** 분으로 묘사되지 않는다. 그리스도 자신이 생명**이시다**(골 3:4). 그리스도는 거룩하게 하거나 구원하지 않으신다. 그리스도 자신이 거룩이며 구원**이시다**. 그리스도는 살게 하거나, 거룩하게 하거나, 구원하고 있는 것이 아니다. 이러한 속성들은 그와 동등한 실명사로 인해 거부된다. 그리스도가 우리를 지혜롭게 만드는 것이 아니라 그가 우리에게 지혜**시다**. 이상하게 들리면서도 관용어법에 맞지 않는 명사의 나열은 그리스도께서 신자와 연합하여 거하신다는 바울의 교리에 일치한다. 이러한 동일시는, 분리된 독립체 사이의 관계를 나타내기에, 〔그리스도의〕 활동과 속성을 아주 풍성하게 보여준다. 그리스도와 신자는, 그리스도와 성부가 그러한 것과 같이, 하나—총체적인 실명사—이다. '그리스도화'〔christification〕가 발생하는 곳—추상명사로된 술부가 개인의 명칭이 되는 곳—에서는 새로운 관용구가[41] 요구되며 술부〔predication〕가 실현될 수 있다.

바울의 기독교 안에서만 이 관용구가 사용되는 것이 아니다. 요한은 하나님께서 **사랑하신다**고 말하기보다 "하나님께서는 **사랑이시다**"라는 신비한 선언을 선호했다.

"그리스도 안에"(ἐν Χριστῷ)로 묘사되는 그리스도와의 신비한 연합은 믿는 자 **안에** 거하시는 성령이나 그리스도와 같은 보충적인 용어로도 설명된다. 그것은 상호 간의 거함이다. "만일 너희 속에 하나님의 영이 거하시면 너희가 육신에 있지 아니하고 영에 있나니"(롬 8:9). 상호 거함 사상은 실제로 이 영적 존재의 새로운 영역 안에서 살고 있는 사람들에게 충분히 실제적인 것이었다. 이 사상은 바울과 그의 많은 독자들에게 충분히 실제적이었다. 실질적으로 다른 방식으로는 요한일서에 나타나는 ἐν을 설명하기 어렵다. 사람은 두 영역—한편으로는 어둠과 거짓, 미워함, 다른 한편으로 빛, 진리, 타자에 대한 사랑—중 한 영역 **안에** 거하고 있다. 하나님의 말씀은 우리 **안에** 있고, 그의 사랑은 우리 **안에서** 완전하게 되었기에, 그가 우리 **안에** 거하는 것과 같이 우리도 하나님 **안에** 거한다. 페레 설폭스〔Père L. Cerfaux〕와 같이 저명한 바울 신학자들은 바울이 ἐν-형식으로 어떤 신비한 것을 의도한 것이 아니며 그리스도와 믿음으로 연결된 것 그 이상을 표현하는 것이 아니기에, "〔그리스도〕 안에" 있는 우리 모든 사람에게 있어서 그 표현은 믿음을 통

41. "그리스도는 …이다"—역주.

한 그리스도의 생명 그 이상도 이하도 아니라고 주장했다.[42] 이들에게 상호 거함이란 존재하지 않기에, "그리스도 안에"라는 용어로 표현되는 어떠한 공간은 모호한 범신론적 신비주의—이때 그리스도는 한 인격에서 영의 상태나 "주술"의 상태로 축소된다—로 전락하게 된다. 설폭스는 그 예로 "그리스도로 옷 입으라"는 어구가 단지 메타포이기에 실제적으로 이해되어서는 안 된다고 논증하면서, 이를 "그리스도와 같이 되라"는 뜻으로 이해했다. 신학을 떠나서 나는 그러한 문법적 해석에 불편함을 느낀다. 저기에는 바울이 사용한 구문을 선명하고 정확하게 해석했다는 타당한 근거가 거의 없고, 이는 한 신학적인 입장 위에 서서 기독교 역사 속에서 신비주의가 쉽게 범신론과 동일시되곤 했다는 것을 경계한 것에서 비롯한 것일 뿐이다.

바울의 경험들이 신비론자의 것인지에 관한 논의는 의미 없이 전문용어〔terminology〕로 벗어나는 것에 지나지 않는다. 그의 경험들이 결국 신비주의에 이르게 된다는 점을 부정하는 것은 단순히 학문적인 영역 안에만 가능하다. 예컨대, 마르틴 디벨리우스〔Martin Dibelius〕는 이렇게 말했다. "바울이 '누구든지 그리스도 안에 있으면 새로운 피조물이라'라고 증언할 때에, 우리는 새 생명에 대한 뜨거운 열정을 가질 수 있다."[43] 바울이 모든 진실한 신자들(예를 들자면, 안드로니고와 유니아)에게 자신이 "그리스도 안에" 있다

42. *La Thèologie de l'Église suivant S. Paul*, Paris, 1947를 보라.

43. *Paul*, English tr., Longmans, 1953, 107.

고 말하는 것에 신비주의가 묻어나온다. 이는 비밀스러운(esoteric) 종류의 것이 아니다. 그리스도인들은 "그리스도 안에" 있는 자들이기에 소위 신비론자와 일반 그리스도인 사이를 구분하는 것은 현실적인 것이 아니다. 그러한 차원에서 바울이 결코 "신비주의의 길 위에" 있는 것은 아니더라도, "그리스도 안에" 있는 존재로서의 바울의 경험이 평가절하 되어서는 안 된다. 왜냐하면 바울은 '신격화'(apotheosis)라는 '이교적인' 단어를 사용한 것이 아니기 때문이다. 바울은 그 "이교적인" 단어가 본질적으로 의미하는 바를 반복하면서 그것을 그리스도에게 적용했다. 바울은 그리스도의 '로고스'라는 단어도 사용하지 않았다—하지만 요한은 한 치의 망설임도 없었다. 그 명칭이 중요한 것은 아니지만, 사람은 하나님의 형상으로 변화되어 간다. 더 이상 내가 "사는 것"이 아니요 내 안에 그리스도께서 사신 것(갈 2:20)이라는 선언은 이상하게도 신비주의자로 간주되는 자들이 자신이 하나님이 되고 하나님이 그와 동일시된다고 주장하는 것과 유사하다.

성서 헬라어에서 ἐν의 주된 의미는 여전히 '-에,' '-안에,' '-의 영역 안에'이기에, 이 전치사를 단지 도구적인 의미('-으로' 내지는 '-을 가지고')로 설명하려는 시도는 옳지 않다. 나는 전치사 ἐν을 다루는 논문에서[44] 이 전치사의 기본적 의미로서 공간적 의미를 다루면서 어구들을 너무 유연하게 해석하는 것에 대하여 경고한 바

44. *Bible Translator*, X, no. 3, 1959, 113-120; W. R. Hutton에 반대하면서. 또한 Moulton-Howard-Turner, *Grammar*, vol. III, 260-65도 보라.

있다. 때로는 얼핏 보았을 때에 ἐν이 '-안에'를 의미할 가능성이 없어 보이는 곳을 자세히 들여다보고, 초기 그리스도인들의 관점을 깊이 관찰해보면, ἐν이 예외적인 도구의 ἐν 이상의 의미를 전한다는 것을 알 수 있다. 요한복음 13:35("너희가 서로 사랑하면, 이로써 모든 사람이 너희가 내 제자인 줄 알리라")가 하나의 예시가 될 수 있다. 이 본문에 대한 가장 잘 알려진 번역은, "너희가 서로를(one to another) 사랑하면"인데, 원문의 전치사 ἐν은 '-안에서'(in)가 아니라 '-을'(to)로 번역되었다. 하지만 사랑이 행하여지는 것은 그리스도로 인해 구원된 공동체 '안에서'라는 영역을 지칭하도록 헬라어 ἐν ἀλλήλοις를 "너희가 서로 가운데에(among) 사랑하면"이라고 직역 되어서 안 될 이유는 전혀 없다. ἐν의 주요한 의미를 무시하는 경향—'내면에서'(within)라는 신비적인 의미를 고려하지 않는 경향—은 안타깝다. 그리스도인은 세례를 통하여 새로운 환경인 그리스도의 몸으로 들어가게 되고 어둠 '안에' 거하거나 육체 '안에' 거하는 일을 멈추게 된다. 그런 까닭에 바울은 에베소서 4:1에서 자신을 "주의 갇힌 자"(KJV)가 아니라 "주 안에서 갇힌 자"라고 묘사했다. 바울은 그리스도 안에, 소망 안에, 헌신 안에, 평안 안에 살고 있다. 그것들은 그리스도인이 호흡하는 공기이자 환경이자 영역이다. 어느 누구도 데살로니가전서 4:7, 곧 섬세한 신학적인 논쟁이 발생하는 곳에서 전치사를 정확하게 사용하지 않았다고 비난할 수 없을 것이다. 바로 이 문장에서 바울은 섬세하지는 않더라도 ἐπί 를 ἐν과 구분하여 사용하였는데, KJV 역자들은 이러한 구분을 살리지 못했다. 이 구절은 다음과 같이 번역될 수 있다. "하나님은 우리를 부정함으로〔to〕 부르신 것이 아니라 거룩함의 **상태 안에**〔in our state〕 거하게 하도록 부르셨다." 믿음을 요청하는 곳에서도 이와 동일한 구원과 거룩의 영역이 언급된다. 신학자이자 문법학자였던 아돌프 다이스만〔Adolf Deissmann〕은 『신약성경의 표현형식, "그리스도 안에서"』〔*Die NT Formel "in Christo Jesu,"* 1892〕에서 오랜 세대 동안 분명히 했던 것이 있다. 즉, 그는 '믿다'는 동사에 ἐν이 따라 나올 때에 한 인격을 믿는다든지 신뢰한다는 것을 의미하는 것이 아니라고 주장했다. 왜냐하면 문맥상 그러한 해석이 필요한 곳에 항상 다른 전치사(즉, εἰς 나 ἐπί)나 〔전치사 없이〕 단순 여격이 따라오기 때문이다. '믿다' 동사에 ἐν이 따라오는 경우에는 새로운 환경을 염두에 둔 것이기에, 나는 다시 한 번 이것이 그리스도화〔Christification〕에 대한 신비한 개념을 지칭한다고 제안하는 바다. 그러므로 "복음을〔in the gospel〕 믿으라"(막 1:15)도 아니고, "그분을〔in him〕 믿는 모든 자"는 영원한 생명을 얻게 된다는 것(요 3:15)도 아니다. 우리가 읽어내야 하는 것은 혁명적으로 들린다. "이 복음의 세대에, 너희는 회개하고 믿어야만 한다"〔막 1:15〕. "그리스도 안에 생명이 감추어져 있는 모든 믿는 자들은 영원한 생명을 가지고 있다"〔요 3:15〕.

"그리스도 안에서"와 "주 안에서"와 같은 고도의 신비적 어구들은 바울의 두 서신 안에 42회나 나타난다. 하지만 기독교인들은 더 나아가 몇몇 이러한 종류의 다른 것들, 말하자면 "진리 안에서," "성령 안에서," "이름 안에서"라는 표현들을 경험 가운데에서 필요로 했던 것 같다.

이 신비적 의미의 '-안에' 형식은 바울의 특징적인 속격 구조와 교환이 가능하다. 바울은 "그리스도의 모든 교회들"(롬 16:16)은 동일한 방식으로 다른 곳에서 "그리스도 예수 안에 있는 교회들"(살전 2:14, 갈 1:22)로 언급된다. 이러한 명백한 병행구에 어떠한 차이점이 의도되었는지는 분명하지 않지만 바울서신 안에 있는 그 구조에 대해서는 주의 깊게 해석할 만한 가치가 있다.[45] 물튼의 문법서 구문론 부분에는 '신비적' 속격에 대해 더 많은 예들이 제시되고 있다. 예컨대, 데살로니가후서 3:5의 "그리스도의 몸 안에서의 견고한 충성"("그리스도의 인내"가 아니다)이나 로마서 3:22-26의 "그리스도의 몸 안에서 행하여지는 믿음"과 논쟁적인 어구 "예수 그리스도의 믿음"은 속격의 신중한 해석이 가치를 발하는 경우가 된다. 우리는 이미 주어적 속격이나 목적어적 속격이라는 제한된 선택으로 이 속격들을 이해하기 어렵다는 것을 확인하면서, 두 가지 모두의 의미를 가질 수 있다고 제안한 바 있다.[46] 이때 바울의 '신비적' 속격의 경우가 될 수는 없는지에 대한 의문이 들 수 있다. 말하자면, 바울의 신비적 속격은 단순히 주어적이거나 목적어적, 혹은 둘 모두에 해당하는 것이 아니라, 바울의 특징적인 속격 사용 중 하나로 볼 수 있다.

45. Moulton-Howard-Turner, *Grammar*, vol. III, 212. "실제로, 바울이 속격을 사용하고 있는 압축적인 언어가 매우 풍부하기에, 다양한 속격의 유형들을 너무 좁게 정의하는 것은 무의미한 일이다. 모든 속격은 확장된 문맥 안에서 어떤 관계를 보여준다."

46. 본서 183-84, 194-95쪽을 보라.

9. πρωτοτόκος

"모든 피조물의 원형"(골 1:15)

기계적인 정보들에 따라 골로새서의 저자에 대하여 논하는 것이 나의 당면한 목적이 아니기에, 편의상 본 서신의 저자를 "사도 바울"로 칭하고자 한다.

골로새서는 기록되었을 가장 초기 때부터 규범적인 것으로〔canonical〕 인정되었으며, 더구나 그 내용 역시도 무신론을 반박할 때에 중요했다. 골로새서의 주제는 하나님에 대한 지식이다. 바울은 어둠의 권세와 하나님의 사랑하는 아들의 나라를 대조시키면서, 권세자로부터의 구원은 "아들의 피"로부터 성취되었다고 말한다. 하나님의 아들은 "보이지 않는 하나님의 형상이며, 모든 피조물보다 먼저 나신 자"이다. "그는 모든 만물보다 먼저 계셨다."

바울의 견해에 따르면, 대적은 골로새에서 유행했던 인본주의 철학—진정한 기독교의 복음을 어지럽혔던—이었다. 이 철학은 우리 시대의 계몽주의 철학과 같이 자연과학에 기초하고 있었고, 실리주의적이었으며, 더불어 미신적인 측면도 가지고 있었다. 면밀하게 관찰하여 고정시킨 절기, 도덕적 편의주의, 점성술에 관한 관심이나 흑마술 등이 그 예가 될 수 있을 것이다.

이에 반하여, 바울은 그리스도를 어둠의 권세로부터의 유일한 구원자로 칭송한다. 그분은 "모든 피조물보다 먼저 난 자"(골 1:15)이다. 헬라어로는 이 구절이 두 가지로 해석 가능하다. 한 가지 해석은 NEB 본문이 지지하는 것으로, "그는 모든 피조물 위에 뛰어

나신 분"이라는 의미를 전한다. 또 다른 읽기는 난외주에 기록되어 있다. "그는 모든 피조물보다도 먼저 나셨다." 모든 것은 독자가 πρωτοτόκος와 함께 사용된 속격인 "모든 피조물들"을 목적어적으로 이해하는지(즉, "모든 피조물 **위에**"), 아니면 비교의 속격으로 이해하여 πρωτοτόκος를 비교의 정도에 관한 형용사 "먼저 난"으로 이해—이는 헬라어에서 완벽하게 허용되는 것이다—하는지에 달려 있다(즉, 그는 모든 피조물**보다 먼저** 나셨다). 분명히 두 번역은 모두 그리스도께 동일하게 어울린다. 말하자면, 그리스도는 "모든 피조물에 대하여 일인자"이시면서 동시에 "모든 피조물보다 먼저 나신 분"이다. 전자는 위치의 우위성을 말하는 반면 후자는 시간의 우선성을 말한다. πρωτοτόκος의 해석에 대해 주석가들은 두 진영으로 나누어지게 되었다. 그럼에도 불구하고 어떤 소수의 그룹은 이 두 해석을 통합하려 했다. 예를 들어, 모팻〔Moffatt〕는 "모든 만물보다 앞서신 일인자"라고 해석했다.

Πρωτοτόκος는 칠십인역의 열왕대2서(삼하) 19:43에 나타나는데, 이 문맥에서 "나는 너보다 먼저 났다"고 해석되어야 하지만, 저 예는 우리가 살피고 있는 본문과 나란히 놓을 수 없다. 왜냐하면 이 본문에서는 πρωτοτόκος에 속격이 따라온 것이 아니기에, 속격과 연관된 바울의 πρωτοτόκος 의미를 결정하는 데에 도움이 되지 않는다.

라이트풋은 그 속격〔"모든 피조물의"〕이 합성어 πρωτοτόκος의 접두 부분〔πρωτο: '먼저'〕하고만 연관되는 팽팽한 구문일 수 있다는 이유로, 비교의 속격 구조가 아니라고 느꼈다. 하지만 이 속격은 그것이 무엇을 의미하든지간에 단어 전체에 의존해야 한다. 그렇다면 이 어구는 무엇을 의미하는가? 지위와 권세의 우위권인가, 아니면 단지 시간의 우선성인가?

최근의 비평가들 사이에서는 지위와 권세에 대한 우위성을 의미하는 것으로 기울었는데,[47] 이는 신약성경 문학들에 반영된 그리스도의 초기 개념과 잘 어울린다. 요한이 "예수는 … 죽은 자들의 πρω τοτόκος이자 땅의 왕들의 통치자이다. … 그에게 영광과 권세가 있다"(계 1:5)라고 말하는 것을 보자면, 그리스도가 알파(계 1:11, 21:6), 곧 '처음/시작'이라는 사상은 문맥에서 시간적 의미에서의 '시작' 그 이상인 것은 분명하다. 바울은 예수에 관하여 다음과 같이 썼다. "그는 몸 된 교회의 머리이자, 시작이시고, 죽은 자들로부터 πρωτοτόκος이시다. 그는 만물 가운데 으뜸이시다"(골 1:18). 이렇게 모든 신학적 관점에서 πρωτοτόκος는 분명히 통치권과 관련이 있기에, 우리가 다루고 있는 골로새서의 그 어구는 "모든 피조물에 대한 통치권"을 의미하는 것이 좋다. 몹수에스티아의 테오도로스는 "이것은 단지 시간과 관련된 것이 아니라 역시 수위성〔pre-eminence〕의 문제와도 관련이 있다"라고 언급했다. T.K. 아보트〔Abbott〕는 테오도레토스와 크뤼소스토모스를 즐겨 인용하면서, 단지 시간에 있어서의 우선성과 피조물과의 구별 자체만 의도되었

47. 최근 견해들을 보여주고 있는 예는 다음과 같다. A. W. Argyle, *Expos. Times*, LXVI, 2, 62: 시간적인 우위성을 지지함; H. G. Meecham, *ibid.*, LXVI, 4, 124; C. Masson, *L'Epître de Saint Paul aux Colossiens*, Paris, 1950, 99.

다고 추정하였는데(국제비평주석〔ICC〕, 211), 이것은 불가능하다. 크뤼소스토모스는 "그 〔단어 자체의〕 의미는 영광과 권세에 관한 것이 아니라 단지 시간에 관한 것이다"라고 썼다. 이는 칭찬할 만하다. 문맥상 이 단어가 신학적인 통치 개념을 포함하고 있더라도, 그 단어 자체의 의미를 인지하고 있어야 하기 때문이다. 반면 아보트가 제안한 해석은 양자택일 한 것—목적어적 속격도 아니며 비교의 속격도 아니기에—은 아닌데, 우리의 논의가 나타내고 있는 것과 같이, πρωτοτόκος를 자세히 관찰할 때에 두 선택지 모두는 많은 아쉬움을 남긴다. 그렇다면 '모든 피조물 **중에서**'라는 의미를 가진 부분의 속격일 수는 없을까? 나는 '먼저 난'—메시아가 가장 먼저 나셨다는 의미에서—을 πρωτοτόκος의 명백한 의미로 가지고서, 그리스도를 머리로 하는 가족, 곧 구원을 열망하는 전 피조물과 그리스도를 밀접하게 동일시하는 표현으로 이 단어를 해석한다. 이는 바울이 그리스도를 새 아담으로 묘사하고 있는 로마서와 병행이 된다. 새 아담은 하나님의 모든 피조물이 총체적으로 전진하는 과정 중 새로운 단계 내지 도약의 원형으로서, 신자들과—신자들이 "보이지 않는 하나님의 형상"인 그리스도라는 목적에 이르는 과정에서—밀접하게 동일시된다. 이 사상은 고린도전서에 다시 나타난다. 곧, 그리스도는 죽음 안에서 자고 있는 자들 중 첫 열매이시다.

Πρωτοτόκος가 우월성이 아니라 〔"모든 피조물의 원형"이라는〕 정체성을 표현하는 것이라면, 이후 교회가 아리우스 이단을 직면하였을 때에 아리우스는 교회의 교사들에게 위협적이었을 것이 분명하다.

아리우스는 우주의 원형으로서의 그리스도의 이 의미를 충분하게 알지 못했을 것이다. 당면한 어구는 사변적인 골로새의 지성가들에 대한 바울의 대답으로 주어진 것으로서, 단지 기독론뿐 아니라 구원과도 관련이 있다. 이것은 바울이 기독론과 구원—한편으로는 새로운 통치자이자 모든 피조물의 첫 열매로서 다른 한편으로는 "보이지 않는 하나님의 형상"으로서 인류와 동일시되었던 그리스도를 통한—을 연결시키는 특징적인 방식이었다

곧이어 바울이 하늘의 있는 것과 땅에 있는 것이 모두 그리스도 "안에서" 창조되었다고 할 때(골 1:16), 전치사 "안에서"는 도구적인 것이 아니라 문자적인 것으로 이해되어야 한다.[48] 그리스도는 만물의 πρωτοτόκος가 되어 만물을 품으시기에, 그 결과 만물은 그리스도가 하나님의 형상이라는 것과 같은 의미로서 그리스도의 형상이다. 왜냐하면 그리스도는 하나님 "안에" 있고, 만물들은 그리스도 "안에" 있기 때문이다. 여기에는 진정 범신론적인 요한신학과도 공통되는 것이 많다.

"만물이 창조되었고 창조되고 있다"(골 1:16)

앞에서 살핀 πρωτοτόκος의 구원론적 의미는 분명 다음 구절인 16절에서 시제가 극적으로 변화하는 원인이 된다. 첫 행은 부정과거 ἐκτίσθη로 시작하는데 마지막 행에 가서는 완료 ἔκτισται로 나타난다. 어떠한 번역성경에서도 이 변화를 의미있는 방식으로 설명

48. 본서 250-58쪽의 논의를 보라.

하지 못한다. 왜냐하면 단지 "창조되었다"와 "창조되어왔다"로 구분하는 것은 그렇게 도움이 되지 않기 때문이다.

바울은 15절에서 그리스도가 하나님의 형상이자 우리의 원형이라는 사실을 넌지시 알렸다. 따라서 앞서 언급된 두 시제는 반드시 πρωτοτόκος 개념 안에 두 개의 다른 개념, 곧 (1) (문법적으로) 과거 시점에 발생한 행위—어떤 측면에서 창조는 과거에 발생했기에—와 (2) 단지 시점일 뿐 아니라 완성되어가는 행위를 포함한다는 사실에 입각되어 설명될 수 있다. 이 두 번째 양상에 있어서, 우리와 모든 피조물이 아직, 그리스도가 하나님의 형상인 것처럼, 그리스도의 형상으로 변화한 것이 아니기에, 창조 행위의 효과〔result〕는 여전히 우리에게 작용한다. 창조의 활동이 분명히 시작되었지만, 이는 모든 피조물이 그리스도의 완전함에 이르기까지 그분 안에서 지속적으로 새롭게 될 것이다. 바울은 능숙하게 완료 시제를 사용하면서 골로새서 1:16을 다음과 같이 맺는다. "모든 만물이 그를 도구삼아〔by his instrumentality〕(διά, '통해서'; 이 구절의 첫 행에서처럼 "안에서"를 의미하는 ἐν이 아니다) 창조되었고, 그들은 이제 계속해서 그를 향하여(εἰς) 창조되고 있다." 바울은 그리스도의 완전한 형상을 염두에 두고서, 한걸음 더 나아가 창조 양상을 묘사했다. 바울은 전치사 εἰς 와 ἐν 을 혼용하여 사용하지 않는 경향이 있는데, 실제로 골로새서 1:16의 하나의 문맥에서 두 전치사를 모두 사용하여 전혀 다른 의미를 전했다. "과거에 그 '안에서'(ἐν) 만물, 곧 하늘에서와 땅 위에서, 보이는 것들과 보이지 않는 것들, 왕위와 주권과 능력과 권세가 창조되었다. 이 만물들이 그의 '지속적인 도움을 받아'(διά) 창조되어 왔다〔have been created〕. (그래서 현재 존재한다.) 그리고 그는 그들의 목적이다(εἰς)."

인정하건대, 이러한 관점은 문법에서 벗어난 면이 없지 않지만,[49] 여기에 사용된 동사들이 매우 밀접한 관련이 있고 사상이 너무 심오하기에 바울이 이유 없이 전치사를 달리 사용했다고 생각하기도 어렵다.

다른 서신에 있는 바울의 형상-신학의 발전을 면밀히 관찰할 필요가 있다. 형상-신학에는 윤리적인 양상이 있다. 즉, 그리스도의 형상으로 되어가는 그리스도인들은 "새로운 사람"을 입고서 선한 행위와 진정한 거룩함을 나타내 보인다. 거짓은 줄고 분노는 길어 보아야 하루를 넘지 않으며 도적질은 과거의 것이 된다(엡 4:24 이하). 하지만 실제적인 양상은 인간의 인격의 변화와 관련된 신비주의에 깊이 기초하고 있다. 바울은 고린도교회에게, 유대인들과 이방인들이 벗은 얼굴로 야훼에게 돌아오게 된다면, 그 결과 영광스러운 모습을 보게 된다고 이야기 했다. 하지만 그 영광은 실제 영광이 아니라 유리를 통해 보는 영광이기에, 사람—하나님의 완전한 형상, 곧 그리스도의 한 몸인 교회로 연합된 전체 인류—은 이 영광에서 종국적인 영광으로 변화되어야 한다(고후 3:18). 현재 그리스도만이 하나님의 형상이지만, 그를 믿는 자들에게서도 적어도 그 영광을 볼 수 있다. 반면 믿지 않는 자들의 마음은 "이 세상

---

49. 골 1:16의 ἐκτίσθη와 ἔκτισται를 미묘하게 구분하는 것이 의심스럽다고 말하는 Moulton-Howard-Turner, *Grammar*, vol. III, 70를 포함하여. "하지만 그렇게 추측하는 것에 대해 해석자를 비판하기는 어렵다."

의 신"에 의해 가려져 하나님의 형상인 그리스도의 영광을 전혀 볼 수 없을 것이다(고후 3:14). 또한 숙명론처럼 들리는 용어—바울이 유대교 안에서 엄격하게 자랐기 때문에—로 말하자면, 하나님께서 그 아들의 형상을 본받고, 궁극적으로 그 영광을 받도록 "미리 정하셨는데," 이는 그리스도께서 형제들 중에서 πρωτοτόκος가 되게 하기 위함이었다(롬 8:29).

부활장(고전 15장)에 나타난 하늘의 형상에 관한 언급에서 보이듯, 바울이 종국적인 영광에 관하여 이야기할 때마다 부활 사상이 근접한 곳에 나타난다. 〔땅의 속한 자의 형상은〕 형상은 낡아질 옷이다(고전 15:49). 골로새서에서는 그리스도가 땅의 형상을 입고 있다고 말한다. 다음 장에서 이 주제를 발전시키려 한다.

10. 야훼의 영광: "거울을 통해 보는 영광"

바울의 편지 중 고린도후서에는 다양한 신학이 나타난다. 고린도후서는 심한 긴장 기간 동안, 혹은 그 직후에 쓰였다. 바울의 외적 환경들은 이 서신에 깊은 통찰을 설명할 수 있을 것 같다. 그들 중 하나는 일반적인 질문 이상의 것을 불러일으킨다. "이제 주는 영이시기에, 주의 영이 계신 곳에는 자유가 있다. 하지만 우리 모두가 수건을 벗은 얼굴로 거울을 보듯 주의 영광을 보니, 그와 같은 형상(헬라어, εἰκών, 여기에서 icon['형상']이 나옴)으로 변화하여 영광에서 영광에 이른다. 이는 주의 영에 의한 것이다"(고후 3:17-18,

KJV).

바울은 다른 편지에서도 부활하신 주 예수와 성령을 동일하게 다루고 구분하지 않는데, 이 고린도후서 3장 본문이 그에 대한 확실한 증거를 제공하는 것은 분명한 것 같다. "주는 영이시다"와 마지막 문장("주의 영에 의한 것이다")은 잘 번역되었는데, 앨포드와 워즈워스를 따르고 있는 RV에서는 "주, 곧 영에 의한 것이다"라고 옮겼다. 이에 근거한다면 바울의 하나님 개념이 삼위일체가 아닌 이위일체라고 인정해야 하는 것은 아닌가? 제자들을 진리로 인도하기 위하여 부활하신 후 성령을 보내신 주께서는 성령과 다르지 않으신 분인가? 바울은 예수와 성령에 대한 기독교의 경험과 관련한, 이 둘을 완전히 동일시하고 있는 것처럼 보인다. 성령의 오심은 약속된 그리스도 자신의 돌아오심이다. 이 단락에서 바울은 삼위일체 내에서의 본질적인 구분에 대해 논의하고 있지 않기에, 후대에 중요하게 되었던 심오한 질문들을 이 시점에 고린도교회에 제기하는 것은 적당하지 않은 것 같다. 바울은 수건이 벗지는 것, 곧 그리스도인들이 주 예수이자 영이신 그분에게 돌아오는 경험에 대하여 언급하면서, 그 두 인격이 하나이며 동일하다는 것을 말할 필요를 느꼈을까? 나는 바울이 그렇게 변호해야 할 필요가 있었는지 의문스럽다. 바울은 너무 쉽게 주 예수가 영이라고 생각했다. 한 주석가—본래 피케〔Peake〕의 『성경주석』〔Commentary on the Bible〕의 앤더슨 스콧〔Anderson Scott〕—를 인용하자면, "여기에서의 '주'는 다른 곳에 예외가 거의 없듯, 그리스도일 것이다." 하지만 이 경우는 또 다른 "예외"일 수도 있다. 여기에 신학자들이 놓치는 문법적 핵심이 있다. 그것은 바로 헬라어 관사의 전방조응적 기능〔anaphoric use〕이다.[50] 바울은 통상 관사를 동반한 ὁ κύριος는 그리스도를 지칭하지만, 관사가 없는 κύριος는 야훼, 즉 구약을 통해 드러난 이스라엘을 가리키곤 한다. 이를 받아들이기는 해야 하지만, 그럼에도 불구하고 우리가 논의 중인 본문(고후 3:17-18)에서 관사는 바로 앞에서 언급된 것을 가리키는 전방조응적 기능으로 사용된 것이다.[51] κύριος에 대한 직전의 언급은 앞선 구절에서 발견되는데 이때에는 물론 야훼를 가리킨다. 여기에는 관사가 없다. 출애굽기 34:34에 나타난바, 야훼 앞에 갔을 때에 벗겨진 모세의 수건이 이 논의의 중심이 된다. "야훼는 영이시다." 바울은 독특해 보일 수 있는 담대함을 가지고서 야훼와 예수 그리스도를 동일시하는 데까지 나아간다(빌 2:11). 구약에 나타난 신의 현현을 해석하자면, 야훼는 때로 선재하시는 주 예수이고, 때로는 성령이라 할 수 있다. 이 고린도후서 본문에서 야훼가 계속 κύριος로 지칭되는 것, 즉 바울이 여기에서 기독교인이 되기 전의 경험으로 묘사하고 있다는 것은 그리 놀랍지 않다. 바울은 유대인들이 모세와 같이 야훼에게 돌아가 그를 전심으로 찾을 때에 수건이 벗겨져 야훼의 영광을 보았을 것임을 설명한다. "야훼에게로 돌아가는 자는 수건이 벗겨질 것이다"(고후 3:16). 이 지점에서 바울은 "그러나 우리는"이라고 말하

---

50. 일종의 지시형용사적 기능으로 앞에 나왔던 것을 다시 가리키는 것을 뜻한다—역주.
51. 전방조응에 관한 논의에 대해서는, Moulton-Howard-Turner, *Grammar*, Vol. III, 172-74를 보라.

면서 기독교의 경험을 비교하면서 소개하고, 유대인과 기독교인의 한 쌍의 새로운 영광 개념을 직관한다. "우리는 영광에서 영광으로 변화된다." 이는 야훼의 영광에 대한 유대적 비전으로부터 새로운 세대의 영광에 대한 기독교적 비전으로의 변화를 의미한다. 바울은 유대교와 기독교의 관계에 관하여 많이 생각했다. 유대인들과 이방인들은 모두 "변화된다." 유대인과 이방인 모두는 야훼에게 돌아가 수건을 벗어야 한다. 하지만 그 비전은 궁극적인 영광이 아니라 거울을 통해 보는 것과 같은 영광이었다. 최종적인 영광의 모습은 유대인과 이방인이 한 교회에서 연합하여 하나님의 형상이 될 때에 나타날 것이다. 왜냐하면 그리스도의 몸이자 진정한 교회는 하나님의 형상이기 때문이다.

이것은 본 단락의 일부를 시험 삼아 완전히 새로운 방식으로 읽어 볼만한 여지를 제공해준다. "주의 영이 있는 곳에, 자유가 있다"는 식의 번역은 오랫동안, 심지어는 가장 초기의 본문전승에서부터 오해되어 왔다. "곳에"〔where〕를 지칭하는 헬라어 단어는 οὗ인데, 여기에 나타난 기식을 당연히 의심할 필요가 있다. 왜냐하면 가장 초기의 필사본은 기식이나 악센트가 없었기 때문이다. 거친 숨표(즉, 기식)를 제거하면 헬라어 부정어인 οὐ가 된다. 이쯤에서 독자들은 세기를 거듭하면서 동서방의 기독교 학자들이 οὗ로 읽어 온 것을 οὐ로 보는 것이 어떠한 유익이 있는지 고민할 것이다. 부분적으로는 주해적인 것에, 그리고 부분적으로는 문법적인 것에 그 이유가 있다. 주해적인 차원에서, "주의 영이 있는 곳에, 자유가 있다"는 진술은 바울의 복잡한 논증에서 벗어나는 것 같이 보인다. 문법적으로는, '곳에'〔where〕가 이끄는 종속절은 공간을 의미하는 장소의 부사절〔local clause〕이다. 장소의 절에서, '어디로부터'〔whence〕가 인도하는 성서 헬라어에 15개의 절은 결코 주절 앞에 나타나지 않으며, '곳에'〔where〕가 인도하는 절도 거의 항상 주절 뒤에 위치한다. 이러한 경우는 바울서신에는 2회, 신약성경 전체에 21회 나타난다. 이 차원에서 고린도후서 3:17에서 공간의 종속절로 추정되는 절이 주절 앞에 위치하고 있기에 의심할 필요가 있으며, 우리가 정당하다고 인정할 만한 다른 대체적인 해석을 찾을 필요가 있다고 생각한다. 이제, οὗ를 οὐ로 읽는다면 매우 좋은 의미를 산출하게 된다. 〔일반적으로 "'주의 영'이 있는 곳에"라고 번역된 어구에서〕 속격 κυρίου('주')는 명사 πνεῦμα('영')와 분리되어야 하고, '자유'를 의미하는 것 외에 '독립'〔independence〕를 의미할 수 있는 ἐλευθερία와 매우 밀접하게 연결되어야 한다. 따라서 우리는 "주의 영"이라는 어구를 더 이상 가지지 않게 된다. 전체적인 문장은 다음과 같이 읽힌다. "그러나 영은 야훼와 독립적이지 않다." 그리고 이 번역은 앞 문장인 "야훼는 영이시다"라는 진리를 수사학적으로 반복한 것으로 이해되어야 한다.

11. 땅과 하늘의 옷(고후 5장)

고린도후서 5장의 처음 10절에 대한 주석은 끝이 없다. 적어도 H.A.W. 마이어〔Meiyer〕로부터, 그리스도의 '재림'과 부활 사이에 육체가 없는 상태를 걱정하는 것처럼 말하는 2-4절과 몸을 떠나 그리스도와 함께 하는 것이 더 낫다고 말하는 8-10절 사이에 모순 양상이 보인다고 추정되어 왔다. 추정하건대 이 둘은 동일한 몸의 분리를 가리킨다. 이것은 분명한 모순이지만, 바울과 같이 미묘하고도 융통성 있는 사고체계를 가진 사람에게 있어서 그렇게 독특한 것은 아니다.

전체 단락의 논지는 그리스도인이 죽음으로 인하여 낙담해서는 안 된다는 것이다. 이는 분명히 고린도의 기독교 공동체 안에 있었던 문제였다. 바울은 우리 본성의 외적인 부분은 계속 소모되는 것이라고 말하면서, 내적 본성은 힘을 얻어 가는 것임을 상기시킨다. 겉으로 보이는 것은 소멸하지만, 사람의 보이지 않는 것은 그렇게 소멸하지 않는다. 이러한 구분은 두 가지 종류의 거주지, 곧 영원하지 않아 낡아질 장막과 하늘에 속한 영원하고도 초월적인 신적 처소와 일치한다. 바울은 기독교인들이 낡아질 장막에서는 결코 진정으로 행복할 수 없다고 생각했다. 이 장막은 바울이 고린도에서 기워 만든 장막과 같이 단지 사람의 손으로 만들어진 것이다. 기독교인들은 경건하게 덧입을 옷을 갈망한다. 말하자면, 바울은 이 땅의 육체를 떠나지 않기를 바라면서 동시에 그리스도가 오실 때에 하늘로부터 받을 영광스러운 부활체〔처소〕를 갈망했다. 이 육체〔처소〕는 바울의 용어로 οἰκητήριον으로 나타나는데, 바울은 고린도의 몇몇 기독교인들에게 있어서 두려움이 되었던 몸이 떠나는 문제에 대하여 처소를 받게 될 것임을 이야기한다. 그들은 “벗은 것”으로 드러나게 될 것을 두려워했다. 그들은 땅의 “장막”을 벗고 싶지 않았기 때문(ἐφ' ᾧ: because)이라기보다도 추가적인 옷을 덧입기—그리스도의 파루시아의 때에 죽음을 피함으로써—를 바랐기 때문에 탄식했다. '하지만' 바울은 말했다. "하나님이 이 일이 우리에게 이루어지게 하기 위하여 우리에게 성령을 보증으로 주셨다." 그 의미는 명백하다. "너희는 일시적인 영육의 분리로 인해 두려워할 필요가 없다. 잠깐의 일인데 그것이 무엇인 문제란 말인가?" 이로써 바울은 영육 분리에 관한 주제로 벗어나기 전에 본래의 주제로 되돌아간다. "그러므로 우리는 항상 용기를 가지고, 현재 주께서 우리의 몸에 계시지 않는다는 것을 기억해야 한다. 우리는 눈으로 보려고 하기 보다는 믿음으로 걸으면서, 〔몸을 떠나〕 주와 함께하기를 기뻐해야 한다." 그렇더라도 우리의 육신의 생명은 중요하다. 우리는 육으로 살면서 그리스도를 기쁘시게 해야 하며, "육신으로"(10절) 행한 것에 대하여 대해 책임을 져야 할 것이다.

이 단락은 주석가들뿐 아니라 문법학자들에게도 역시 흥미롭다. 문제는 다음과 같다. 바울이 동일한 것을 하늘에 있는 집(1절)과 하늘로부터 오는 집(2절)으로 언급한 이유는 무엇인가? 왜 처음의 경우에는 "하늘들"(복수)로 나타나고 두 번째는 "하늘"(단수)로 나타나는 것일까? 더 나아가 왜 그 집 자체는 οικοδομή(건축물)로 1절에서 언급되고, 2절에서는 οἰκητήριον(처소)으로 언급되는 것일까?

이에 대하여, 다양성을 좋아하는 저자에서 기인한 문체의 일탈로서 간주하고 그 차이를 무시하는 것이 가장 쉬운 대답이 될 수 있을 것이다. 그렇지만 바울의 문학적 기교를 기대하고 있는 독자들은 혼란스러울 수 있다. 사실 이 본문은 목회적인 돌봄과 가르침에 관해 섬세하고 정확한 바울의 문체를 보여주고 있는 본문이다. 비평가들은 특히 중요한 문제를 다루고 있는 경우, 구문과 어휘에 있어서 빨리 해결하려고 하는 경향을 받아들여서는 안 된다.

이제 우리는 첫 번째 문제인 "하늘들에서"(1절)와 "하늘로부터"(2절)를 다루어 보려 한다. 위에서 살펴본 '세상'과 '세대'의 경우에서처럼,[52] 헬라어 복수는 영어에서 단수로 번역되어야 하는 경우가 있는데, 이때에는 결코 '하늘들'을 의미하는 것이 아니다—헬라어의 복수가 유대교의 우주론에서의 일곱 개의 하늘들을 가리키는 특별히 명백한 경우를 제외하고. 이것은 존엄의 복수로 하나님이 거하신다는 의미에서 '하늘'을 의미한다. 헬라어 성경의 복수의 사용은 그 저반에 놓여 있는 저자의 사상 안에서, 히브리어 단어의 복수 형태에서 기인하였다. 신약성경에서 헬라어 단어는 '〔하나님이 거하시는 천상/천국으로서의〕 하늘'〔heaven〕보다도 '〔가시적 창공으로서의〕 하늘'〔sky〕을 의미할 때에 보통 단수이다. 하지만 항상 그런 것은 아니다. 마태복음 3:16-17(막 1:10-11), 24:31, 행 7:56에는 '창공'〔sky〕이 복수로 나타난다. '천국'이 하나님의 처소를 의미할 때에는 헬라어로 복수로 나타난다—요한복음과 요한계시록에서는 분명하게 단수로 나오는 예외가 있다. 마가복음은 섬세하게 단수와 복수를 단일한 구절에서 구분하여 사용했다. "별들이 하늘(단수)에서 떨어지며, 권능이 하늘(복수)에서 떨어지더라"(막 13:25). 그 저자는 학자가 아니었지만 항상 헬라어 사용에 있어서는 체계적이었다

---

52. 본서 242-52쪽을 보라.

는 인상을 준다.

복수의 사용에 관하여 잠시 벗어났는데, 다시 고린도후서 5장에 있는 바울의 사상으로 돌아오려 한다. 바울은 항상 섬세한 구문에 신경을 쓰기에, 단수 형태의 οὐρανός는 항상 '창공'〔sky〕으로 사용한다. 바울은 다음과 같이 말했다. "땅에 있는 우리의 장막이 해체되더라도, 우리는 손으로 지은 것이 아닌 하나님의 집(οἰκοδομή), 곧 **천국**〔heaven〕에 있는 영원한 집을 가지고 있다. 참으로 우리가 장막에서 탄식하며, **창공**〔sky〕으로부터 오는 우리의 처소(οἰκητήριον)로 덧입기를 간절히 바란다"(고후 5:1-2). 이 해석이 이상하게 보인다면, 우리는 그리스도의 재림에 대한 바울의 관점과 그리스도인의 부활에 관계된 순서—데살로니가전서 4장에서 상술된 것과 같은—를 다시 기억할 필요가 있다. 주의 재림 이전에 죽은 그리스도인들은 그리스도에 의하여 부활하게 될 것인데, 여전히 살고 있는 사람들보다도 우선하게 될 것이다. "주께서 **창공**〔sky〕으로부터 내려오실 것이다. … 그리스도 안에서 죽은 자들이 먼저 일어나고, 그 후에 우리 살아있는 자들도 그들과 함께 구름 속으로 끌어 올려지게 될 것이다"(살전 4:13-18). 그렇기 때문에 바울이 고린도후서에서 미래에 그리스도인들이 입게 될 "옷"을 "창공"에서 받는 것으로 언급한 것은 놀랍지 않다. 이 〔창공에서 내려오는〕 옷은 οἰκητήριον인데 반해, οἰκοδομή는 "**천국에**"〔heaven〕 있는 것이라고 한다(1절). 헬라어 용례에 따르면 οἰκητήριον은 단순히 사람들이 사는 장소,

곧 거주지를 뜻하는 것으로서,[53] 그리스도인들이 죽기 전에 입고 있던 겉옷을 대체할, 곧 죽은 후 머지않아 받게 될 부활체로 묘사할 수 있다. 반면에 οἰκοδομή는 오랜 기간의 준비와 성장의 결과로 주어진다. 그렇게 οἰκοδομή는 어떤 문맥에서는 건축하는 행위를 의미하기도 한다. 이 단어는 헤롯 성전의 "건축물"을 묘사할 때에도 사용되었고(마 24:1), 바울에 의해 교회와 그리스도인들을 "하나님의 손으로 지으신 것"(고전 3:9, 엡 2:21)으로 묘사될 때에 사용되기도 했다. 이것은 천국의 영역에 속한 것이지만, οἰκητήριον처럼 하늘에서부터 내려오는 의미를 가지지는 않았다. 그것은 영원한 영역에 속한 것이자 그리스도인들이 날마다 겪는 그리스도의 형상으로 변화되는 전체 과정을 대표하는 것으로서 전문용어로는 그리스도화〔Christification〕라고 할 수 있다. οἰκητήριον의 의미를 대강 추정하자면 단지 οἰκοδομή의 과정에 있는 한 단계로 간주할 수 있을 것이다.

이 모든 대답은 고린도후서 5장에서 발생하는 문법적인 질문에 대한 대답이다. 하지만 아직 아담의 죄(롬 5;12)의 영향에 관한 매우 많은 논의를 불러일으킨 난해한 ἐφ' ᾧ의 문제를 남겨두었다.[54] 나는 로마서 본문에서는 그렇게 해석하지는 않았지만, 이 본문의 ἐφ' ᾧ의 의미로 "왜냐하면 -때문이다"를 받아들이는 것이 가장 오래된 주석적 전통이라고 생각한다. 위에서 의역된 것이 가장 좋은

53. 유 1:6에서는 천사들의 "처소"로 적절히 사용되었다.

54. 본서 246쪽 이하를 보라.

의미를 드러내준다. 즉, 그리스도인은 자신들의 죽음과 부활 사이의 어떤 중간 상태에서 "벗은 채로" 남겨지기를 원하지 않기 때문이라기보다 부활체를 바라기 때문에 탄식하는 것이다. 물론 ἐφ' ᾧ가 더 이른 시기의 헬라어와 대중 헬라어의 어떤 본문들에서 "-라는 조건으로/만일 -라면"를 의미하기도 하지만, 우리가 예를 들어 "우리는 탄식한다. [하지만 우리가 탄식하는 것은 당연하다.] 만일 우리가 벗겨지기를 원하지 않는다면"라는 식의 말을 쓸데없이 덧붙이지 않는다면, 이 문맥에서 의미가 통하지 않는다. 물론 그렇게 첨가하는 것은 비판을 피하기 어렵다. 바울이 분명하게 말했던 것은 "우리는 탄식한다"는 것이지 "우리가 탄식하는 것이 당연하다"가 아니다. 영혼이 분리될 것에 대한 근심은, 데살로니가에서 그랬던 것처럼, 아마도 고린도의 어떤 지역에 있었던 근심으로 바울이 다룰 필요가 있었다. 바울은 이 문제에 대해 근심하지 않았다. 바울은 영육이 분리된 상태에서도 있더라도 적어도 "그리스도와 함께" 하게 될 것이며, 이는 영광에서 영광으로 변화되도록, 더더욱 그리스도의 형상이 되도록 하나님께서 계획하신 긴 과정의 일부로서 이생에 결코 제한되지 않을 것이기 때문이다.

12. 실재하는 악

"감추는 어둠"(고전 4:5)

예컨대, '지식'〔knowledge〕을 '알려진 것'〔the known thing〕으로, '친절

함'〔kindness〕을 '친절한 것'〔the kind thing〕으로 표현하고 있는 것이 다소 흥미롭게 보일 수 있겠지만, 〔명사 없이〕 관사와 중성 형용사만을 가지고 추상적인 개념을 표현하는 것은 고전 헬라어나 헬레니즘 헬라어의 상당히 세련된 발화 형태에서 이상한 것이 아니었다.

성서 헬라어 안에 나타나는 이 명사적 표현에는 거의 항상 속격 명사가 따라 나온다. "하나님의 알려진 것들"(롬 1:19)은 속격이 따라 나오는 추상적 개념의 한 가지 예가 된다. 그렇지만 이 표현은 여전히 이중적으로 해석될 수 있다. 즉, '하나님이 가진 지식' 내지 '하나님에 대한 지식'을 의미할 수 있다. 오리게네스와 크뤼소스토모스는 후자, 곧 하나님에 대한 지식, 말하자면 하나님에 관하여 알려진 지식이라는 의미를 지지했다. 이는 후자가 전자보다도 문맥에 더 적합하기 때문이었다. 하지만 루돌프 불트만은[55] 우리에게 또 다른 실마리를 제공한다. 즉, 속격으로 사용된 대상에 집중하여 "인식 가능함 안에 있는 하나님"(*Gott in seiner Erkennbarkeit*)으로 바꾸어 이해했다.[56] 더욱이 불트만은 그 방식을 로마서 1:20에 적용하여, "그에 대해 보이지 않는 것들"을 "보이지 않는 그분"으로 바꾸었다. 여기에서 속격은 목적어적이다. 즉, 하나님은 아는 것과 보는 것의 대상이시다. 하지만 이와 비슷한 고린도전서 4:5("어둠

55. 또한 Moulton-Howard-Turner, *Grammar*, vol. III. 14를 보라. 하지만 불트만의 글에 대한 한 서평가는 불트만의 해석을 이상하고 가능하지 않은 것으로 반박하면서 그를 무시했다. *Journal of Theological Studies*, N.S., vol. XV, April 1964, 120.

56. G. Kittel, *Theologisches Wörterbuch zum Neuen Testament*, Stuttgart, vol. I, 1933, 719.

의 숨겨진 것들")을 면밀히 살펴보면, 여기에서 속격은 주어적이다. 어둠은 숨겨질 수 있는 것이 아니라 〔무언가를〕 숨길 수 있는 것이기 때문이다. 얼마나 정확하게 바울은 하나님이 낮에 빛을 가져오시는 분이라는 것을 생각했는가? 어둠이 감추는 것은 무엇인가? 혹시 어둠이 그 자체를 감추고 있는 것은 아닌가? 바울의 생각을 면밀히 추적해가면 다음과 같다. 편견으로 결정되고 동기들〔motives〕이 섞여 있는 세상에서, 무지와 선입견이 눈을 가려 바르게 판단하는 것이 불가능할 수 있다. 이는 단지 사람이 무엇을 결정을 할 때에, 박식함이 부족하거나 어떤 사실들이 은폐되어 있기 때문이 아니라 주변환경이 열악하기 때문이다. 생각을 흐리게 하고 오도하게 하는 뚜렷한 어둠은 오직 주의 파루시아의 밝은 빛에 의하여 제거될 수 있는 것이지, 단순히 더욱 깊은 지식들을 얻어서 제거될 수 있는 것이 아니다. 그래서 바울은 그리스도께서 "감추는 어둠 자체"를 물리칠 것이며, 이는 단지 "어둠이 숨기고 있는 것들"을 물리치는 것보다도 더욱 급진적인 치료라고 선언하고 있는 것이다. 바울은 고린도에서 자신의 사도권에 대하여 판단을 받고 있다. 이것이 단지 대적자들의 무지를 드러냄으로 해결되는 문제였다면 금세 바로잡혔을 것이다. 새로운 사실을 밝혀내는 데에 파루시아가 필요했던 것이 아니었다. 그렇지만 오직 파루시아 만이 진리를 고의적으로 "감추는 어둠," 곧 깊은 편견을 물리칠 수 있다. 이것이 바로 바울이 동일한 문장에서 "마음의 뜻"〔고전 4:5〕이라고 지칭하고 있는 것이 분명하다.

바울과 악한 영들

바울은 에바브라에게로부터 골로새교회 안에 거짓된 가르침이 위험하다는 것을 들었을 것이다. 그것은 바로 철학 체계로서, 바울은 그것을 기만적이며, 영감을 받은 것이 아니며, 지적으로도 미숙한 것으로 여겼다. 바울은 완전한 신성함은 오직 그리스도 안에 있다고 말하고 있으며, 그러한 이유로 이 거짓 교사들에 의하여 유대교 의식에서 숭배되고 있는 모든 천사들보다도 그리스도께서 우월하다고 말했다. 그리스도의 사역은 매우 완전하여서, 할례를 불필요하게 만든다. 신자는 그리스도 안에서 세례를 통하여 죽음에서 생명으로 일으켜진다. 이 논증은 골로새서 2:8에서 시작하고, 15절에서 그리스도께서 통치자들과 권세자들—즉, 이교도들에 의하여 숭배된 천사들—을 "박탈하셨다"〔spoiled〕(KJV)는 것과 그들을 구경거리로 삼으시고 십자가로 승리하셨다고 선언하면서 절정에 이른다. 이 격렬한 절정부는 세세하게 연구할 가치가 있다.

여기에서 "박탈하다"(KJV)는 표현은 어렵다. 그 정확한 의미는 이 중간태 형태가 능동태의 의미를 전하는지에 달려있다. 이 동사는 능동태로 '〔누군가를〕 벗기다'〔undress〕는 뜻이지만, 여기에서는 중간태 형태로 나타나며 이는 통상 '〔자신의 것을〕 벗다'〔undress oneself〕는 뜻으로 번역될 수 있다. 학문적으로 정확한 것에 민감했던 1881년 개정판 담당자들은, 엘리코트와 라이트풋이 함께 앨포드의 견해를 따라, 실제 중간태 의미로 번역했다. "통치자들과 권세들을 벗어버리다."

RV의 난외주에서는 또 다른 해석을 엿볼 수 있는데, 이는 라틴

교부들, 곧 힐라리우스와 암브로시우스, 아우구스티누스에게서 유래한 것이다. 이들은 통치자들과 권세자들을 그 동사 '옷을 벗다'의 대상으로 이해하지 않고, 다음 문장에 있는 동사의 목적어로 번역했다. 하지만 더 나아가 이 라틴 교부들이 '옷을 벗다'는 동사 뒤에 "그의 육체"라는 단어를 삽입해서 다음과 같이 읽은 것은 의심스럽다. "그는 그의 육체를 벗고, 통치자들과 권세자들의 구경거리가 되었다." 이것은 너무 과한 삽입인데, 어떤 이들은 이 교부들이 실제로 "그의 육체"라는 단어가 삽입된 9세기의 보에르네리아누스의 라틴어나 헬라어 사본 같은 것을 본문으로 사용한 것으로 의심하기도 했다.

언어학적으로, RV 본문 자체에 대해 말할 것이 가장 많은데, 그것은 우리보다도 더욱 헬라어에 정통했을 헬라교부들이 바울의 말을 이해했던 방식이다. 첫째, 이 동사의 중간태가 때로 문학작품들에서 능동태의 의미(즉, '[자신이] 벗다'가 아니라 누군가를 벗긴다는 의미)로 발견되기는 하지만, 그럼에도 불구하고 중간태의 의미로 보는 것이 더욱 자연스럽다. 둘째, 바울이 골로새서 3장에서 이 동사를 분명히 중간태의 의미('벗다')로 사용한 것은 의심의 여지가 없다. "너는 〔네 자신이 입고 있던〕 옛 사람을 벗어버려라"(골 3:9). 언어학적 관찰과 신학적 통찰은 해석의 굴레들을 통과하여 헬라교부들을 다음과 같은 결론으로 인도한다. 즉, 바울은 "그리스도가 통치자들과 권세들을 벗었다"라고 말했다.

추정하건대, 이들은 골로새의 거짓 교사들이 가르침의 일부였던 악한 천사들을 가리킨다. 그럼에도 불구하고 바울은 그들을 가공한 이야기나 헛된 것으로 치부하지 않았다. 그들은 존재한다. 악한 영들은 인간 본성 내에 거하면서 단지 인간의 본성을 망치고 왜곡한다. 하지만 그리스도는 인간의 본성을 망토와 같이 입으시고 그 안에서 모든 시험을 받으셨지만 승리하시고 악의 권세를 정복하셨다. 십자가 위에서의 죽음의 순간은 마지막 구원과 승리의 순간이 되었고, 그 영광의 순간에 연약한 인간의 망토를 벗으시고(중간태) 땅으로부터 들어 올려져 모든 사람들을 그에게로 이끄셨다. 이때 예수께서 일시적인 것이었던 인간 본성〔mortality〕을 벗으시며, 벗으시는 순간에 악한 존재들이 이전에 인간에 대하여 가지고 있었던 통치권을 전복시키셨다.

안셀무스와 마르틴 루터의 영향 아래에서, 서구의 기독교세계〔Christendom〕가 십자가의 그리스도를 승리자 그리스도로 보기를 멈추고 희생자 그리스도로 보게 된 것은 유감이다. 바울은 골로새 사람들이 십자가를 악한 권세에 대한 승리로 보도록 인도한다. 이때 〔그리스도의 희생을 통한〕 법정적인 만족이나 아버지의 진노를 잠잠케 하거나 그리스도의 손상된 명예회복에 관한 언질은 나타나지 않는다. 그것은 바울이 십자가 처형을 바라본 관점이 아니었다. 바울은 단지 간접적으로 구원자의 슬픔을 언급할 뿐, 면류관과 못에 대한 어떤 것도 말하지 않으며 그 고통에 대하여 언급하지 않았다. 바울은 십자가에서 구원, 곧 하나님의 능력, 악한 영들에 대한 승리를 보았다.

골로새서의 위대한 메시지는 크뤼소스토모스의 능력있는 설교 안에 다시 반향된다. "나는 십자가에 달린 그를 보았기에, 그를 왕이라고 부른다."[57]

---

57. *P. G.* XLIX, 413.

제5장
사도 요한

1. 요한에 관한 것

누가 다른 제자인가?(요 1:40)

요한문헌과 관련한 복잡한 문제들 중에서 한두 가지 모호한 것들은 저자의 절제로 인해 비롯한 것이다. 요한복음 1:35에는 예수께서 세례 요한에게 다가오실 때에 세례 요한이 "그의 두 제자" 곁에 서 있다는 진술이 나타난다. 이 두 제자는 세례 요한을 남겨두고 예수를 따랐는데(요 1:37), 우리는 두 사람 중 하나가 베드로의 형제 안드레라는 것을 확인할 수 있다(요 1:40). 하지만 또 다른 한 제자의 이름은 드러나지 않고 있다. 어떤 이들은 이름이 드러나지 않은 한 제자가 요한복음 기자 자신이자 분명히 가장 초기의 제자들 중 한명으로서 어부였던 사도 요한이었을 것이라고 추측한다. 루돌프 불트만〔Rudolf Bultmann〕은[1] "바람〔wish〕은 생각의 아버지"라

1. R. Bultmann, *Das Evangelium des Johannes* (H. A. W. Meyer's Kritisch-exegetischer Kommentar), Göttingen, 1941, 70.

고 덧붙이면서 그러한 제안을 "근거 없는 것"으로 여겼고, 또한 반대편에서 오랫동안 논의되어 왔던 것, 즉 그 한 사람이 열두 제자들 중 가장 중요했던 사람들 중 하나라면 목격자들의 기억에 의존하여 지나치게 정확하게 진술되는 복음서 내에서 언급되지 않을 리가 없다 것을 언급했다. 예를 들어, 논의 중인 이 단락에서는 사건이 일어난 때가 언급되고 있는데, 요한복음의 이러한 특징들을 대체할 만한 설명이 결코 주어지지 않았다는 것이다.

이러한 배경에서, 어떤 문법적인 요소는 저작자에 대한 더욱 큰 문제와 결부되어 있다. 40절에서 두 제자들 중 하나의 이름으로서 안드레가 언급되는데, 이어서 복음서 기자는 다음과 같이 말한다. "그가 **먼저** 자기의 형제 시몬을 찾아 말하고 … 데리고 예수께로 왔다"〔요 1:41〕. 모든 의심의 중심에는 "먼저"〔first〕라는 단어에 있다. 이와 관련된 사본은 세 가지 가능성을 보여준다. (1) πρῶτον, 부사로서 "먼저"를 의미한다. NEB에서 이러한 의미를 취하였다("그가 먼저 했던 것은 그의 형제 시몬을 찾는 것이었다"). (2) 하지만 πρῶ-τον은 목적격에서 형용사로도 기능하는데, 이에 따른다면 다음과 같이 번역되어야 한다. "그가 찾아서 예수께로 데려간 **첫 번째** 사람은 그의 형제 시몬이었다." 그러면 그가 "두 번째" 혹은 다음으로 데려간 사람이 누구인지에 대한 질문이 떠오르게 된다. 이것이 옳은 문법이라면, 우리는 43절의 "그가 빌립을 발견했다"에서 예수를 문장의 주어로 이해하는 대신에[2] 안드레를 주어로 보면, 안드

2. 헬라어 성경에는 주어가 명시되어 있지 않다—역주.

레가 예수께 데려간 첫 번째 사람은 시몬이고 두 번째 사람은 빌립이라는 것을 알 수 있게 된다. 이 구문에 반대 의견이 있을 것이다. 왜냐하면 앞 구절에서 주어가 예수였는데, 43절에서 주어가 다시 안드레로 되돌아가는 것이 부자연스럽기 때문이다. (3) 하지만 몇몇 주요한 사본 및 권위 있는 본문들은 πρῶτον에 대한 다른 독법을 제공하고 있는데,[3] 이 사본들 역시도 초기의 기원을 가진 것으로서 요한복음 이야기에 새로운 빛을 던져줄 수 있다.[4]

또 다른 이문은 남성주격 형용사인 πρῶτος이며, 따라서 이 문장의 주어와 관련된다. "자신의 형제를 찾아서 그를 예수께로 데려온 첫 번째 사람은 안드레였다." 안드레가 그의 형제를 소개한 **첫 번째** 사람이라고 말한 것으로 인해—이는 그와 동일한 행동을 한 다른 사람이 있다는 것을 암시한다—왜 사도 요한이 다른 공관복음 저자들과는 달리 야고보와 요한을 부르는 장면을[5] 무시하고 있는 것처럼 보이는지 더욱 이해하기 쉬워진다. 예수께 자신의 형제를 소개했던 **두 번째** 사람은 35절에서 언급된 〔안드레가 아닌〕 또 다른 제자였다. 그 소개 장면이 실제로 묘사되지는 않았다. 침묵하면

3. 가장 일반적으로 수용되는 독법은 πρῶτον이다. 이것은 Westcott과 Hort의 본문에 나타나있는데, 이는 고대 라틴어와 불가타 및 (더욱 최근에는) 매우 초기의 보드메르 파피루스($\mathfrak{P}^{66}$)와 매우 초기의 Origen의 인용에 지지를 받는 시내산 사본, 베자 사본, 코레데티 사본에 의존하고 있다.
4. 시내산 사본의 본래 기록은 πρῶτος를 가지고 있기에, 워싱톤 사본〔the Freer gospels〕이 중요해진다.
5. 마태, 마가, 누가복음에는 예수께서 야고보와 요한을 부르는 장면이 나타난다—역주.

서 자신의 정체에 대한 암시 그 이상을 제공하지 않는 요한복음 기자 자신이 이 일을 했던 제자에 포함되었을 것이다.

이 제안은 새로운 것이지만, 그 단락 안에서 발견할 수 있는 흥미로운 문제에 의해 지지를 받는다. 즉, "형제"와 연관된 형용사 ἴδιος의 사용이 그것이다. 고전 헬라어에서 이 단어는 단순히 '그의 형제'〔his own brother〕라기보다 '그의 고유한 형제'〔his own peculiar brother〕라는 것을 강조한다. 시간이 지나면서 그러한 의미는 약화되어, 처음에는 재귀적 형용사('그의'〔his own〕)로 사용되었고, 결국에는 단순한 소유대명사('그의'〔his〕) 이상의 의미를 가지지 않게 되었다. 이러한 경향은 신약성경의 일부에 있어서만 옳기에, 비평가들로 하여금 너무 많은 것들을 추측하게 하였다. 요한은 결코 ἴδιος를 완전히 단순화된 의미로 사용하지 않고, 항상 어떤 내용의 고유성을 가지고 있는 의미로 사용했다. 그 예는 다음과 같다.[6] "그가 자신의 본래〔own〕 백성들에게 나아왔다"(요 1:11), "선지자가 자신의 본래 마을〔own country〕에서는 존경 받지 못한다"(요 4:44), "하나님을 자신 본래 아버지〔own Father: 친아버지〕로 불렀다"(요 5:18), "만일 다른 사람이 자기 자신의 이름으로 오면"(요 5:43), "스스로 자기 자신의 영광에 대하여 말하는 사람"(요 7:18), "그가 거짓을 말할 때마다, 그는 자기 자신에 대하여 말한다"(요 8:44), "자기 자신의 양"(요 10:3, 4, 12), "세상에 있는 자기 자신의 백성"(요 13:1), "세

6. 이하의 예에서 own을 한글로는 다르게 번역했지만, 이때 사용된 own은 사본 단순히 소유대명사 그 이상의 의미를 가지고 있다—역주.

상은 자기 자신의 것을 사랑할 것이다"(요 15:19), "각 사람이 자신의 본래 길로 흩어질 것이다"(요 16:32), "그 제자가 그녀를 자신의 집에 모셨다"(요 19:27). 이렇게 ἴδιος는 "항상 영어 단어 own 만큼이나 중요하게 사용"되고[7] 있기에, 이 예들은 요한에게 있어서 ἴδιος의 강조적인 의미가 무시되어서는 안 된다는 것을 보여주는 분명한 증거가 된다. 요한의 일반적인 용례에 따라, 우리는 안드레가 자신의 고유한 형제를 찾았다고 결론 지을 수 있다. "안드레는 자신의 형제를 예수께 데려간 선례가 되었다(문자적으로, "안드레는 [형제를] 데려간 첫 번째 사람이었다")." 세배대의 아들이 그 선례를 따랐고, 자신의 형제 역시 데려갔다는 추론이 가능하다.

이러한 해석은 πρῶτος 독법을 지지한다. 몇몇 초기 필사자들은 πρῶτος를 πρῶτον으로 바꾸었다. 이후에 연달아 나오는 네 개의 단어들은 ν으로 끝나고, 바로 다음 단어는 τον으로 끝났기 때문에 그렇게 보기 쉬웠다.[8]

"다른 제자"는 세배대의 아들, 어부 요한, 곧 요한복음에 대한

---

7. J. H. Moulton, *Grammar*, vol. I, 90. "비잔틴 파피루스에서 우리는 ἴδιος가 영어 own으로 정확하게 표현될 수 없는 하나의 경우를 가지고 있다." 그는 다름과 같이 바른 결론을 내렸다. "따라서 우리는 요 1:41의 강조적 위치에 있는 τὸν ἴδιον이 이름이 밝혀지지 않은 안드레의 동료, 곧 추정컨대 요한이 그의 형제를 데려왔다는 것을 암시하는 것으로 보는 것이 옳다고 느끼게 된다"(90쪽). 너무 많은 주석가들은 여전히 무비판적으로 Blass-Debrunner, *Grammatik des neutestamentlichen Griechisch*, Göttingen, §286, 1의 불완전한 의견을 따른다.
8. 초기의 사본들은 띄어쓰기가 되어있지 않았기에 필사자들이 착오하기 쉬웠다—역주.

전통적으로 수용되고 있는 저자일 가능성이 가장 농후하다. 하지만 이 논의는, 여기에서부터 요한복음 18:15("시몬 베드로와 또 다른 제자 한 사람이 예수를 따르니")에서 언급된 "다른 제자"로 시선을 돌리게 하고, 베드로를 대제사장의 집 뜰에 데리고 간 것이 세배대의 아들인지, 곧 다름 아닌 마지막 만찬과 십자가 때에 예수 곁에서 예수의 사랑을 받았던 베일에 싸인 제자인지 추론하기 위한 작은 발걸음에 불과하다. 만일 이 익명의 세 인물이 동일 인물을 가리키고 있는 것이라면, 그는 세배대의 아들일 것이다. 또한 어떠한 측면에서 요한복음의 부록으로 간주되는 곳에 나타나는 표현에 비추어 볼 때에, 그 세배대의 아들 요한이 요한복음의 저자라고 추론하는 것도 정당하다. "예수께서 사랑하시는 제자가 … 이것들에 대해 증거하고 이것들을 기록하였다." 비록 이 부록이 다른 사람의 손으로 기록되었다고 생각하더라도, 그 편집자는 적어도 어부 요한이 적어도 요한복음의 주요한 본문들을 기록하였다는 것을 증거하고 있다.

사랑받는 제자

요한복음의 저작권 문제는 "사랑받는 제자"라는 표현에 다시 주의를 집중함으로써 더욱 분명해진다.

이 익명의 인물을 규명하기 위한 문법적 근거를 제공한 위의 지면에서 세배대의 아들 어부 요한을 마지막 만찬과 관련하여 언급한 바 있다. 하지만 많은 비평가들은 마지막 만찬의 "사랑 받는 제자"가 요한복음을 기록했을 것이라고 추측하면서도 그를 어부 요한과 동일시하지는 않는다.

사랑 받는 제자는 예수의 십자가 처형을 목도한 익명의 인물과 동일인일 수도 있다. 그는 "참된 증언을 하고, **저 사람은 그가** 말한 것이 참이라는 것을 알았다"(요 19:35). 여기에서도 다시 한 번 문법을 적용해볼 수 있다. 여기에서 처음에 나오는 "저"("저 사람은 알았다")는 두 번째 "그"와 다른 인물이라는 의견이 있는데, 이는 "저 사람"이 헬라어로 ἐκεῖνος로 기록된 것의 지지를 받을 수 있다는 것이다. 즉, 여기에는 두 인물이 결부되어 있는데, 한 사람은 요한복음의 저자이고 또 한 사람은 다른 인물로 추측하게 된다. 저자는 ἐκεῖνος("저 사람")으로 묘사되는 사람이며, 또 다른 이는 십자가의 증인인 사랑 받는 제자, 사도 요한일 것이다. 이 요한으로부터 요한복음에 기록된 사실이 유래했을 것이다. 그래서 사도 요한이 직접 저자의 입장에서 쓴 것이 아니라는 의견이 제시된다. "그 목격자는 이 모든 일의 증인이다. 그리고 그의 증언은 믿을 만하다. 이는 그것〔이 기록〕이 진리라는 것을 보증할 만한 또 다른 인물이 있다는 것을 의미한다."

나는 위의 논지에, 요한복음에 나타난 아람어 사용을 그 증거로 채택할 수 있다 하더라도, 큰 확신이 없다. 요한복음의 아람어 기원은 여전히 논쟁적이며, ἐκεῖνος라는 단어 사용은 저자 논쟁에 크게 중요하지 않다. 요한복음의 헬라어에서 ἐκεῖνος의 의미는 상당히 약화되었다.[9] 이 단어는 문법학자들이 전방조응적(앞서 지칭했

9. Moulton-Howard-Turner, *Grammar*, vol. III, 46에 나타난 예들.

던 대상을 되풀이하는 것)이라고 부르는 것으로서, 앞의 대상을 강한 의미 없이(단지 "그") 다시 가리키는 것으로 이해해야 한다. 단연코 그것은 새로운 대상을 소개하는 것이 아니다. 그러므로 ἐκεῖνος는 신비한 '저자'나 하나님, 혹은 (제안 되어왔던) 예수를 가리키는 것이 아니라고 이해하는 것이 가장 좋다. 이 단어는 앞서 언급되었던 저자였을 목격자를 언급하는 것으로 보는 것이 더욱 자연스럽다. "목격자가 이 기록을 썼다. 이 기록은 참되다. 왜냐하면 목격자가 이것이 참이라는 것을 보증할 수 있기 때문이다."

2. 로고스 철학

로고스는 생명이다(요 1:3-4)

요한은 분명히 하나님의 말씀(로고스)을 창조의 도구—모든 생명의 주권자는 아니더라도—로 생각하고 있다. 모든 것은 로고스에 의하여, 혹은 로고스를 통하여 창조되었다. 이 말씀과 연결된 다음 구절에서 의문이 생긴다. 이 구절을 해석하는 한 가지 방법은 다음과 같다. "창조된 것이 그 없이는 창조된 것은 아무것도 없다. 그〔로고스〕 안에 생명이 있었다"(요 1:3b-4a).[10] 가장 초기의 사본에는 구두점이 없었는데, 〔여기에서 해석의〕 모든 것은 구두점에 달려있

10. 여기에서 3절 끝에 있는 ὃ γέγονεν을 3절 문장에 포함시켰다—역주.

다.[11] 가장 초기의 교부들에 의해 적용된 구두점을 따르면 더욱 그럴듯한 대체 번역이 가능하다.[12] 이는 다음과 같이 읽힌다. "어느 것도 그 없이는 만들어진 것이 없다. 만들어진 것에 대하여, 그는 그것의 생명이었다."[13] 이는 '지연 주격'〔nominativus pendens〕이라고 알려진 문법 사용—성서 헬라어에서 결코 드물게 나타나지 않는다(예, 요 1:12)—에 기초한 번역으로, 이때 주격 단어가 문장의 앞에 나타나지만 구문상 그 뒷부분과 분리된다. "창조된 것—그〔창조된 것〕 안에서 그는 생명이었다."[14] NEB("만들어진 모든 것은 그의 생명으로 살아있었다")가 이 구두점과 아마도 이 구문을 따르고 있는 것처럼 보이지만, 요한복음 단어의 장엄함을 표현하지는 못했다.

반면에 E.V. 리우〔Rieu〕는[15] 그 구문에서 다른 구조를 채택했다. "그〔로고스〕 안에서 이루어진 것은 생명이었다".[16] 리우가 단순히 "그 안에서 이루어진 것들 중 하나가 생명이었다"를 의미한 것이

---

11. 이상의 해석에 반영된 구두점은 주로 매우 후대의 필사본에서 발견되는데, 이는 KJV나 RV 뒤에 놓여있는 공인본문의 것이다.
12. 이것은 매우 초기의 구두점 방식이었음이 분명하다. 왜냐하면 아주 오래된 역본들에서는 이 단어가 3절 문장과 4절 문장에 모두 영향을 미치기 때문이다. 다른 구두점은 이단들의 주장에 반대하는 초기 교회의 방편에서 기인한 것으로 제안되어 왔다.
13. 3절 끝에 있는 ὅ γέγονεν을 4절 문장과 연관시켰다—역주.
14. 몇 가지 이유로, C. K. Barrett는 그 해석을 거의 불가능한 서투른 것으로 묘사했다. *The Gospel according to St. John*, SPCK, 1962, 131.
15. *The Four Gospels*, Penguin Books, 1952.
16. 즉, 리우는 ὅ γέγονεν ἐν αὐτῷ 전체를 주격으로 보았다—역주.

아니라면, 안타깝게도 이 번역에는 창조된 세계와 생명의 동일시가 포함되어 있는 것 같다. 그보다도 하나님의 말씀이 생명을 주는 근원이자 생명 그 자체라고 생각하는 것이 더욱 좋을 것이다.

"혈통들(bloods)로 난"(요 1:13)

"혈통〔blood〕으로 난 것이 아니다"는 영역은 오역이다. 왜냐하면 헬라어 복수를 단수로 번역하는 예가, 우리가 살펴본 바와 같이 마태와 다른 신약 저자들의 특징이기는 하지만, 후기 헬라어에는 나타나지 않기 때문이다. 저 문맥에서 "혈통"의 복수에는 결정적인 의미가 있고, 더욱 이른 시기의 헬라어와 동시대의 성서 헬라어에는 "혈통들"이라는 복수 의미에 대한 방대한 선례들이 있다.[17] 요한은 자녀들을 생산하는 데에 공헌하는 남자와 여자 모두의 이중적인 생명-흐름을 염두에 두었음에 틀림이 없다. 벰〔Behm〕은 아우구스티누스를 인용했다.[18] "사람들은 남자와 여자의 혈통들로부터 난다"(*ex sanguinibus homines nascuntur maris et feminae*). 이를 통해 요한은 남자와 여자의 물리적인 "혈통들"로부터 나는 것에 반대하면서, 신자들의 **영적인** 탄생을 넌지시 가리키고 있는 것 같다. 다른 한편으로, 요한은 신자들이 그리스도 자신의 신비한 처녀 탄생을 공유한다는 것을 의미하고 있을 수도 있다. 말하자면, 신자들은 영적인 처녀 탄생으로 난 것이기에, 한 "혈통"을 가지고 있는 것이

---

17. *Johannes Behm* in G. Kittel, *op. cit.*, vol. I, 172.

18. *Joh. Ev. Tract.* II, 14.

지, 〔사람들과 같이〕 두 개의 혈통들에서 온 것이 아니라는 것이다. 본문 전승의 아주 초기 단계에서, 어떤 필사자 내지 편집자가 그러한 신비주의의 실현가능성에 대해 알지 못한 채, 본래 난외주에 있었던 형태를 본문 자체에 실었다. 이 잘 알려진 이문은 전체적인 어구가 그리스도를 지칭하는 것으로 보는 것으로서 다음과 같이 읽힌다. "혈통들로 난 것이 아닌 그의 이름으로 …."

이 독법은 2세기 이레나이우스의 것만큼 오래되었고, 아주 오래되고 훌륭한 고대성을 가진 헬라어어 필사본 훨씬 배후에 놓인 고대 라틴 역본과 시리아 역본 본문 전승에도 발견된다. 그 어구가 실제로 그리스도의 처녀 수태 교리를 보존하기 위하여 고안된 것이 아니라면, 정확한 독법일 가능성이 크다.

"나는 시작이다"(요 8:25)

요한복음에서 우리는 수많은 유대인들이 길고도 때로는 날카로운 논의의 결과로 예수를 믿기 시작했다는 정보에 특별한 빚을 지고 있다.

알렉산드리아의 클레멘트는 공관복음 저자들에 대한 어떠한 비판도 의도하지 않은 채, 요한복음을 "영적인 것"으로 언급했는데, 그 영적인 이해의 깊이가 복잡한 문법 및 어휘와 고군분투하는 독자들을 위로해주는 것은 아니다. 한 예는 예수께서 자신을 세상의 빛이라고 말씀하시면서 반론을 자아내는 논쟁부에서 확인할 수 있다. 바리새인들이 말했다. "당신의 말은 진리가 아니다." 예수께서 "나를 보내신 아버지가 나의 증인이시다"라고 반박하자, 바리새인들은 "네 아버지가 어디에 있느냐?"라고 되받아쳤다. 저들이 왜곡된 처녀 수태에 대해 들었을 수도 있다. 예수께서 대답하셨다. "나는 위로부터 왔다. 너희는 이 세상에 속하였다." 유대인들은 묻기를 계속했다. "너는 누구냐?"(요 8:25). 즉각 우리는 깊은 신학뿐 아니라 미묘한 문법을 마주하게 된다. 왜냐하면 이 질문에 대한 예수의 대답이 모호하게 감추어져 있기 때문이다—그렇기 때문에 몇 개 안 되는 단어로 구성된 대답에 수많은 번역이 존재하는 것이다. KJV에 따르면 예수는 "나는 처음부터 너희에게 말했던 바로 그자다." RV는 이와 비슷한데, 편집자들은 난외주에 완전히 다른 대체 번역, 즉 유대인들의 질문에 대한 대답이 아니라 또 다른 반문을 기록해 두었다. "어찌하여 내가 너희에게 말을 조금이라도 할 수 있을까?" 하지만 KJV와 RV와 같은 번역이 되려면 "내가 말했다"는 부분의 헬라어가 현재시제 대신 과거시제가 와야 한다.

동일한 모체에 속한 번역자들이 서로 다른 두 가지 의미를 산출했다면, 그것은 분명히 헬라어에 아주 큰 어려움이 있다는 것을 의미한다. RV 편집자들은 부차적인 번역(난외주)에 있어서 웨스트코트을 따랐다. 웨스트코트은 4세기 어간의 콘스탄티노플의 대감독 크뤼소스토모스를 되살려내고 있었다. 크뤼소스토모스는 "그가 의미했던 것은 다음과 같은 것이다"라며 다음과 같이 썼다. "너희는 내가 누구인지 배우는 것은 말할 것도 없이, 나의 입에서 떨어지는 말들에도 귀를 기울일 가치가 없다." RV 난외주에 있는 "내가 너희에게 말을 조금이라도 해야 할까!"는 현대 구어로 누군가의 둔감함에 대해 폭발했을 때 말하는 "난 포기했어!"와 같은 유명한 헬라어 관용구이다. 헬라교부들은 신약성경 해석에 있어서 더욱 자주 사용될 필요가 있는 문법 규칙으로서 ὅτι가 “왜?”를 의미한다는 것을 분명히 했다. 이것은 이미 유효한 것으로 증명 되었다.[19] 더욱이 “시작”(목적격)이라는 단어는 문맥에서 전혀 다른 의미를 가지기도 한다. 문학과 연설에서는 이 단어가 종종 ‘조금이라도’ 혹은 ‘전적으로’를 의미한다.[20] 크뤼소스토모스는 우리만큼 이것을 아주 잘 알고 있었다.

하지만 분명히 또 다른 해석이 매우 초기에—헬라교부들 만큼이나 오래된—존재했다. 보드메르〔Bodmer〕 파피루스로 알려진 요한복음 사본(이집트 문헌, 주후 200-250년)이 파피루스에 기록되었는데, 최근에 소유자의 이름을 붙여 출판하면서 조명되었다. 아마도 이 사본이 본래의 독법을 보여주는 것은 아니겠지만, 적어도 3세기에 이집트에서 유행하던 해석을 반영하고 있다고 볼 수 있다. 보드메르의 독법은 다음과 같이 보인다. “내가 너희에게 지금 말하고 있는 것은〔what I am saying to you now〕, 내가 처음에 너희에게 말했다〔I told you at the beginning〕.” 하지만 필사자 보드메르는 이것을 의도하지 않았을 것이다. 왜냐하면 “내가 너희에게 말했다”〔I told you〕는 문장은 실제로, “내가 너희에게 지금 말하고 있다”라는 본래 어구를 대체할 요량으로, 여백에 정정하여 기록해 넣은 형태이기 때문이다. 보드메르가 여기에서 ‘말하다’는 동사의 헬라어가 현재시제

19. 본서 146, 150쪽을 보라.
20. 그 증거를 위해서는 Moulton-Howard-Turner, *Grammar*, vol. III, 49-50을 보라.

로 나타는 것이 어울리지 않는다고 생각하고, "내가 처음에 너희에게 말했다"라는 문장이 필요하다고 생각한 모양이다. 만일 그렇다면, 보드메르가 해석한 이 문장은 KJV와 RV의 것과 같아진다. 하지만 그러한 해석이 가진 분명한 난점—원독법이었을 현재시제("말한다")를 설명하지 못한다는 것—을 해결하려는 시도 역시 있다.

그렇다면 교부 해석학의 황금기에 문법적으로 수용할 수 있었던 해석은 두 가지다. (1) 크뤼소스토모스는 당시 콘스탄티노플에 있었는데, 안디옥 출신이었기에 시리아의 안디옥 전승의 영향을 받은 것이 분명하다. (2) 필사자 보드메르의 해석은 자신이 이집트 출신인 것과 같이 고기독론을 지향하는 알렉산드리아 학파를 대표한다. 예수께서 중상모략자들의 정신적 무지와 고집, 그리고 거짓말로 덫을 치려는 움직임에 자극이 됐다 하더라도, 크뤼소스토모스가 예수의 대답을 돌연히 불필요하게 인색하게 들리도록 만들었기에 보드메르의 해석이 더 나을 수 있다. 인간적으로 판단하자면, 〔두 경우에 있어서〕 예수의 반응들은 모두 이해할 만하기에, 안디옥의 신학자들이 그리스도의 실제 인성을 과도하게 강조했고 그들과 경쟁적 입장에 있었던 알렉산드리아 학자들은 그리스도의 인성 안에 있는 신적 본성을 그 한계까지 밀어 붙였다는 것을 기억하는 것은 도움이 될 것이다. 이는 본문 연구와 교부학이 결합되어 초기 교회의 상반되는 기독론을 보여주는 유용한 예가 된다. 이러한 이유로 나는 통상 수용되어 왔던 보드메르의 독법을 다른 방식으로 번역하기를 제안한다.[21] 보드메르가 알렉산드리아 학파를 대표하는 것이라면, 그는 아마도 ἀρχὴν("시작")을 크뤼소스토모스가 이해했던 방식처럼 ὅλος(조금이라도)와 동등한 의미가 아니라 더욱 신학적인 의미로 사용하려고 했을 것이다. 보드메르의 해석은 "내가 너희에게 말해왔던 것처럼, 나는 '시작'이다"였다. 그런데 ἀρχὴν은 목적격으로서 관계절을 이끄는 선행사이다. 이를 지지하는 고대 라틴어 역본이 있다. 보드메르는 이 라틴어 본문에 나타난 "참으로 내가 너희에게 말하고 있는 시작"(*Initium, quod et loquor uobis*)을 "내가 너희에게 말했다"(*locutus sum*)로 고친 것이 분명하다. 만일 우리가 이 복음서를 쓰고 있는 요한을 계시록의 저자와 동일하다고 추정한다면, 저 해석은 그가 그리스도에 관하여 쓴 것, "나는 알파와 오메가요, 처음이요 끝이라"(계 21:6)와 일치하게 된다.

알렉산드리아의 그리스도인들은—클레멘트의 시대만큼 이른 시기의 그리스도인들조차—예수의 육체가 실제로 우리와 같은 것이 아니라고 생각했다. 왜냐하면 예수의 육체에는 육신의 욕망과 감정, 심지어는 우리에게 있어서 가장 청결하다고 하는 것조차도 없다고 보았기 때문이다. 그들의 생각에 있어서 예수께서는 유대인 적대자들에게도 심하게 화를 내시지 않았을 것이기에, 크뤼소스토모스가 추측했던 것과 같이 말했을 수도 있다. 알렉산드리아 사람들은 예수를 영원한 말씀이자 모든 역사를 품고 있던 처음(태초)부터 존재했던 빛으로 생각했다. 이것이 주후 210년경에 클레멘트

21. C. K. Barrett, *Expos. Times*, LXVIII, no. 6, 177.

가 고민하던 문제의 특질이었다—바로 그 때에 보드메르가 작업을 했다.

해석자들은, 자신들이 알렉산드리아 전통이나 안디옥 전통 중 어떠한 경향을 가지고 있든지 간에, 자신들의 기독론에 가장 잘 부합하는 전승을 선호했고, 이에 대하여는 옳고 그름을 판단하기 어려웠다. 안디옥의 해석(크뤼소스토모스와 RV 난외주)에 반대하여서, 예수는 동일한 한 호흡에 "어찌하여 내가 너희에게 말을 해야 하는가?"라고 외친 후, 말하기를 이어갔다고 주장되어 왔다.[22] 그러나 이것은 단지 감탄문일 뿐이다.

그렇기에 여기에 두 가지 해석이 있다. 이들 중 어느 경우이든 주의 말씀이 아람어에서 오역되었다고 추정할 필요는 없다. 둘 모두 헬라어로 알 수 있다. 둘 모두 초기 시기의 것이다. 어느 한 쪽은 다른 쪽에 대한 반응으로 생겨났을 수 있다.

3. 하나님이 이처럼 사랑하사

그의 아들을 주신 하나님이 그의 사랑을 확증하신다(요 3:16)

신약성경에는 성서 헬라어에서 매우 드문 구조가 두 차례 나타난다. 접속사 ὥστε와 직설법 동사가 함께 사용된 결과절은 고전 헬라어에서 매우 충분하게 형성되었고 헬라적인 파피루스에서도 이

22. C. K. Barrett, *The Gospel according to St. John*, SPCK, 1955, 284.

따금씩 나타나곤 한다. 직설법을 동반한 ὥστε와 부정사를 동반한 ὥστε 사이의 차이는 부정사가 결과를 그 원인에 종속시키는 반면, 직설법은 결과를 주동사와 대등하게 만들어서 결과절을 상대적으로 더욱 중요하게 만든다는 데에 있다.

기초적인 양상이면서 고전 헬라어 및 헬레니즘 헬라어에 동등하게 적용되는 이러한 구분이 우리 시대의 일상어나 요한과 바울의 문체에서 의미 없는 것으로 간주되어야할 이유는 없다.

성공회 독자들은 성찬식의 '위로의 말씀'〔Comfortable Words〕을 기억할 수 있다. "하나님께서 세상을 **그렇게** 사랑하셔서, **그 결과** 그의 독생자를 주셨다." 하나님의 사랑은 매우 크기에(여기에 결과절이 따라 나온다) 그가 그의 아들을 주었다. 헬라어 ὥστε는 두 단어(so, that: 매우 -해서, 그 결과 -하다)로 번역된다. 고전적인 저자들이 ὥστε 뒤에 직설법을 사용한 경우에(예, 행 15:39), 신약 저자들은 ὥστε 뒤에 부정사를 사용하기를 선호했다는 것을 기억할 때, 요한복음 3:16에서 ὥστε 절에 직설법을 사용한 요한의 동기—예수 자신이 이 눈에 띄는 구문에 직접적인 책임이 있는 것이 아니라면—를 어떻게 설명할 수 있을까? 블라스-데브룬너의 헬라어 문법서의 가장 최근판, 즉, 독일어판과 영역판에서[23] 모두 요한복음 3:16에 있는 ὅτι(ὥστε)에 대한 블라스의 평가를 "이중으로 증명된 것"(즉, 크뤼소스토모스와 논노스에 의해)으로서 무의식적으로 존

23. F. Blass and A. Debrunner, *A Greek Grammar of the New Testament*, translated from the 9th German edition, by R. W. Funk, Chicago, 1961, §391. 2.

속시켰다. J.H. 물튼이 그러한 종류의 증거에 대하여 반대한 것은 소용이 없었다. 물튼은 블라스의 방식을 "종종 우리의 본문에 대한 어떤 확신을 빼앗아가고, 우리의 문법의 어떤 기초를 빼앗아가는 본문비평 방식의 특징"을 보여주는 것으로 비판했다.[24] 우리는 실제로 크뤼소스토모스와 논노스가 원래 독법(ὥστε)을 결과절 ὅτι로 바꾸었다고 예상할 수 있다. 왜냐하면 ὅτι가 신약 헬라어 이후의 시대에 그러한 기능으로 나타나기 때문이다.[25] 요한이 실제로 ὥστε를 직설법과 함께 쓴 것은 거의 의심의 여지가 없다. 이 구조는 결과절을 주동사로 표현된 원인절과 대등절로 만들면서 결과절을 상대적으로 더욱 중요하게 부각시킨다. 반면 부정사의 사용은 그 결과절을 원인절에 종속시킨다. 그렇다면 요한은 다음과 같은 의미를 의도한 것이다. "이 성육신 행위는 어디로부터 난 것인가? 그것은 하나님의 사랑에서 기원했다." 즉, 성육신을 발생시킨 사랑보다도 성육신 자체에 더욱 무게가 실리게 된다. 따라서 요한복음 3:16의 의미는 "어떻게 하나님의 사랑이 드러났는가?"가 아니라 "무엇이 성육신을 야기하였는가?"가 된다.

어떤 주석가들에게 이 구분은 너무 세밀할 수 있지만,[26] 그 증거들은 분명하며 요한복음에서 통한다. 물튼과 밀리건은[27] 요한과 거

---

24. *Prolegomena*, 2nd ed., 209.
25. *Ibid.*, 249.
26. C. K. Barrett, *op. cit.* 180.
27. *Vocabulary of the Greek New Testament*, Hodder, 1930, 704: P. Oxy. XIV. 1672^{6}.

의 동시대의 것(주후 37-41년)으로 생각되는 한 본문을 인용했다. "우리는 완전 순한 포도주가 담긴 32개의 쿠스〔choes〕를[28] 개당 5 드라크마 꼴로 몇몇 낯선 사람들에게 팔았다. 다행히, **그 결과 우리의 매출은 훨씬 더 호전되었고**, 우리는 매출이 이것보다 더 좋아지기를 기대했다."[29] 여기에서 저자는 주로 자신의 장사와 미래의 번영이라는 만족스러운 상태에 초점을 두고 있다. 첫 번째 부분은 번영의 원인절로서 부수적으로 소개가 되었기에 그 세부적인 내용은 큰 고려대상이 아니었다.

이와 유사하게 갈라디아서 2:13에서—신약성경에서 이 구조가 유일하게 나타나는 곳—바울은 말한다.[30] "다른 유대인들도 베드로와 같이 외식하였기에, **그 결과** 바나바도 그들의 외식에 유혹되었다." 이때 바울에게 있어서 가장 큰 관심은 유대인들의 기만에 저항하지 못한 동료의 실패이다. 이 결과절에 "다른 유대인들도 베드로와 같이 외식하였다"라고 진술되는 원인절이 완전히 종속되어 있다. 바울은 거의 바나바만을 염두에 두고 이야기한 것이다.

이 논의에는 진정한 종속절을 만드는 ὥστε와 절을 통제하는 것이 없는—라틴어 *quare*와 *itaque*나 영어에서 앞뒤 문장 사이에 인과관계가 거의 없는 and so와 같이—단순 접속사 ὥστε 사이를 구분하는 것이 포함되어 있다. 물론 직설법을 동반하는 단순 접속사 ὥστε는 신약성경에 드물게 나타나지만, 이 사용에 대한 논의는 우

28. 고대 그리스의 항아리의 일종—역주.

29. 원서 편집자의 번역. 고딕체(저자의 것)는 결과절을 보여준다.

30. 부정사로 나타나는 이문은 무시할 만하다.

리의 논의의 범위를 벗어난다.

목마른 자 : 오라 = 믿는 자 : 만족됨(요 3:37-38)

요한복음 7:38에서 예수께서는 말씀하셨다. "나를 믿는 자는 성경이 말하는 것과 같이 그 배에서 생수의 강이 흘러나오리라"(KJV). 우리는 예수께서 성령에 대해 말씀하고 계시다는 것을 알고 있다. 하지만 구두점을 다르게 찍어 앞 구절의 ("그리고 그로 마시게 하라"와 동일한) "그리고 마시라"〔καὶ πινέτω〕 앞에서 완전히 끊고 다시 진행하도록 하면, 앞 구절(요 7:37, "누구든지 목마르거든, 내게로 오라, **그리고 마시라**")의 일부를 포함하게 될 것이다. 이때 다음과 같이 번역될 수 있다. "나를 믿는 자, 그로 마시게 하라—성경이 말하는 것과 같이." 이때 또 다른 휴지를 만들고, 다음에 나오는 단어들을 분리된 문장으로 간주할 수 있다("그 배에서 생수의 강이 흘러나올 것이다"). 그런데 문장을 왜 재조정하는 것인가? 이는 거의 모든 실례에서 καθὼς 절("-처럼")을 지배하는 주동사〔πινέτω, "그로 마시게 하라"〕가 그 절 앞에 나타나는 헬라어 문체 때문인데,[31] 그 확실한 추측이 여기에서 유효하게 작용한다.

문법은 주해의 길을 연다. 〔위에서 제안한〕 두 개의 구두점을 모두 수용한다면, 독자들은 그리스도께로 돌아오는 모든 구도자들의 실제 경험을 발견할 수 있다. 우선적으로 현재 세계에 만족하지 못한

---

31. G. D. Kilpatrick, *Journal of Theological Studies*, N.S., XI, 2, 1960. 340 ff; Moulton-Howard-Turner, Grammar, vol. III. 320.

막연한 목마름이 있다. "누구든지 목마르거든." 그 후에 복음서 기자의 행위가 간섭하여서 구도자들에게 구원자를 가리킨다. "그로 하여금 내게 오게 하라." 이 복음 선포 이후에 그리스도에 대한 믿는 믿음이 따라 나온다. "나를 믿는 자는." 마지막으로 구원자 그 이상이신 그리스도, 곧 모든 복의 원천인 분을 발견한 신자들이 만족하게 될 것이 표현된다. "그로 마시게 하라."

이렇게 바울이 로마서 8장에서 이미 주의 깊게 묘사한 구원의 모든 단계가 나열된다.

4. 요한의 명령적 ἵνα

"하나님의 일이 드러나게 하라"(요 9:3)

요한복음 저자는 예수께서 하신 일의 목적을 빈번하게 언급한다. "-하기 위함이다"라는 어구는 이 저자의 규칙적인 문체의 특징이다. 이는 단지 모든 것들이 하나님의 섭리의 질서와 통치 아래에 있다는 것을 보여주려는 유대인들의 내재된 경향일 수도 있겠지만, 엄밀하게 언어학적으로 설명하는 것도 가능하다.

접속사 ἵνα(-하기 위하여)는 헬라어가 발전하는 시기 가운데 상당히 넓은 의미를 가지고 있었다. 여전히 목적을 표현하는 것이 ἵνα의 주된 기능이기는 하지만, 요한이 이 접속사를 이러한 넓은 의미들 중 하나로 사용한 경우가 무수히 나타난다. 예를 들자면, 명령적 ἵνα로서, 단순히 제삼자에게 하는 명령을 표현하거나 실제적으로 소망과 같은 의미를 전달하여서, 그럼으로써 날 때부터 소경이었던 사람이 자신의 죄 때문인지 그의 부모의 죄 때문인지를 질문 받았을 때에, 예수께서 말씀하신 것 안에는 운명론이 사라지게 된다. 예수께서 답하셨다. "그 둘 다 아니다. 하지만 하나님의 일이 그 안에서 나타나게 하라."

따라서 명령적 ἵνα의 가능성은 그 본문을 압박해왔던 운명론에서 해방시키고, 모든 영역본에서 익숙했던 그림, 즉 치유됨으로써 하나님께 영광을 돌릴 유일한 목적으로 날 때부터 고통 받도록 운명 지어진 남자를 해방시킨다.

이 새로운 해석은 언어학적으로 매우 잘 기초되어있다. 문법학자들은 파피루스와 칠십인역, 에피크테토스의 글에 나타난 명령적 ἵνα에 대하여 대체적으로 동의한다. 신약성경이 예외일 이유가 없다. 칠십인역의 좋은 예는 민수기 11:15인데 이에 대한 영어 번역은 히브리어 성경의 번역을 따르고 있다. "내가 고난당함을 내가 보지 않게 하소서"(1인칭 명령). 칠십인역은 이 구절을 헬라어로 번역하면서 ἵνα 절을 사용하였다. 동일한 책 21:27에서 히브리어는 3인칭 명령법을 가지고 있다. "시온의 성이 세워지게 하라." 여기에서도 칠십인역은 ἵνα를 의존했다. 이러한 식의 많은 칠십인역의 예는 어떻게 명령적 ἵνα가 더욱 넓은 영역에서 유행하게 되었는지에 관한 단서를 제공한다. 히브리인들은 가장 작은 일들 안에서 하나님의 섭리를 의식하고 있고, 종종 원인-결과 사이의 관계가 긴밀하지 않은 사건들에 있어서도 그 연관성을 찾곤 했다. 그들은 원인과 관계없는 경우에 목적절을 꽤 자연스럽게 사용했다. 예는 구약

어디에서나 발견될 수 있다. 신명기 5:14에, 우리가 생각하는 방식과 같이 원인-결과보다도 바람이나 명령에 더욱 가까운 목적절이 나온다. 이 명령은 십계명의 안식일 계명에 속하여 있다(일곱째 날은 안식일이니 주인이나 가족이나 종이나 손님이나 아무 일도 해서는 안 된다. 이것은 "네 남종이나 네 여종이 너와 같이 쉬게 하기 위함이다"). 모든 하나님의 계명들은 그 각각의 이면에 그의 백성을 위한 목적을 가진 현명한 조항으로 보인다. 헬라어 독자들은 이와 같은 사고방식을 가지지 않았을 수 있으며, 심지어는 저 구절이 헬라어로 번역될 때 문자적으로 (ἵνα로 표현되는) 헬라어의 목적절로 번역된 경우에도, 그것을 여전히 목적보다도 여전히 명령이나 바람으로 이해했을 것이다. 이집트에서는 헬라어를 사용하는 수천 명의 기독교인들이 성경을 읽었는데, 구약이 번역되기 시작하여 헬라어로 된 성경에 익숙하게 되면서 ἵνα 절은 단지 목적이기를 멈추고 새로운 명령적 의미를 얻게 되었다. 왜냐하면 그 절은 "너의 남종이나 너의 여종이 너와 같이 쉴 수 있게 하라"로 읽는 것이 더욱 자연스럽기 때문이다. 그래서 바로 헬라어 성경(칠십인역)의 사용의 영향으로, 이와 같은 언어학적인 경향이 도처에 더욱 넓은 헬라어 군에 퍼져, 심지어는 비종교 언어에서도 명령적 ἵνα가 발견되었다. 예를 들어, 주전 3세기의 파피루스에서 세 차례 발견된다. 분명한 것은 시간이 갈수록 그 (칠십인역의) 영향이 증가했다는 것이며, 칠십인역은 더욱 대중적인 형태로서 헬라어어의 발전에 중요한 역할을 하게 되었다는 것이다. 그래서 현대 헬라어에서는 이 과정의 끝으로서 명령을 표현하기 위하여 2-3인칭 가정법과 함께 사용되는 να(ἵνα의 축약형)를 볼 수 있다. 곧, 성서 헬라어의 명령적 ἵνα가 수세기 동안 살아남아, 현대 헬라어에서 명령적 να가 되었다는 것이다. 이것은 유대적 헬라어의 지류가 프톨레미로부터 제국 헬라어와 비잔틴 헬라어를 거쳐 현재에 이르기까지의 지속적으로 공헌한 많은 것들 중 하나가 된다.

그 과정의 일부는 신약성경보다도 약간 더 후기에 쓰인 교회 작품에 나타난다. 이곳에서 ἵνα는 의심할 여지없이 명령적으로 쓰였다. 3세기의 『베드로와 바울행전』 209:14에서, ἵνα는 "왕이여, 아소서(know)"라는[32] 명령으로 나타나고, 『빌립행전』 39:1-3에서 ἵνα는 명령법에 잇따라 나오면서 명령을 나타낸다. "그들로 하여금 사람들과 같이 말하게 하라." 86:21-23에서도 마찬가지이다. 3세기의 『도마행전』 253:6-8에서 명령적 ἵνα는 일반 명령절 바로 앞에 나타나서, "그로 보내게 하라"라는 의미를 전한다. 그렇게 이 시기에 명령적 ἵνα의 구조가 매우 잘 확립되어 있었기에, 이 구문을 목적절로서 빈약한 의미를 생산하는 것처럼 보이는 신약 본문에 적용하는 것을 주저할 필요가 없다.

첫째로, 명령적 ἵνα는 야이로가 딸을 위하여 호소하는 장면에 나타난다. 여기에서 ἵνα가 두 차례 나타나는데, 나는 두 경우가 모두 명령적 의미라는 것을 알아챘다. 첫째 ἵνα는, "오셔서 그 위에

32. 동시대이거나 더욱 이른 시기의 『베드로와 바울의 순교』에서, 위의 본문에 대응하는 단락에, 실제 명령형 γνῶθι(164:9)가 나타난다는 사실에 비추어 『베드로와 바울행전』에 나타난 어구가 명령적 ἵνα라고 보는 것은 반박할 수 없다.

손을 얹으소서." 두 번째 ἵνα는 목적 연결사일 수도 있지만, 첫 번째와 같이 번역하는 것이 더 낫다. "그녀를 고쳐주소서!".[33] RSV는 이렇게 명령적인 의미로 번역하였는데, NEB는 불필요하게 "제가 당신께 구하오니"(막 5:23)라는 단어를 삽입했다.

그런데 바울이 고린도교회 성도들에게 따뜻한 이해를 구하면서 편지할 때에도 ἵνα가 나타난다(고후 8:7). "이 은혜 안에서도 풍성하도록 마음을 쓰십시오(ἵνα)"(KJV). 이때 "… 하도록 마음을 쓰십시오"〔see that〕을 추가한 것은 단순 명령 이상의 것이 의도되었다는 느낌을 준다(KJV, RSV). NEB에서도 ἵνα의 순수한 명령적 의미를 드러내기를 불편해 한다. "분명히 너희는 아끼지 않는 모습을 보여야 할 것이다."

바울은 이 ἵνα를 가지고 에베소서 5:33에서 다시 호소한다. "아내는 남편을 존경해야 한다." 또 다시 RSV는 이유 없이 "아내는 … 하도록 마음을 쓰십시오"(NEB 비슷하게)라는 어구를 첨가함으로써 단순한 명령을 바꾸어 놓았다. 하지만 헬라어 구문의 증거들이 이 명령적 ἵνα를 강하게 지지하기에 그렇게 서툴러 보이는 완곡한 표현은 피해도 된다.

"성경이 성취되게 하라!"(요 13:18; 15:25)

우리는 지금 요한복음에서 분명하게 운명론을 내비치고 있는 번역을 ἵνα 구문 이해를 통해 살펴보고 있다. 이를 가룟 유다에 적

33. 직역하자면, '그녀가 고쳐지도록 하소서'—역주.

용할 때에, 현대의 독자들은 명령적 ἵνα 용법을 특별히 환영할 것 같다. 13장에서 예수께서는 제자들의 발을 씻기시면서 다음과 같이 말씀하고 계신다. “내가 너희에게 본을 보였다. … 만일 너희가 이것을 알고 행하면 너희에게 복이 있다. … 내가 너희 모두에게 말하는 것이 아니다. 나는 내가 택한 자들이 누구인지 안다.” 그리고 ἵνα로 시작하는 절이 시작된다. 만일 이 ἵνα가 목적절을 이끈다면, 그리스도께서 선택하신 자들의 수효로부터 유다가 배제되는 것은 하나님의 계획에 따른 것이 되며, 이 문제는 다음과 같이 읽히게 된다. “내 떡을 먹는 자가 내게 발꿈치를 들었다 한 성경이 성취되게 하기 위함이다”(요 13:18). 그런데 ἵνα를 명령적인 방식으로 이해한다면, 예수의 말씀은 매우 다른 느낌을 전달하게 된다. “하지만, 성경이 성취되게 하라”(ἵνα 절). 즉, 유다가 배제될 것이 목적된 것이 아니라 유다가 스스로 자신을 배제한 것이다.

만일 이러한 사고가 유다의 비극에 새로운 빛을 준다면, 이후 단락에서 예수와 제자들을 박해할 운명에 처한 유대인들에 관한 것도 동일하게 말할 수 있을 것이다. “내가 와서 그들에게 말하지 않았더라면, 그들에게 죄가 없었을 것이다. … 내가 아무도 못한 일을 그들 중에서 하지 않았다면, 그들에게 죄가 없었을 것이다.” 바로 이 지점에 ἵνα가 나타난다〔요 15:25, “이는 그들의 율법에 기록된 바 그들이 이유 없이 나를 미워하였다 한 말을 응하게 하려 함이라”〕. 전통적인 해석에는 운명론의 다른 얼굴이 포함되어 있다. 유대인들의 시험과 그에 따른 죄가 계획되어 있기에, 그 결과 율법(“그들이 이유 없이 나를 미워하였다”)이 성취될 것이라는 말이다. 하지만 시험도 죄도 불가피한 것이 아니었다. 예수께서는, 명령적 ἵνα로 "율법이 성취되게 하라"라고 하시며, 단지 포기의 슬픈 탄식을 내신 것이었다.

이후에, 예수께서 날마다 성전에서 가르치실 때에 자신을 붙잡는 데에 태만했던 성전 관리들을 회상하시는 장면에 대해 KJV는 정확하게 기록하고 있다. "그러나 성경은 성취되어야만 할 것이다." KJV 역자들은 ἵνα의 명령적 의미에 대하여 인지하고 있었고, RSV와 NEB는 KJV를 좇아, 결국 모든 세 영역본이 명령적 ἵνα를 수용하게 되었다!

5. 거짓의 아비

유대인과의 논쟁은 요한복음의 두드러진 특징이다. 유대인들과 예수 사이의 이슈였던 조상 아브라함에 대한 근본적인 믿음은 예수의 비판을 자아냈다. "너희는 너희 아비 마귀에게서 났다"(요 8:44, KJV). 마귀에 대한 이어지는 예수의 설명, 곧 "그는 거짓을 말할 때마다 제 것으로 말한다. 이는 그가 거짓말쟁요 그것의 아비이기 때문이다"라는 문장은 주석가들에게 난제를 안겨주었다.

RV 편집자들은 위의 해석으로 KJV을 따르고 있지만, 1881년 이전에 이미 다양한 번역이 존재했다. 벵엘과 앨포드, H.A.W. 마이어는 다음과 같이 제안했다. "그가 거짓말쟁이자 그의 아비(즉, 거짓말쟁이의 아비)이기 때문이다."[34] 우리는 한 걸음 더 제안할 필요가 있다. 비록 그것이 예수의 입술이나 요한의 펜 끝에 있던 문장인 것 같지 않더라도 말이다. "그가 거짓말쟁이고, 그의 아비도 그러하기 때문이다." 이는 마귀 및 신화적인 '마귀의 아비'를 수용하고 있는 해석이다. 이것을 지지하는 문법적인 핵심이 있다. 엄밀한 규칙에 따르면, "너희는 너희 아비 마귀에게서 났다"고 번역한 시작 절은 '너희는 마귀의 아비에게서 났다'를 의미할 것이다. 왜냐하면 "아비"가 관사를 가지고 있기에, 예상하듯이 서술적 용법("너희는 마귀에게서 났는데, 그는 너희의 아비이다")으로 생각할 수 없기 때문이다.

RV의 난외주를 수용했던 W.F. 물튼과 웨스트코트의 제안은 다소 달랐다. "사람이 거짓을 말할 때마다, 그는 제 것으로 말한다. 이는 그의 아비도 거짓말쟁이이기 때문이다"(요 8:44 끝부분). RV 편집자들이 이것을 받아들이지 못했던 이유는 "거짓"이라는 단어에 관사가 없기 때문일 것이다. "거짓"은 바로 그 문장(즉, "그의 아비도 거짓말쟁이다")에서 "아비"에 대해 서술적이라고 말할 수는 있다. 하지만 꼭 그렇게 해석되어야 하는 것은 아니다. 왜냐하면 "거짓"이 이전 문장에 함의된 주어〔사람〕 대해 서술적 용법으로 간주될 수 있기 때문이다. RV의 난외주를 지지하는 더 깊은 제안은 (44절의 끝에 있는) "아비"가 관사를 가지고 있기에, 엄정하게

34. 여기에서 "그의"〔of him〕를 "그것의"〔of it〕로 읽었다. 이것은 헬라어에서 허용된다.

는 서술적 용법이 되어서는 안 된다. 말하자면, "그는 거짓말쟁이고 그것(혹은 그)의 아비이다"를 배제하는 것처럼 보인다는 것이다. 이 모든 것들은, 고전 작품에 대한 연구가 신약성경으로 향하는 길이자 신약 헬라어의 구문이 전혀 다른 종류의 헬라어에 의해 평가되던, 웨스트코트의 시대에 매우 잘 알려져 있었다. 잇따라 성서 헬라어 연구에 영향을 미친 두 가지 요소가 나타났다. 즉, 그 세기 초입에 영국의 W.F. 물튼의 아들〔J.H. Moulton〕과 독일의 아돌프 다이스만이 당시에 발견된 이집트 파피루스를 평가하였고, 그 후에 성서 헬라어의 어휘와 구문에 있어서 셈어적 요소에 더 큰 부분을 할애하려는 반대의 경향이 나타났다.[35] 학자들은 이 경향을 중요한 측면에 있어서 반박했지만, 그들 중 어느 누구도 19세기로 회귀하려 하지 않았고, 어느 누구도 성서 헬라어의 관사의 존재로부터 웨스트코트와 동일한 결론을 이끌어내지 않았다. 신약성경에서 명사가 서술적 용법으로 쓰인 분명한 상황에서 정관사를 규칙적으로 동반한 경우가 드러난 것이다. 1933년에 개진된 이 가설은 간혹 콜웰〔Colwell〕의 법칙으로 알려져 있다. 미국인 E.C. 콜웰〔Colwell〕은 동사가 나타나는 문장에서(요 8:44) 서술적인 용법으로 쓰인 한정적인 명사들이 동사에 **선행할 경우에** 보통〔usually〕 관사를 가지지 않고(그래서 "거짓말쟁이"에는 관사가 없는 것이다), 그 명사들이 동사를 뒤따를 경우에는 어김없이〔regularly〕 관사를 가진다는 것

35. 첫 번째 변천은 Moulton의 문법서 1-2권에 반영되어 있다. 두 번째 혁명의 영향은 제3권 배후에 어느 정도 나타난다.

을 보였다.[36] 이 정보는 우리가 다루고 있는 구절에서 유용하다. 요한은 동사 "-이다"(ἐστὶν)를 서술적 용법의 두 명사 Ψεύστης(거짓말쟁이)와 ὁ πατὴρ(아비) 사이에 위치시켰는데, 전자는 관사가 없고 후자는 관사를 가지고 있다. W.F. 물튼과 웨스트코트가 지금 살아 있다면, 콜웰의 논증이 저 어려운 문장을 해석하는 데에 제공하고 있는 지침을 아마 가장 먼저 인정했을 것이다.

저 구절을 완전히 이해하기 위해 한걸음 더 나아가야 한다. "그는 거짓말쟁이이며, 그는 그것의(그의) 아비이다." 우리가 문법을 가지고 확신하기에는 의미가 명확하지 않은 것이 있다. Αὐτοῦ의 의미가 무엇인가? '그의'도 '그것의'도 논리적이지 않다. 어느 것도 '그것의'에 해당하는 것이 직접적으로 언급되지 않았고, '그의'는 (난센스인) "거짓말쟁이의 아비"나 (혼란을 초래하는) "마귀의 아비"(마귀의 존재) 만을 가리킬 수 있다. 나는 일반적으로 비종교 헬라어에 있는 것이자 자연스럽게 성서 헬라어로 흘러들어온 대명사적 의미-구조를 제안하려 한다. "갈릴리"는 "그들" 앞에 나오고 (마 4:33), 사마리아와 마게도냐도 마찬가지이다(행 8:5, 16:10). 때로 "그들의"는, 마태가 썼던 것처럼(마 11:1, "예수께서 열두 제자에게 명하기를 마치시고 이에 그들의 여러 동네에서 가르치시며 전도하시려고." 여기에서 "그들의"란 다른 누군가의 도시들을 가리킨다), 선행했던 것〔antecedent〕을 명확하지 않게 지칭하는 데에 사

36. Ψεύστης(선행한 명사, "거짓말쟁이") ἐστὶν(동사) καὶ ὁ πατὴρ αὐτοῦ—역주; Moulton-Howard-Turner, *Grammar*, vol, III, 182-84에서 간결한 논의와 비평을 찾아볼 수 있다.

용된다. 신약성경을 필사했던 서기관들은 간혹 의미-구조에 의해 지나치게 혼동되어 그것을 더욱 세련되게 만들었다. 누가복음 4:15에 나타나는 갈릴리 근방의 지역은 "그들"로 지칭될 수 없기에, 케임브리지 필사본과 베자 사본에서는 "회당"과 함께 사용된 "그들의"라는 단어를 제거하고 단순히 "그 회당"만을 언급했다. 마찬가지로 (어떤 헬라어 언셜만큼 오래된) 훌륭한 베르셀렌시스〔Vercellensis〕 사본을 포함한 고대 라틴어 사본들 중 몇몇이 그러하고, 동일하게 오래된 베로넨시스〔Veronensis〕 사본과 몇몇 사히드 콥트어 역본도 그러하다. 베자 사본은, "그들의"의 사용을 피하고 "저〔that〕 지역"이라고 쓰고 있는 사도행전 20:2 독법을 반영하였다.

그 의미-구조는 바울(고후 2:13, 갈 2:2, 살전 1:9 등)을 포함한 거의 모든 신약성경 저자에 의해 사용되었다. 더구나 우리가 현재 다루고 있는 단락 안에 그 예가 있다는 것은 의심의 여지가 없다. 따라서 "그것의"라는 단어는, 바로 앞의 구체적인 단어 "거짓말쟁이"로 암시된, 거짓말이나 거짓과 같은 추상적인 개념을 지칭하게 된다.

문법적 원리를 연속적으로 적용함으로써 확신을 가지고 다음과 같이 해석할 수 있다. "그는 거짓말쟁이며, 거짓들의 아비이다."

6. 완전한 그리스도인

"그리스도인이 죄를 범하더라도 … 죄인일 수 없다"

헬라어의 시제를 이해하는 것은 신약성경을 해석할 때의 많은 어려움들을 해결할 수 있는 열쇠가 되지만 그 연구의 결과는 아직 그렇게 풍성하지 않다.

부정과거 어간은 본질적으로 행위의 시점, 혹은 시간과 전혀 관련 없이 행동 자체를 표현한다. 그렇지만 이 단순한 원리는 제한될 필요가 있다. 즉, 의미상 위치나 상태를 표현하는 동사는 부정과거 시제에서 그 상태로 들어가는 시점의 행동을 가리키는 데에 사용된다. 부정과거의 본질적인 성질은 행동에 들어가는 두드러진 지점에 있지만, 이에 대한 부정과거의 번역은 의미상으로 상태가 아닌 동작을 표현하는 동사의 부정과거 번역과는 다를 것이다. 그리하여 '왕이다'〔be king〕(상태나 상황) 동사의 부정과거는 '왕이 되다'〔become a king〕(들어가는 지점)가 되어야 하고, '신뢰하다'〔trust〕의 부정과거는 '신뢰하게 되다'〔put one's trust in〕는 의미가 되어야 한다. 또한 고린도후서 8:9에서 사용된 부정과거는 그리스도가 '비천했다〔was〕'는 것를 의미하는 것이 아니라 그가 "비천하게 되었다〔became〕"를 의미한다. 누가복음 15:32의 부정과거는 방탕한 아들이 죽었다가 '〔현재〕 살아있다'를 의미하는 것이 아니라 죽었는데 "생기가 돌기 시작했다"를 의미한다. 그리스도는 죽었다가 "다시 살아나셨다"(롬 14:9, 계 2:9, 13:14, 20:4). 그리고 나사로에 관하여 들었을 때에 "눈물을 터뜨리셨다"(요 11:35). 우리의 구원은 우리가 "신자가 되기 시작"했을 때보다 더욱 가까워졌다(롬 13:11).

이와 같은 중요한 예들 가운데에 특별히 언급할 만한 것들이 있다. 요한이 요한일서 2:1와 3:9에서 죄인과 관련된 주제를 다루는 방식이 바로 그것이다. 헬라어의 부정과거 시제를 모르는 사람은 이 사도가 두 단락에서 모순적으로 이야기하고 있다고 생각할 수도 있을 것 같다. 처음에는 죄를 짓는 그리스도인에게 아버지 편에 선 변호자가 있어 우리의 죄를 위로한다고 하고, 이후에는 강조하면서 그리스도인이 죄를 짓지 않는다고 진술한다. "그가 하나님께로부터 났기에 죄를 짓지 아니한다." 이제 모순은 명백해졌다. 첫 번째 단락에서 동사는 ἁμάρτῃ로 부정과거이다. ἁμάρτῃ는 상태(예, '죄인이다')를 표현하는 부정과거와 관련한 문법적 원리와 일치하게 '죄인이기를 시작했다,' 즉, '죄의 행동을 범했다'를 의미할 것이다. 이는 어떤 길을 향한 첫 발자국만을 의미한다.

두 번째 단락에서 요한은 현재 시제(ἁμαρτάνειν)를 사용했다. 그것의 현재시제 어간은 '죄인이다'를 의미하는 것으로 행동보다는 상태를 가리킨다. 이렇게 달리 사용된 시제는 우리로 하여금 요한이 말하는 완전한 그리스도인이라는 주제의 심장부로 곧바로 데려간다. 요한은 그리스도인은 결코 죄인이 될 수 없다고 확언한다. 그리스도인은 이런저런 죄를 범함으로써 죄인이 되는 첫 발자국을 밟을 수 있겠지만, "죄인"이라는 존재가 되기 바로 전에 멈춰 선다. "그리스도 안에" 있다는 것은 단번에 완벽하게 되는 것이 아니다. 하지만 그리스도인이 죄를 범한다 하더라도 그 죄의 행위가 신자를 〔그리스도와의〕 영속적인 신비한 연합으로부터 결코 끊어낼 수 없다. 죄는 결코 그리스도인을 지배할 수 없다. 바울 역시도 말했듯이, 어떤 것도 우리를 그리스도의 사랑으로부터 끊을 수 없다.

기독교의 그노시스

기독교인들에게 옳은 그노시스(γνῶσις)와 옳지 않은 그노시스가 있다. 참된 지식은 하나님이 예수 그리스도 안에서 반사될 때에 발견 가능하다.

기독교의 그노시스에 관하여 가장 많이 말하고 있는 요한문헌의 저자는 사랑의 사도로 불리면서도 계몽〔Enlightment〕의 주창자로도 명명된다. 요한은 하나님을 완벽하게 알고 있으면서 하나님을 계시하는 자로 예수를 소개하지만, 죄인들—예수를 믿고서 예수의 명령을 지킬 정도로 따르는 사람만이 진리를 얻을 수 있기에, 심지어 유대인이라고 하더라도—에게는 아니다. 예수 자신은 모든 것으로부터 감추어져 있지만, 참된 신자—살아계신 하나님이 그 안에 계시고, 그가 하나님 안에 거하는—에게는 그렇지 않다. 참 기독교인들은 예수 안에서 그노시스를 찾는다.

요한의 상호 거함 사상—바울이 얼마나 헬라 신비주의나 유대 신비주의에 영향을 받았는지 간에, 기독교의 것으로 특징적으로 발전시킨 상호 거함 사상—의 측면에서, 믿음은 요한의 신비주의의 일부를 구성한다. 우리는 하나님 안에 거하며, 하나님 안에 진정한 지식이 있다. 여기서 말하는 그노시스는 무엇을 의미하는가? 요한은 자주 "지식은 이것인데 …" 혹은 "이것은 우리가 아는 바인데 …"라는 어구를 사용한다. 이때 그 지식의 대사은 사랑이다. 하나님의 지식은 사랑에 관한 지식 그 외의 것이 아니다. 이러한 사상은 실제적이며 경험적이다.

요한서신의 이면에 놓인 상황에 관한 것들은 모두 추측에 근거한다. 초기 기독교에 영지주의〔Gnosticism〕로 불린 이단—하나님을 아는 방식과 관련한—이 있었고, 요한이 그노시스에 대하여 많이 이야기했기에, 요한서신들과 요한복음은 기독교 진리의 원천을 오염시키려는 저 특별한 시도에 대하여 정면으로 반박하기 위한 것이라고 추정하곤 했다. 한편으로는 요한의 글과 영지주의자 케린투스의 교훈들을, 다른 한편으로는 사해사본을 비교해보지 않고서, 일어날 성싶지 않은 그물 위에 다른 그물을 엮어 짜는 것은 가능하다. 그 주제에 관한 주석가들의 매우 큰 관심을 고려할 때, 우리가 이 단어를 얼마나 피상적으로 연구하였는지 발견한다면 놀라게 될 것이다. 요한이 지식을 가리키는 완전히 다른 두 가지 동사, 곧 γινώσκω와 οἶδα를 사용하고 있다는 것과 γινώσκω를 사용 할 때에는 현재와 완료시제에 국한시킨다는 것을 관찰한 주석가들은 거의 없다. 이 매혹적인 사실들은 연구되고 해설될 필요가 있다. οἶδα는 다양한 지식에 관하여 사용된다. 때로는 인간의 문제들이나(요일 2:11, 요삼 12)이나, 진리나 진실을 아는 것에 관해서도(요일 2:21), 또한 하나님이 의로우시다는 것을 인식하는 것(2:29)이나 신자들이 재림의 때에 그리스도와 같이 될 것이라는 것(3:2), 그리스도가 죄를 도말하실 것(3:5), 형제를 서로 사랑함이 거듭남을 증명한다는 것(3:14), 어떤 살인자에게도 영생이 없다는 것(3:15), 진정한 그리스도인은 죄인이 되지 않는다는 것(5:18), 하나님의 아들이 육신이 되었다는 것(5:20)을 알고 있다는 것에 대하여 사용된다. 또한 그리스도인들이 영생을 가졌다는 것(5:13)과 하나님에게서 났다는 것(5:19), 그리스도께서 기도를 듣고 계신다는 것(5:15)에 대한 확신을 묘사할 때에 쓰인다. 이것들은 단순히 기독교 교리나 신조적인 지식에 대한 인식을 가리킨다. 하지만 이 동사는 하나님 자신이 그리스도인들의 인격적인 인식의 대상일 때에는 사용되지 않는다.

반면에, γινώσκω에는 더욱 신비한 의미가 내포되어 있어서, 하나님이 알고 있는 지식(요일 3:20)에 대해 사용되고, 종종 진술된 대상 없이 절대적인 의미로 나타난다(2:3, 5, 3:24, 4:13, 5:2). 또한 삼위일체의 인격 중 하나가 그 대상이 되는 경우는 더욱 자주 나타난다(2:4, 13-14, 3:1, 6, 4:2, 6-8, 5:20). 때로 이러한 종류의 지식의 대상으로 진리/진실(οἶδα와 함께 나타나는 2:21에서처럼)이 나타나기도 한다(3:16, 4:16, 요이 1; 여기에서 진리는 아마도 요한이 이른 시기에 "알았던" 예수를 가리킬 것이다). 때로 γινώσκω의 대상은 사랑이 되기도 한다(요일 3:16). 때로는 그리스도인들이 마지막 때를 살고 있다는 것을 알고 있는 경우나(2:18), 사람이 의를 행함으로 하나님께로부터 났다는 것을 아는 경우에서처럼(2:29) οἶδα와 다르지 않다. 세상은 그리스도인들이 가진 지식을 가지고 있지 않다(3:1). 놀랍게도 요한일서 3:19에서는 시제가 변화한다. "우리는 진리가 우리에게 속한 줄을 알게 **될 것이다**."

A.E. 브루커(Brooke)는[37] οἶδα와 γινώσκω 사이의 차이에 대하여 οἶδα는 직관적인 지식이고 γινώσκω는 인생의 경험에 관한 것일 뿐이라고 논했다. 우리가 가지고 있는 증거들은 그러한 구분을 지지하지 않으며, 요한일서 3:2에 나타난 οἴδαμεν은 직관적인 것이 아닌 계시된 지식이기에 이러한 그의 구분은 만족스러울 수 없다. 이러한 난관들에도 불구하고, 브루커는 여전히 γινώσκω가 발전될 수 있는 지식을 포함한다고 주장했다. 고전적인 구분은 신약성경을 더 이상 지지하지 못한다. 바울과 요한과 히브리서 저자는 γινώσκω를 항상 하나님 및 그리스도에 대한 지식에 관하여 사용하였기에, 동족 명사 γνῶσις는 영적 진리에 관한 직관적인 지식에 대한 전문 용어가 되었다. 하지만 이 지식은 결코 인간의 경험을 통해 점진적으로 획득되는 것이 아니다. 반면 οἶδα는 앎과 인식을 지칭하는 데에 사용되게 되었다. 실제로 이미 고전 헬라어에서 "앎의 방식"(know-how)이 하나의 의미를 가지고 있었다. 바울은 이 단어를 때로 하나님에 대한 앎에 사용하기는 했지만, 직관적이거나 직접적인 지식보다도 공개된 지식에 적용했다.

문법학자들은 이러한 사전적인 정보를 가지고서 요한일서에 나타난 몇몇 구조들을 재고해야 한다. 요한에게서는 설명적 대명사 뒤에 보충설명적 구조를 놓는 경향이 강하게 나타난다. 특히 설명(보충설명)적인 것이 사실(fact)이라기보다는 이론(theory)과 관련한

37. *The Johannine Epistles*, International Critical Commentary, T. & T. Clark, 1912, 68.

것일 때에, 보통 ἵνα로 시작하는 종속절의 형태를 취한다. 이론적인 보충설명 문장은 대명사 "이것" 뒤에 놓인다. "영생은 이것이니, 그들이 하나님을 아는 것이다(ἵνα 절)." 그런데 보충설명이 사실〔fact〕에 관한 것일 때, 신약 저자들이 부정사절을 선호함에도 불구하고(예, 행 15:28, 살전 4:3, 엡 3:8, 약 1:27), 요한은 ὅτι로 종속절을 이끌기를 좋아한다. 한 예는 요한일서 3:16이다. "사랑의 지식은 이것으로 구성되어 있다. 즉, 그가 우리를 위하여 목숨을 버리셨다는 것이다." 이 원리를 2:3과 5:2에 적용해보면 일반적인 번역과는 다른 번역이 산출된다. "지식은 이것으로 구성되어 있다. 즉, 우리가 그의 계명을 지키면, 우리가 그에 관한 지식을 얻는다는 것이다"(2:3). 이 번역은 동어반복적이며 현재시제("우리가 안다" 내지 "우리의 지식")에서 완료시제("우리가 지식을 얻었다")로의 변화를 설명하지 못하는 전통적인 형태("우리가 그의 계명을 지킨다면, 이로써 우리가 그를 안다는 것〔완료〕을 안다〔현재〕")보다도 더욱 낫다. 또한 요한은 5:2에서 다음과 같이 썼을 가능성이 크다. "지식은 이것으로 구성되어 있다. 즉, 우리가 하나님을 사랑하고 그의 계명을 지킨다면, 우리가 그의 자녀들을 사랑할 것이다." 이것은 그 논점을 놓친 다음과 같은 전통적인 번역과는 매우 반대된다. "우리가 하나님을 사랑하고 그의 계명들을 지킬 때에, 이로써 우리가 하나님의 자녀를 사랑하는 줄을 아느니라." 우리가 하나님의 자녀를 사랑하는지 아는 것은 어렵지 않을뿐더러, (요한의 가르침 안에서) 하나님을 사랑한다고 생각하는 자가 반드시 형제를 사랑하는 자라는 등식도 성립하지 않는다.

결론은 동사 γινώσκω가, 절대적으로 사용되든지[38] 혹은 하나님의 사랑을 목적어로 가지고 사용되든지 간에, 그러한 종류의 지식(γνοῶσις)을 보여주고 있다는 것이다. 즉, 이 지식은 독자들이 상상하는 완전함에 관한 지식이자 기독교의 진정한 그노시스를 일컫는다. 기독교의 진정한 그노시스는 (οἶδα로서의) 교리적인 지식이 아니라 형제에 대한 자기-희생적 사랑 안에서 드러난다. 기독교의 그노시스는 두 가지 추가적인 방식으로 드러난다. 말하자면, 그리스도 안에 있는 그리스도인의 생명과 그리스도인 안에 있는 그리스도의 생명 말이다(2:5, 3:24, 4:13). 이것은 우리가 바울의 가르침 안에서도 매우 분명하게 발견할 수 있는 것들이다.

38. 즉, 목적어 없이 단독으로—역주.

제6장
그 외의 작가들

1. 누가와 초대교회

예수의 부활(행 4:2)

"〔사도들이 …〕 예수 **안에서** 죽은 자의 부활을 전했다"라는 흥미로운 표현은 아마도 누가가 만들어낸 것이거나 혹은 사도들에 대한 유대 공의회의 기소 내용 중 일부를 누가가 자구적으로 인용한 것일 수도 있다.

J.H. 물튼은 전치사 ἐν('안에')을 모든 행위의 시녀로 묘사한 바 있다. '-내부에'라는 확실한 의미 외에도 ἐν은 신비적 ἐν과[1] 도구적 ἐν으로도 사용된다. 실제로 누가가 예수의 부활에 관한 바울의 가르침에 영향을 받은 것이 아니라면 이들 용법 중 어느 것도 현재의 문맥에서 만족스럽지 않다. 바울은 "아담 **안에서** 모든 사람이 죽은 것 같이, 그리스도 **안에서** 모든 사람이 살게 된다"(고전 15:22)라고

1. 250쪽 이하를 보라.

말한 바 있다. 아담과 그리스도 아래에서 각각 대표되는 인류의 통합에 대해서는 이미 논의하였다.[2]

가장 초기의 해석은 5세기의 베자 사본에 나타난 표현에서 확인할 수 있다. 이 사본의 헬라어와 라틴어 부분은 바티칸 사본 및 다른 사본들과 다른 워딩〔wording〕을 가지고 있다. "죽은 자의 부활 안에서 예수를 전하였다." 우리는 잠시 후 이것이 의미하는 바를 논의할 것이다.

RV는 KJV("예수를 통하여")를 "예수 안에"로 고쳤지만, 어떤 차이가 의도되었는지는 논쟁적이다. RV 번역자들은 사도들이 예수의 부활을 예시로 일반적인 부활을 입증하려 했다고 주장한 앨포드〔Alford〕의 의견을 따랐다. "그〔예수〕는 사두개인들이 부인했던 것〔부활〕의 전형으로 보인다. 〔사도들은〕 한 사람의 부활이 모든 자들의 부활, 곧 죽은 자들의 부활을 함의하고 있다고 전했던 것이다."[3] 이것이 바로 RV가 의도했던 "예수 안에서"의 의미인데, 이는 KJV("예수를 통한" 죽은 자들의 부활)과 비슷하다. 더 나아가 그러한 해석이 베자 사본 독법의 이면에 있었을 수도 있겠지만, 그렇다면 〔"죽은 자들의 부활로 예수를 전하였다"라기보다〕 "죽은 자들의 부활(에 대한 논증으)로 예수를 전하였다"는 식으로 뒷받침 되어야 할 것이다. 라캄〔Rackham〕은 그 경우에 대해 짤막하게 이야기했다. "기록된 형태의 설교〔행 4:2〕에는 우리의 부활에 관한 사실이 언급되지

2. 246쪽 이하를 보라.

3. Henry Alford, *The Greek Testament*, vol. II, Rivingtons, 1871, 41.

않았다. 하지만 그것은 예수의 부활 안에 함축적으로 포함되어있다."[4]

이 주장의 약점은 ἐν의 사용을 언어학적으로 지지하지 못한다는 것이다. ἐν은 경우에 따라 분명히 지시의 여격, 곧 '-에 대하여' 혹은 '-와 관련하여'와 동등한 의미를 가진다.[5] 바울은 "성경이 엘리야 안에서 말한 것"(롬 11:2)이라고 말한 바 있다. "우리는 모든 것 안에서 넉넉히 이긴다"(롬 8:37). "자신이 옳다 하는 것 안에서 자신을 정죄하지 않는 자는 복이 있다"(롬 14:22). "같은 생각과 같은 의견 안에서 연합하라"(고전 1:10). "사람들 안에서 자랑하지 말라"(고전 3:21). "청지기 안에서 구하여질 것은 믿음직함이다"(고전 4:2). "내가 그것이 내 안에서 이루어지게 하기 위하여 이것을 쓰고 있는 것이 아니다"(고전 9:15). 이 모든 예들에서 "안에"라는 단어는 '-에 관하여'라는 단어로 대체하여 번역해야 한다. 실제로 "별들의 영광 안에서 다르다"(고전 15:41)의 경우에서처럼, 영어의 in과 헬라어의 ἐν의 사용은 때로 일치한다.

사도행전 4:2의 ἐν에 대한 많은 해석들 중, 부활을 의심하는 자들에게 사도들이 예수의 선례를 전했다고 보는 것이 합리적이기에 주석가들에게 있어서 저 해석이 가장 호소력 있었던 것 같다. 하지

4. R. B. Rackham, *The Acts of the Apostles*, Westminster Commentaries, Methuen, 14th ed., 1951, in loc.

5. Moulton-Howard-Turner, *Grammar*, vol. III, 265에 있는 논의를 보라. 행 4:2는 이 *Grammar*에 있는 범주에 포함되지 않았다. 다른 예들은 모두 바울의 것이다.

만 그 해석은 충분하지 않다. 누가는 바울의 충실한 제자였기에 누가가 바울과 같은 관점에서 이 문제를 보고 있었을 수도 있다. 그렇다면 누가는 유대 공의회의 비판을 인용하고 있는 것이 아니라 사도들이 특징적으로 전했던 바울의 부활 해석을 따라 사도들의 메시지를 자신의 언어로 묘사하고 있는 것이 된다. 바울은 인류의 구원을 그리스도와의 영적인 연합의 관점에서 보았다. 곧, 죽음은 아담을 수단으로 들어왔기에 아담의 본성을 공유하고 있는 사람들도 역시 죽게 될 것이다. 하지만 죽은 자들에게 있어서 생명은 그리스도를 통하여 오며 그리스도 "안에" 있는 자들은 물리적이고 영적인 죽음으로부터 일어나게 될 것이다.

초기의 사도들이 이미 이러한 신학적인 결론에 도달했다고 추측했던 것이 누가의 실수였을 수도 있겠지만 우리가 다루고 있는 이 어구는 적어도 누가가 그렇게 생각했다는 것을 보여준다.

만일 누가가 그렇게 생각했다면 바울이 사용했던 용어 "그리스도"를 〔사도들이〕 "예수"로 대신 사용했다고 보는 것은 역사적으로 있을 법한 일이기에 누가의 추측은 옳았을 것이라고 볼 수 있다. 사도들은 그리스도 "안에" 있는 모든 사람들이 죽은 자들 가운데에서 일어날 것이라고 선포했고 제사장들과 성전 지도자들, 사두개인들은 그 메시지에 분개했던 것이다.

그들은 세례를 어떻게 행하였는가?

바울은 이스라엘이 구름과 바다에서 모세 "안으로"〔into〕 세례를 받은 것처럼(고전 10:2), 그리스도인들 역시 그리스도 "안으로" 세례를 받는다고 가르쳤다(갈 3:27). 초기 그리스도인들에 의해 사용된 세례 표현은 “안으로”(εἰς)가 아니라 “안에서”(ἐν)이기 때문에(즉, 그리스도인들은 “예수의 이름 안에서” 세례를 받았다), 전치사 εἰς의 사용은 매우 흥미롭다.[6] 하지만 마태복음가 사용한 단어들은 후대에 세례 표현이 “안으로”를 포함하게 되었다는 것을 보여준다. “너희는 가서 모든 민족을 제자로 삼아 아버지와 아들과 성령의 이름 안으로 〔들어가도록〕 세례를 베풀어라.”

세례에 관한 대부분의 논의들에서는 εἰς와 ἐν이 교호적으로 사용될 것이라는 추정에 근거하여 이 전치사들의 차이를 간과하였다. 두 전치사는 모두 그 기원에 있어서 밀접하게 연관되어 있으며 헬레니즘 시기의 어떤 작가들은 때로 그 차이를 무시하기도 했다. 더 나아가 현대 그리스어에서 εἰς는 ἐν에 완전히 흡수 되었다. 정확히 말하자면, 모든 헬라 작가들이 두 전치사들을 혼용해서 사용했다고 말할 수는 없고 몇몇 신약성경 저자들은 실제로 결코 그렇지 않았다. C.H. 터너〔Turner〕가 언급한 것과 같이[7] 마태가 주목할 만하다. 적어도 마태복음에서는, 심지어 다른 복음서들에서는 ἐν으로 쓰인 곳에서조차 εἰς가 가진 움직임의 의미를 온전하게 생각해야 한다. 따라서 우리는 마태복음 28:19에서 εἰς가 시사하는 의미를

6. “예수의 이름 안으로 (들어오도록)” 세례를 주었다는 것은 밖에 있는 자가 세례를 통해 예수 안으로 들어올 수 있다는 것을 함의하면서 세례의 공적 측면을 부각시킨다. 반면 “예수의 이름 안에서” 세례를 주었다는 것은 이미 예수 안에 있는 자에게 베푼다는 의미를 전한다—역주.

7. *Jounal of Theological Studies*, XXVI, 1925, 14.

인지하는 것이 좋다. 그리스도인들은 이미 그리스도 "안으로" 이동했기 때문에 그리스도 "안에" 있는 것이다. 세례는 관계에 있어서의 변화를 동반하고 목적지를 향한 움직임을 나타내 보인다. 그렇게 신자들은 세례를 통하여 거룩한 삼위일체의 권세가 작용하는 영역들("아버지와 아들과 성령의 이름")로 옮겨진다.

마태의 표현은 베드로나 오순절 성령강림 시기의 다른 사람들, 후대에 예루살렘 사람들이 사용하던 것과는 다르다. 삼위일체론의 발전으로 어떤 차이를 설명하더라도 베드로가 〔동시대의〕 사마리아의 빌립〔행 8:16, ἐις〕과 달리 그 이름 "안에서"〔ἐν〕 세례를 준 것은 설명이 안 된다〔행 10:48, ἐν〕. 예수는 어떤 지침을 주었지만 베드로는 다른 지침을 따른 것처럼 보인다. 후대 교회의 관습은 타협점을 나타내고 있는 것일 수 있다(*in nomine Patris et Filii et Spiritus sancti*).[8]

더욱 복잡한 것은 바울이 에베소에서 그리스도의 이름 "안으로" 〔들어가도록〕 세례를 주었는데(행 19:5) 다른 바울서신들에 나타나는 몇몇 단어들은 두 형식을 통합한 것처럼 보인다(고전 12:12, "그리스도의 몸 안으로"; 롬 6:1 이하, "그리스도의 죽음 안으로"; 갈 3:27, "그리스도 안으로"). 바울은 "안으로"를 선택했지만 삼위일체를 모두 언급하는 대신 그리스도의 인격만을 유지했다.

우리의 문제는 간단하게 해결될 수 없다. 아무리 많은 사람들이 에우세비우스의 마태복음 28:19("가서 나의 이름 안에서〔in〕 모든

---

8. 라틴어 *in*은 헬라어의 ἐις과 ἐν를 모두 포함한다—역주.

민족으로 제자를 삼으라")을 선호한다 하더라도, 이를 지지하는 모든 사본학적 증거들이 마음에 들지 않을 수 있다. 하나의 대안은 결국 누가가 εἰς와 ἐν을 구분하지 않았고 그 결과 사도행전의 〔베드로가 행한 세례〕 표현이 〔예수의 지침과 동일하게〕 "그 이름 안으로"를 의미했을 것이라고 추정하는 것이다. 누가는 다른 어떤 곳에서도 이 혼란을 초래하기를 마다하지 않았다(눅 9:61, 11:7, 행 2:5 등).

빌립의 공간이동(행 8:40)

모든 영역본에서는 광야에서 성령에 이끌린 빌립이 환상적인 무언가에 의하여 낚아채어져 나중에 아소도에 나타나는 것처럼 묘사하고 있다.[9] 모팻〔Moffatt〕과 필립스〔Phillips〕 역본에서 독자들은 빌립이 〔갑자기〕 먼 곳에서 발견되었다는 묘사를 보고 일종의 공간이동을 한 것처럼 느낄 수 있다. NEB도 이 신화적인 모습을 제거하지 않았다.

성경번역가들은 한 언어에서 다른 언어로 관용구를 문자적으로 옮기는 것이 얼마나 치명적인 것인지 알았어야 했다. "그가 발견되었다"는 것은 관용적인 표현이다. 『도마행전』에서 "어떻게 당신이 여기에서 발견되었나요?"라고 문자적으로 번역된 것은 "당신이 어떻게 여기에 왔습니까?"를 의미하는 것이다. 이 숙어는 『마태와 안드레행전』에서도 확인할 수 있다. 빌립의 경우와 아주 유

9. 행 8:40에 대한 일반적인 영역본을 직역하자면, "빌립이 아소도에서 발견되었다"—역주.

사한 병행구는 『크산티페행전』에 나온다. 여기에 나타나는 "그녀가 사막에서 발견되었다"라는 어구는 "그녀가 사막에 들어왔다"는 것을 의미한다. 이것과 동일한 전치사(εἰς)가 사도행전 8:40의 "아소도" 앞에도 사용되었다.[10] 이 관용구는 현대 그리스어에서 살아남아서 "그가 나의 필요로(εἰς) 발견되었다"는 표현은 "그가 나의 필요가 되었다"를[11] 가리키게 되었다. 빌립이 (에디오피아) 내시의 시야에서 사라진 시점에서부터 아소도에 걸어 들어가는 시점까지 각각의 여정에 어떻게 성령의 인도를 받았는지 누가가 묘사하고 있었던 것은 의심의 여지가 없다.

언젠가는 번역자들 중 학식 있는 성상 파괴자〔인습을 깨뜨리는 자〕가 다른 골동품들 중에서도 영어성경을 해방시킨다면 우리는 이 어구를 아주 단순히 "빌립이 아소도에 왔다"라고 읽게 될 것이다.

2. 묵시록

요한의 첫 번째 환상(계 4장)

요한계시록 4장에서 요한은 하늘의 환상을 기록하기 시작했다. 아시아의 일곱 교회들을 뒤로 하고 하늘을 향해 시선을 옮겼을 때에 첫 번째 놀라운 일은 하나님 아버지와 보좌에 앉은 창조주였다.

---

10. 더 많은 증거들이, Moulton-Howard-Turner, *Grammar*, vol. III. 58에 제시되었다.

11. 의역하자면, '나는 그가 필요했다'—역주.

하지만 이것은 형언할 수 없었기에 요한은 에스겔과 같이 무지개에 둘러싸인 빛나는 보석들과 스물네 명의 영광스러운 사람 혹은 천사들—하나님의 백성을 대표하는—의 보좌에 비유하였다. 번개와 우렛소리가 배경에 깔렸고, 앞에는 유리 바다가 펼쳐졌다. 중심 보좌의 바로 주변에는 많은 눈을 가진 천사들이 두르고 있었다.

가장 최고의 순간은 이 피조물들이 창조주 아버지께 영광의 찬송을 올려드릴 때였다. 그때에 요한은 이십사 장로가 그들의 보좌에서 일어나 아버지의 위대한 보좌 앞에 엎드려 경배하고, 그들이 노래를 할 때에 그들의 왕관을 던지는 것을 보았다.

비록 헬라어에서는 미래시제로 일관하고 있지만, 나는 이 환상을 과거시제로 재진술 했다. 우리는 시제들을 문자적으로 번역했을 때에 발생하는 기묘한 효과—그 이후로 모든 세대의 주석가들을 당황시킨—를 경험하기 위하여 RV만을 살펴보면 된다. 그렇지만 본래의 본문이 미래시제의 동사로 연속하여 나열되는 것은 의심의 여지가 없다. 과거시제를 가진 사본들은 본문의 의미를 비틀려는 시도의 희생양이 된 것이 분명하다. RSV와 NEB에서 "그 시제는 RV의 미래시제로부터 올바르게 바뀌어 KJV의 시제로 되돌아갔다. 헬라어의 미래는 히브리어의 미완료를 옮기려는 시도를 보여준다."[12] KJV에서는 영어의 역사적 현재시제를 사용하였다. 간단하게 과거시제로 기술하는 것이 더 나았을 것 같다.

---

12. 히브리어의 미완료는 과거를 표현하는 수단이 되기도 한다—역주; *Peake's Commentary on the Bible*, revised edition, Nelson, 1962, 1049.

어떻게 영어의 과거나 역사적 현재시제가 헬라어의 미래시제를 적절하게 번역한 것일 수 있는지 물을 필요가 있다. 문맥이 그것을 요구하는데, 말하자면 이 장면은 두루마리가 어떻게 펼쳐지고 양이 결국 어떻게 각각의 인을 떼는지에 대한 예언들의 첫 번째 환상으로서 미래의 것이 아니다. 요한이 미래시제 동사로 찬양이 시작하는 장면을 묘사했던 진정한 이유는 히브리어 구문론에서 찾을 수 있다. 히브리어에서 미완료는 미래시제와 아주 유사하여서, 칠십인역에서 〔히브리어의 미완료를 헬라어의 미래로 옮기는 데에〕 혼동이 거의 없었다. 요한계시록 4:9("생물들이 영광과 존귀를 드렸을 때에")와 같은 시간절은 히브리어에서 '바브'가[13] 이끄는 미완료—미래와 동일한 형태인—로 표현되었을 것인데, 여기에 필요한 만큼 계속해서 다른 바브-미완료 형태의 문장이 이어졌을 수 있다.[14] 예를 들어, "발람이 일어났을 때, 그의 나귀에 안장을 지웠다. 그리고 갔다. … 그리고 하나님이 진노하셨다"(민 22:21-22)와 같이 말이다.

요한계시록 저자가 헬라어에 능숙하지 않았거나 고의적으로 도발적으로 셈어 구조를 선택했다고 생각할 만한 많은 이유들이 있다. 헬라어로 기록되거나 번역된 글에서, 과거시제가 요구되는 곳에 미래시제가 사용된 것이 히브리어 구문을 따른 것일 수 있다는 생각에 반감을 가지고 있는 사람조차도, 이러한 형태를 다른 어떤

13. 히브리어의 접속사—역주.

14. 이때 히브리어에서는 미완료가 사용되었지만 과거시제를 가리킨다—역주.

방법으로 설명할 수 없기에 동일한 결론에 이르곤 한다. 요한계시록에는 확실히 히브리어적인 문법의 일탈이 풍부하게 나타난다.

칠십인역에 공헌한 번역가들 중 몇몇은 히브리어 미완료 형태를 번역함에 있어서 과거시제와 미래시제를 혼동하는 실수를 범하였다. 시편 103:7(104:7)이 한 예인데, 여기에서 히브리어 저자는 하나님의 능력이 나타났던 과거의 사건을 진술하고 있다. "당신의 꾸짖음에 그들이 **도망쳤다**. 당신의 우렛소리와 같은 음성에 그들이 **급히 달아났다**." 칠십인역 번역가는 이 두 동사를 미래시제로 옮겼다.[15]

요한계시록이 본래 히브리어로 쓰였다고 생각하거나 히브리어 자료들로부터 집대성된 것이라고 생각할 필요는 전혀 없다. 계시록이 어떠한 이유로 헬라어로 기록되었다 하더라도, 저자는 히브리어가 영감과 상징의 언어라고 생각하고서 다룰 수 있는 모든 형태로 그 사상의 형태를 모방하려고 했다고 볼 수 있다. 그것이 우리가 그의 언어학적 상징을 정확하게 해석하는 것이다.

15. A. B. Davidson은 히브리어 이 구문의 특징을 언급하며 다음과 같이 말했다. "고급 문체에서 미완료의 사용이 일반적이다. 화자는 과거를 현재로 가져오지 않고, 자신을 과거로 데려가 자신이 사건들에 얼굴을 맞댄 것으로 묘사한다. … 영어의 현재는 이 미완료를 가장 잘 옮긴 것인데, 영어의 역사적 현재가 이와 유사하다." *Hebrew Syntax*, 3rd ed., T. & T. Clark, 1910, §45, rem. 2, 69. 또한 *Gesenius' Hebrew Grammar*, E. Kautzsch, 2nd English ed., Oxford, 1910, §107, a, 313-14.

미가엘과 그의 천사들이 반드시 싸워야만 한다(계 12:7)

성 미카엘〔Michael: 미가엘〕과 성 제오르지오〔George〕는 영국의 수호성인이 되었다. 그런데 이들이 누구인가?

기독교인들은 성경의 마지막 두 책에서 사람이 아니지만 유대 신학에서 유래한 일곱 천사장 중 하나인 미가엘을 발견할 수 있다. 성 제오르지오는 영국의 수호자이자 전통적으로 땅에 대응하는 존재로 간주되며, 미가엘은 이스라엘의 수호자로서 유대인들의 칭송을 받으며 온 나라의 악에 대항하는 선한 투사이다. 미가엘은 요한계시록에서 아이를 가진 여자에 관한 징조 이후, 적그리스도와의 싸움이 시작되었을 때에 무대에 등장한다.

"그리고 하늘에 전쟁이 있었다"(계 12:7). 이 진술 뒤에는 요한의 헬라어에 흠이 있는 것처럼 보이는 많은 문법적 오류들 중 하나가 나타난다. KJV은 너무 쉽게 해석했다. "미가엘과 그의 천사들은 용과 싸웠다." 이때 헬라어 문장에는 주동사가 없고 속격 관사에 부정사만 따라 나온다. 안타깝게도 이 구조가 전달하는 의미는 현재의 문맥과 어울리지 않는다. 가장 좋은 제안은 R.H. 찰스〔Charles〕가 "칠십인역에 어느 정도 알려진 것"이라고 삼가 칭한 것에 놓여 있다.[16] 칠십인역에서는 어떤 잘 알려진 히브리어의 구문적 특징을 문자적으로 번역하면서 저 구조가 몇 차례 나타난다. 예컨대, Εφραιμ τοῦ ἐξαγαγεῖν〔Ephraim to bring forth〕은 "에브라임은 끌어

16. 그의 기념비적인 *International Critical Commentary on Revelation*, T. & T. Clark, 1920, vol. I, 322에 나타난다.

내야만 한다"(호 9:13)를 의미하고, τοῦ εἰσπορεύεσθαι〔to come in〕은 "들어와야만 한다"(대상 9:25)는 것을 의미한다. 이 가설에 따르면, 요한은 다시 한 번, 과거에 히브리어를 문자적으로 번역한 사람들만이 사용했던 바로 그 방식으로 헬라어 어구를 사용한 것으로 볼 수 있다.[17] 요한 자신이 번역을 하고 있었다는 것이 아니라 그 사고와 표현이 셈어적인 관용구에 영향을 받고 있었다는 것이다.

그래서 미가엘은 싸워야만 한다. 왜인가? 예언적 운명은 하나의 이유가 된다. 왜냐하면 미가엘은 이스라엘의 보호자였는데 교회가 그리스도인들을 위하여 새로운 '이스라엘'이 되었기 때문이다. 이에 미가엘은 불가피 모든 그리스도인들의 수호천사, 곧 여자와 아이에 관한 비전으로 예시화 된 악한 세력에 대한 보호자가 되었다. 용이라고 불렸던 악의 세력의 수하들은 아이가 태어날 때부터 그를 공격했다. 요한은 직관적으로 그 거룩한 아이가 사람들의 손에, 즉 헤롯 대왕으로부터 계속해서 겪어야 했던 모든 슬픔이 사람들이 겪는 일반적인 시험이 아니라 마귀의 세력에 의한 결과라고 인지했다. 미가엘이 인도했던 선한 천사들은 아이 곁에서 어느 중대한 기간 동안 그를 섬겼다.

분명히 그리스도와 "그리스도 안에" 있는 사람들은 악한 세력에 둘러 싸였을 때에 선한 세력의 지원을 즉각적으로 받는다. 왜냐하면 "마가엘과 그의 천사들이 싸워야만 하기" 때문이다.

---

17. 앞의 주제, 329-33쪽을 보라.

3. 야고보의 기독교

시험은 하나님께로부터 오는 것이 아니다(약 1:13)

대부분의 난해한 성경 해석 문제에 있어서 문법학자들을 당황스럽게 하는 것은 '전치사의 신학'이다. 열정적인 번역가들은 과도하게 번역하거나, 특히 신약성경에서 풍부하게 사용된 전치사들 안에서 신학적인 의미—얼핏 보아도 문맥의 지지를 받지 못하는—를 발견하려는 유혹을 받게 된다. 헬라 작가들은 항상 혼란스럽게 사용했던 것은 아니었지만, 단순한 경우에 전치사를 무차별적으로 첨가하는 경향이 있었다. 그렇기에 성서 헬라어에서도 그러한 고전적인 문체의 전례에 모두 대답하려 할 필요가 없다.

고전기에는 철자가 거의 유사한 두 개의 전치사가 구분되어 사용되었다. 'Aπό는 '-으로부터'를 의미했고, (속격과 함께 쓰인) ὑπό는 도구적인 의미의 '-으로'나 인과적인 의미를 가리켰지만, 헬라 제국 시기의 파피루스와 이 시기보다도 앞선 몇몇 본문에서 ἀπό는 종종 ὑπό와 전적으로 동일한 의미를 취하고 있는 것처럼 보인다. 이러한 현상은 신약성경 몇몇 저자들에게서 분명하게 확인할 수 있다. 예컨대, 누가는 ἀπό를 분명히 도구적 의미로 쓴 적이 있다. 〔직역하자면〕 "유두고가 잠으로('-으로부터'가 아님) 쓰러졌다"(행 20:9). 그들은 더러운 영들에 "의해"('-으로부터'가 아님) 고난을 받았다(눅 6:18). 이외에도 많은 예가 있다. 필사자들도 많은 ἀπό를

전통적으로 더욱 정확한 의미를 전했던 ὑπό로 바꾸기에 바빴다.[18]

모든 저자들이 이에 대한 협의가 있는 것은 아니었다. 특히 야고보는 ὑπό를 그렇게 사용하지 않았다. 이는 사람이 당하는 시험의 기원에 관하여 이야기하고 있는 야고보서 1:13과 같은 구절에서 중요하다. 여기에서 야고보는 하나님에 의해 시험을 받는다고 생각하거나, 그만큼 조야하게, 사람의 시험이 간접이거나 허용적인 의미에서 하나님으로부터 온다고 생각했을 수도 있다. 만일 야고보가 하나님을 시험 과정의 적극적인 요인으로 생각했다면 ὑπό를 사용했을 것이다. 그가 ἀπό를 사용한 것은 전능하고 모든 영역을 다스리는 하나님으로부터 모든 것이 온다는 유대적 신념—사탄에게 독립적 권위를 너무 많이 허용하는 이원론에 대한 반박으로서의 반응—으로부터 비롯했을 것이다. 야고보의 독자들은 시험이 실제로 악의 산물이지만, 세상의 악은 하나님에 의해 통제되는 것이기에 하나님이 악을 어느 정도 허락하는 것이라고 생각했다. 야고보의 헬라어는 ἀπό와 ὑπό 사이의 혼용을 허용하는 전통적인 기준에 비해 너무 '세련되고,' 또한 '나는 하나님에게 시험을 받는다' 라고 말할 수 있는 관점을 가진 자신의 유대 독자들을 근거 없이 비난하지도 않는다. 하지만 야고보는 그리스도인으로서 자신의 독자들이 사람이 당하는 시험의 허용적인 성질 뒤에 숨지 못하도록 하면서 정통 유대교보다 한걸음 더 나아간다. 하나님은 시험하시지도 않고 시험을 허용하시지도 않는다. 바울과 같이 야고보는 예

18. Moulton-Howard-Turner, *Grammar*, vol. III, 258.

수의 가르침, 곧 초기에 제자들이 받았던 주기도문의 "우리를 시험에 들게 마소서"를[19] 재해석했다. 주기도문은 그리스도인을 위한 것이라기보다 어떤 성실한 바리새인들이 사용했을 만한 것이기에, 예수 안에서 계시되고 사도들에 의해 재해석된 성부 하나님에 관한 기독교의 진리와 더 이상 일치하지 않는다. 마치 선행으로 영생을 얻으려 했던 부자 청년에 대한 예수의 가르침과 이신칭의에 대한 바울의 가르침이 일치하지 않는 것과 같이 말이다. 방탕한 아들의 비유에는 그리스도인들의 속죄에 관한 어떠한 암시도 없다. 이 비유는 옛 세대에 속한 것이다.

그렇게 야고보는 자신의 형제 예수의 관점을 재해석했다. 곧, 하나님은 결코 시험하시거나 시험으로 인도하시는 분이 아니라는 것이다. 따라서 그리스도인으로서 하나님이 악을 그렇게 많이 허용하신다고 믿는 것은 〔야고보의 가르침과〕 일관되지 않는다. 그보다도 시험은 욕망, 말하자면 잠재적으로 선한 본능을 스스로 오용하는 데로부터 온다. "너희가 하나님께 시험을 받는다 하지 말아라. 하나님은 악한 것을 다루시지도 않고 어느 누구도 시험하시지 않는다. 너희가 가진 욕망이 그 원인이다." 이러한 설명은 정통주의 유대교 학파의 것과 단절된다. 저들은 하나님께서 모든 일이 일어나도록 명하시지만 죄인은 하나님의 허용하시는 뜻을 핑계로 여겨서는 안 된다는 상보적인 진리를 운명으로 받아들인다. 하나님은 아브라함을 시험하셨다(창 22장). 또한 어떤 유대교 그룹에는, "당신

19. 시험이 하나님의 손에 있다는 것을 함의하고 있는 기도—역주.

의 행하심이 우리에게 무겁지 않게 하소서. 우리는 괴롭게도 필연으로 인해 죄를 짓습니다"(『솔로몬의 시편』 5:3)라는 기도문도 있다.

현대의 몇몇 번역가들(Knox, RSV, NEB)은 야고보의 핵심을 놓쳤다. 이들은 ἀπό를 '-에 의하여'로 옮겼다. 오직 RV의 난외주와 굿스피드〔Goodspeed〕, 모팻 만이 참 의미를 밝히고 있다. 하지만 주석가들 중에는 R.J. 노울링〔Knowling〕이 정확하게 "그것은 직접적인 근인이라기보다는 더욱 멀리있는 원인을 가리킨다"고 관찰한 바 있다.[20]

그럼에도 불구하고 노울링은 충분히 더 나아가서 뒤따라 나오는 ἀπείραστός를 능동태〔'시험을 하지 않는'〕로 취하지 못했다. 수동적 의미가 다음에 나오는 어구를 동어 반복적으로 만들지 않기에 더 적합하다고 느꼈기 때문이다. 하지만 문맥은 능동적 의미를 요구한다. 곧, "하나님은 시험 받으실 수 없다"는 문장은 적절하지 않다는 것이다. 그래서 수동적 의미는 도움이 되지 않는다. 저 동사적 형용사의 능동적 의미는 '-에 익숙하지 않은'이나 '-을 다루지 않는'을 의미한다. 능동태와 수동태 모두 초기 기독교 문헌들의 지지를 받는다.[21] 야고보가 능동태를 사용했다고 생각한다면, 하나님이 결코 악을 창조하거나 조종하지 않으며 사람이 당하는 시험에 대하여 책임이 없다고 가르치면서 어간 -πειρ-를 사용했다고 볼 수

20. *Westminster Commentaries*, Methuen, 1904, 19.

21. *A Patristic Greek Lexicon*, ed. G. H. Lampe, Oxford, 1961, fasc. 1, s. v.

있다.

'참된 기도'와 기도(약 4:2-3)

이론적으로 헬라어 중간태는 주어 전체를 동사의 행동과 연관시키면서, 주어가 행하는 행위가 주어 자신과 특별한 관계를 가진 것으로 표현한다. 이때 실제적인 목적에 있어서 능동태나 중간태가 어떤 타입의 동사와 함께 사용되었는지는 별로 중요하지 않다. '나는 요청한다'는 것은 능동태이지만, 그 중간태와 큰 의미 차이가 있는 것은 아니다. '나는 내 자신에 대해 요청한다'와 같이 중간태는 더욱 좁은 개념을 표현하지만, 일반적인 대화에서 능동태와 중간태는 비슷하게 사용된다. 우리는 '나는 선택한다' 동사나 많은 다른 경우에 대해서도 이와 동일하게 말할 수 있다.

동일한 작가나 화자가 무언가에 홀린 듯이 한번 능동태로 쓴 동사를 나중에 중간태로 바꾸어 쓴다 하더라도 놀랄 만한 일은 아니지만, 그럼에도 불구하고 야고보서에 나타나는 근접한 문장(약 4:2-3)에서 처음에 중간태를 사용하고, 그 다음에 능동태를, 그 다음에는 다시 중간태를 사용한 것은 많은 주석들을 발생시켰다. 이것은 단순히 반복을 피하기 위한 변화라고 보기는 어렵다. "너희는 **구하지**(중간태) 않기 때문에 받지 못한다. 너희는 **구하고도**(능동태) 받지 못한다. 이는 너희가 잘못 **구하기**(중간태) 때문이다." 이를 구별하려는 알려진 모든 시도들은 단지 재치 있는 추측에 불과하다. 어느 누구도 확실한 언어학적 근거를 제시하지 못했다. 언어학적 근거들의 가치는 둔한 인식—야고보가 헬라어를 유연하게 다룬다는 것을 입증하지 못하는—을 피하는 데에 그 가치가 있다.

이러한 태의 사용을 의미 있게 만드는 가장 매력적인 제안은 메이어〔Mayor〕의 것인데, 이는 물튼의 문법서 서론에서 수용되었다. 능동태는 단순히 기도의 말들을 내포하고 있지만, 중간태로 '구하다'는 동사는 진정한 마음으로 구하는 기도를 의미한다는 것이다. "보통 문장에서 능동태가 딱 그만큼의 의미의 무게를 가지고 있을 때에 중간태가 더 강한 의미를 전한다면, 우리는 중간태와 능동태가 확실히 대조되는 곳에서 중간태의 사용을 적절하게 이해할 수 있다"(160쪽). 하지만 이러한 구별에 대한 견고한 문법적 증거를 찾기 어렵고, 이 이론은 다른 문맥에 적절하지 않고, 다른 작가들의 전례도 없이 단지 이 단락에만 맞게 재단된 것처럼 보인다. 야고보서가 메이어의 능동태와 중간태에 대한 구분을 직접적으로 지지하는 예를 보여주고 있는 것은 사실이다. 야고보서의 독자들은 옳지 않은 마음으로 하나님께 구하여 책망을 받았다. 그들의 기도의 동기가 "욕망으로 쓰려고 구했다"는 것이다. 그들이 간음한 사람들이자 세상의 벗이 되었다는 사실이 기도에 의지하는 것—메이어와 물튼이 능동태 αἰτέω(구하다)로 이해했던, 적어도 말뿐이었던 외적 형태의 기도—을 막는 것은 아니다. 완고한 양심을 가지고 살아가는 사람들은 진정한 기도의 영(즉, αἰτεῖσθαί 중간태)으로 하나님께 나아오지 못한다. 주석가들은 그 점을 충분히 적절하게 보았고, 겉으로만 거룩해 보이는 사람들의 헛된 헌신을 예로 들었다. 콘월 지방의 난파선 약탈자들〔Cornish wreckers〕은 교회에 갔다가 자신들이 거짓된 횃불을 놓았던 바위로 향하곤 했다.[22] 야고보는 "너희는 얻기 위하여 죽인다"(약 4:2, "Ye kill, in order to gain")라고 썼다. 이탈리아의 강도들은 여행자들을 공격하기 전에 수호성인에게 기도했다. 간음을 행하기 전에 벽에 세워둔 신상의 얼굴을 돌려놓는 러시아 소작인들이 여전히 있을 수도 있다. 아우구스티누스는 탐욕과 부정함에서 벗어나기를 기도하면서, "오 주님, 아직은 아닙니다"라고 덧붙였다. 존 뉴턴(John Newton)은 하나님께서 지난 해 동안 자신의 매정한 거래에 복을 주셨다고 감사 기도를 드렸다.[23] 이러한 사람들은 진정으로 기도한 것이 아니다. 하지만 그 말 자체는 경건하게 들렸을 것이다.

여기에서 메이어는, 좋은 이유를 가지고, 주석가들에게 문법적인 도움을 주고자 한다. 하지만 그러한 동사의 능동태와 중간태가, 특히 신약성경 안에서, 매우 흔히 교호적으로 사용되기에, 사실상 야고보서의 증거만이 홀로 메이어와 물튼의 가설을 지지할 뿐이다. 물론 야고보가 하나의 태를 사용하고 다른 태로 바꾼 후 다시 본래의 태로 돌아오는 것은 놀랍다. 아마도 야고보는 이전에 독자들에게 "우리는 구하지만, 받지 못한다"는 불평의 편지를 받았을 수 있다. 독자들은 이 일이 발생했을 때에 능동태를 사용하였고,

---

22. 콘월 지방의 해변 마을 사람들은 횃불을 거짓으로 세워 주변을 항해하던 배들이 바위에 부딪혀 난파되도록 꾸민 후, 배들이 난파되면 그 난파선을 약탈하였다고 한다—역주.

23. E. H. Plumtre, *Cambridge Bible*, in loc.; R. J. Knwling, Westminster Commentary, in loc.

따라서 야고보가 그들의 말을 인용하면서 능동태를 유지했을 수 있다. 야고보 자신은 중간태 사용하기를 선호했던 것이다.

그렇게 저들의 대화는 결국 단순하게 귀착되어 의혹을 거두어 들이게 한다.

"너희는 구하지 않기 때문에 받지 못한다."

"하지만 우리는 구하지만 여전히 받지 못한다."

"그렇다면 너희는 이기적으로 구하기 때문에 받지 못하는 것이다."

마지막 날들(약 5:3)

우리는 "마지막 날들"을 살고 있다.

이는 요엘 선지자에게서 나타났던 표현으로, 베드로가 오순절에 제기했던 핵심이기도 하다(행 2:17). 바울은 "마지막 날들"을 현재 내지는 적어도 임박한 것으로 말했다(딤후 3:1). 히브리서 저자는 명백히 "이 마지막 날들"에 관하여 말하면서 분명히 현재에 성취된 것을 의미하였다(히 1:2). 베드로 역시 "이 마지막 날들"(벧전 1:20)에 관하여 이야기했다. 유다는 〔사도들이 말한바〕 "마지막 때의 조롱하는 자들"이 있다는 사실로부터 위로를 얻었는데, 그는 분명히 그들이 이미 현재에 존재하는 것으로 묘사했다. "이 사람들은 분열을 일으키는 자이다."

이 모든 관점에서 "마지막 날들을 **위하여**"(약 5:3, KJV) 재물을 쌓는다고 말하는 것은 합당해 보이지 않는다. "위하여"라는 단어는 문법적으로 보증하기 어렵고, 위에서 제시된 사도들의 믿음과도 다르다. 헬라어는 "마지막 날들에[in]"라고 되어 있다. 야고보만큼 보수적인 명문가는, 마가와 같은 작가에게 요구되는 것보다도, 더욱 전통적인 방식으로 전치사에 주의를 기울였음이 분명하다. 야고보는 단지 여격['-에'] 이상을 의미할 경우에만 전치사 ἐν을 쓰는데, ἐν을 εἰς('향하여')와도 혼동하지도 않는다. NEB는 그 문장을 정확하게 옮겼다. "너희는 가까이 다가온 시대에 재물을 쌓았다."

이것과 같은 종류의 구문이 두 절 뒤에 나타난다(약 5:5). ἐν은 "살륙의 날"이라는 어구에 선행한다. 우리는 그것을 "살륙의 날을 **위하여** 너희는 너희의 마음을 살찌게 한다"가 아니라 살찌게 하는 것이 이 살륙의 날**에** 계속되고 있는 과정으로 이해한다. 이는 예레미야 선지자에게서 비롯한 어구이며(렘 12:3), 따라서 본래부터 과거 신의 섭리 안에 있었던 것이자 올 시대에 대한 기대를 표현하는 어구였다. 그러므로 본래의 [구약의] 형태는 "살륙의 날을 **위하여**"였는데, 이 히브리어를 칠십인역에서 조심스럽게 전치사 εἰς('향하여')로 옮긴 것은 이 어구가 어떻게 해석되어야 하는지를 보여준다. 야고보가 [본래의] εἰς를 자신의 시대에 적용하기 위하여 ἐν으로 대체함으로써 그 인용구를 개정한 것은 거의 정확하다. 야고보는 미래에 다가올 심판에 대하여 생각하고 있는 것이 아니라 현재 시대에 자신들의 마음을 살찌게 하여 짐승들과 같이 쉽게 죽이는 사람들에 관하여 말하고 있는 것이다.

야고보는 한탄했다. "너희 생명이 무엇인가! 잠깐 있다가 사라지는 안개니라!"(약 4:14). 이어지는 사상은 완전히 독립적인 것으로서 광포한 피조물과 같이 죽이는 것과는 관련이 없다. 야고보는 살육에 관한 것이 아니라 위로에 관한 주의 재림을 다루기 위하여 계속 써내려 간다.

논리의 사슬은 그 구절들을 하나로 묶는다. "너를 억압하는 이 부자들에 대하여 걱정하지 말라. 그들은 아첨하지만, 그저 죽게 될 것이다. 너의 위로는 주께로부터 온다."

여기에는 복수〔revenge〕—밧모에서 우리에게 돌아오시는 그리스도의 재림에 관한 종말론적인 비전을 약화시키는 것처럼 보이는—를 위한 야만적인 외침이 없다.

4. 베드로

초기 기독교인들의 도덕적 법령

분사를 명령적으로 사용—영어에서는 불가능한—하는 후기 성서 히브리어와 성서 헬라어(아마도 대중 헬라어에서도 역시)의 방식은 당황스러운 문법적 특징으로서 베드로와 바울의 저작에서 아주 빈번하게 발생한다.

바울과 베드로의 글과 관련하여 이 분사를 문자적으로 옮긴다면 다음과 같은 문제들을 직면하게 될 것이다.[24]

24. 이하에서 고딕체로 표기된 것은 현재시제로서 동사적 표현이 아닌 명사적 표현인 분사들을 가리킨다. 이것들은 명사나 형용사로 번역되는 것이 가장 좋다.

사랑에는 거짓이 없[어야 한다].[25] 악한 것을 미워[하라].[26] … 선한 것을 지지[하라].[26] 형제의 사랑 안에서 서로를 존경하기를 먼저 하면서, 서로를 따뜻하게 사랑[하라](롬 12:9-13).[26]

서로 같은 마음을 가지[라].[26] … 높은 데 마음 두지 말[라].[26] 하지만 낮은 데에 헌신[하라](롬 12:16).[26]

그들은 사랑 안에서 연합[해야 한다](골 2:2).[25]

모든 지혜로 가르치는 자들과 피차 권면하는 자들[이 되라].[26] 시편과 찬송과 노래로 기쁘게 찬양하는 자들[이 되라](골 3:16).

그들은 교회의 대표이며, 그리스도의 영광이다(NEB). 너희는 그들에게 너희의 사랑의 증거를 보여주어[야 한다](몇몇 본문에서는 명령과 연결됨; 고후 8:23-24).[25]

그가 너의 의의 열매를 더하게 하실 것이다. 모든 것을 풍성하게 [하라](고후 9:10-11).[26]

---

25. '-해야만 한다'를 보충하라. 대괄호 자리에는 be 동사의 명령으로 보충되어야 한다. 이 경우의 말줄임표는 전 시대의 헬라어에서 어김없이 나타나기 때문이다; 실제로 ϵἰμί의 2인칭 복수 명령("너희들은 되어라")는 신약에는 결코 나타나지 않지만, 그렇게 이해해야 하는 경우는 빈번하다. Moulton-Howard-Turner, *Grammar*, vol. III, 303.
26. 대괄호 자리에 "너는 하라"를 보충하라.

> 이 섬김을 실행하는 것은 단지 성도들의 필요를 채우기 위한 것이 아니라 그들로 하여금 하나님께 감사하게 하려는 것이다. [그들은] 너희에 대한 이 시험으로 인해 하나님을 **찬양**[해야 한다](고후 9:12-13).[25]

> 믿음을 통해서 그리스도께서 너희 마음에 거하게 하신다. … 사랑 안에 **뿌리 내리고 터가 굳어지게** [하라](엡 3:17).[26]

> 나는 너희가 부르심을 받은 일에 합당하게 행하기를 권한다. 너희는 사랑 가운데서 서로 **용납**[해야 한다](엡 4:1-2).[25]

> 음행하는 자들과 간음하는 자들을 하나님이 심판하실 것이다. 너희의 삶의 방식은 돈을 사랑하지 않[아야 한다].[25] 너희는 … 너희가 가진 것에 **만족**[해야 한다](히 13:4-5).[25]

이 구조는 베드로전서에 비교적 가장 빈번하게 나타난다. "종들은 모든 두려움으로 주인들에게 **순종**[하라]"(벧전 2:18).[26] "아내들은 너희의 남편들에게 **순종**[하라]"(벧전 3:1).[26] "남편들은 **지식을 따르는 배우자**[가 되라]"(벧전 3:7).[26] "마지막으로 모든 마음을 같이 하고, 불쌍히 여기고, 사랑[하라]"(벧전 3:8).[26]

우리는 특이한 구조에 대한 이유를 찾으면서 초기 기독교 문헌의 흥미로운 이론을 발견할 수 있다. 데이비드 다웁(David Daube)은

[27] J.H. 물튼의 문법서 서론의 내용—물튼은 명령적 분사가 프톨레미 왕조 시기의 대중 헬라어의 특징이었다고 주장했다—에 반대하는 이론을 제시했다. 다웁은 물튼이 제시한 〔프톨레미 왕조 시기의 대중 헬라어의〕 일곱 가지 예가 신약성경의 용례와 실제로 병행될 수 없다는 것을 보여주려고 했다. 말하자면, 그 중 여섯 가지는 〔명령적 분사가 아닌〕 일반적인 분사의 용법으로도 설명될 수 있다는 것이다. 많은 전문가들이 다웁의 설명에 동의할지는 의심스럽다.[28] 이상하게도, 다웁은 프톨레미 파피루스 문헌들에 관한 문법을 다룬 마이저〔Mayser〕의 필수적인 작품을 한 번도 언급하지 않았다. 즉, 마이저가 이미 헬레니즘 헬라어에 명령적 분사의 예들을 수용하는 경향이 있다는 주장을 한 번도 소개하지 않았던 것이다.[29] 이는 다웁이 물튼에 대해 오류라고 생각했던 것—분사가 의존하고 있는 주동사의 존재를 인지하지 못했다는 것—과 동일한 이유에서 기인했다. 다웁은 물튼의 작품의 독일어판에서 다음의 여덟 번 째 예를 확인했어야 했다.[30] "내가 메자쿠스〔Mezakus〕에게 부적절한 어떤 말도 하지 않았다는 보증을 부탁한다. 그리고 네가 이것을 보증할 때

27. Essay II에 대한 추기, 곧 "Participle and Imperative in I Peter," in E. G. Selwyn, *The First Epistle of St. Peter*, Macmillan, 2nd ed., 1947, 467-88.
28. 그리하여 H. G. Meecham (*Expos. Times*, LXIII, 207-8)은 Daube에 반하여 Moulton을 지지했다.
29. Edwin Mayser, *Grammatik der griechischen Papyri aus der Ptolemäerzeit*, Berlin and Leipzig, II 1, 1926, 340.
30. J. H. Moulton, *Einleitung in die Sprache des neuen Testaments*, Heidelberg, 1911, 353 (사실상 제4판의 Prolegomena).

에, 내가 감옥으로부터 나가서 자유롭게 될 수 있도록 그에게 부탁하라〔begging, 분사〕." 분명히 마이저가 제안 한 것과 같이[31] "네가 잘하겠지만"과 같은 어떤 어구가 "부탁하라" 앞에서 생략되었을지 모르지만, 누군가 그렇게 설명하더라도 명령적 분사는 저 곳에 그대로 있다.

다웁이 물튼에 대체할 이론으로 제시했던 것은 비판의 여지가 있다. 다웁은 풍부한 예를 가지고 탄나임 랍비 유대교가 매우 규칙적으로 공동체의 의무를 명령보다는 분사 형태로 표현하고 있다는 것을 보였다. 어떤 예시들은 베드로와 바울에 의해 분사로 표현된 사회적인 행동과 관련한 공동체의 명령과 유사했다. 다웁은 초기 기독교 작가들에게 영향을 미친 탄나임 랍비들의 도덕법에 관한 '법령'이 직접적으로 번역되면서 신약의 명령적 분사가 비롯하였다고 주장했다. 탄나임의 예들이 사도시대보다도 당연히 후대일 수 있기에, 시기에 관한 문제가 결정적이기는 하지만 다웁은 이 문제를 너무 가볍게 다루었다. 즉, 그는 탄나임 '법령'에 있는 사회적인 행동과 기독교의 규율 사이의 유사성에 감명을 받고서, "아마도 초기 기독교 작가들에게 영향을 주었을 히브리어의 명령적 분사는 적지 않았을 것이다"라고 생각했다.[32]

우리는 얼마나 많은 탄나임의 자료들이 사도 시대 이전으로 거슬러 올라갈 수 있는지 알 수 없기에, 이러한 제안은 너무나도 위

---

31. Edwin Mayser, *op. cit.*, II 1, 196, n. 3.

32. *Op. cit.*, 480.

험하다. 더 나아가 C.L. 미턴〔Mitton〕은 결정적인 것으로서 베드로전서의 저자가 일반적으로 에베소서에 의존하고 있다는 것과 개별적으로 베드로전서 2:18(명령적 분사를 가짐)이 에베소서 6:5(동일한 명령이 나오지만 직접적으로 명령법으로 나타남)에 의존하고 있다는 것을 보여주려 하였다.[33] 미턴은 자신의 논증이 옳다면, 베드로가 분사를 에베소서의 명령법과 동등한 의미로 느꼈을 것이고, 따라서 이 경우는 "명령의 의미를 표현하기 위하여 분사가 사용될 수 있었다"는 증거가 된다고 날카롭게 분석했다.[34] 이렇게 미턴은 베드로와 바울이 도덕적인 '법령'에 나타난 히브리어의 분사를 두 가지 다른 방식으로 옮기고 있다는 다웁의 의견에 대안을 제시했다.

더 나아가 다웁의 이론—적어도 탄나임 히브리어에서 번역된 것이 신약성경 저자의 구문에 영향을 주었다는 가정과 같은—은 전적으로 다른 방면에 있어서의 셈어의 영향을 고려하지 않았다. 유대인들의 인구가 많았던 이집트의 비종교 대중 헬라어에서는 셈어의 특징들이 명백하게 발견된다. 다웁을 비롯한 많은 학자들은 유대적 헬라어가 사용되었을 가능성을 간과했다. 하지만 베드로와 바울의 셈어적 분사 명령을 그들의 작품 뒤에 놓여있는 셈어 문헌과 연관지을 필요가 없기에, 유대적 헬라어의 가능성을 추측하는 것은 적절한 일이다. 성서 헬라어〔유대적 헬라어〕는 다른 많은 셈어

33. C. Leslie Mitton, *The Epistle to the Ephesians*, Oxford, 1951, XVII, 176-97.
34. *Ibid.*, 193.

적 특징들을 흡수했듯이 이 구문을 이미 헬라어 체계에 흡수했을 수도 있다.[35]

"시험 받을 때에 너희의 믿음"(약 1:3, 벧전 1:7)

Δοκιμεῖον(혹은 δοκίμιον)이,[36] 일반적으로 수용되고 있는 번역과는 대조적으로, "시험된 것"을[37] 의미한다는 매우 강력한 증거들이 있다. 이 단어를 **고딕체로** 표시하였다.

약 1:3

너희의 믿음의 **시련**이 인내를 만들어낸다(KJV).

너희의 믿음의 **증거**가 인내를 만들어낸다(RV).

너희의 믿음의 **검사/시험**이 견실함을 생산한다(RSV).

너희의 믿음의 **검사/시험**이 견실함으로 이끈다(Goodspeed).

너희의 믿음의 **순수한 기질**이 인내를 생산한다(Moffatt).

그러한 너희의 믿음의 **검사/시험**이 견고함을 낳는다(NEB).

---

35. 그러한 구어 헬라에 대한 가능성에 대해 더욱 자세하게 다룰 것이다. 본서 제7장을 보라.
36. 현대의 대부분의 학자들은 이 단어의 철자를 δοκίμιον로 간주하고 있으며, 대체적인 철자로 δοκιμεῖον이 제안되기도 한다. δοκίμιον은 '시험,' '시험된 것'의 의미를 가진다. δοκιμεῖον의 의미에 대해서는 이하의 논의를 보라—역주.
37. *Journal of Theological Studies*, N.S., XV, April, 1964, 120에서, 이 관점은 근거 없이 일반적이지 않고 가능하지 않은 것으로 무시되었다.

벧전 1:7

너희의 믿음의 시험이 …(KJV).

너희의 믿음의 증거가 …(RV).

너희의 믿음의 진정함이 …(RSV).

검사/시험받을 때에 너희의 믿음이 …(Goodspeed).

너희의 믿음이 순수하다(Moffatt).

검사/시험을 견디는 믿음(NEB).

야고보서 1:3에 있는 중요한 질문은 인내가 시험을 받는 믿음 자체에 의하여 생겨나는 것인지, 믿음의 실제적인 시험에 의하여 생산되는지 하는 것이다. 적어도 바울은 "시련이 인내를 낳는다"(롬 5:4)라고 가르친 적이 있다. 하지만 야고보서 안에 있는 더 넓은 단락에서는 그 주제가 시험이 아닌 믿음이고(약 1:2-8), 베드로전서 1:6-12에서는 보이지 않는 예수를 믿는 것과 보이는 것을 믿는 것이 중심 주제를 이루고 있다. 베드로전서의 논점은 매우 명백하여서 굿스피드, 모팻, NEB에 의해 옮겨진 단어 δοκιμεῖον이 내가 제안해왔던 방식("너희의 믿음이 시험 받는 만큼")에 가깝다. 하지만 안타깝게도 그들은 야고보서에서는 동일하게 옮기지 않았다.

문법적으로 그러한 번역에 도달하기 위해서, 우리는 δοκιμεῖον을 δοκίμιον('시험된 것/검사된 것')과 동일한 의미를 가진 형용사로 간주해야 한다. 아돌프 다이스만〔Adolf Deissmann〕이 이를 처음으로 주장했는데,[38] R.J. 노울링(Knowling)은 다이스만의 번역을 신선하고도 분명한 것으로 느끼면서, 양 본문에서 훌륭한 의미를 산출한다고 평가했다. 다이스만 이전에는 δοκιμεῖον이 중성 형용사라는 의견도 있었지만, 그는 처음으로 라이너(Rainer)의 파피루스 콜렉션에 있는 파이윰 파피루스(Faiyyum papyrus) 문헌의 증거들을 발견하였다. 이곳에서 저 단어는 금(gold)이라는 단어와 함께 사용되어서, 순수하다거나 정련된(tested)의 의미에서 "좋은 금"을 의미한다.

테살리아의 10세기의 주교 오이코메니우스는 다이스만의 관점을 더욱 지지하면서 다음과 같이 언급했다. "δοκίμιον은 '판단된 것'이나 '검사된 것', '순수한 것'을 의미한다."[39]

Δοκίμειον을 이러한 방식으로 이해하는 것의 장점은 베드로전서 단락에서 "금을 정련하는 것과 인물에 대한 시험 사이의 유비를 직접적으로 형성한다는 데에 있다."[40]

따라서 δοκιμεῖον이 '시험된 것'을 의미한다는 관점이 불가능한 것으로 치부될 수는 없다.

"박해가 오고 있다. 너희가 복이 있다"(벧전 3:14, 17)

베드로전서가 서신이라기보다는 하나 혹은 두 개의 연설이라는

38. A. Deissmann, *Bible Studies*, English translation by A. Grieve, T. & T. Clark, 1901, 295-96.
39. Tischendorf에 의해 약 1:3에서 인용되었다. Deissmann, *op. cit.*, 260을 보라.
40. E. G. Selwyn, *op. cit.*, 129.

입장이 있다. 베드로전서는 특별한 상황에 놓인 특정한 그룹의 사람들을 위한 세례식 설교일 수 있다.

헬라어 구문은 이 제안을 지지하고 있지만 베드로전서를 두 개의 분리된 작품으로 간주할 만한 언어학적 근거는 제시하지 못한다. 베드로의 말투는 훌륭하고 어조는 설교와 같은 연설조인데, 한 가지 구문에 관한 특징은 특별히 주목할 만하다. 베드로전서 3:14, 17의 조건절에는 다소 고대적인 희구법이 나타난다—신약성경의 다른 곳에서는 단 한 차례 등장한다.[41] 하지만 베드로가 당시에 고전적인 문체를 신중하게 모방하여 이 희구법을 사용했다고 간주하는 것은 자연스럽지 않다. 그 용법은, 과장된 문체의 공문서나 법령 외에, 당시 비종교 헬라어와 성서 헬라어에서 매우 드물었다.

베드로전서에서 보이는 두 구절의 의미는 다음과 같아야 한다. "만일 너희가 〔미래에〕 고난을 받게 될 것이라면 …"〔벧전 3:14, If you should suffer〕. "너희가 〔미래에〕 고난을 받게 될 것이 하나님의 뜻이라면 …"〔벧전 3:17, If the will of God should be that you suffer〕. 다른 곳에서 나는 다음과 같이 제안한 적이 있다. "베드로의 흠잡을 데 없는 아티카식 희구법에 대한 유일한 설명은 이것이 고대의 엄숙한 훈계에서 유래한 것으로 추측하는 것이다."[42] 나는 베드로전서 4:11과 4:12를 기점으로, 앞부분에는 박해가 멀리 떨어져 있는 것처럼 보이고, 뒷부분에는 이미 현재에 도래한 것처럼 보인다는 것을 근거

41. 행 24:19. 벨릭스 앞에서의 변론에서 사용됨.

42. Moulton-Howard-Turner, *Grammar*, vol. III, 126-27.

로, 베드로전서가 두 자료로 구성되어 있다는 것을 주장하는 비평가들과 같이 가려는 것이 아니다. 실제로 구문은 두 부분에서 정반대의 논지를 지지한다.

(1) 조건 문장이 고전 헬라어적으로 진술되었다는 관찰은 오직 조건절 자체〔protasis〕에만 적용된다. 이 문장들의 귀결절은 고전적인 조건 문장이 요구하는 ἄν이 동반된 희구법을 제시하고 있지 않기에 고전적인 패턴과는 무관하게 된다. 베드로는 다재다능한 웅변가와 같이 문장의 마지막에 놀랄 만한 요소를 간직하고, 〔귀결절을〕 현재시제로 대체한다. "너희가 〔미래에〕 고난을 받게 된다면" 뒤에 우리는 "너희는 복을 받게 **될 것이다**"를 기대하겠지만, 저자는 "너희는 〔현재에〕 복을 **받은 것이다!**"라고 말한다. 이와 같이 조건 문장을 비튼 이유는 재치에서 기인한 것으로 보인다.[43] 베드로는 자신의 독자들의(혹은 청중들의) 고통을 머뭇거리는 방식—마치 고난이 오지 않을 수도 있다는 듯이—으로 언급하는 것을 마땅치 않게 생각했다. 하지만 박해는 이미 현재 도래했거나 임박한 것이었다. 이 저자는 조건 문장을 일부러 자신만의 특별한 방식으로 다루었다. 조건절은 재치있는 희구법을 수단으로 고난을 먼 미래에 떨어진 것으로 만드는 반면, 귀결절의 현재 시제는 그들이 현재 고난에 직면하고 있다는 것을 폭로한다. "만일 너희가 〔미래에〕 고난을 받게 **될 것이라면**, 너희는 〔현재〕 **복된 것이다!**"

---

43. 이는 예수회 문법학자 M. Zerwick, *Graecitas Biblica*, 3rd ed., Rome, 1955, §228. d에 의해 제안되었다. 이 책의 영역본은 1964년에 출판되었다.

(2) 이 서신의 두 번째 자료로 추정되는 부분에는 박해가 이미 도래했다는 증거가 나타난다. "사랑하는 자들아, 너희를 연단하려고 오는 불 시험을 이상하게 생각하지 말라"(벧전 4:12, KJV). 하지만 헬라어에서는 불 시험을 묘사하면서 '되다' 혹은 '오다'는 뜻을 가진 동사의 현재 분사형을 사용하여 "오는"(γινομένῃ) 것으로 묘사한다. 이것은 미래의 의미를 전달하는 생생한 현재분사로서, 오늘날의 영어에서 사용되는 것과 같이 신약저자들에 의해서도 일반적으로 사용된다. 메시아는 주로 오시는 분(ὁ ἐρχόμενος)으로 묘사되지, 오실 분(ὁ ἐλευσόμενος)으로 묘사되지 않는다. 이에 대한 예는 많이 있다.

박해는 서신 전반부에서 미래로, 후반부에서는 현재로 나타난다는 주장은 이제 끝났다. 언어학적인 근거를 가지고도 베드로전서를 둘로 나눌 이유는 없다.

낙원에 있는 영들에게 전하였다(벧전 3:18-20)

베드로는 그리스도께서 불의한 자들을 위하여, 불의한 자들의 죄로 인하여, 그들을 하나님께로 데려가기 위하여 의인으로 죽으셨다고 선언한다. 그리스도는 육체적인 의미의 죽음을 당했지만 다시 πνεύματι(영으로) 살아나셨다. 이 말은 "성령을 수단으로"(모팻, 굿스피드) 내지는 단순히 "그의 영으로"를 의미할 것이다. 후자는 "육신으로는 죽음을 당했다"는 것과 매우 잘 호응되기에 더욱 가능성 있어 보인다. 이때 πνεύματι는 부사적 여격으로 "영적으로"를 의미함으로써, "육신적으로"에 반대되는 개념을 전달하는 것 같다. 그 활동은 그리스도의 장사와 부활 사이의 기간, 즉 그리스도가 아직 육체적으로 부활하기 이전에 πνεύματι로 지칭될 수 있는 때를 가리킨다는 의견이 있다. 이 기간에 (베드로가 그것을 의미했다면) 그리스도는 가셔서 갇힌 영들에게 전하셨다. πνεύματι에 따라 나오는 ἐν ᾧ(그 안에서/그것으로)라는 어구는, E.G. 셀윈〔Selwyn〕의 주장에도 불구하고,[44] 선행사로서 그 앞에 있는 πνεύματι를 지칭해야만 한다. 신약성경에는 부사적인 여격이 이어지는 관계대명사의 선행사가 되는 경우가 결코 없다는 셀윈의 제안은 실제로 입증될 수 있는 성격의 것이 아니다. 왜냐하면 부사적 여격을 정확하게 정의하기가 어렵기 때문이다. 하지만 대체〔alternative〕 의견을 수용하여 ἐν ᾧ를 일반적인 의미의 '-할 때'로 해석하더라도 의미의 차이는 거의 없다.

베드로가 다음과 같이 쓰고 있기 때문에, 이 논쟁적인 단락에서 위의 논의는 큰 문제가 아니다. "그 영으로 그가 가서 노아의 날에 순종하지 아니한 갇힌 영들에게 전했다(혹은, '전했을 때에')"(벧전 3:19-20). 의심의 여지없이 이 본문과 더불어 아마도 죽음 직후에 그리스도를 낙원에서 만나게 될 것이라는 강도와의 약속(눅 23:43), 혹은 죽은 자들이 그의 가르침을 들을 날이 온다는 예수의 예언(요 5:25)으로부터 그리스도가 이 기간에 지옥〔Hades〕에 가서 복음을 전했다는 전설이 유래했을 것이다. 에베소서 4:9에 나타난 모호한 우주생성론〔cosmogony〕에는 γῆς(땅)라는 단어 앞에 비교 정

44. *Op. cit.*, 197.

도를 나타내는 형용사 κατώτερα가 나오는데, "땅의 가장 낮은 곳"이라기보다도 (NEB의 난외주처럼) "땅보다 낮은 곳"으로 해석되어야 한다. 모든 구절들은 그리스도가 영적인 형태로 성금요일 저녁에 〔이생을〕 떠나간 영들의 거처를 방문하였고 거기에서 어떤 메시지를 선포했다는 많은 초기 그리스도인들의 믿음을 베드로가 공유하고 있음을 확증해준다.

5. 기쁨을 얻기 위하여?(히 12:2)

NEB 독자들은, 히브리서를 읽을 때에, 히브리서 12:2의 각주의 정확한 의미가 무엇인지 아마 궁금할 것이다. 이 구절은 보통 다음과 같이 옮겨진다. 그 앞에 있는 "기쁨을 위하여" 십자가를 참으셨다. NEB 각주에는 "그 앞에 있는 기쁨의 자리를 대신하여"라고 되어 있다.

이 각주는 ἀντί의 참 의미—그 정확한 의미가 신학적인 문제들로 둘러싸인 핵심 단어들 중 하나—에 대한 의심으로부터 발생했다.

ἀντί는 본래의 의미이자 가장 단순한 의미에 있어서 영역을 나타내며, '대항하는' 내지는 '반대하는'을 의미한다. 하지만 몇 가지 파생한 의미들이 있는데, 특히 대체와 교환의 의미가 있고, 이는 신약에서 자주 나타난다. 이하의 예를 보자.

(1) '대신하여.' 이것은 가장 기본적인 의미 '반대하여'에서 직접 유래했다. 왜냐하면 의회의 한 사람의 부재로 인해 반대파 한 사람

의 투표권이 취소될 때, 즉 의회의 페어링(parliamentary pairing)과[45] 같이, 한 사람이 쉽게 반대파의 숫자를 대신할 수 있었기 때문이다. 다음의 문맥에서는 분명히 이와 같은 의미로 *ἀντί*가 쓰였다. "눈은 눈을 **대신하여**, 이는 이를 **대신하여**"(마 5:38). "아켈라오가 그의 아버지 헤롯을 **대신하여** 유대 지역을 다스렸다"(마 2:22). "생선을 달라하는 아들의 어떤 아버지가 그에게 생선을 **대신하여** 뱀을 주겠느냐?"(눅 11:11). "그녀의 머리는 덮는 것을 **대신하여** 주어진 것이다"(고전 11:15). 여기에 아마도 히브리서 12:2의 진술도 포함될 것이다. 그리스도는 그 앞에 놓인 기쁨을 *ἀντί*('대신하여') 십자가를 참으셨다. "기쁨을 위하여"라는 해석은 그리스도께서 고통을 받은 동기가 그 뒤에 따라올 기쁨에 있었다고 생각할 수 있지 않는다면, 그렇게 가능한 것 같지 않다.

(2) '대가로.' 이것은 히브리서 저자에게 가능한 의미처럼 보인다. 왜냐하면 그는 이 단어를 12:16에서 "한 끼의 식사와 '교환하여'(*ἀντί*) 장자권을 판" 에서에 관하여 언급할 때에 사용하기 때문이다. *ἀντί*에 따라 나오는 속격은 바라는 대상(식사)을 나타내며, 이 전치사 앞에서 언급된 명사는 지불되어야 할 대가(장자권)를 가리킨다. 그래서 히브리서 12:2에서, "그 앞에 있는 기쁨"은 바라는 대상이고, 십자가를 견딘 것은 그에 대한 대가로 볼 수 있다.

즉, 그리스도는 십자가를 대가로 지불하고 기쁨을 얻으셨다. 하

45. 한 정당의 의원이 다른 정당의 의원과 짝을 이뤄 투표 불참에 합의하는 것—역주.

지만 이것은 (1)에서 반대된 것과 동일한 반대를 받을 가능성이 있다. 적어도 이 의미는 예수가 사용한 ἀντί의 복음서 용례(인자는 "많은 사람들을 구하는 대신" 자신의 생명을 대속물로 주기 위하여 왔다)를 충분히 설명할 수 있다. 왜냐하면 많은 사람들을 위하여 지불되는 대가는 자신의 생명을 내어놓는 것이기 때문이다(마 20:28, 막 10:45). 하지만 이 예수의 말씀이 목회서신에서 인용되면서 반대에 직면한다. 즉, ἀντί는 ('대가로'가 아닌 '위하여'를 의미하는) ὑπέρ로 대체되었다(딤전 2:6).

의심할 것 없이, 요한복음 1:16에 있는 독특한 관용구("[옛] 은혜를 대신하는 [새] 은혜")는, 필론이 그러했듯이,[46] (1)로 설명되어야 한다. RSV의 "은혜 위에〔upon〕 은혜"라는 번역은, 하나의 은혜 위에 다른 은혜가 부어지는 연속적인 느낌을 주는데, 이 생각은 벵엘과 앨포드 H.A.W. 메이어에게로 거슬러 올라가며, 최근에는 "넘치는 신적 은혜"라는[47] 제안으로 재등장했다. 하지만 몇몇 교부들에 의하여 옹호되었던 가능성, 즉 옛 은혜는 구약을 의미하며 새 은혜는 신약을 의미한다는 것은 무시되어서는 안 된다. 매튜 블랙〔Matthew Black〕이 주장한바,[48] 이 요한복음 어구가 "수치〔disgrace〕를 대신하는 은혜〔grace〕"를 의미한다는 것은 이 부분이 아람어에 기초하고 있다는 증명되지 않은 가설에 의존하고 있고, 만일 옛 세대가 "수치"로 의도되었다 하더라도, 이를 수용하는 것은 굉장히 껄끄

---

46. *De Post.* Caini i. 254.

47. R. H. Lightfoot, *St. John's Gospel*, Oxford, 1956, 87.

48. *Jounal of Theological Studies*, XLII, 1941, 69-70.

럽다.[49]

(3) '보답으로.' 바울과 베드로는 그리스도인들이 악에 대한 보답으로 악을 갚아서는 안 된다고 이야기한다(롬 12:17, 살전 5:15, 벧전 3:9). 하지만 이는 (1)과 간신히 구별할 수 있을 것 같다.

(4) '위하여.' ἀντί의 또 다른 의미는 예수께서 "너 자신과 나를 위하여" 반 세겔의 세를 지불하기 위하여 시몬을 보내고, 그는 물고기의 입에서 한 세겔을 얻는 마태복음 17:27에서 확인할 수 있다. 이 맥락에서는 대체나 교환의 개념이 적절하지 않다. 여기에서 ἀντί는 ὑπέρ와 같은 중립적인 의미를 지닌다. 하지만 약화된 의미가 오직 명백할 것이다. 원래 반 세겔의 세금은 출애굽기 30:11에서부터 속전세였는데, 모세는 공적인 인구조사에서 정확히 이 금액을 명령하여 각각의 사람들이 자신을 위한 속전을 지불하게 하였다. 이것은 가설적인 노예상태에서부터 종을 사오기 위하여 요구되는 돈으로 이해해야 한다. 그래서 "너 자신과 나"는 ἀντί의 목적어로서 구매대상으로 생각할 수 있으며, 시몬에 의해 지불된 반 세겔은 구매 가격으로 생각할 수 있다. 결과적으로, 우리는 (4)를 ἀντί의 분리된 범주로서 분명하게 배제할 수 있다. 각각의 신약성경 콘텍스트에서 ἀντί가 가진 단독적인 의미는 대체와 교환이다.

그리스도께서 십자가에서 죽으신 행위는 개인적인 기쁨을 사려는 의식적인 행동도 아니었으며(3), '기쁨을 위한' 것도 아니었다(4). 그리스도의 행위는 대체의 과정으로서, 단지 타인을 '대신하

49. C. K. Barrett, *The Gospel according to St. John*, SCPK, 1955, 140-41.

여' 자신을 내어준 행동일 뿐 아니라, 자신이 가질 수 있었을 기쁨 '대신에' 의도적으로 고난의 길을 선택한 것임을 보여준다.

제7장
예수와 제자들의 언어

예수께서 일상생활에서 어떠한 언어를 사용하셨는지에 관한 문제는 기독교인들에게 흥미로운 주제이다. 자신이 사셨던 지역의 방언인 팔레스타인의 아람어(전문적으로는 서부 아람어로 불리는 셈어 그룹 중 하나)를 사용하셨을까? 아니면 당시 대부분의 로마 제국에서 공통어로 사용되었고 코이네라고 불리는 헬라어를 말하셨을까? 비록 예루살렘에는 헬라어를 사용하는 유대인들이 거의 없었겠지만 예수께서는 "이방의 갈릴리"에서 당시 세계적인 언어로 대화할 필요가 있었을 수도 있다.

세 번째는, 많지는 않지만 몇몇 사람들에 의하여 제기되는 가능성으로 예수께서 히브리어를 사용했다는 것이다.

이 질문은 단순히 호기심을 만족시키는 것 이상의 의미를 가지고 있다. 예수께서 신약성경의 언어인 헬라어가 아닌 아람어를 사용하셨다면, 예수와 사도들의 가르침에 대한 가장 초기의 기록은 아람어로 전승되었을 것이며, 이는 헬라어의 옷을 입고 있는 신약을 해석하는 데에 있어서 영향을 미치게 될 것은 분명하다. 이때 추측할 수 있는 것은, 이 초기의 아람어 기록이 헬라어로 전환되면서 실수가 발생할 수 있다는 것과, 적어도, 예수의 가르침에 대한 경외심으로 인해 그 언어를 가능한 문자적으로 번역하기를 요구함으로써 오해의 가능성이 발생할 수 있다는 것이다.

사실, 네 복음서에는 셈어적 구조에 대한 흔적들이 충분하게 남아있어, 학자들로 하여금 복음서의 저자들이 아람어로 초고를 썼거나 아람어로 기록된 자료들을 사용했다는 결론에 이르게 할 만한다. 하지만 복음서 저자들이 아람어로 사고하면서 헬라어로 쓰거나, 유대적 헬라어 방언으로 말하고 썼다는 더욱 있을 법한 가능성에는 충분한 관심이 기울어지지 않았다. 성서 헬라어 안에 셈어의 큰 영향을 인정하는 사람들 가운데에 이를 아람어 자료설에[1] 근거하여 설명할 수 있을 것 같다는 강한 분위기가 있다. 그들은 명백히 확신하는 몇몇 오역을 예로 제시하는데, 이것들은 주로 예수의 가르침 안에 담겨 있기는 하지만 예수의 가르침에만 등장하는 것은 아니다.

보통 번역자들이 자신의 작업 방식을 연구자들에게 드러낸다 하더라도 번역을 판별해 내는 것은 때로 쉽지 않은 작업이다. C.C. 토레이(Torey)는 분명한 원 저작물에서 번역의 증거를 찾아낼 만한 세 가지 방법을 제안했다.[2] (1) 첫 번째는 주관적인 것으로 어떤 어

---

1. 혹은 누가의 예로서 히브리어 자료설. 용이하게 *New Testament Studies*, X, January, 1964, 202 ff에 정리된 다양한 전문가들(Harnack, Dibelius, Sahlin, Vielhauer, Winter, Turner, Laurentin, Benoit)의 견해를 살펴보라.
2. C. H. Toy, Studies, 283 ff; Moulton-Howard, *Grammar*, vol, II, Appendix,

구에서 셈어적 소리를 판별하는 것이다. 이때 대부분의 성서 헬라어는 양성반응을 보인다. (2) 둘째는 오역의 존재이다. (3) 셋째는 수많은 셈어 관용구에 대한 누적 증거〔cumulative evidence〕이다. 셈어 관용구들이 헬라어에서 통상 발생하는지 아닌지를 따지는 것이다. 이때 실제로 유효한 의미를 갖는 것은 두 번째 검사이다. 왜냐하면 첫 번째와 세 번째 검사는 저자가 셈어적 형태를 생각하고 있거나 셈어적 관용구에 영향을 받은 헬라어 방언을 쓰고 있는지 확인하는 것에 지나지 않기 때문이다. 각각의 검사 방식에 대해 "확신할 수 있는 드문 경우"에만 적용 가능하다는 토레이의 경고에 주의를 기울이는 것이 좋다.[3] 〔헬라어 어구를〕 셈어로 문자적으로 옮김으로써 해석의 어려움을 해결할 수 있을 때, 우리는 그 문제의 본문이 셈어에서 번역되었다는 가장 확실한 증거를 가지게 된다. 이러한 경우는 신약성경에 많지 않은데, 예수의 가르침에 속한 것으로 제안되어 온 부분의 비율이 높다. 이것들이 오역이라는 것이 인정된다면 예수의 가르침이 본래 아람어로 기록되었다는 것이 불가능하지 않다는 것을 가리킨다. 토레이와 버니〔Burney〕와는 달리 대부분은 안전하게 아람어의 구전자료나 구전전승이 공관복음 뒤에 놓여 있다고 말한다. 〔아람어 전승으로 볼 경우〕 복음서의 내러티브 부분에 어떤 문제가 발생하든지 간에 아람어 학자들은 예수가 아람어로 말하고 생각했으며, 그의 말은 아람어로 처음 기록되었다는 견해를

478에서 W. F. Howard가 인용함.

3. *Op. cit.*, 284.

강하게 지지한다.

오역으로 추정되는 것 중에, 예수가 '토막내다/조각내다'[4] 동사를 사용한 것을 예로 들 수 있다. 이 단어는 문맥에 비추어 합리적으로 판단하기에는 너무 과도한 단어인데, 예수께서 아람어를 말하신다는 가설에 근거하여 더 부드럽게 만들 수 있다. 아람어에는 "페싸크"(*pesaq*)라는 동사가 있는데, 여기에는 '자르다'와 '분배하다'의 이중적인 의미가 담겨있다. '분배하다'라는 의미를 몰랐던 능숙하지 않은 번역가가 예수의 본의를 오해하게 했을 수도 있다. 예수께서는 "그 종의 주인이 그를 **따로 떼어** 거짓된 자들과 함께 처하게 할 것이다"는 것을 의미했을 수도 있다. 이 이야기가 결국 비유라는 것을 잊은 사람들은 이 번역에 덜 화나게 될 것이다.

오역으로 알려진 또 다른 예는 명백한 난센스로, "그 안에 있는 것으로 구제하라. 그리하면 모든 것이 너희에게 깨끗하리라"(눅 11:41)라는 구절에 나타난다. 누가나 누가가 사용했던 작품의 저자가 아람어 단어 "다키"(*dakki*)와 "자키"(*zakki*)를 혼동하여 오역을 낳았다고 상정한다면 모든 것이 분명해진다. 예수께서는 마태가 나타내고 있는 것과 같이 실제로는 "그 안에 있는 것을 깨끗하게 씻으라. 그리하면 모든 것이 너희에게 깨끗하리라"라고 이야기하셨을 것이다. 이러한 예들을 가지고 예수의 언어가 아람어였다고 확신하는 학자들은 적지 않지만 나는 아람어에 호소하기보다는 헬

---

4. 마 24:51, 눅 12:46의 지혜로운 종의 비유에 나타난다.

라어 문법에 일관된 대안을 제안했다.[5]

문제는, 주전 100년부터 주후 100년까지의 아람어 기록물들이 우리에게 거의 전해지지 않고 있기에, 안타깝게도 예수에게 친숙했을 종류의 아람어에 대한 당대의 자료가 충분하지 않다는 것이다. 하지만 헬라어로 들어온 아람어 "마라나타," "게바," "파스카," "아바"와 같은 단어들은 초기 기독교 공동체가 아람어를 말했다는 것을 암시하며, 많은 학자들—그 이름도 유명한 J. 벨하우젠〔Wellhausen〕와 G. 달만〔Dalman〕, C.C. 토레이, C.F. 버니, M.H. 세갈〔Segal〕, T.W. 맨슨〔Manson〕, 매튜 블랙—은 예수와 제자들이 적어도 갈릴리에서는 아람어를 사용했다는 것에 대해서는 이견이 거의 없다. 또한 이들은 히브리어나 헬라어도 알고 있었겠지만, 보통 아람어로 대화하였고 아마도 바리새인과의 논쟁이나 최후의 만찬에서처럼 엄숙한 경우에는 예수께서 히브리어로 청중들을 가르치셨을 것이라고 생각했다. 매튜 블랙은 달만이 견고하게 세웠던 결론을 요약한다. "예수는 헬라어를 말했을 것이다. 하지만 가르칠 때에는 분명 아람어로 가르쳤을 것이다."[6] 아람어가 특별히 "그 땅의 백성들"과 관련이 있고, 그 계층 안에 예수와 그의 제자들이 속하여 있다는 것은 인정할 만하다. 그럼에도 불구하고 적어도 몇몇 경우—수로보니게 여인이나 로마 백부장, 총독 본디오 빌라도와의 대화 같은 경우—에는 예수께서 헬라어를 사용하셨던 것 같다.

5. 본서 144쪽.
6. M. Black, *An Aramaic Approach to the Gospels and Acts*, 2nd. Ed., Oxford, 1954, 14, n.

마태복음 전체가 본래 아람어로 기록된 것이라는 극단적인 관점에 반대하여, 우리는 특징적인 헬라어 어구, μέν … δέ가 마태복음에 20차례 나타나는데, 이것은 번역 헬라어에서 일반적이지 않은 특징이라는 것을 이야기할 필요가 있다.[7] 세례 요한 기사에서도 이 전형적인 헬라어 어구가 포함되어 있고(마 3:11), 예수의 말씀과[8] 제자들의 말에도[9] 나타난다. 모든 μέν … δέ 가 예수와 제자들과 세례요한에게서 나타난다는 것—예수의 가르침에 관한 초기의 이야기라고 흔히 생각하는 이 부분들은 사실 Q 문서에서 유래했다고 생각하는 것이 일반적이다—은 주목할 필요가 있다. 이러한 문서가 본래 헬라어로 저작되었다는 명확한 증거들이 있기에 예수께서 아람어만을 사용했다는 이론을 옹호하는 자들은 주의를 했어야만 했다. Μέν … δέ 구조는 번역서에서는 거의 나타나지 않는다.[10]

실제로 번역본인 칠십인역에서 보기 드문 또 하나의 문법 구조는 **절대 속격**으로, 이 시기의 대중 헬라어나 심지어는 히브리어나 아람어에서 번역된 것이 아닌 성서 헬라어 저자들의 작품에서도 충분히 풍부하게 나타난다. 절대 속격은 교리나 철학적인 내용에

---

7. 아람어 마태복음에 대한 이론을 위해서는, M.-J. Lagrange, *Evangile selon S. Matthieu*, 8th ed., Paris, 1948, LXXIX ff., expecially XC ff를 보라. 그 외에 μέν … δέ는 178-179의 절대 속격 구조에 대한 표를 보라. 이 표에 따르면 저 구조는 마태복음에는 전체적으로 20구절 당 한차례 씩 나타나기에, 번역 가설은 더욱 개연성이 없다.
8. 마 9:37, 10:13, 13:4, 8, 23, 32, 16:3, 17:11, 20:23, 21:35, 22:5, 8, 23:27, 28, 25:15, 33, 26:24, 41.
9. 마 16:14.
10. Moulton-Howard-Turner, *Grammar*, vol. III, 332.

서보다도 내러티브에서 자주 발생하기에, 요한복음이나 바울서신에는 일반적이지 않다. 이하의 표에서 이에 대해 증거가 될 만한 정보를 확인할 수 있다. 마태는 분명히 이 문법 구조에 몰두하고 있었고, 누가도 마찬가지였다. Q 부분은 가르침이 지배적으로 나타나고 내러티브가 별로 없기에 불가피 절대 속격이 덜 등장하지만, 그럼에도 불구하고 번역서인 칠십인역과 비교해볼 때에 매우 두드러진다. 예컨대, Q는 주제에 있어서 집회서와 가장 유사한데, 절대 속격이 누가복음의 Q보다 적게 나타나는 마태복음의 Q에서도 집회서보다 28배 정도 많이 나타난다. Q 자료가 본래 히브리어나 아람어로 되어 있었다면—이러한 특징들에 비추어볼 때 있을 법하지 않은 이야기이지만—〔절대 속격이 번역본에 비해 확연히 많이 나타나는 것으로 보아〕 두 언어 번역본 모두 매우 자유롭게 번역하거나 심지어는 패러프레이즈까지 허용했다는 말이 된다. 하지만 그것은 불가능하다. 왜냐하면 어떤 기독교 번역가도 예수의 거룩한 발화를 그렇게 자유롭게 옮기지 않았을 것이기 때문이다. 경외심은 문자적인 번역을 요구했고, 이러한 차원에서 〔Q를 번역하는 것의 특징은〕 칠십인역과 병행을 이룰 수 있다. 신성한 책에 대한 경외심이 커질수록, 번역의 문자성의 정도도 그렇게 커졌다.

신약성경(복음서)		
유아기 내러티브(마태복음)	5/48회	10 구절 당 1회[11]
Q가 아닌 부분(마태복음)	48/855회	18 구절 당 1회
마태복음 특별자료	14/252회	18 구절 당 1회[12]
마태복음의 마가복음 부분	29/540회[13]	19 구절 당 1회
마태복음	52/1068회	20 구절 당 1회
마가복음	30/661회	22 구절 당 1회
누가복음	43/1149회	26 구절 당 1회
Q가 아닌 부분(누가복음)	34/943회	28 구절 당 1회
Q(누가복음)	9/272회[14]	30 구절 당 1회[16]
	6/206회[15]	34 구절 당 1회[17]
Q(마태복음)	4/213회	53 구절 당 1회[18]
요한복음	12/878회	73 구절 당 1회

신약성경(사도행전과 서신서)		
사도행전 16-28장	61/446회	7 구절 당 1회
요한삼서	1/15회	15 구절 당 1회
베드로전서	6/105회	17 구절 당 1회
사도행전 1-15장	29/560회	19 구절 당 1회
베드로후서	3/61회	20 구절 당 1회
히브리서	13/303회	23 구절 당 1회
바울(에베소서 목회서신 제외)	21/1609회	77 구절 당 1회
바울(목회서신 포함)	21/2033회	97 구절 당 1회

[신약성경 내 절대 속격의 발생 빈도: 빈도순]

---

11. 1:18, 20, 2:1, 13, 19.
12. 5:1, 6:3, 9:32, 33, 17:24, 26, 18:24, 25, 20:8, 25:5, 10, 27:19, 28:11,
13. 이 중에 13회는 마가로부터 직접 온 것이고, 16회는 마태복음 기자의 본래 작품이다(직접 마가에서 온 것: 8:16, 28, 13:21, 14:15, 23, 17:9, 24:3, 26:6, 20, 21, 26, 47, 27:57; 마가에 첨가한 것: 8:1, 9:10, 18, 12:46, 13:6, 19, 14:32, 17:14, 22, 20:29, 21:10, 23, 22:41, 26:60, 27:1, 17).
14. *The Four Gospels*에 나타난 Streeter의 재구성에 기초했다.
15. 본래 Peake의 *Commentary*에 나타난 Streeter의 표에 기초했다.
16. 3:21, 12:36, 19:11이 포함되어 있다.
17. 6:38, 7:6, 24, 9:57, 11:14, 29.

칠십인역(번역서)		
집회서	1/1406회	1406 구절 당 1회
사사기-룻기	1/703회	703 구절 당 1회
여호수아	1/657회	657 구절 당 1회
에스겔	2/1273회	636 구절 당 1회
시편	4/2534회	633 구절 당 1회
역대상	2/942회	471 구절 당 1회
이사야	4/1290회	322 구절 당 1회
역대하	3/822회	274 구절 당 1회
민수기	5/1285회	257 구절 당 1회
마카비1서	4/924회	231 구절 당 1회
전도서	1/222회	222 구절 당 1회
소선지서	5/1049회	210 구절 당 1회
창세기	9/1532회	170 구절 당 1회
예레미야	8/1343회	168 구절 당 1회
열왕대3서	6/856회	143 구절 당 1회
신명기	7/957회	137 구절 당 1회
출애굽기	9/1173회	130 구절 당 1회
레위기	7/859회	123 구절 당 1회
열왕대4서	6/722회	120 구절 당 1회
열왕대1서	7/806회	115 구절 당 1회
열왕대2서	6/686회	114 구절 당 1회
잠언	8/916회	114 구절 당 1회
욥기	13/1074회	83 구절 당 1회
칠십인역(패러프레이즈)		
토비트	3/241회	80 구절 당 1회
예레미야의 서신	1/72회	72 구절 당 1회
다니엘	6/419회	70 구절 당 1회
에스드라1서	11/430회	39 구절 당 1회
칠십인역(독립적 헬라어 작품)		
지혜서	13/439회	34 구절 당 1회
마카비4서	21/484회	23 구절 당 1회
마카비3서	27/228회	8 구절 당 1회
마카비2서	80/555회	7 구절 당 1회

[칠십인역 내 절대 속격의 발생 빈도: 빈도순]

공관복음만이 홀로 아람어의 영향을 보이는 것이 아니라는 점은 충분히 의미심장하다. 요한복음의 문체—독특하면서도 아마도 후기의 전승을 나타내는—는 셈어적 발화의 특징을 가지고 있다. 요즘에는 실제로 요한복음을 아람어의 어투와 영지주의적 이원론에 영향 받은 영지주의화 된 유대교의 산물로 보는 경향이 있다.

명백한 아람어 구문에 관한 흔적들이 요한복음의 요한 저작권을 반대하는 것은 아니다. 에베소로 이주한 사도 요한이 아람어로 기록하고 후대에 헬라어로 번역되어, 현재 헬라어로 된 요한복음이 남아있는 것이라면 말이다. 요한은 주전 100년 직전까지는 살아있었을 것이기에 이 일을 스스로 했을 수 있다. 또 다른 의견으로, 아마도 요한이서와 요한삼서를 썼을 에베소의 장로들이 요한의 아람어 원본을 헬라어로 옮기고, 마지막 장을 덧붙였을 수도 있다.

우리는 이제 아람어에 관한 문제에서 돌아서서 예수께서 가끔 적어도 히브리어를 사용했는지에 대해 다루려 한다. 이에 대한 증거는 거의 없음에도 불구하고 그 이론은 발전되어 왔다. 예수께서 나사렛 회당에서 이사야 두루마리를 읽었고, 어떤 면에서 〔청중들의〕 감탄을 자아냈다는 사실에 비추어 우리는 적어도 예수께서 성서 히브리어를 유창하게 읽을 수 있을 만큼 정통했다는 것을 정당화 할 수 있을 것이다. 이 모든 것은 당시 갈릴리의 회당에서 율법

18. 전체적인 표는 *Expos. Times,* LXXIX, no. 9, June, 1958, 285에 있는 A. W. Argyle에 의존했다.

서와 선지서가 여전히 히브리어로 읽혔을 지에 달려있다. 당시 회당에서 히브리어가 사용됐다고 추측하는 것이 안전하기는 하지만, 그럼에도 불구하고 느헤미야 시대에서부터 일찍이 아람어로 된 구전전승이 있었고, 곧 이어 등장한 기록전승을 갈릴리의 회당에서 사용했을 수도 있다.

예수께서 히브리어를 읽을 수 있었다고 추측할 때에, 나는 그가 히브리어로 말을 할 수 있었는지, 아니면 습관적으로 말을 하기도 했는지에 대해 의문이 든다. 나는 한 걸음 더 나아가려 한다. 예수의 성경은 (회당에서 히브리어 성경을 읽었다고 하더라도) 시종일관 히브리어 성경은 아니었다. 예수께서 십자가 위에서 시편 22편을 아람어로 인용하시는 장면이 나오는데〔시 22:1, "내 하나님이여 내 하나님이여 어찌 나를 버리셨나이까"; 막 15:34, "엘리 엘리 라마 사박다니"〕, 이것이 본래 히브리어로 〔발화〕 되었던 것은 아니다. 만일 그렇다면, 마가복음이나 마가가 참고한 자료에서 그 인용구를 〔히브리어를〕 아람어로 번역했다는 것인데, 그랬을 이유가 없다. 더불어 (히브리어 엘리[*Eli*]와 마찬가지로) 아람어 형태 '엘로이'(*Eloi*)도 역시 경멸에 찬 군중들로부터 "엘리야"에 대한 조소를 불러일으킬 수 있었다. 더욱이 (이사야 50:6에서 인용되었을 가능성이 있는) 마태복음 5:39-40은 마소라 텍스트로 알려진 히브리 성경의 형태와는 다르게 나타나는데, 여기에는 예수께서 헬라어 칠십인역을 알고 있다는 암시가 나타난다. 예수께서 "누구든지 너의 오른쪽 뺨을 때리거든 …"이라고 말하고 있는 것으로 기록되고 있는데, 칠십인역 이사야는, "나는 때리는 자들에게 나의 뺨을 내어준다"라고 되어있기에[19] 예수께서 이 본문을 염두에 두었을 수 있다. 만일 그렇다면, 예수의 발화가 유래한 것은 헬라어 성경이다. 왜냐하면 히브리어 본문은 다소 다른 내용, 곧 "나는 머리칼을 뽑는 자에게 나의 뺨을 내어준다"라는 것을 전하고 있기 때문이다. 이 증거로부터 예수께서 히브리어 성경이 아닌 헬라어 성경을 알고 있었다고 추측할 수 있다.

하지만 버클랜드(Birkeland)는 예수께서 규칙적으로 히브리어를 말했다는 것과 복음서의 자료들이 히브리어로 기록되어 있었다는 것, 또한 이것은 통용되는 미쉬나적 다양성이 아니라 성경의 고전적인 언어에 가까운 방언이고, 아람어의 영향에 덜 받았다는 것을 주장해왔다.[20] 이와 같은 방언이 기독교 시대에 팔레스타인 하층 계급에서 여전히 통용되었다는 것도 그의 주장의 일부이다. 또한 상위 계층에서는 아람어를 사용했지만, 식자층은 두 언어를 모두 이해할 수 있었다고 제안했다. 히브리어에 관한 주장은 쿰란과 같은 고립된 국가 영역이나 공동체와 관련해서는 안전하겠지만, 이때 지칭되는 히브리어는 갈릴리 지역보다는 아마 유대지역에 국한된, 그리고 고전 히브리어보다는 덜 정제된 언어만에 해당할 것이다.

바울이 성전에서 "히브리 말"로 군중들에게 말하고 있다는 누가의 묘사는 그렇게 중요하지는 않다. "히브리" 사람들의 언어는 아

19. 두 단어의 어근이 같다—역주.

20. H. Birkeland, *The Language of Jesus*, Oslo, 1954.

람어였다. 누가와 요한, 요세푸스는 이러한 느슨한 방식으로 말했고, 실제로 이들이 '히브리어'라고 부른 것은 아람어만을 가리키는 것으로 알려져 있다. 당시 히브리어가 이 단어들을 아람어로부터 빌렸다고 주장하는 것은 위험하다. 예컨대 아람어 "아겔다마"(*Akeldama*)의 경우에, 히브리어는 이미 피(즉, *dam*)를 의미하는 단어를 이미 가지고 있었기에 아람어 *dema*를 빌려올 필요가 없었다.[21]

오래전에 1891년 T.K. 아보트〔Abbott〕는 헬라어가 〔예수 시대의〕 지배적인 언어였다고 효과적으로 주장한 적이 있는데, 가장 설득력 있었던 의견 개진 중 하나는 예수께서 규칙적으로 아람어로 가르치셨다면 마가가 예수의 말을 아람어로 되풀이하는 그 흥미로운 습관을 항상이 아닌 몇몇 경우에만 적용하고 있는 이유를 설명하기 어려워진다는 것이다. 마가는 "달리다굼"(막 5:41), "고르반"(막 7:11), "에바다"(막 7:34), "아빠"(막 14:36), "엘리 엘리 라마 사박다니"(막 15:34) 만을 제시했다. 어떤 사람들은 마가가 이 특정한 부분들에서 아람어를 언급하는 이유가 일반적인 경우와는 달리 예수께서 이 경우들에 한하여 아람어를 사용했다고 생각하기도 한다. 분명하지는 않지만 이 경우들에 예수께서 아람어만을 사용하는 사람들에게 가르치고 있었을 수도 있다.

마가가 독자들에게 아람어가 어떻게 들리는지 들려주려는 목적으로 예수의 '능력의 말씀들'을 선별했다고 주장하는 것은 전적으

21. J. A. Emerton, *Journal of Theological Studies*, N.S., XII, Oct., 1961, 192.

로 있을 법 하지 않다. 거의 주목할 만한 가치가 없는 또 다른 추측으로는, 마가가 평상시에는 예수의 모든 아람어를 일치하는 헬라어로 옮겼지만, 한두 번의 경우에는 실수로 아람어 그대로 썼고, 이를 생략하기에는 너무 아쉽다고 생각하여서 헬라어로 설명을 추가했다는 것이다.

오역으로 추정되는 것들을 이미 다루었지만, 이 반대편에는 〔복음서가〕 본래 헬라어로 쓰였다는 것을 확립할 만한 증거들이 있다. 누가복음 8:15에서 예수는 단지 셈어로 보이는 어구, “선하고 좋은”을 사용하셨다. 이 “선하고 좋은”(καλῇ καὶ ἀγαθῇ)이란, 신사〔gentleman〕를 가리키는 전통적인 헬라어 어구로, 히브리어나 아람어에는 병행되는 어구가 없다. 게다가 여기에는, 예수께서 〔헬라어로〕 ἐν καρδίᾳ καλῇ καὶ ἀγαθῇ라고 말하지 않았다고 하기에는, 세 개의 κ로 이루어진 너무나도 아름다운 두운법이 나타난다. 예수의 발화로 보이는 다른 예들이 있다. 마태복음 21:41에는 본래의 것으로 보이는 활기찬 문구가 나타난다(κακοὺς κακῶς: “그가 악한 자들을 악하게 멸할 것이다”). 누가복음 21:11에는 저자가 아닌 번역자가 만들어내기 어려운 λιμοὶ와 λοιμοὶ(기근과 역병)이라는 기막힌 병행구도 등장한다. 또한 Πέτρος와 πέτρα 역시 일반적인 번역자가 만들어내기에는 너무나도 기발한 것이기에(마 16:18: 베드로와 반석), 어떤 영역본에서도 이것을 아직까지 살리지 못했다. 더욱이 초기의 번역가들에게 있어서 주의 말씀을 영리하게 장식하려고 애쓰는 것은 의미가 없었을 것이기에, 언어 자체를 위한 언어에 대한 관심은 우선순위에서 그렇게 높은 위치를 차지하지 않았을 것이다.

우리가 예수의 말씀을 요한복음에서 인용하더라도, 아람어로부터의 번역에 반하는 더욱 확실한 증거를 니고데모와의 대화에서 발견할 수 있다. "사람이 다시 나는 것 외에, 하나님 나라를 볼 수 없다"(요 3:3, 7). 여기에서 "다시"(ἄνωθεν)라는 단어는 이중적인 의미를 가지고 있지만, 그로티우스〔Grotius〕가 오래 전에 언급 한 것과 같이, 히브리어와 아람어에는 ἄνωθεν이 가진 이중적인 의미를 전하는 등가어가 없다. 하지만 그로티우스는 이 사실로부터, 마치 예수께서 랍비들에게 히브리어나 아람어로 말한 것이 분명하다는 듯이, ἄνωθεν의 사용이 의도하고 있는 것은 오직 한 가지 의미뿐이라고 결론 내렸다. 이것은 이중적인 의미가 지닌 강력한 포인트를 흐리게 한다. "다시"는 '위로부터'를 지칭하는 것(ἄνωθεν)과 같은 단어이기 때문이다. 따라서 예수께서 니고데모와 헬라어로 대화를 하셨다면, 우리는 회심이 단지 새로 태어나는 것(다시 태어나는 것)일 뿐 아니라 하나님으로부터 나는 것(하늘로부터)임을 알게 된다. 예수께서 랍비에게 헬라어로 말씀하셨다는 것이 못마땅한 것이 일반적이겠지만, 이 사건이 예루살렘이 아닌 갈릴리에서 일어났다는 점을 기억할 필요가 있다(22절을 보라). 더구나 완전히 헬라식 이름을 가진 니고데모는 아마도 스데반과 같은 '헬라주의자'로서 아주 급진적인 랍비였을 수 있다.

포도나무 비유를 논할 때에 벵엘이 "달콤한 운율"(*suavis rhythmus*)이라고 부른 언어유희가 있는데, 이것은 〔히브리어나 아람어에서 헬라어로의〕 번역의 가능성을 완전히 지워버린다. 〔요한복음 15:2에서〕

첫 번째 동사 αἴρει(제거하다) 다음에 καθαίρει(깨끗하게 하다)가 나오는데,[22] 어떤 영역본에서도 그러한 워드플레이를 살릴 수 없다. 만일 아람어에 이러한 워드플레이가 있었다면, 복음서 기자나 복음서의 자료가 헬라어에서 그와 동일한 것을 구현해 내는 데에 운이 매우 좋았다고 보는 것은 믿기 어렵다. 우리가 이것을 영어로 가장 살려 본다면 다음과 같을 것이다. "열매 맺지 아니하는 가지는 그가 **제거**〔removeth〕해 버리고, 무릇 열매를 맺는 가지는 그가 **질책**〔reproveth〕할 것이다." 하지만 여기에는 헬라어 워드플레이의 탁월함이 없으며, 어떻게 번역하더라도 완전히 정확할 수 없는데, 이는 한 언어에서 다른 언어로 번역할 때에 운율을 살리는 것이 얼마나 어려운 것인지를 보여준다(요 15:2).

예수께서 헬라어를 말하셨다면 그것은 코이네 헬라어일 것인데,[23] 복음서의 언어는 실제 코이네가 아니라 "헬라어 단어들과 아람어 구문들로 구성된 합성물"(H.M. 드래퍼〔Draper〕에 따르면)이기에, 따라서 예수께서는 헬라어를 할 수 없었을 것이라는 주장이 있어왔다. 그러한 논증은 "합성물"이 예수에 의하여 말하여진 유대적 헬라어의 독특한 형태—내가 성서 헬라어라고 부르곤 했던 것—라는 것을 완전히 간과한 것이다. 우리는 적어도 이 헬라어가 "좋은" 코이네가 아니라는 것을 가지고 왈가왈부할 필요가 없다. 하

---

22. 고대 라틴어 역본과 불가타로 αἴρει와 καθαίρει를 읽으면 워드플레이가 깨진다.

23. E.g. A. W. Argyle에 반대하는 H. M. Draper, *Expos. Times*, LXVII, no. 10, July, 1956, 317.

지만 예수의 말씀이 그러한 언어로 기록되어 있다는 이유로 예수께서 실제로 〔제대로 된〕 헬라어를 말하지 못했고, 그렇기에 아람어나 히브리어를 사용했다고 결론짓는 것도 잘못된 것이다. 구어로서의 성서 헬라어 가설은 진지하게 고려될 필요가 있다.

1949년 초에 나는 그러한 언어가 사용되었다는 것에 처음으로 의심을 제기했다. "아람어일 수 있는 구전 자료들을 가지고서, 예수와 제자들이 아람어로 말하고 썼다는 추측을 너무 쉽게 해서는 안 된다. 헬라어는 배타적인 유대인 그룹을 제외하고는 아마도 팔레스타인 지역의 표준 언어—비록 그것이 일종의 유대적 헬라어라 할지라도—였을 것이다."[24]

예수의 언어가, 그것이 무엇이었든 간에, 당시 갈릴리에서 통용되었던 모든 언어, 즉 히브리어와 아람어, 헬라어, 그리고 아마도 라틴어에 영향을 받았을 것이라는 사실은 너무나도 놀라운 일이다.[25] 예수의 언어는 칠십인역과 크게 다르지 않는 성서 헬라어였다—코이네 헬라어의 한 가지이지만, 우리가 이집트의 쓰레기 더미에서나 더욱 학식 있는 사람들의 파피루스에서 읽을 수 있는 것과는 달랐다. 나는 1949년 이래로 어휘와 구문을 집중적으로 연구함으로써 유대적 헬라어의 구어와 문어가 구분된다는 것을 밝혔

---

24. *The Evangelical Qurterly*, XXI, no. I, Jan., 1949, 44: "복음서가 헬라어로 쓰였을까, 아람어로 쓰였을까?"

25. 예수께서 라틴어를 말했을 가능성은 희박하더라도, 그 말씀에 약간의 흔적이 있을 수 있다. "소금(salt: 라틴어, 살렘[salem])을 두고 서로 화목(히브리어, 샬롬[shalom])하라."

다. 말하자면, 성경은 셈어를 모국어로 가지고 있고 간신히 헬라어를 구사하는 사람들이 쓴 작품 이상의 것이라고 볼 수 있다. 왜냐하면 신약 저자들은 〔헬라어로〕 성경을 쓰면서 〔일반적인 추측에 따라 구어였을〕 셈어 관용구를 그대로 써야한다〔copy〕는 사실을 거의 인지하지 못했기 때문이다.[26] 구약의 헬라어가 주류 코이네와 구분된 언어지만 유대인은 그것을 완전히 이해했을 것이라는 제안을 처음으로 했던 것은 내가 아니다.[27] 게만〔Gehman〕이 제안하였듯이, 이 헬라어 방언을 사용했던 사람들은 아마도 이중 언어 구사자였을 것이다. 유대인들에게 있어서 셈어로 말하는 것에서부터 헬라어로 말하는 단계까지 변화하는 과도기—신약성경 시기와 일치하는—는 언어 역사에 나타나는 일시적인 현상이었을 수 있다. 하지만 나는, 『아브라함의 유언』과 같은 훨씬 후대의 저작들은 이러한 종류의 어법을 정확하게 보여주고 있듯이, 그 헬라어가 단지 과도기적인 것이라고 보지 않는다. 그것은 분명히 인위적이지 않다. 성서 헬라어는 매우 큰 영향력을 미쳤고, 이를 사용하는 사람들이 이 헬라어를 언제든지 자유롭게 사용할 수 없었다고 믿기는 어렵다. 내가 제안하고 있는 이것은 예수의 일반적인 언어였다. 적어도 갈릴리에서의—코이네의 형태와는 다소 분리된 그리스의 방언이고 고전 헬라어와 헬레니즘 헬라어, 코이네 헬라어, 제국 헬라어와 나란

26. 일상적인 헬라어 관용구를 이해할 수 있었다는 의미—역주.

27. H. S. Gehman, *Vetus Testamentum*, I, no. 2; III, no. 2: 그리고 V, no. 2. 208 ff와 *Peake's Commentary on the Bible*, Nelson, 1962, 577 c에 있는 나의 언급을 보라.

히 놓일 수 있는 것이었다.

이러한 관점은 물튼-하워드-터너의 문법 삼부작의 첫 두 권에서 J.H. 물튼 및 다이스만과 섬〔Thumb〕의 입장에 반한다. 몇몇 비평가들은, "셈어법"〔Semitisms〕이 코이네 헬라어에서도 발견된다고 보기에, 〔코이네와 다른 별개의〕 유대적 헬라어에 대하여 회의적이다. C.F. 버니〔Burney〕는 유대적 헬라어의 존재를 반박하기 위해 다음과 같이 주장했다. "우리가 알고있는 코이네 헬라어에 관한 모든 새로운 자료들은 이집트에서 왔는데, 이집트에는 의심의 여지없이 칠십인역의 번역 헬라어에 영향을 받은 헬라어를 지식을 가졌던 큰 무리의 유대인들이 있었다."[28] 이집트의 코이네는 실제로 셈어의 어법에 영향을 받았을 수 있다. 버니는 자신의 논지를 지지할 만한 다른 사람들의 말—60년 전에 있었던—을 인용했다. "문학적인 문헌을 개인적인 서신이나 업무상의 서신, 해설이나 다른 일시적인 저작들과 비교하는 것은 위험하다.[29] 후자의 문서들에서나 기대되는 단어나 구문의 실수들은 전자에 있어서는 놀랄 만한 것이며, 그 실수들이 거기에 나타난다면 이는 오직 오랜 기간의 사고의 습관에서 기인한 것으로 볼 수 있다."[30] 더 나아가 스웨트〔Swete〕는 코이네의 "유사-셈어적 구어체"가 나일강 델타지역에 살았던 많은 유대인들의 영향에 의한 것이 아닐 수도 있다는 의문을 제기했다.

---

28. C. F. Burney, *The Aramaic Origin of the Fourth Gospel*, Oxford, 1922, 4.
29. 이때 "문학적인 문헌"이란 칠십인역을 가리키고, 후자의 문서들은 이집트 일상어 내지 구어를 대변한다—역주.
30. H. B. Swete, *Apocalypse of St. John*, Macmillan, 2nd ed., 1907, CXXIV, n. 1.

레드패스(Redpath)와 스웨트 같은 학자들에 의해서 제기된 코이네에 대한 유대인의 영향에 관한 물음은 아직 해결되지 않았다. 물튼은 이에 답하면서,[31] 파피루스의 헬라어는 널리 흩어진 지역에서 발견되는 비문(inscriptions)의 일상어와 다르지 않기에, "우리는 어디인가에 영향력 있는 유대인 거리가 있었다고 주장할 수 없다"라고 했다. 이와 같이 (셈어적 특징인) 도구적 ἐν의 수십 가지 예가 1902년 텝투니스(Tebtunis)에서 나왔지만, 텝투니스는 많은 유대인구를 가질 수 있는 장소가 아니었다. 물튼의 요지는 이해가 되지만, 헬라어에서 이미 매우 익숙했던 관용구가 히브리어 관용구에 의해 확실하게 대중화되고 확장된 사례들이 너무나도 많다. 칠십인역과 디아스포라 유대인 회당은 단지 이집트에서 유대인과 개종자들에게만 영향을 미친 것이 아니라 헬레니즘 세계 전반에 지대한 영향을 미쳤다. "매 안식일마다 회당에서 모세의 글을 읽었고, 아주 이른 시기로부터 모든 도시에 모세의 글을 가르치는 사람들이 있었기에," 칠십인역은 어느 곳에서든지 사상과 언어에 영향을 미쳤다.

또한 우리는, 성서 헬라어에 있는 많고도 분명한 셈어적 어구를 상기할 때에, 그와 동일한 문체를 가진 비종교 문헌들이 우리에게 알려진 바가 없다는 것을 기억해야만 한다. 셈어적 어구들은 어떤 방식으로든 히브리어와 아람어에서 온다. 한 책 안에서 셈어 관용구와 헬라어 관용구가 일치하는 너무 많은 경우들이 있다. 분명히

31. *Cambridge Biblical Essays*, ed. H. B. Swete, 1909, 468.

모든 언어들은 동일한 발화-형태들을 발전시키는 경향이 있는데, 코이네 헬라어는 동쪽의〔oriental〕 패턴 위에서 더욱 간단한 발화-형태를 지향하며 발전되어 왔다. 하지만 대부분의 셈어 어구와 성서 헬라어에 있는 관용구들은 고대 헬라어 방언들과 병행되지 않는다. 〔성서 헬라어의 양상은〕 헬라어 자체 내에서 발전한 것이라기보다 〔외부에서〕 빌려온 것일 가능성이 더욱 크다. 다음과 같은 것들이 그러한 어구와 관용구들에 속한다. 문장에서 동사가 문두에 오는 것, 인칭대명사를 잉여적으로 사용하는 것, "얼굴"이라는 단어를 포함하고 있는 전치사구, 도구적 ἐν, 재개 대명사〔resumptive pronoun〕, '인지/아닌지'〔whether〕로 시작하는 의문문이 그것이다. 더 나아가 우리는 셈어에서 차용해온 표현에 대한 매우 결정적인 증거들을 가지고 있다. 적어도 후대에, 히브리어의 비교급 형용사 역할로 사용되었던 전치사는 '-으로부터'를 의미하는 히브리어 전치사〔מן〕인데, 현대 그리스어에서는 '-으로부터'라는 뜻을 가진 헬라어 단어에 의해 〔히브리어 비교급이〕 재사용되고 있다.

여기에 더욱 중요한 질문이 따라 나와야 한다. 이러한 성서 헬라어의 현상은 헬라어 구약과 신약 이면에 놓여있는 셈어 문서들로부터 발생한 것인가? 셈어적 완곡한 표현, 예를 들자면 "그가 대답하고 말했다"나 "그가 일어나서/가서 행했다" 같은 표현은, 하나의 성경의 고리〔ring〕를 양산하기를 바라는 헬라어 저자에 의한, 성경 언어의 의도된 한계를 말하는 것인가? 아니라면, 그것들은 번역자가 자신 앞에 놓인 본래 셈어를 실제로 번역하고 있다는 것을 가리키는 것인가? 번역에 관한 주장은 신약성경 내에 (오기에 따른) 중복이나 오역, 언어유희(paronomasia)의 많은 예들이 발견되기 전까지는 확신할 수 없다. 실제로 이에 대한 증거들은 미미하다. 우리는 칠십인역 뒷부분에 나타나는 문자주의가 무엇이든 간에 추적할 수 없고, 아퀼라의 바바리즘 같은 것들은 더욱 찾아볼 수 없다. 히브리어의 부정사 절대형에 관한 흔적조차 찾아볼 수 없다.[32] 히브리어와 아람어 저자들과 칠십인역 번역자들은 수동적인 태를 표현하기 위하여 **능동태** 안에서 3인칭 복수를 비인칭적으로 사용하였음에도 불구하고, 신약 저자들은 결코 수동적인 태를 표현함에 있어서 ὑπό를 사용하기를 기피하지 않았다. 사도행전 초반에는 얼굴과 손, 입, 이름을 가지고 에둘러 표현하는 히브리어의 주요한 방식이 나타나지만, 이것으로 그 장들이 직접적으로 번역되었다고 주장할 만한 증거가 충분하지 않으며, 사도행전 저자가 헬라파 유대인들이나 개종자들이 사용하였던 코이네 방언의 한 지류, 곧 히브리어나 아람어에서 매우 애용되고 있는 관용구 역시도 자연스럽게 대폭 허용하고 있는 헬라어에 익숙하다는 것을 가리키는 것일 수도 있다—이 언어는 칠십인역에서 익숙한 구절들을 대거 흡수하기도 했고, 더욱 구체적인 표현들과 더욱 단순한 발화에 대한 유대적 편애를 보여준다.

나는 이토록 흥미로운 방언을 연구할수록 성서 헬라어가 동시대나 후대에 있었던 초기 기독교의 예술과 같이 현저하게 상징적

32. 수 17:3b의 문자적인 번역이나 창 32:12나 열왕대4서 5:11의 부사적인 번역, 혹은 명사의 여격에서조차.

인 표현 방식이라는 것을 더욱 확신하게 되었다. 문학은 예술적이고 창조적인 노력 못지않게 자신을 드러내시는 성령의 영감이 반영된 것일 수 있지만, 개념적으로 상상 불가능한 것이나 심지어는 읽을 수 없는 능력이 결코 예술이나 믿음이 전파되는 것을 막았던 것은 아니었다. 그러한 무능함은 시각적인 이미지에 대한 균형 잡힌 이해로 보상이 되곤 했다. 상징은 물질적 이미지와 그 이미지가 자아내는 초월적이고 초감각적인—과감하게는 "영적인"?—메시지와 결합된 것으로서, 예술가들은 시각적인 예술이나 음악에서 뿐 아니라 단어들〔words〕에서도 상징을 사용한다.

상징으로 가장 간단하고도 심오한 형태의 메시지를 전하였던 당대의 이교도적 자연주의 예술은 초기 기독교에 피상적인 영향만을 주었을 뿐이었다. 마리아의 화상은 여인의 아름다움이나 어머니의 헌신을 묘사했던 것이 아니라 하나님의 어머니를 상징하고 있던 것이다. 가장 초기의 그리스도에 대한 화상들은 자연적 사실주의를 흉내 내려 했던 것이 아니라 교리적인 목적이 있었다. 4세기경 그리스도의 어떠한 화상에도 수염은 없었고 영원한 젊음을 가진 것처럼 묘사되었다. 이것은 도그마에 속은 '속박된 예술'〔Art in Chains〕일 수 있는데, 동일하게 성서 헬라어가 속박된 헬라어의 인상을 준다. 하지만 어떠한 형태의 예술도 상투적인 문화를 벗겨내고 원시적 매개〔primitive medium〕를 벼려내기에 활력을 잃지 않는다. 물론 상징들은 결코 '무에서부터'(*ex nihilo*) 창조된 것이 아니며, 그리스도의 초상화뿐 아니라 성서 헬라어도 당시 관습적인 재료들을 차용한 것이다. 성서 헬라어는 헬라어이다. 그렇게 말했지만, 성서 헬라어는 당대의 언어와 매우 다른 점을 가지고 있어서 이는 그 안에 있는 특별한 시도들을 발견할 때에 정당화 될 수 있다.

최근의 비평가들은 성상 예술에 더욱 주의를 기울이면서 르네상스가 기독교의 도그마에 의해 지배된 예술을 해방시켰다는 추측과 성상 제작자들은 교회의 겸손한 종으로서 성상이 수공예품 그 이상이 되지 않도록 자신들의 기술을 엄격하게 통제했다는 추측에 반발했다. 사실, 이 예술가들—성서 헬라어 저자들과 같은—은 감각을 만족시키려는 어떠한 야심 없이 그저 예배의식을 고취시키고 교리를 심어주기 위하여 헌신했다. 성상은 수백 명에 의해 제작되었고, 6세기경에는 분명히 그 주제가 고정되었다. 이들의 기술은 '아토스산의 화가 편람'〔Panter's Manual of Mount Athos〕으로 알려진 『그림에 대한 설명』〔Explanation of Painting〕이라는[33] 제목의 훨씬 후대의 헬라어 문헌에 묘사되어 있다. 이 문헌이 집대성 된 것은, 다시 복제되기도 하고 개정되고 확장되었음에도 불구하고, 11세기로 거슬러 올라갈 수 있다.[34] 최종판은 18세기 초 푸르나의 수도사 디오니시우스에 의하여 제작된 것이 분명하다. 수도원의 성상예술가, 마누엘 판셀리노스〔Panselinos〕에 의해 지도를 받은 것으로 보이는 디

33. 'Ερμηνεία τῆς Ζωγραφικῆς. 839년 프랑스의 학식가 M. Didron이 아토스산에서 이 작품의 필사본을 발견하였고 *Manuel d'Iconographie Chrétienne*, Paris, 1843으로 출판했다.

34. A. Papadopoulos Kerameus, *Denys de Fourna, Manuel d'Iconographie Chrétienne*, St. Petersburg, 1900에 따르면, 16세기보다 이르지는 않다.

오니시우스는 자신의 작품을 "영원토록 처녀인 하나님의 어머니 마리아"에게 헌정했다. 믿음을 수호하는 데에 헌신하였던 아토스 산의 수도사들은 전통적인 성상의 예술성을 보전했다.

도상학과 성서 헬라어 사이의 병행은 그림의 양상을 다루는 몇몇 책들—나무 판넬에 색상을 입히는 방법이나 정확한 바탕색의 종류, 양초 연기나 세월의 흔적을 견뎌내도 여전히 빛날 수 있는 도금 방식과 같은 것을 다루는 책들—에서 연구될 수 있다. 예술가들의 메시지의 표현은 〔대상의〕 눈이나 코, 입, 수염을 다루는 정교한 규칙에 의하여 좌우되지만, 비잔틴과 러시아, 불가리아, 세르비아의 예술가들은 이 엄정한 한계 내에서, 예술 비평가들과 신학자들이 흥미를 가지고 이제 논하고 있는, 단조로움과 추상성이라는 신비한 결과를 낳았다. 현대 그리스인들 역시[35] 이들의 도상학이 남긴 유산을 소중히 여기기 시작했고, 교회 안에서 서구로부터 빌려온 19세기의 잔재들을 제거하고 있다.

요한계시록의 저자와 마가는 이상한 일탈의 문체로 실제 비종교 헬라어를 사용하는 독자들을 놀라게 하는 것처럼 보이면서도, 자신들의 규칙들을 엄정하게 제한한다.[36] 단순성은 종종 놀라움을

---

35. 비잔틴 전통의 엄숙한 기술은 현대 그리스어로 출판된 최근의 저작에 잘 표현되어 있다. C. Cavarnos, *Byzantine Sacred Art: Selected Writings of the Contemporary Greek Icon Painter*, Fotius Kontoglous, New York, 1957. Photius Kontoglou, *Explanation of Orthodox Iconography*, text in modern Greek, 2 vols., 1960에 대해서도 언급 될 필요가 있다.

36. 예, "관사 없이 처음으로 나타나는 어구들은 반복될 때에 관사가 접두된다": R. H. Charles, *Revelation*, I.C.C., T. & T. Clark, 1920, vol. I, cxx. 마가

자아내면서도, 마가복음과 계시록의 내러티브와 시각적인 이미지에 묘하게 부합하는 부정확한〔careless〕 예술적 효과를 낳는다. 심지어 누가의 예술은 실제로 자세히 관찰해보면 자연주의적이지 않고, 바울은 세상의 지혜가 아닌 것에 관심이 있듯이 문학적 작풍에 대한 세상의 규칙에 관심을 거의 기울이지 않는다. 우리는 더욱 유연하면서도 신중한 기간에 있었던 히브리서 저자에게서 상징적 구문으로부터의 약간의 일탈을 볼 수 있지만, 자연주의가 실제보다 더욱 분명하다.

에라스무스 같은 학자들은 교회의 작풍을 고전 전통의 틀 안에 넣으려고 노력했다. 사람들이 비종교적인 시각으로 성서 헬라어를 연구하기 시작하면서 성서 헬라어 연구는 어려움을 겪게 되었다. 하지만 미술에 있어서 옛 상징주의는 스페인에 정착한 그리스 화가 엘 그레코〔El Greco〕[37] 안에 살아 있었다. 엘 그레코의 초기의 작품들—1600년 이전—은 베네치아에서의 자연주의적인 영향을 보여주는데, 특별히 틴토레토〔Tintoretto〕의 영향을 받았으며, 라파엘〔Raphael〕의 영향은 덜했다—특별히 베네치아를 배경으로 한 작품인 '성전정화'만큼 후기의 작품에서도. 그럼에도 불구하고 작품 '성 요셉과 아들 예수'와 함께 도상학〔iconography〕이 서서히 등장했다. 각각의 등장인물들은 은혜의 이미지를 수반하고 그 몸짓은 내면의 의미와 관련되어 있다. 소년의 위로 뻗은 손은 신뢰를 의미하

복음을 위해서는 G. D. Kilpatrick의 도발적인 작품, 특히 *The Bible Translator*, vol. VII, 1956에 수록된 논문, "Some Notes on Marcan Usage"를 보라.

37. 이탈리아의 비자연주의 화가—역주.

며 그 신뢰는 보호자〔요셉〕의 열렬한 보살핌의 손길로 곧바로 이어진다. 천사로 보이는 인물들의 격정〔passion〕은 〔하늘에〕 거꾸로 달린 것처럼 그려진 것에 의해 나타난다. 전체적으로는 요셉의 반-종교개혁 예찬에 대한 존경심을 자아낸다. 더 나아가 엘 그레코의 색과 질감은 '마니에라 비잔틴'〔*maniera bizantina*〕[38] 풍의 일부인 통일성을 가지고 있다.

만일 우리가 이 기본적인 이미지들을 시각적인 것으로부터 정신적인 자료로 전환시킨다면, 이 모든 것들은 성서 헬라어에 있어서도 동일하게 적용된다. 언어에는 색체와 질감의 통일성이 있다. 추상성이 있으며, 문학적인 기교를 무시하는 분명한 행위들이 있고, 규범적인 구문을 깨뜨림으로써 비평가들에게 파격〔anacoloutha〕으로 비판받을 만한 것들이 있지만, 이 야만주의—야만적인 고딕주의와 같은—의 전체적인 결과는 거룩한 감각을 자아내고, 독자들로 하여금 저 너머를 가리킨다. 내가 보기에 이는 특별히 정경에 가까우면서 이러한 헬라어의 가장 특징적인 예들이 담겨 있는 책에서 그러하다.[39] 요한계시록은 신약의 책들 중 가장 숭고한 아이

38. 13세기 이탈리아의 비잔틴 양식—역주.

39. 예, ἀπό가 주격과 함께 사용되는데(1:6), 이는 우리가 "From you and I"〔From you and me가 어법에 맞다—역주〕라고 쓰는 것보다 더 안 좋다. "The he-was"(1:4) 같은 표현도 있고〔관사와 대명사를 같이 쓸 수 없다—역주〕, "A reed was given to me, saying"(11:1)과 같은 파격 구문도 있다〔A reed가 saying한다는 뜻을 전해서 어색하다—역주〕. 성/수/격의 파격도 있고 정동사의 자리에 부정사가 오기도 한다. 이러한 계시록의 특징들은 단지 강도〔intensity〕에 있어서 다른 성경 저자들과 구분되는 것이지, 질적인 측면에 있어서 구분되는 것이 아니다. 나는 "요한묵시록은 완전히 독특한 언어적 특징을 가지고 있

콘이다.

다"라는 Charles의 주장에 동의할 수 없다. *Op. cit.*, vol. I. cxliii.

| 성구 색인 |